내 관심은 하나님의 선교, 즉 미션얼의 관점에서 공공신학을 어떻게 볼 것인가이다. 그런 시각으로 볼 때 공공신학은 복음(하나님), 문화(세상), 교회(공동체)라는 미션얼 삼각형 구도에서 문화와 세상이라는 꼭짓점을 중심으로 복음과 교회 공동체와의 관계를 궁구하는 시도다.

이 책은 지난 세기보다 종교적 담론에 더 민감한 동시에 그 담론에 대해 여전히 의심하는 후기세속 사회라는 아이러니한 상황에서 복음을 타자(세상)가 알아들을 수 있도록, 다시 말해 삶으로 변증하도록 도전한다. 또한 교회가 사회의 공동선에 관심을 기울이며 성도들을 좋은 제자일 뿐만 아니라 신실한 시민으로 살아가도록 하는 '공적 소명'에 대해 새로운 관점을 열어 준다.

독자들은 이 책을 통해 명제적 진리의 전통적 변호를 고수하는 변증을 넘어서는 대안을 찾을 수 있을 것이다. 즉 대중문화와 예술, 인문학과 같은 시대적 표징들을 읽어 내고, 대화 상대자인 세상이 이해할 수 있는 방식으로 실천하고, 현존presence하는 변증의 가치에 대해 새롭게 볼 수 있다. 특히 신학적 문해력을 갖춘 평신도 개인의 세속적 소명과 형성에 더 주목할 것을 촉구하는 공공신학, 교회의 생존이 아니라 세상의 구원에 관심을 두고 도시의 안녕을 구하는 공공신학에 대한 강조는 오늘 우리 시대에 공명한다고 생각한다.

지난 세기의 해묵은 예일과 시카고, 혼합주의가 문제인가 이원론이 문제인가, 제자도인가 시민의식인가, 공동체인가 세상인가 하는 이분법, 그리고 복음주의의 쇠퇴 서사와 문화전쟁이라는 담론의 순환을 통한 정체성 정치의 편협성을 넘어서는, 21세기 우리 시대의 현실적이며 통합적인 공공신학의 태도를 저자로부터 배우게 되는 것은 이 책을 읽는 또 다른 재미다.

_지성근, 일상생활사역연구소 소장, 미션얼닷케이알 대표

서양 민주주의는 종교와 정치를 분리했다. 하지만 그 둘은 정말로 분리 가능한 것일까? 정치는 근본적으로 공동체 혹은 사회적 삶에 관한 것이며, 그러므로 언제나 우리를 둘러싼 관계성과 그에 대한 믿음과 관련될 수밖에 없다. 애니미즘부터 불교, 기독교에 이르기까지 종교는 결국 사람들이 스스로를 자신보다 더 큰 세계의 일부로 감각하고 그렇기에 뭇 생명/사물들과 함께 세계를 형성하는 다양한 방식이다. 그런 의미에서 세속주의 또한 하나의 종교라고 해도 좋다. 여기서 사람들을 추동하는 것은 스스로가 아무에게도 속하지 않은 자율적 개인이라는 믿음, 인간은 자연 상황에서는 서로 공격하기 마련이며 이익을 추구하는 것이야말로 합리적이라는 믿음이다.

《종교성과 세속주의 사이》는 세속주의라는 이름의 세계정신, 혹은 이 기괴한 합리성에 브레이크를 걸고 살 만한 삶과 세계를 재구축하기 위한 종교의 역할을 되묻는다. 우리는 어떤 존재며 서로 어떻게 연결되어 있는가? 중요한 것은 종교와 공적 영역, 제도와 비제도, 공적인 것과 사적인 것 사이에 새로운 관계들이 형성되고 있다는 점이다. 이 유동성과 흔들림이야말로 저자가 발견하는 변화와 개입의 가능성이다. 사적 소유라는 이념으로 모든 것을 분리하고 찢어 내는 세속주의가 극단적으로 치달으며 요동치는 상황에서 종교는 어떤 역할을 해야 하는가? 우리는 스스로를 세계의 정복자가 아닌 세계의 일부로 되돌리고 다르게 관계 맺으며 내부에서부터 세계를 다시 지을 수 있을까?

저자는 이 답을 공공신학/도시신학에서 찾는다. 사적 소유를 넘어 전유와 점유, 공유로 나아가는 이 신학을 '커먼즈의 신학'이라고 부를 수도 있을 것이다. 더 나아가 저자는 공공신학/도시신학의 구체적인 방법론을 제시한다. 그것은 세계에 다시 참여하고 대화하는 것, 즉 신학의 커머닝commoning이다. 더러운 세속으로부터 벗어나 고결한 성자들의 공동체를 만들고자 할 때 그 종교는 자기만족에 불과할 뿐 아니라 믿음을 개인화함으로써 세속주의와 공모한다. 무수히 다른 신념과 가치, 종교적 태도들로 가득찬 이 시끄럽고 혼란스러운 세계에 기꺼이 참가하라. 서로 다른 언어 사이에서 나의 말이 올바르다고 주장하는 대신 말과 세계의 다원성을 껴안으며 그 사이에서 번역하라. 예수의 신학적 행동주의(혹은 행동주의적 신학)을 환기시키는 이 책은 종교란 궁극적으로 우리가 서로 어떻게 관계 맺고 어떤 세계를 짓고 싶은가의 문제임을 보여 준다.
_한디디, 현장 연구자, 《커먼즈란 무엇인가》 저자

2018년 5월 17일 '국제성소수자혐오반대의날'에 무지개색 옷을 입고 채플에 참여한 장로회신학대학교 신학생들이 있었다. 혐오와 차별에 반대하고 성소수자와 함께하고자 한 이들에 대해 학교의 응답은 차디찬 징계였다. 이듬해인 2019년 8월 31일 제2회 인천퀴어문화축제에서 "이 땅의 모든 성소수자들과 사회적 소수자들을 향한 낙인과 혐오, 차별과 배제에 반대한다"라고 이야기하며, 세 명의 목회자가 축복식을 집례했다. 그중 한 명인 이동환 목사에게 감리회는 정직 2년의 징계를 내렸다. 그리고 또다시 이루어진 무지개축복식에 감리회는 끝내 출교 판결까지 내렸다.

장신대 징계무효확인소송, 감리회 교회재판, 정직, 출교판결무효확인소송까지, 수년 동안 교회 안팎에서의 소송을 통해 성소수자 환대 목회에 대한 억압에 맞서 왔다. 그 과정에서 환대와 연대의 정신을 실천하고자 했던 이들이 이야기를 법의 언어로 어떻게 번역하고 전달할 수 있을지 항상 고민이었다. 성소수자를 차별하지 않지만 동성애는 죄이고 이를 찬성·동조하는 것은 단죄해야 한다는, 선뜻 납득하기 어려운 주장을 어떻게 반박할 수 있을지 고민해 왔다. 그러한 고민의 흔적 없이 섣불리 성경은 동성애를 배척한다고 적은 판결문에 답답함을 느끼기도 했다. 그렇기에 종교와 세속 공간의 소통이 종교 공동체 안에 있는 종교인들을 위한 성서적·신학적 전통에 뿌리내림과 동시에, 그 외부에 있는 사람들도 이해하고 설득될 수 있는 언어를 구사해야 한다는 공공신학의 '이중 언어적' 담론은 나에게도 많은 영감을 주었다. 공공신학을 통해 종교적 언어로 세상과 대화하는 법을 찾는 길은, 법의 언어를 통해 연대와 환대라는 종교의 가치를 전달하는 길과 맞닿아 있다. 사회운동과 종교가 함께 평등과 다양성을 실천하는 그 길은 결코 쉽지 않겠지만 함께 답을 찾을 수 있으리라 믿는다.

저자가 '복음주의 정체성 정치'로 규정한, 복음주의 기독교가 자신의 쇠퇴에 맞서 외부의 악마를 만들어 대항하는 서사는 한국 사회에서 익숙한 모습이다. 반동성애와 반공을 통해 자신을 결집해 온 보수 개신교는 내부의 환대 목회자들을 배척하고 혐오와 차별을 확산하는 것을 넘어, 이제는 민주주의에 대한 위협까지 초래하고 있다. 위기의 시대이기에 더욱 이에 맞서는 새로운 담론이 필요하다. 세속과 종교의 이분법적 구분을 넘어, 함께 연대하며 도시의 안녕을 만들어 가는 방법을 찾고자 하는 모든 이들에게 이 책을 추천한다.

_박한희, 성소수자 인권활동가

종교성과 세속주의 사이

Between a Rock and a Hard Place

ⓒ Elaine Graham 2013

Published in 2013 by SCM Press
London, UK

SCM Press is an imprint of Hymns Ancient and Modern Ltd (a registered charity)
13A Hellesdon Park Road, Norwich NR6 5DR, UK

This Korean edition is translated and used by permission of Hymns Ancient and Modern LTD. through rMaeng2, Seoul, Republic of Korea.

This Korean Edition Copyright ⓒ 2025 by Viator Inc., Seoul, Republic of Korea.

이 한국어판의 저작권은 알맹2를 통하여 Hymns Ancient and Modern LTD.와 독점 계약한 비아토르에 있습니다. 신 저작권법에 의해 한국 내에서 보호를 받는 저작물이므로 무단전재와 무단복제를 금합니다.

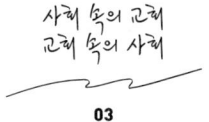

03

종교성과 세속주의 사이

기독교 세계와 세속주의 이후의 공공신학

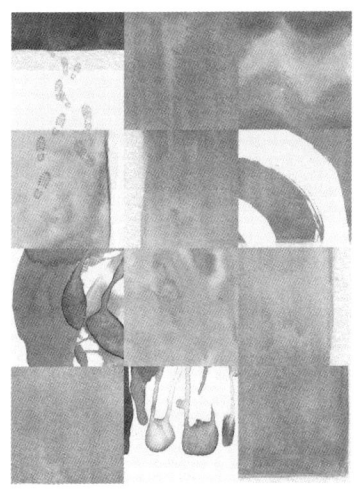

일레인 그레이엄 | 박세혁 옮김

공공신학 글로벌 네트워크에 속한 외국의 동료들과
이 네트워크의 창설에 기여한 윌 스토러 교수에게

차례

감사의 말		12
서론	바위와 딱딱한 공간	14

1부 후기세속 사회

1장	흐름의 변화: 어떻게 종교는 '공적인 것이 되었는가'	47
2장	불안한 변경: 후기세속의 지도 그리기	97

2부 후기세속적 공공신학

3장	번역 중에 잃어버린 의미?: 공공신학의 딜레마	157
4장	공적으로 말하기: 세속적 이성과 교회의 목소리	217
5장	십자군과 문화 전쟁: 복음주의 정체성과 정치의 위험	277

3부 기독교 변증으로서의 공공신학

6장	유대인, 이교도, 회의론자, 황제	339
7장	현전의 변증: 기독교 세계와 세속주의 이후의 공공신학	391

해제	교회와 시민사회의 대화를 위해서 _양권석	431
참고문헌		460
찾아보기		497

감사의 말

이 책을 준비하면서 여러 사람과 단체로부터 받은 지원에 감사드린다. 지난 3년 동안 좋은 일터였던 체스터대학교의 신학 및 종교학과 동료들이 보내 준 격려와 동료애에 감사드린다. 또한 독일의 밤베르크대학교, 아오테아로아-뉴질랜드의 오클랜드대학교 신학대학, 더럼대학교의 신앙과 지구화 세미나, 요크 세인트존대학교와 요크대성당이 주최하는 이보 강연Ebor Lectures, 더블린의 트리니티 칼리지 종교와 신학, 경제학 대학, 체스터에서 열린 영국사회학협회 종교사회학 연구 모임 학회, 런던에서 열린 킹스칼리지와 웨스트민스터사원의 신앙과 공공 정책 포럼, 세인트앤드루스대학교의 신학과 상상력, 예술 연구소, 미국종교학회의 다양한 프로그램에서 이 책의 일부를 발표할 기회를 가졌고 이로부터 큰 유익을 얻었다. SCM 출판사의 내틀리 왓슨의 지원에 감사드리며, 언론 관련 일정으로 바쁜 중에 시간을 내어 이 책의 초고를 읽어 주었으며, 여러 해 동안 소중한 우정을 나누고 있는 스티븐 로우 주교에게 감사드린다.

지난 몇 년 동안 공공신학 학계에서 가장 흥미진진한 발전은 공공신학 글로벌 네트워크Global Network for Public Theology의 성장과 〈국제 공공신학 학회지International Journal of Public Theology〉의 창간이었다. 나는 앞으로 더 많은 협력이 이뤄지길 기대하면서 이 네트워크에 속한 외국의 동료들에게 이 책을 헌정하고 싶다. 특히, 그의 전망과 열정, 넉넉한 배려가 이 네트워크의 창설에 중대하게 기여했으며, 계속해서 공공신학의 탁월한 옹호자이자 실천가로 남아 있는 윌 스토러 교수에게 감사의 마음을 전하고 싶다.

서론

바위와 딱딱한 공간

> 우리가 살고 있는 세계는 과거보다 더 종교적일까? 아니면 덜 종교적일까? 우리는 종교성의 **쇠퇴**를 목격하고 있는가? **재배치**를 목격하고 있는가? **부흥**을 목격하고 있는가? (Bauman 1988, p. 56)

현재의 공공신학에 관한 네 가지 성찰

1. 2012년 11월 독일 총리 앙겔라 메르켈Angela Merkel은 자신이 기독교인임을 공개하면서 많은 평론가를 놀라게 했다. 그는 독일 개신교회Evangelische Kirche Deutschlands, EKD 대회에서 행한 연설에서 교회가 국가에 공헌한 데 대해 찬사를 보냈으며, 기독교가 세계에서 '가장 박해받는 종교'라고 주장하면서 종교의 자유를 보호하는 것이 독일 연방의 외교 정책이 될 것이라고 약속했다(Merkel 2012).

이전에 그는 어느 팟캐스트에서 신학생이 한 질문에 답하면서 이렇게 밝혔다.

> 나는 개신교회[루터교]의 교인입니다. 나는 하나님을 믿으며, 종교는 나의 한결같은 동반자인데 평생 그랬습니다.…그리스도인으로서 실수할 수 있다는 것, 인간보다 더 고등한 무언가가 존재함을 아는 것, 우리가 다른 이들에 대해 책임지는 방식으로 세상을 형성하도록 부르심을 받았다는 것이 나를 대단히 자유롭게 한다고 생각합니다. 이것이 내 삶을 위한 틀이며, 나는 이것을 대단히 중요하게 생각합니다. (Warner 2012)

2. 2008년 2월 캔터베리 대주교 로완 윌리엄스Rowan Williams는 런던 왕립재판소Royal Courts of Justice에서 "종교적 관점에서 본 영국의 시민법과 종교법"이라는 제목으로 강연했다. 이 강연에서 그는 영국 법체계 안에서 샤리아 혹은 이슬람법의 지위를 다루면서 종교 다원주의의 확대로 인해 전반적인 제정법 체계 안에서 종교적 고려를 더 많이 인정할 수 있는 근거가 마련되었다고 주장했다. 그는 국가가 법률적 독점권을 갖는 것은 인간의 존

- "그럼에도 우리는 전세계적으로 유효한 이 인권을 참으로 인정하고 존중하는 데까지 전혀 나아가지 못하고 있습니다. 광신주의, 종교적 자유의 제한, 신앙에 대한 경멸, 이 모든 것이 세상에서 우리가 살아가고 있는 현실의 일부입니다. 나는 기독교가 세계에서 가장 많은 박해를 받는 종교라고 말할 수 있다고 생각합니다. 그렇기 때문에 연방 정부에서 일하는 우리는 기독교를 포함해 종교를 실천하는 사람들에 대한 박해에 맞서 싸우는 것을 우리 외교 정책의 일부로 선언하는 의식적인 결정을 내렸습니다."

엄성이라는 근대 민주주의의 원칙에 역행하며, 병행 관할권을 통해 종교에 기초한 행동 규범을 인정하는 방향으로 나아갈 수도 있다고 주장했다.

강연 원고가 미리 언론에 공개되었고, 윌리엄스는 강연을 하기도 전에 언론의 집중포화를 맞았다. 그는 영국에서 샤리아법을 도입할 것을 촉구하고 이슬람 교인들에게 보편적 법치로부터 면제받을 수 있는 권리를 부여한다고 비난을 받았다. 그가 다문화주의와 종교의 자유, 다원주의의 도전에 관한 복잡하고 미묘한 문제들을 자신만의 방식으로 다루려고 노력했다고 인정하는 이들조차도 표현이 모호하고 명료성이 부족하다며 그를 비판했다. 그러면서 결국 그가 자신의 고찰이 불가피하게 오해받을 것을 예상하지 못한 '불성실'의 잘못을 범했다고 지적했다(Parris 2008).

3. 성 로렌스 형제회Brotherhood of St Laurence는 연구, 권익 옹호, 복지 서비스 공급 활동을 하는 오스트레일리아의 신앙 기반 단체다. 1930년 대공황 시기에 수도회로 설립된 이 단체에서는 연구와 혁신적 실천을 통한 새로운 정책과 프로그램 개발뿐만 아니라 빈곤과 사회적 배제의 예방과 이런 문제와 관련한 정치적 권익 보호를 목표로 삼는다고 밝히고 있다. "우리의 기독교적 기원에 영감을 받아 형제회에서는 후히 베푸는 마음과 증거에 의존하는 태도로 긍휼을 통해 공동선을 추구한다"(Brotherhood of St Laurence 2013a). 형제회는 오스트레일리아에서 상업 부문과 공공

부문, 제3부문을 망라하여 다양한 협력 동반자와 더불어 공적 기금으로 운영되는 계획과 활동에 임하는 수많은 기독교 자선단체 중 하나다(2013b).

4. 케냐 성공회는 사회 복지 서비스를 제공하는 오랜 역사가 있으며, 대부분은 정부의 자금 지원과 관리로부터 독립적이다. 국가로부터의 독립성, 인종적 다양성, 사회의 모든 층위에서 활동을 펼치고 있다는 사실 덕분에 폭넓은 신뢰를 얻고 있다. 성공회 지도자들과 교인들은 공공 정책 수립에서 참여 부족, 빈곤, HIV와 AIDS 같은 이슈를 해결하는 데 헌신하고 있지만, 일반인들이 의사결정에 개입해서는 안 된다고 가정하는 정부의 정책 수립 엘리트로부터 저항을 받고 있다. 따라서 교회는 HIV/AIDS를 지닌 채 살아가는 여성과 젊은이들을 위한 워크숍처럼 풀뿌리 차원에서 더 큰 역량을 길러 내기 위해 노력하고 있다(Ayallo 2012). 케냐 성공회는 아프리카의 다른 많은 지역에 있는 교회들의 본보기를 따른다. 이 교회들은 교인들의 민주적 참여와 교육에서 결정적인 역할을 하는데, 이를 통해 교인들을 정책 결정 과정과 지역 시민사회에 더 적극적으로 동원할 수 있다(de Villiers 2011). 실제로 회중과 지역에 기반을 둔 행동주의에 초점을 맞추는 것이 전 세계 신앙 기반 조직의 특징일 것이다(Day 2012, Jacobsen 2012).

네 일화는 모두 현대 세계에서 종교적 신앙과 실천이 수행하는 역할의 다양한 양상을 보여 주지만 이에 관해서는 더 자세한 검토가 필요하다. 앙겔라 메르켈의 말은 단순히 개인적인 고백의 문제가 아니었다. 어떤 정치인도 순전히 사적인 시민으로서만 발언하지 않기 때문이다. 나는 이미 이전 연구에서 정치 지도자들, 특히 유럽과 오세아니아의 정치 지도자들이 그들의 공적 이미지와 관련해 개인적인 종교적 신념의 문제를 다루는 데 어려움을 겪을 때가 많다고 지적한 바 있다. 사적 신념과 공적 직무 사이의 관계에 많은 어려움이 있을 수 있다. 특히 유권자 전반이 정치 정책에 '하나님을 관련시킨다'라고 주장하는 이들에 대해 회의적이거나 그들을 의심스러워할 때 더 그렇다(Graham 2009a, 2009b).

물론 독일에서 메르켈의 개인적 신앙은 공공연한 비밀이었다. 그는 역사적으로 로마가톨릭교회와 강력한 연관이 있는 독일의 기독교민주연합Christian Democratic Union, CDU을 이끌고 있지만, 공적으로는 언제나 신중한 입장을 유지했다. 2009년 버락 오바마Barack Obama와 드레스덴에 있는 성모교회Frauenkirche를 방문하여 두 사람이 함께 기도했을 때는 매체의 취재를 불허할 정도였다. 하지만 최근에 나온 신앙에 대한 공개적 발언이 더더욱 놀라운 이유는 메르켈이 동독에서 태어나 자란 사람이기 때문이다. 메르켈의 아버지가 루터교 목사이기는 했지만, 1989년까지 소비에트 영향 아래에 있던 동구권의 일부였던 동독은 공식적으로 무신론 국가였다. 지금도 구동독 시민의 13.2%만이 하나님을 믿으며, 59.4%는 투철한 무신론자인 것으로 추정된다. 이에 비해 구서독 시민의 경우에는 그 비율이 각각 54.2%와 9.2%다(Smith 2012; *Spiegel* 2012).

메르켈의 사례는 서양의 공적 삶에서 종교의 미묘한 위치를 보여 주는 예이며, 앞으로 내가 더 자세히 다루기 원하는 다수의 주제와 연관이 있다. 여기에는 명시적으로 종교적인 목소리와 개입이 정치적 논쟁에 영향을 미치는 방식, 그에 대한 세속적 혹은 종교적 반응, 종교적인 사회자본의 공적 동원의 유익, 전지구적·국가적·지역적 맥락에서 종교 활동과 소속의 다양성, 종교적 자유와 관용과 차별에 관한 논쟁이 포함된다.

샤리아에 관한 로완 윌리엄스의 발언은 이미 많은 관심을 받았다(Kim, 2011; Higton 2008; Chaplin 2008). 그가 제기한 이슈와 대중의 반응을 통해 필수적이지만 해소되지 않은 다른 질문들이 굴절되어 나타난다. 여기에는 신앙 지도자가 공적 관심사에 관해 논평할 수 있는 권리, '공적' 견해와 논쟁을 관리함에 있어서 점증하는 매체의 역할, 특정 종교 전통으로부터 형성된 (이 경우에는 국교회의 유산을 지닌) 국가가 어떻게 법적·정치적·문화적 제도 안으로 더 큰 종교적 다원주의를 수용할 수 있는지에 관한 문제 등이 포함된다.

성 로렌스 형제회의 사역은 신앙을 기반으로 가난하고 도움이 필요한 이들을 돌보는 일이 모든 주요한 전통에서 늘 이뤄져 왔음을 상기시킨다. 이 단체의 명칭은 연보를 가난한 이들에게 나눠 주는 특별한 책임을 교회로부터 부여받았던 로마의 라우렌티우스 Lawrence of Rome (서기 225-258년경)에서 기원했다. 하지만 로마 황제 발레리아누스의 박해기에 순교한 것으로 알려진 3세기 성인의 이름을 딴 이 열성적인 기독교 단체는 이제 정부의 복지 정책이라는 세속 무대에서 경쟁하면서 정의와 긍휼이라는 기독교 가치관과 법률의 요구를 조화시키려고 노력한다. 하지만 이 단체의 역사 내내 빈곤과 실직, 가족 지원이라는 변화하는 환경 속에서 형제회는 실천적 돌봄이라는 전통과 사회 정의를 위한 캠페인을 결합해 왔다.

케냐 성공회는 지역사회에 흩어져 있는 회중과 기관을 활용하여, HIV/AIDS 대유행이 단순한 의료 문제를 넘어서서 빈곤과 가부장제, 권력, 도덕의 문제와 복잡하게 얽혀 있는 대륙에서 풀뿌리 조직화라는 참여적 방법을 발전시키고 있다. 공공 정책에 관한 대화와 진정한 시민 참여를 촉진하기 위해 소외된 집단의 전문 역량을 강화하고자 하는 '상향식'(Ayallo 2012) 방법에 집중한다. 하지만 공공신학의 지역적·국가적·전지구적 표현의 맥락은 촘촘하게 연결되어 있다. 이러한 행동주의를 뒷받침하는 기독교 전통 자체가 식민주의의 복잡한 역사에 공모하고 있다. 그리고 아프리카의 HIV/AIDS라는 비극은 이주, 인신매매, 전지구적 보건이라는 더 광범위한 경향성과 얽혀 있다(Bongmba 2007).

이들 사례는 모두 종교와 정치의 상호작용과 연관이 있으며, 더 구체적으로 기독교 신학과 공적 생활의 관계와 연관이 있다. 또한 그리스도인의 공적 증언이 하나님과 인간, 사회에 관한 이해를 반영하(고 체현하)는 방식, 어떻게 신앙이 사회적 행동으로 전환되는지, 어떻게 성속이 공존하는지, 전통적 신념이 어떻게 새로운 도전에 대응하는지에 관한 사례 연구가 될 수 있다. 또한 이 사례 연구들은 종교적 신앙과 실천의 요구가 불가피하게 부각되지만 종종 그런 요구에 저항하는 세계 안에서 종교를 실천하는 방식을 보여 주기도 한다. 나는 이 책에서 이처럼 경쟁적이고 다원주의적인 맥락에서 공공신학의 미래가 이론과 실천이라는 측면에서 어떤 모습일지에 초점을 맞추고자 한다.

후기세속 사회

공공신학의 미래에 대한 나의 관심은 현대 서양에서 종교의 변화하는 위치, 특히 우리의 일상 경험이 기존의 개념적 틀과 더 이상 편안하게 들어맞지 않을 수도 있다는 점을 고려하면서 촉발되었다. 물론 1960년대 이후 이러한 패러다임 중 가장 중요한 것은 세속화 논제였다. 이는 서양 사회가 더 근대적으로, 더 복잡하게 변해 가면서 동시에 더 '세속적'으로 변하고 있다는 주장이다. 전통적인 세속화 이론에서는 사회가 근대화될수록 수많은 기준에 따라, 즉 개인의 소속과 신념이라는 관점에서, 종교 조직이 기관으로 가지고 있는 힘이라는 관점에서, 사회에서 종교의 정치적·문화적 영향력이라는 관점에서 덜 '종교적'으로 변한다고 주장한다. 하지만 이제 세계는 새로운 방향으로 전환하고 있으며, 이전의 전제 중 다수가 뒤집히고 있는, 전례 없는 정치적·문화적 시대로 진입하는 것처럼 보인다.

　　이와 관련하여 근대 초의 종교 전쟁, 18세기 유럽과 북미의 계몽주의와 민주주의 혁명에서 비롯된 신념은 근대 민주주의 국가가 종교와 정부, '신앙'과 '이성'을 분리해야 한다는 확신이다. 이는 존 롤스John Rawls 같은 자유주의 사상가들과 관련이 있다. 그는 《정의론Theory of Justice》(1971)에서 공적 영역에서 시민 간 참여의 평등은 개인적 혹은 (종교적 신앙 같은) 주관적 신념에 관한 문제를 '괄호 쳐서 배제하는 것'에 달려 있다고 주장했다. 그 이유는 이런 신념이 보편적으로 이해할 수 있는 추론 형식이 아니라 편파적이며 파당적인 추론 형식이며, 따라서 허용할 만한 정치적 혹은 도덕적 추론 형식으로 받아들일 수 없기 때문이다. 따라서 종교와 정치를 분리해야 하며, 근대 민주주의 국가가 기능적으로 세속적이거나 종교의 공적 표현에 대해 적어도 중립적이어야 한다고 전제한다. 그러나 1990년대 이후 새로운 관점이 나타났고, 21세기 초에는 이런 흐름이 더 가속화되고 있다. 이런 관점에서는 양립할 수 없다고 생각했던 두 경향, 즉 세속화라는 흐름과 정치와 공적 영역에서 종교가 새로운 가시성을 획득하는 흐름이 전례 없는 방식으로 결합되고 있다고 주장한다.

　　서양 근대에 전형적으로 나타났던, 종교의 쇠퇴를 보여 주는 특징 다수가 여전히 뚜렷한 상황이지만, 특히 종교적 행동주의의 강력하고 왕성한 징후를 지역적·국가적·전지구적 차원의 공적인 삶과 정치에서 확인할 수 있다. 예를 들어, 영국과 같은 서양 민주주의 국가에서 신앙 기반 조직들은 정부와 협력하여 복지를 비롯한 공공 서비스를 제공함으로써 공적 영향력을 높여 가고 있다(Dinham, Furbey and Lowndes 2009). 전지구적 시민사회의 다양한 측면에서 종교는 계속해서 강력한 세력으로 존재하며, 정부는 점점 더 종교를 사회자본과 정치적 동원의 중요한 원천으로 간주하게 되었다. 종교의 교리적·제도적 표현을 넘어서는 개인 영성에 대한 관심이 계속해서 강한 상태이며, 특히 영적 건강과 영적 돌봄이라는 개념이 점차 제도적 규정과 전문적 실천의 일부로 자리 잡고 있다(White 2001; Cobb, Puchalski and Rumbold 2012; Erricker, Ota and Erricker, 2001). 전지구적 이주로 인해 종교적 다양성이 촉진되었고 종교의 공표와 문화적 혹은 인종적 정체성 사이의 연관성에 대한 자각이 높아졌다. '인종'과 민족, 젠더, 성, 비/장애 같은 정체성의 표지와 함께 '종교와 신념'이라는 범주가 인권 관련 법률에 포함됨에 따라, 유럽 전역에서 신앙인들이 특수한 종교적 의상이나 상징물을 착용하거나 특정한 실천과 양심에 대한 배려를 요구하는 등 특별 대우를 주장함으로써 공론장의 중립성을 문제 삼는 소송을 제기하고 이런 소송이 언론을 통해 대대적으로 알려지는 사례가 많아졌다. 하지만 이런 소송은 대단히 논쟁적인데, (종교를 둘러싼) 신념의 자유와 (젠더, 장애, 인종과 민족을 둘러싼) 보편적 인권과 자유에 대한 인정 사이의 잠재적 갈등을 드러내기 때문이다.

그럼에도 이제 세속화의 불가피성에 대한 의문이 제기되고 있다고 해서 이를 종교의 부흥이라고 여겨서는 안 된다. 주류 기독교와 유대교 교단에 공식적으로 소속된 교인 수는 서양 세계 전역에서 계속해서 줄어들고 있다. 2001년과 2011년 영국에서 실시된 전국 인구 조사에서는 "당신의 종교는 무엇인가?"라는 물음에 자발적인 대답을 요청했다. 10년 동안의 변화는 시사하는 바가 크다. 자신이 '기독교인'이라고 말한 사람의 비율은 3/4(72%)이었던 2001년에 비해 2011년에는 2/3(59%)로 떨어졌다. '종교 없음'이라고 답한 비율은 2011년에 25%로서 10년 전의 15%에 비해 높아졌다. '종교 없음'의 의미를 사람들이 어떻게 이해하든지 관계없이 이는 제도적·교리적 종교와의 동일시가 약해지고 있음을 말해 준다. 다른 증거도 종교에 대한 대중의 회의론이 강해지고 있음을 확인해 주는 듯 보인다(Voas and Ling 2010). 종교의 실천이 점차 종교 단체와 분리되고 개인화된 방식으로 이루어지고 있다. 종교 기관을 바라보는 태도는 기껏해야 무관심, 최악의 경우에는 불신이다. '새로운 무신론' 작가들의 책이 인기를 얻으면서 종교적 신앙을 공표하지 않거나 스스로 세속적 인본주의자나 무신론자라고 선언하는 이들이 더 많이 부각되었을 수도 있다. 이런 작가에는 진화생물학자 리처드 도킨스Richard Dawkins, 대니얼 데닛Daniel Dennett과 샘 해리스Sam Harris 같은 철학자, 폴리 토인비Polly Toynbee와 고 크리스토퍼 히친스Christopher Hitchens 같은 언론인이 포함된다. 찰스 테일러Charles Taylor가 지적하듯이, "우리가 살고 있는 곳은 신에 대한 믿음이 우리가 (부분적으로) 누리는 질서 있는 삶에 핵심적이라는 널리 퍼진 감각이 유지될 수 있는 사회가 더 이상 아니다"(2007, p. 531).

따라서 분명히 세속화 과정은 균일하거나 불가피하거나 불가역적이지 않다. 종교는 계속해서 전지구적 영향을 행사하고 있으며 공적 영역에서 새롭게 부상하고 있기 때문이다. 종교의 활력을 보여 주는 징조가 많지만, 이것이 근대 이전 신앙의 회복을 뜻하지는 않는데, 적어도 서양 기독교 세계로의 회귀라는 의미에서 그렇다. 예를 들어, 일부 세속화 이론가들에 따르면 개인 영성의 지속은 근대화와 전적으로 조화를 이룬다. 왜냐하면 이것이 종교와 정치, 공과 사의 지속적인 분리 혹은 분화를 보여 주는 징후이기 때문이다. 따라서 종교가 지속된다면, 이는 그레이스 데이비Grace Davie가 주장하듯이 더 다원주의적이고 비정통적이며 사사화된 무언가로 '변형된' 형태다(1994).

겉으로는 역설적으로 보이는 종교와 세속의 공존은 사회학적으로나 신학적으로 우리를 미지의 영토로 이끌며, 그 결과 '후기세속' 사회의 출현에 대한 논의가 등장하고 있다(Habermas 2008b; Keenan 2002; Bretherton 2010, pp. 10-16). 몇몇 저명한 사회 이론가들, 특히 위르겐 하버마스Jürgen Habermas와 찰스 테일러, 주디스 버틀러Judith Butler, 호세 카사노바Jose Casanova는 연구를 통해 이를 인정하고 있다. 카사노바는 "후기세속 세계의 공적 종교"에 관해 이야기한다(1994). 위르겐 하버마스의 최근 연구는 사회 이론과 정치철학 분야에서 이러한 새로운 전환을 주도했다. 그는 공론장에서 종교가 새롭게 두드러지는 (하지만 문제를 야기하는) 역할을 하게 된 상황을 묘사하는 말로서 '후기세속'에 관해 이야기하며, 이는 정치체 안에서 종교가 맡은 역할에 관한 근대 자유주의 사상의 고전적 전제로부터 이탈하는 새로운 경향을 상징한다

(2008b; 2011). 다양한 부류의 정치 이론가들은 세속적인 것이 공적 영역에 합의를 이룰 수 있을 정도로 충분히 강력한 가치관을 제공할 수 있을 만큼 자기 충족적인지에 관해 점차 의문을 제기하고 있다. 그러므로 결국 후기세속 문화는 단지 사적 신념 체계로서가 아니라 공적 담론의 원천으로서 종교를 더 많이 허용하는 태도를 예상하게 한다.

따라서 21세기 초에 부상하고 있으며 공적 상상력을 지배하는 종교적 신앙은 이전의 신앙과 많은 점에서 매우 다르다. 이는 종교적 부흥이라기보다는, 더 파편화되고 더 전지구적이며 더 이종적인 공적 논쟁 안에서 새로운 목소리를 찾고자 하는 탐색에 더 가깝다. 이러한 공적 영역 안에서 일부 사람들은 새로운 의제를 내걸고 점점 더 열정적으로 공동체의 안녕에 대한 종교의 기여를 환영하고 있다. 하지만 동시에 종교가 발언하거나 기여할 수 있는 정당성 자체에 대한 논쟁이 그 어느 때보다 더 격화되었다.

하지만 근대성이 공적·합리적 영역, 곧 그 자체의 중립성과 공평성(따라서 그 자체의 세속주의적 의제)을 주장하는 영역에 대한 이해가 특징이라면, 후기세속의 맥락에서 공적 삶에 대한 우리의 이해는 어떻게 바뀌는 것일까? 세속주의와 세속화의 논리에 따르면, 종교의 이러한 (전지구적·국가적·지역적) 재부상은 일어나지 말아야 한다. 하지만 좋든 나쁘든 공적 가시성이 새롭게 높아진 상황에서 종교는 공론장의 중립성과 자유 민주주의의 세속적 본질, 시민의 '공적' 행동과 '사적' 행동에 관한 더 폭넓은 논의를 촉발한다. 다원주의가 지속되는 흐름 안에서 종교가 새롭게 부상하고 있다는 것은 공적 담론과 공적 공간이 더 분화되었지만 더 양극화될 가능성도 있음을 의미한다. 작지만 점점 더 효과적인 동원 능력을 갖추게 되는 종교적 소수와 종교적 신앙이나 실천에 대한 직접적 이해가 거의 혹은 전혀 없는, 종교 단체에 소속되지 않은 비신자로 이뤄진 다수가 공존하는 상황이기 때문이다. 이는 공적 영역에서 시민의식과 가치에 관한 담론과 실천에 특수한 영향을 미친다.

지역적·국가적·전지구적

이 책에서 나는 변화하는 종교 상황의 지역적·국가적·전지구적 차원과 이에 상응하는 공공신학의 대응이 필연적으로 서로 얽혀 있음을 이따금씩 지적할 것이다. 이 때문에 특수한 맥락에 계속해서 뿌리를 내리고 있는 동시에 다양한 청중을 향해 이야기하고자 하는 노력은 까다로운 과제가 될 것이다. 나는 일차적으로 내가 속한 국가의 맥락, 곧 영국 안에서, 주류 성공회의 관점을 반영하는 공공신학이라는 물려받은 전통으로부터 글을 쓸 것이다. 이렇게 함으로써 나의 초점을 협소하게 만들지 않으면서 깊이 있고 구체적인 논의를 할 수 있기를 바란다. 내가 속한 북유럽의 특수한 공간은 아마도 세계에서 가장 세속적인 지역이며, 공적 영역 안의 종교에 관해 고찰할 때 규칙이라기보다는 예외일 테지만, 다문화주의, 새로운 법적 인정, 복지 개혁을 위한 종교적 행동주의의 중요성이라는 형태로 재부상한 종교의 갈등은 후기세속 사회의 다층적인 도전을 생생하게 예증한다. 더 일반적으로 이 논의의 목표는 구체적인 사례와 맥락을 활용해 현대 사회의 전반적인 흐름과 그러한 분석에 입각해 공공신학을 재공식화하는 책무에 대한 더 일반적인 주장을 예증하는 것이다.[*]

1장에서는 종교가 새롭게 공적 가시성을 확보하게 된 과정을 개략적으로 살펴보고, 복지의 미래에 관한 논쟁과 인권 관련 법률에 종교와 신념이 포함됨으로써 생겨난 논란을 통해 이것이 전례 없는 상황으로서 문제를 야기하고 있음을 지적한다. 특히 후기세속의 중요성이 심화되고 더 활발한 의사소통의 필요성이 부각되는 이유는, 종교적 문해력의 광범위한 결핍이라는 관점에서, 또한 종교적 발언의 정당성과 신앙에 기반한 개입을 통해 자선을 베푸는 것에 대해 의문을 제기하는 합리적 회의론자들이 반론을 제기하는 상황에서 신앙인과 사회 전반의 간격이 점점 더 커지고 있기 때문이다. 2장에서는 종교 자체의 재부상이 아니라 종교의 공적 중요성과 복잡성에 대한 의식이 바뀌고 있는 상황에서 후기세속 사회의 참된 의미를 찾을 수 있다고 주장하는 데 초점을 맞춘다. "종교적인 것의 존재가 약화하고 있지만 여전히 지속되고 있고, 따라서 어쩌면 더 저항적이고 완강해진다면 그 사회는 '후기세속적'이다"(de Vries 2006b, p. 3). 이는 문제의 핵

---

* 전지구적 공공신학에 대한 전반적 개관으로는 Kim 2011을 보라.

심과 연결된다. 후기세속은 종교가 그 안에서 새롭게 부상하고 있지만, 공적 이성의 한 형식으로서 종교의 정당성은 계속해서 뜨거운 논쟁의 대상이 되는 새로운 종류의 공론장의 출현을 의미한다. 그러므로 후기세속의 핵심에 자리 잡고 있는 정치적 긴장은 이것이다. 많은 이들은 종교의 재부상이 꼭 필요했던 세속 사회의 도덕적 회복을 촉발한다고 생각하지만, 다른 이들에게는 이러한 신앙의 새로운 분출이 공적 영역의 중립성에 대한 위험스러운 위반을 의미한다. 우리는 가 본 적이 없는 곳으로 들어가고 있다. 자유주의적·다원주의적 민주주의는 이 특수한 모순을 어떻게 해결하는가? 성속의 이 새로운 체계는 어떻게 정체성과 시민의식, 통치, 공동선에 관한 공적 담론을 위한 새로운 관행을 만들어 내는가?

> 추가적인 세속화나 세속주의(종교적 다양성에 맞서는 보루로서든, 종교적 다양성을 촉진하는 요인으로서든)에 대한 희망도, 잊어버리고 있던 종교적 가치로의 단순한 회귀도 이 공백을 메울 수 없다. 유럽과 서양의 후기세속 사상과 정치신학이 존재할 수 있다면 그것이 무엇인지 우리는 아직 알지 못한다. (p.67)

이 새로운 '후기세속' 체계는 기독교 교회의 공적 증언에, 또한 공공신학으로 알려진 분과에 새로운 도전을 제기하기도 한다. 이 분과는 일반적으로는 기독교 전통 안에서의 종교적 사상과 실천의 정지적 적실성에 관해 연구한다. 이것은 신학적 관점에서 경제, 정치, 문화, 매체와 같은 공적 삶의 양상에 대해 논평하고 비판적으로 성찰하고자 한다는 점에서 학문 분과인 동시에 교회의 담론이다. 전통적으로 공공신학에서는 스스로 종교 전통에 뿌리를 내리고 있지만 세속 담론이나 공공기관들과 왕성한 대화를 나눈다고 생각한다.

> 따라서 공공신학자는 모든 사람이 이해하고 시험해 볼 수 있는 수단으로 기독교 신앙과 실천이 기술記述적으로, 또한 규정적으로 공적 삶과 공동선에 영향을 미치는지를 설명하고, 이를 통해 그리스도인과 비그리스도인 모두를 설득하여 행동하게 만들려고 노력한다. (Breitenberg 2003, p. 66)

3장에서는 현대 공공신학의 유산을 더 자세히 살펴보고, 다원주의적인 공적 영역과의 관계에서 이 신학의 핵심 특징을 설명한다. 어떤 공공신학자들은 교회나 다른 신앙 기반 조직이 공적 논쟁이나 정치적 절차에 개입했던 실제 사례를 검토한다. 다른 이들은 공동선과 구원, 언약, 삼위일체와 같은 신학적 언어와 개념, 가치가 공적 논쟁 안으로 매개되는 방식을 비판한다. 때때로 공공신학자는 생태, 전지구적 금융, 빈곤, 도시의 삶과 신앙 등의 문제와 관련해 공적 사역을 실행하려고 노력하면서 신앙 공동체의 규범적·형성적 재구축에 기여하기도 한다. 또한 현대의 공공신학자는 교회와 정치적 절차에 초점을 맞추는 것을 넘어서서 관심사를 점차 다양화하여 종교적 모티프와 가치, 실천(매체와 대중문화처럼)의 더 광범위한 문화적 의미를 고찰한다. 공적인 것의 구성에 관한 더키 스미트(Dirkie Smit)의 연구 이후(2007a; 2007b) 여성주의, 후기근대주의, 후기식민주의 관점에서 지배적인 정의를 수정하려고 하는 작업이 나타났다(McIntosh 2007; Beaumont and Baker 2011; Budden 2008; Sebastian 2007).

이와 비슷하게 공공신학은 종교적 전통이 공적 논쟁과 정치적 프로그램에 참여하는 조건과 상황에 대한 고찰, 종교 기관과 지도자들이 도덕적·정치적 문제에 개입하는 구체적 사례에 대한 평가에 주로 관심을 기울여 왔지만, 공적 담론 안으로 매개되는 신학적 추론의 또 다른 형식으로서 정치인과 공적 지식인들의 공공신학적·도덕적 목소리에 대한 관심도 점점 더 커지고 있다(Storrar 2009; Graham 2009a). 또한 문화기술지(ethnographic)나 인류학적 방법론과 종종 교차되는 분야에서 공공신학은 특히 아시아, 아프리카, 라틴아메리카에서 풀뿌리와 공동체 조직화를 강조하는 교회의 행동주의가 동원되는 방식에 관해서도 연구한다(Kim 2008; Haire 2007; Akper 2008; von Sinner 2009).

로마가톨릭 신학자 데이비드 트레이시(David Tracy)의 연구는 주류 공공신학의 토대를 마련했다. 그의 연구는 신학이 '개인적'일 수 있으나 결코 '사적'일 수는 없다고 주장하며(1981, p. 6), '참된 공공성에 대한' 신학의 '헌신'(p. 5)이 기독교적 가치가 어떤 형태로든 공적 영향력을 행사하기 위한 필수 전제조건이라는 신념을 담고 있다. 많은 부분에서 이는 그가 제시한 기독교 신학자의 '세 공중'과 학계와 교회, 사회에 대한 신학의 책임이라는 개념이 큰 영향을 미쳤기 때문이다(1981). 또한 공공신학은 위르겐 하버마스의 작업에도 많은 영향을 받았다. 그는 공적 영역을 참여적·합리적·변혁적 담론을 통한 의사소통 행위로 특징지어지는 사회적·정치적 삶의 분리된, 근대적 차원으로 정의한다(2008a).

그러므로 통상적으로 공공신학자들에게 '공공'이라는 개념은 두 가지 의미를 아우른다. 첫째, 이는 신앙을 사적이며 경건주의적인 의도에 국한하는 종교적 신앙과 실천의 형식과 대조적으로 신앙의 공동체적·정치적·사회적 의미를 우선시한다(Breitenberg 2003; Stackhouse 2007a). 둘째, 공공신학자들이 투명하며 공적으로 이해하고 변호할 수 있는 방식으로 신앙과 실천의 공적 궤적에 관한 논쟁을 수행하겠다는 다짐을 반영한다(Breitenberg 2003). 공공신학은 특수한 신앙 공동체의 이익을 보호하는 것보다는 공적 이슈의 신학적·종교적 차원에 대한 깊이 있는 이해를 만들어 내고 분과와 신앙 전통을 가로질러 이해할 수 있는 언어로 분석과 비판을 전개하는 것에 더 관심이 있다.

하지만 후기세속의 조건이 특수한 조건을 야기하기 때문에, 기독교 교회가 의미 있는 공적 역할에 헌신하고 있다면 공적인 신학 담론의 본질이 바뀌어야만 한다. 더 이상 그것은 신학적·도덕적 암시를 자연스럽게 수용할 준비가 된 공통된 준거 틀 안에서 말하는 것이 아니다. 후기세속은 종교적 담론에 더 민감한 동시에 그 담론에 대해 의심하는 공론장을 묘사한다. 실제로 기성 종교에 대한 사람들의 친숙도가 점점 더 약해지는 맥락에서는 후기세속의 분열을 가로지르는 의미 있는 의사소통의 중요성을 그 어느 때보다 더 강조하게 된다. 그러므로 '후기세속성'이라는 이 새로운 체계가 공공신학과 기독교 교회의 공적 증언에 새로운 도전을 제기한다는 것이 나의 주장이다. 공공신학은 종교적 부흥이라는 '바위'와 세속주의라는 '딱딱한 공간' 사이를 헤쳐 나가는 법을 배워야 한다.

하지만 후기세속의 조건이 야기한 두 도전은 공모하여, 이 전수된 지혜에 중요한 도전을 제기한다. 한편으로, 세속 자유주의자들은 공적 공간에서 '하나님에 관한 이야기'를 하는 것에 저항하며, 명시적으로 종교적인 신념과 신앙에 기반한 조직이 공적 논쟁이나 정책 입안에, 심지어는 실제로 서비스를 제공하는 과정에 개입할 권리에 이의를 제기한다. 다른 한편으로, 기독교 공동체 내에서도 이의를 제기한다. 많은 신학자가 이런 종류의 보편적인 혹은 신앙고백을 초월하는 대화가 (특히 기독교 세계의 소멸을 감안할 때) 불가능하다고 주장할 것이기 때문이다. 공공신학의 대화적 전통과 대조를 이루는 다른 형식의 기독교 정치가 등장했다. 이는 교회의 일차적 책무가 교회가 되어 세상이 그 자체를 세상으로 알 수 있도록 하는 것이라고 주장하는 카를 바르트 Karl Barth 같은 이들의 사상에서 영감을 얻었다. "교회는 기독교 신앙과 실천의 외부로부터 정치적 전망에 대한 이해를 끌어올 수 없다…"(Bretherton 2010, p. 17).

따라서 후기세속 사회의 도전에 대한 또 하나의 대응은 공적 이해 가능성이라는 대화 과정보다는 교회의 실천이라는 특수성에 더 깊이 뿌리를 내린 새로운 종류의 신학적 '정체성 정치'를 주창하는 것이었다. 그런 관점에서 볼 때 세속의 재생 프로그램이나 복지 제공 계획과 결속되는 것은 교회의 본질적이며 일차적인 책무에 초점을 맞추지 않고 관심을 분산시키는 것에 불과하다. 교회의 본질적인 책무는 그 자체의 조건에 따라 교회가 '되는' 것이기 때문이다. 이것은 성스러운 것을 불가피하게 '괄호 쳐서 배제하는' 공간으로서의 공적 영역의 중립성이라는 근대주의적 전제에 이의를 제기하며, 교회의 과제는 정치에 **개입하는** 것이 아니라 그 나름의 '폴리스^{polis}'가 **되는** 것이라고 주장한다. 교회는 세속적 이성의 타협에 기초한, 용인되는 발언과 행동의 한계에 순응하지 말아야 한다. 그런 식으로 통약 가능한 공통의 지혜란 존재하지 않으며, 교회는 그리스도의 수난과 죽음과 부활이라는 모범적인 서사를 본보기로 삼을 용기를 지녀야 한다.

 4장과 5장에서는 (후기자유주의나 급진 정통주의와 같은) 학계의 담론과 (보수적 복음주의 압력단체나 캠페인과 같은) 더 대중적인 운동을 통해 구체화된, 교회적이며 고백적인 공공신학 형식의 등장을 살펴보고 평가한다. 나는 이들의 주장을 검토하고 그것이 현대의 도전에 대한 부적절한 대응이라고 결론내릴 것이다. 이들은 순수한 교회의 정체성으로 회귀하려고 시도하고 신학적 토대를 지닌 '공동선'에 대한 관심을 의심함으로써 교회적 실천의 전통뿐만 아니라 일반 은총과 자연법에 대한 대화적이며 포용적인 이해에 뿌리를 내리고 있는 공공신학의 필요성을 치명적으로 평가절하한다.

신학자는 자신이 어디로부터 발언하는지를 밝혀야 하지만, 동시에 누구를 향해 말하는지에도 주의해야 한다. 어떤 관점에서, 무슨 권위로 말하는가? 또한 아마도 더 중요한 의미에서 그들 역시 **들어야** 하지 않을까? 그러한 '공적 말하기'가 어떻게 어떤 언어로 이뤄질 수 있는지, 특히 신학이 지혜의 '세속적' 혹은 비신학적 원천을 그 발언 대상으로, 심지어는 하나님이 친히 세상을 향해 '말씀하시는' 방식의 정당한 일부로서 인정하는지를 고려하지 않는다는 것은 이상한 일일 것이다. 자유주의를 비판하는 이들이 어떻게 신학의 통일성이 세속적 근대성에 의해 약화되었는지를 신학이 살펴보아야 한다고 요구하고 신학을 구체적으로 기독교적 원천과 실천 안에 더 확고하게 자리 잡게 하는 것은 옳은 일이다. 하지만 신학적 담론의 대화적·공공적·변증적 차원이 소멸했다는 소문은 시기상조일 뿐이다.

많은 보수 복음주의자 사이에서 동성애와 낙태, 이혼에 관한 법의 자유화에 대한 반대가 윤리적이고 성경적인 용어로 진술되는 경향이 있다. 하지만 21세기 초 새로운 평등과 다양성 관련 법률이 도입되면서 그들의 담론은 권리의 언어로 전환되었다. 하지만 전통적인 종교적 양심의 권리에 호소하는 보수 종교 단체들이 그들이 권리를 제한하거나 뒤집고자 하는 사람들과 비슷한 정치적·법적 전략을 채택할 수밖에 없었다는 점은 역설적이다. 그런 점에서 이러한 복음주의 정체성 정치의 습격은 후기 세속이 만든 딜레마의 또 다른 차원을 반영한다. 즉, 시민권과 평등을 '전통적인' 생활방식의 경계 너머로 확장하는 세속적 자유주의에 반대하는 종교적 양심의 정당성을 인정해야 한다는 주장이다.

그와 대조적으로 공공신학의 전통에서는 합리적이며 설득력 있는 공적인 기독교적 발언은 늘 공적 조사의 대상이 되는 시험을 치를 준비를 하고 있어야 한다는 점에 언제나 주의를 기울였다. 이러한 투명성과 책임 의식은 세속적 이성의 통찰에 대한 굴복이 아니라 존중을 암시한다. 이는 신앙의 언어와 더 광범위한 공적 담론 사이의 관계에 관한 질문과 밀접하게 연결되어 있다.

> 따라서 공공신학자들은 다음과 같은 딜레마를 피할 방법을 찾아야 한다. 만약 우리가 독특하게 종교적인 관점을 말한다면 우리 목소리가 너무 특수해서 우리의 종교 공동체 외부에서는 이해할 수 없을 것이다. 반면에 공통으로 받아들여지는 관점을 채택할 때 우리에게는 기여할 수 있는 독특한 것이 더는 없어 보인다. (Doak 2004, p. 14)

그러한 대화적 감수성을 만들고 유지할 수 있는 공공신학의 형식이 필요하다고 주장할 만하다. 공공신학의 목소리가 구체적인 이슈나 정책에 관한 공적 논쟁에 개입할 필요는 여전하지만, 동시에 발언할 권리에 대한 더 명확한 논거를 계발해야 한다. 공공신학자는 신학에 근거한, 공론장에의 개입을 주창할 뿐만 아니라 더 이상 자동적인 접근권이나 신뢰를 부여하지 않는 문화 속에서 기독교 신앙의 적실성을 정당화하고 변호해야 하는 도전에 직면해 있다. 다시 말해서, 교회 당국으로부터 공적 지식인, 지역의 활동가와 운동가에 이르기까지 공공신학의 주창자들은 공적 논쟁에 비판적·건설적으로 기여해야 하지만, 이러한 헌신의 신학적 원천을 정당화하고 주창하는 책무에 더 많이 주의해야 한다.

따라서 나는 기독교 변증의 한 형태로서 공공신학의 기능에 관심이 있다. 여기서는 북미 공공신학자 맥스 스택하우스Max Stackhouse의 작업을 원용했다. 다른 공공신학자들과 마찬가지로 공공신학에 대한 스택하우스의 전망은 세 가지 구체적인 확신에 기초한다. 첫째, 종교는 단순히 개인적이거나 사적인 경건의 문제가 아니라 경제와 시민사회, 국가, 문화 같은 공적 영역의 모든 양상에서 신자의 삶에 영향을 미친다. (따라서 '공공'이 단순한 '정치'보다 더 광범위하다는 점에 주목하라.) 둘째, 스택하우스가 보기에 '공공'이 개인을 위한 영성화되고 사사화된 신앙이라는 개념에 대한 절대적 거부라면, 그 귀결은 종교가 지닌 영향력의 공적 중요성에 대한 강조다.

…신학은 강렬한 개인적 헌신, 특수한 예배 공동체와 관계가 있지만 가장 근원적 차원에서 볼 때 사적이기만 한 것도 아니고 독특한 공동체적 정체성의 문제인 것도 아니다. 오히려 신학은 현실과 당위에 관한 주장, 공적 담론을 위해 결정적이며 개인의 영혼, 사회, 국가의 공동체에 대한 지침을 제공하는 데

필수적인 주장이다. (2006, p. 165)

셋째, 신학적인 신앙지상주의나 고백주의라는 대안적 형식에 맞서 스택하우스는 신학이 그 핵심 원칙을 **공적으로** 변호할 준비를 한다는 점에서 온전히 공적이며 대화적인 담론이어야 한다고 주장한다. 따라서 스택하우스에게 공공신학의 변증적 차원은 일반적으로는 종교적 담론이, 특수하게는 기독교 신학이 공론장에서 정당한 목소리가 될 수 있는 권리를 변호하는 작업인 것처럼 보인다.

> 신학이 공적 담론에 참여하게 된다면, 신자가 아닌 이들이 이해할 수 있는 용어로 그것이 주창하는 바에 대한 그럴듯한 주장을 펼칠 수 있어야 한다.…다양한 담론 양식에서 이해할 수 있는 용어로 그 핵심 신념을 진술하고…그 의미의 다양한 층위를 드러내는 방식으로…그 상징과 신화적 용어를 설명할 수 있어야 한다. (2007a, p. 112)

그러므로 6장에서는 이제 공공신학의 더 **변증적** 차원을 회복해야 할 때가 된 것은 아닌지 고찰한다. 기독교 변증은 "사려 깊은 그리스도인들이 각기 다른 시대와 문화에서 '그들 속에 있는 소망에 관한 이유'(참고. 벧전 3:15)를 설명하려고 노력하는 다양한 방식"으로 정의할 수 있다(Dulles 1971, p. xix). 기독교는 예수 그리스도의 삶과 죽음, 부활, 주 되심에 대한 선포를 중심으로 삼는 선교적 신앙을 그 기원으로 삼는다. 하지만 처음부터 변증적 책무가 맡겨지기도 했다. 유대교인, 이교도, 회의론자, 황제 등 다양한 비신자, 비방자, 박해자에 맞서 그 주장을 변호하고 추천해야 했다. 초기 기독교의 가장 중요하고 근본적인 사건과 문서 중 일부가 복음의 철학적 신뢰성을 변호한다는 의미에서 변증적 속성을 지녔음은 분명하다. 하지만 많은 경우에 종교적이든 시민적이든 공적 모임 안에서 이뤄졌기에 보편적 심사의 대상이 되었고, 정치 권력을 향한 탄원인 경우도 많았다는 점에서 본질적으로 공공신학의 사건과 문서이기도 했다. 신앙 문제뿐만 아니라 그리스도인과 제국적·세속적 권위의 관계를 다루었다. 그러나 나는 많은 현대의 변증이 하나님의 존재와 부활의 역사성에 관한 논쟁에 초점을 맞춤으로써 역사적 유산이나 동시대의 요구에 충실하게 부응하지 못하고 있다고 생각한다.

현대 변증에서는 다른 사람을 그들 자신이 공표하는 신앙으로 이끌기 위한 목적으로 합리적·명제적 논증에 호소함으로써 신앙을 정당화하려는 노력을 뜻하는 방향으로 이 용어의 의미가 조정되었다. 변증을 "기독교 신앙의 진리와 적실성에 대한 **지적 정당화**로서의 기독교적인 변증적 증언과 대화에 대한 학문적 성찰"로 이해한다(van den Toren 2011, p. 27, 저자 강조). 이것을 전도의 한 분야로, 논쟁에서 이기는 것을 목표로 삼는 회심을 위한 준비 행위로 간주하는 경우가 많다. 혹은 에이버리 덜리스Avery Dulles의 말처럼, "변증가는 정당한 수단을 사용하든 비열한 수단을 사용하든, 사람들을 설득해 교회에 들어오게 하려고 노력하는 공격적이며 기회주의적인 사람이라고 생각한다"(1971, p. xv). 하지만 이런 종류의 근대주의적인 명제적 변증의 문제는 기독교 신앙의 독특성을 주장하려고 노력하는 사이에 경험적 입증이라는 세속적·실증주의적 기준에 굴복하고 말았다는 것이다.

> 모든 추론적 지식이 자명하고 추론적이지 않은 통찰에 기초해야 한다는 데카르트적 전제를 포기한 것은…사실 변증가뿐만 아니라 철학 자체에, 안다는 것이 무엇을 뜻하는지를 명확히 이해하고자 하는 인간의 노력 전체에 큰 축복이다.…하지만 그것을 포기하는 것은 신학자들의 편의를 위해서가 아니라 그것이 **세계**와 우리가 세계와 맺는 관계를 제대로 설명하지 못하기 때문이다.… (Oakes 1992, pp. 51-52)

하지만 추론 방식으로서의 과학적 합리주의에 대한 대안을 제시하는 '상상력의 변증'이라는 형식은 공적 책무로서의 변증이 지향해야 할 효과적인 방법을 제공한다. 이 형식에서는 어떻게 창의적 예술, 대중문화, 매체가 의미에 관한 문제를 탐구할 수 있는, 창의적인 교환이 이뤄지는 공유된 공간이 될 수 있는지를 고찰한다. 이러한 변증의 인식론에서는 신앙이 세계에 형태를 부여하며 그리스도인들의 행동과 태도에 있어서 그들을 정향하는, 일종의 '실천적 지혜'라고 이해한다. 따라서 변증은 명제적 진리가 아니라 변화시키는 진리를 가리킨다. 그것은 '믿으라'는 권유가 아니라 '행동으로도 보여 주지 않는다면 결코 제대로 보여 줄 수 없는' 세계관을 받아들이라는 권유다(Davison 2011, p. 26). 이를 공공신학으로 번역하자면, 신앙이 시민의식과 공적 가치에 기여할 수 있는 변화를 보여 주거나 특정한 공적 입장 배후에 있는 논리를 다른 시민들에게 설명하는 것을 뜻한다고 말할 수 있다. 그렇다고 해서 신학 용어로 신앙을 변호하는 틀을 만드는 작업의 중요성, 심지어는 (많은 변증가가 그러듯이) 기독교 세계관이 대안적 이해의 성취라고 주장하는 것의 중요성을 평가절하하는 것은 아니다. 하지만 변증의 핵심이 명제적 진리 안에서 신앙의 우선성이라고 생각하는 것처럼 보이는 현대의 복음주의 변증가들과 달리, 이 모형에서는 변증의 목표를 한 사람이 지닌 기본적 전제와 가정, 앤드루 데이비슨Andrew Davison이 '공리'라고 부르는 것의 패러다임 전환으로 이해한다(2011, p. 14). 이는 그러한 세계관 안에서 살아갈 때 **이루어지는 변화**라는 관점에서 세계의 나머지 부분에 제시하는 '판단reckoning'의 기초를 이룬다.

이러한 '현전의 변증'(Murphy-O'Connor 2009)은 수많은 모티프를 구현한다. 나는 던컨 포레스터Duncan Forrester를 따라서, 공공신학이 일차적으로 "도시의 번영"(렘 29:7, 현대인의성경)에 관심을 기울이며, 세계의 의제에 반응하고 (말과 행동을 통해) 번영하는 공론장에 비판적·건설적으로 기여하고자 한다고 이해한다 (Forrester 2004). 이는 어느 한 기관의 자기 이익을 초월하는 더 폭넓은 실재에 대해 책임지는 태도를 추구해야 하는 공공신학의 이중 언어적·대화적 성격과 조화를 이룬다. 둘째, 후기세속 공공신학에서는 자신의 신앙을 변호하면서 정치적 지배자들을 향해 발언했던 최초의 기독교 변증가들을 본받아 "권력에 진리를 말하라"라는 소명을 견지해야 한다. 하지만 이러한 변증에서는 단순히 교회의 특권을 뒷받침하기보다 우리의 공통된 인간성을 위해 이의를 제기하고 권리를 주장한다. "권력에 진리를 말해야" 하는 기독교 변증의 소명은 공공신학의 예언자적 차원에 대한 고찰을 요청하며, 이를 위해 가난하고 주변화된 이들, 구스타보 구티에레스Gustavo Gutiérrez가 역사의 '비인간화'되었다고 한 사람들(Gutiérrez 1983)을 옹호하는 입장을 채택해야만 한다고 나는 주장할 것이다. 그는 이것과 비신자에 대한 교회의 선교를 대조하며, 이는 단순히 인지적 혹은 명제적 활동을 넘어서는 무언가로서의 변증을 되찾아야 한다는 나의 주장과도 궤를 같이한다. 기독교 변증은 역사의 밑바닥에 있는 이들에 대한 실천적인 헌신의 증명이기도 하다.

현전의 변증은 논리적인 논쟁을 통해서도 자신을 정당화할 수 있어야 한다. 실제로 공공신학이 도시의 안녕을 증진할 수 있는 한 방법은, 모든 사람이 적극적인 시민의식의 역량을 기를 수 있는 공적 논쟁과 행동을 위한 호의적이고 포용적인 공간을 만들어 가는 일에 기여하는 것이다. 교회에서보다 이 과제가 더 중요한 곳은 없다. 교회는 "그리스도의 사신"(고후 5:20)인 평신도의 세속적 소명을 촉진해야 하기 때문이다. 후기자유주의는 그리스도인의 실천이 명료한 신앙의 서사에 뿌리내리고 있어야 할 필요성을 공공신학에게 상기시키는 귀중한 기여를 해 왔다. 공공신학은 변화를 일으키는 사회자본의 담지자인 지역 공동체의 풀뿌리 증언을 통해 가장 효과적일 수 있다는 주장이 가능하다. 이에 상응하는 명령은 '세상 속 교회'인 평신도의 일상적인 증언을 뒷받침하라는 것이다. 맥스 스택하우스는 공공신학의 소명적 차원을 강조하면서 우리에게 후기세속 사회에서 평범한 평신도가 얼마나 잘 훈련을 받아서 자신을 '설명할' 수 있는지 물어보라고 촉구한다. 이는 교회 지도자의 진술에 초점을 맞췄던 공공신학의 전통이, 행동하는 시민의식을 만들어 내는 제자도의 풀뿌리 실천을 구축하기 위한 더 지속적인 접근 방식으로 강화되어야 함을 의미한다. 이는 기독교적 형성과 교리 교육의 양상과도 맞닿아 있다. 왜냐하면 특히 지속적인 신실한 참여의 토대가 되는 신학적 성찰이라는 저장고를 유지하기 위해 평신도의 신학적 문해력 역량을 기르는 일을 우선순위로 삼기 때문이다.

공공신학의 과제는 종교의 재부상이라는 '바위'와 기관의 쇠퇴와 세속주의라는 '딱딱한 공간' 사이에서 길을 헤쳐 나가는 방법을 찾는 것이다. 후기세속 사회에 대한 나의 분석이 실제 참여 과정에 관한 질문의 적실성뿐만 아니라 신앙에 기반하여 공적 이슈에 참여하는 행동을 뒷받침하고 거기에 영향을 미치는 신학적·철학적·형이상학적 개념의 중요성을 부각하는 데 기여하기를 바란다. 따라서 이 책의 목표는 공공신학과 기독교 교회의 사회적 증언이 상호작용하는 맥락의 주요한 추동 요인으로서 '후기세속' 사회로 명명될 수 있는 무언가에 대한 해부도를 개괄하는 것이다. 나는 이것을 기독교 세계의 귀환이나 근대의 단순한 '재주술화'로 이해할 수 없다고 주장할 것이다. 오히려 이것은 우리에게 종교적 목소리가 공적 삶과 신앙에 기반한 행동주의를 통해 가치에 관한 논쟁에 기여하는 방식에 관해, 또한 어떻게 그 목소리가 시민의 실천을 재활성화하는 데 기여할 수 있는지를 재고해 보라고 요구한다. 하지만 온당한 이유 때문에, 널리 퍼져 있는 회의론에 맞서 이러한 침투를 정당화해야 할 필요가 있다. 종교와 종교적 목소리의 새로운 가시성은 우리가 보유한 사회자본의 재고를 더 풍성하게 하고, 우리의 도덕적 나침반을 재정향하고, 시민사회의 네트워크와 연관관계를 재활성화할 것인가? 아니면 그저 사회적 분열을 심화하고 불신을 악화할 것인가? 더 회의적이며 더 다원주의적이지만 어떤 측면에서는 가치의 언어에 더 수용적인 자세를 취하는 정치적 논쟁 분위기는 종교적 행위자들이 더 명시적인 차원에서 자기 정당화에 나설 것을 요구할 것이다.

1부 ─ 후기세속사회

1장

흐름의 변화

어떻게 종교는 '공적인 것이 되었는가'

1980년대에 종교는 이중적 의미에서 '공적인 것이 되었다.' '공적 영역'으로 들어와서 '공공성'을 얻었다. 다양한 '공중' 곧 대중 매체, 사회과학자, 전문 정치인, '일반 대중'이 갑자기 종교에 관심을 기울이기 시작했다. 예상치 못한 공적 관심은 종교가 사적 영역 내의 할당된 공간을 떠나 도덕적·정치적 논쟁이 펼쳐지는 공적 무대 안으로 뛰어들었다는 사실에서 기인했다. (Casanova 1994, p. 3)

서론

우리는 신앙과 비신앙 사이의 유동적이며 변화하는 경계를, 또한 그에 상응하여 '정치'와 '종교'의 관계에 관해 당연히 받아들여지던 이해가 수정되는 상황을 의심할 나위 없이 목격하고 있다. 이 장에서는 몇몇 핵심 논점을 살펴보고 무엇 때문에 이 논점들이 중요한지를 해명하고자 한다. 특히 서양에서 현 상황은 종교적 쇠퇴와 변형, 부활이 동시에 나타나는 상황인 것처럼 보인다. 비록 계속되는 종교적·영적 신념의 탈제도화^{de-institutionalization}로 상황이 더 복잡해지고 있기는 하지만, 호세 카사노바(1994)가 종교의 '탈사사화^{deprivatization}'와 갱신된 공적 중요성이라고 부른 것에 대한 수많은 징조가 존재한다.

매슈 게스트^{Mathew Guest}는 영국에서 종교의 문화적 상황을 다음과 같이 요약한 바 있다.

> 더 불확실하고 파편화된 이 문화에서 기독교는 소수가 추구하는 가치일 뿐이고, 더 이상 시민적 통일성의 핵심에 자리 잡지 못하며, 어떤 이들에게는 맹렬히 옹호하는 태도를, 다른 이들에게는 공개적인 조롱을 불러일으키기 때문에 매체가 호기심을 갖는 대상일 뿐이다. 이런 틀이 한편으로는 돌이킬 수 없는 쇠퇴를 암시하는 것도 아니고, 다른 한편으로는 기독교의 활력과 영향력에 관한 순진한 낙관론을 암시하는 것도 아니다.
> (Guest, Olson and Wolffe 2012, p. 60)

이 진단이 정확하다면, 종교적 신념과 실천의 공적(따라서 제도적·조직적) 차원에 초점을 맞출 때 이 진단은 특별한 함의를 갖는다. 전통적 종교 활동과 신념이 대안적이며 더 사사화된 표현으로 변형되고 있다는 것은, 이를 종교 쇠퇴의 역전이 아니라 비록 새롭게 조성된, 화려하지 않고 축소된 환경에서이기는 하지만 오히려 종교의 재정향re-orientation으로 이해할 수 있다는 추가적인 증거다. 하지만 신앙과 비신앙의 다양한 형태(와 그 사이의 모든 지점)가 전례 없는 방식으로 공존하게 되었으므로 종교가 공론장에서 자리 잡는 방식을 관장하던 입법적 관행뿐만 아니라 서양의 민주주의가 종교와 정치의 경계를 나누어 온 관행을 재정향해야만 한다. 현대의 조건 중 일부는 종교적 행동주의라는 '움직일 수 없는 물체'와 세속주의라는 '저항할 수 없는 힘' 사이의 임박한 충돌처럼 보인다.

새로운 가시성

세계 안에서 종교적 신앙의 운명을 가늠하는 것이 가능할까? 나는 광범위한 통계 자료를 검토하면서 정태적인 스냅사진이 아니라 성장이나 쇠퇴라는 추세와 경향성을 찾으려고 하며, 전지구적 상황을 파악하는 것도 중요하지만 지역적·문화적 차이 역시 중요하다는 점을 지적해 두고자 한다. 종교에 관한 다수의 조사는 종교인의 비율과 기관의 세력, 개인의 신념을 기록하지만, 나는 일차적으로 문화적·정치적 세력으로서의 종교에, 또한 어떻게 개인의 신앙이 공적 영역에서 자리를 잡고 있는지에 초점을 맞춘다. 이는 공공신학의 역할을 분석하기 위해서는 형식적·제도적 개입(공식적 진술, 정책, 규정)과 (투표 관행, 자원봉사 행태, 도덕적 태도 등으로 표현된) 개인적 신념을 모두 고려해야만 하기 때문이다.

퓨리서치센터 Pew Research Center 의 종교와 공적 생활 포럼 Forum on Religion & Public Life 에서 (2010년에 실시하고) 발표한 연구 자료는 전 세계에서 이뤄진 2,500건 이상 인구조사와 설문조사를 근거로 전지구적인 종교 생활을 포괄적으로 개관할 수 있게 해 준다. 전지구적으로 말해서, 열 명 중 여덟 명 이상이 종교 집단에 속해 있다고 말한다. 종교 인구의 비율은 다음과 같다.

기독교	32%
이슬람교	23%
종교 없음	16%
힌두교	15%
불교	7%
'민속 종교'	6%
유대교	0.2%

(출처: 퓨 포럼 2012, p. 9)

지역별 종교 인구, 2010

지역	인구 (백만 명)	인구 중 비율(%)							
		기독교	이슬람교	종교 없음	불교	힌두교	민속 종교	기타	유대교
아시아-태평양	4,054.99	7.1	24.3	21.2	25.3	11.9	9.0	1.3	〈0.1
유럽	742.55	75.2	5.9	18.2	0.2	0.2	0.1	0.1	0.2
라틴아메리카/ 카리브해	590.08	90.0	0.1	7.7	0.1	〈0.1	1.7	0.2	〈0.1
중동/ 북아프리카	341.02	3.7	93.0	0.6	0.5	0.1	0.3	〈0.1	1.6
북미	344.53	77.4	1.0	17.1	0.7	1.1	0.3	0.6	1.8
사하라 이남/ 아프리카	822.72	62.9	30.2	3.2	0.2	〈0.1	3.3	0.2	〈0.1
전 세계	6,895.89	31.5	23.2	16.3	15.0	7.1	5.9	0.8	0.2

(출처: 퓨 포럼 2012, p. 50)

하지만 지역 차이도 중요하다. 예를 들어, 중국에서는 종교가 성장하고 있다는 증거가 존재하지만, 중국은 여전히 세계에서 종교가 없는 사람이 가장 많은 나라다(7억 명, 인구의 52.2%이자 전 세계 무종교 인구 중 62%). 종교가 없다고 말하는 이들은 중요하다. 나의 관심사 중 하나는 신앙인과 종교가 없는 사람의 관계를 공적 삶의 다양한 차원에서 어떻게 다루고 있는지를 살펴보는 것이기 때문이다. 물론 이 집단은 동질적이지 않다. 여기에는 무신론자와 불가지론자, 단지 기성의 신조나 제도적 신앙과 동일시하지 않는 편을 선택했을 뿐인 사람들이 포함된다. 하지만 그렇다고 해서 이들 중 다수가 종교적·영적 신념을 지지하지 않거나 종교 의례에 참여하지 않으려고 한다는 말은 아니다. 퓨에서는 이렇게 기록한다.

> …종교가 없는 중국 성인의 7%, 종교가 없는 프랑스 성인의 30%, 종교가 없는 미국 성인의 68%는 신이나 더 차원 높은 힘에 대한 믿음을 지니고 있으며, 종교가 없는 프랑스 성인의 7%와 종교가 없는 미국 성인의 27%는 1년에 한 차례 이상 종교 예식에 참석한다고 말한다. 또한 중국에서는 종교가 없는 성인의 44%가 지난 1년 사이에 묘지나 무덤에서 예배한 적이 있다고 말한다. (Pew Forum 2012, p. 24)

그러나 일부 국가, 특히 서유럽 일부 국가의 추세는 점증하는 종교적 다양성의 증가와 더불어 종교적 신앙이 있는 사람과 그렇지 않은 사람의 차이가 점점 더 벌어지는 상황이 벌어지고 있음을 암시한다. 영국에서 실시한 2011년 인구조사 결과는 기독교로부터의 이탈이 지속되는 동시에 종교 집단에서 탈퇴하는 사람들이 늘어나고 있음을 보여 준다. 이번 조사에서는 두 번째로 사람들에게 종교적 정체성을 골라 달라고 요청했는데, 이 질문*은 선택 사항이었다. 그 결과에 따르면, 인구의 59.3%인 3,320만 명이 선택한 기독교가 여전히 최대 종교이기는 했지만, 이는 2001년의 71.7%에 비해 낮아진 수치다. 두 번째로 큰 종교 집단은 이슬람 교인으로서 그 수가 150만 명에서 270만 명으로(3.0%에서 4.8%로) 늘었음을 알 수 있다. 중요한 점은 종교가 없다고 답한 숫자가 두드러지게(14.8%에서 25.1%로) 증가했다는 것이다. 인구조사의 질문은 우리에게 종교적 태도나 종교의 공적 역할에 관한 의견에 관해 아무런 통찰도 제공하지 못하지만, 다른 여론 조사들이 이 점에 관해 추가적인 정보를 제공한다. 2011년에 '유고브YouGov'에서 실시한 면접조사에 따르면 성인의 40%는 종교가 없다고 밝혔고, 55%는 기독교인이라고 말했으며, 5%는 다른 종교를 가지고 있다고 답했다. 연령에 따라 큰 차이를 보였는데, 18-34세는 38%만이 기독교인이라고 답했고, 53%는 종교가 없다고 답했다. 반면에 55세 이상에서는 그 수치가 각각 70%(기독교인)와 26%(종교 없음)였다. 응답자의 11%는 한 달에 한 번 이상 종교 예식에 참석한다고 답했고, 27%는 그보다 덜 자주 참석한

---

* "당신의 종교는 무엇인가?"

다고 답했으며, 59%는 전혀 참석하지 않는다고 답했다. 참석하지 않는 사람의 비율은 나이 든 사람보다는(55세 이상 54%) 젊은이들 사이에서(18-34세 62%) 더 높았다. 또한 육체노동자가 아닌 사람(56%)보다 육체노동자(62%) 사이에서 더 높았다(YouGov 2011).

2012년 11월 아이티브이[ITV] 뉴스의 의뢰로 콤레스[ComRes]에서는 18세 이상 영국인 2,055명을 대상으로 온라인 설문조사를 실시했다. 종교가 오늘날 세계에서 많은 불행과 갈등을 초래하는 원인이라는 진술에 79%가 동의했고, 11%가 동의하지 않았다. 35%는 종교가 세상에 좋은 영향을 미치는 힘이라는 데 동의했지만, 45%는 동의하지 않았다. 동의하지 않는 사람은 여성(41%)보다 남성(50%)이 더 많았다.

전체적으로 이 자료는 우리 사회에서 종교가 점점 더 퇴각하고 있으며 이름뿐인 종교로 변하고 있음을 보여 준다. 나이가 많은 연령 집단이라는 중요한 예외가 존재하기는 하지만, 종교적 헌신을 주장하는 이들 중 다수는 신에 대한 믿음으로 이를 뒷받침하거나 이를 규칙적인 기도나 예배 참석으로 전환하지 못하고 있다. 일반적으로 사람들은 종교의 긍정적 측면보다는 부정적 측면을 보는 경향이 더 많으며, 확실히 종교를 정치라는 무대에서 계속 배제하기를 원한다. (ComRes 2012)

'SBNR 세대'

종교가 없다고 말하는 이들 사이에도 당연히 다원주의가 존재한다. 인구조사 자료와 기타 여론조사는 이것이 단순히 '신앙 없음'의 문제가 아니라 '신'의 가능성, 영적 혹은 비물질적 존재의 본질, 종교적 신념의 신빙성 유무 등에 대한 다채로운 태도의 연속체임을 암시한다. 따라서 무신론자, 불가지론자, 자유사상가, 인본주의자가 있으며, 더 나아가 인격적이며 객관적인 신의 존재를 부인하지만 일정한 형태의 종교적 소속을 주장하는 비실재론적 유신론자까지 있다. 어떤 이들은 인본주의나 세속주의 단체에서 활동하며, 더 많은 이들은 '세속' 장례식과 결혼식이나 시민결합civil partnership, 다른 통과의례를 선택한다. 또 다른 많은 이들은 리처드 도킨스, 샘 해리스, 폴리 토인비, 크리스토퍼 히친스 같은 '새로운 무신론자들'의 책을 읽고 논쟁한다. 많은 점에서 그들은 18세기 계몽주의의 후예로서 인간의 번영과 발전을 위해 우리가 모든 형태의 소위 신적·초자연적 권위로부터 해방되어야 하는데, 이는 그것이 우리가 우리의 이성을 자유롭게 활용하지 못하도록 막고 있기 때문이라고 주장한다. 종교는 그 속성 때문에 시대에 뒤처진 비합리적 힘으로서 기술적이고 합리적인 현대 사회에서 설 자리가 없다.

    물론 무신론에도 역사가 있다. 철학자 소크라테스는 더 차원이 높고 순수한 초월적 원리라는 이름으로, 대중적인 그리스 종교 내 신성들의 만신전에 반대했다. 고대 사상에서는, 신들이 인간의 변덕이나 특징의 투사에 불과한 종교 형태를 비판하면서 더 순수하고 초월적인 존재를 주장한 이들을 흔히 볼 수 있다. 종교개혁기에는 경건이나 종교적 실천이 부족해 보이는 이들을 묘사하기 위해 불신앙이라는 어휘가 등장했다. '무신론'은 내면의 의심보다 외적 실천의 문제를 뜻했다. 그러나 무신론 자체는 본질적으로 근대성의 산물이었으며, 17세기 중엽부터 체계적인 세계관으로 등장하기 시작한다(Hyman 2010, pp. 5-6). 그러나 현대에 나타난 독특한 현상은 엘리트 집단의 '교양 있는 지성' 사이에서 소수가 선택하는 입장이 아닌 대중적 신념으로서의 무신론이 출현했다는 것이다(Buckley 1987, p. 28). 이 경우 새로운 무신론과 다른 형태의 종교 회의론이 더 두드러지게 된 것은 세속화와 제도종교의 쇠퇴와 연관된 다른 사회학적·종교적 변동과 무관하지 않은데, 거기에는 명목상의 종교적 실천의 약화와 그에 상응하여 나타나는 비공식적이며 개인화된 영성과 세계관의 수용 등이 포함된다.

　　서양 통계 자료에서 '종교 없음'이라고 답하는 사람이 증가한 것은 아마도 여러 요인 때문일 것이다. 많은 사람이 종교에 무관심하다. 이른바 '신에 무관심한 사람들apatheists'이다(Rauch 2003). 다른 이들은 도킨스를 비롯한 이들이 주창하는, 초월적·인격적 신에 대한 과학적이며 합리적인 부인을 추종한다. 하지만 다른 이들은 제도권 종교의 권력 남용에 대한 도덕적 양가감정과 더 자율적인 영적 여정을 따르고자 하는 바람이 결합한 결과로 조직화되고 신조를 갖춘 종교로부터 소외감을 더 많이 느낄 수도 있다. 그들을 하나로 묶는 것은 종교적 조직과 교의에 대한 반감과 인간의 존엄성과 자율이라는 가치에 대한 헌신인 것처럼 보인다. 많은 이들이 과학적 원리와 알려진 세계에 대한 강력한 실증주의나 경험주의에 대한 애착으로부터 그런 경향을 보인다. 다른 이들은 교리적이고 제도화된 종교를 거부하지만, 영성이나 다른 대안적 심리요법 형식을 수용하는 쪽을 택한다. 많은 이들은 전통적이며 공동체적인 종교 기관에 참여하기를 기피하지만, 하지나 동지처럼 계절의 흐름과 관련이 있을 수도 있는 대안적 의례에 참여한다. 혹은 교통사고 희생자를 위해 도로변에 제단을 세우는 것처럼 통속적인 축하나 애도의 표현 방식에 참여한다(Woodhead 2012).

일부 인구조사 자료는 나이와 종교성의 높은 상관관계를 암시하는데, 젊은이들은 조직화된 종교와 동일시하거나 자신을 영적이라고 묘사하는 비율이 더 낮은 편이다. 로버트 풀러Robert Fuller에 따르면, 미국인 중 무려 33%가 스스로 "영적이지만 종교적이지는 않다Spiritual but not Religious"라고 말한다(Fuller 2001). 여기서도, 젊은 세대 사이에 종교 없음이 더 널리 퍼져 있는 것처럼 보인다. 퓨리서치센터가 2010년 미국에서 실시한 조사에 따르면, 1980년 이후 출생한 성인의 25%가 종교가 없다고 답했고, 자신의 종교를 '무신론'이나 '불가지론', '특별히 없음'으로 묘사했다. 이는 30대의 1/5(X세대, 19%), 40대의 15%, 50대의 14%, 60세 이상의 10% 이하와 대비된다(Pew Forum 2010). 이런 차이는 사람들이 나이가 들수록 더 종교적으로 변한다는 사실로 설명할 수 있다기보다는 이 특정한 세대의 특징인 것처럼 보인다. 따라서 30세 이하의 경우에 종교가 없다고 답한 사람의 비율이 X세대의 구성원들이 생애 주기에서 그에 해당하는 시점에서 종교가 없다고 답한 비율(1990년대 20%)보다 유의미하게 더 높았고, (1945년에서 1960년 사이에 출생한) 베이비부머 세대가 청년이었을 때 종교가 없다고 답한 사람들(1970년대 말 13%)과 비교하면 그 비율의 두 배에 해당했다. 그렇다면 이 명칭이 미래에 조직화된 종교의 공적 운명에 관해 뜻하는 모든 것을 고려하여 Y세대를 'SBNR 세대'라고 부를 수 있을까?

어떤 면에서는 '영적'과 '종교적'이라는 용어를 서로 바꾸어 사용할 수 있다. 둘 모두 더 고차원적인 능력에 대한 믿음, 초월적 실재와 관계를 맺고자 하는 바람을 뜻한다. 하지만 후자는 조직화되어 있고 제도적이며 역사적 신조와 실천, 의례를 중심으로 형성된 반면, 전자는 더 느슨하게 규정되고 덜 집단적이거나 공동체적이며 영향력의 선택에 있어서 더 '절충적'이거나 다양하다는 것이 차이점인 듯하다. 따라서 **영적**이라는 용어는 점점 더 사상과 경험의 사적 영역과 관련짓는 반면, **종교적**이라는 용어는 종교 기관에 가입하고 형식을 갖춘 의례에 참여하며 공식 교단의 교리를 추종하는 공적 영역과 연결되는 경향이 있다.

신조나 공식 지위와 상관없이 모든 사람 안에 존재하는 '영적' 능력이나 동경이라는 관점에서 사고할 때 많은 유익이 있다. 하지만 그것은 '믿음'과 '속해 있음'의 관계가 매우 흐릿하다는 감각을 강화하는 역할을 하기도 한다. 교회 안에 있는 사람들 중에 정통 믿음에 관해 의심의 여지를 남겨 두기 원하거나 종교적 권위에 대한 실망을 표현하는 이들은 어떤가? 공적 삶에서 종교적 신앙의 역할이라는 관점에서 이것은 그저 공적인 것과 사적인 것의 이분법을 영속화할 수도 있다. 또한 종교적 가르침과 윤리의 연속성을 유지하고 공적 영역 안에서 그것을 드러내고 전달하는 이들을 어디에서 찾아야 하는지에 관해 질문할 수밖에 없게 만든다.

하지만 2장에서 살펴보겠듯이, 위르겐 하버마스 같은 세속 철학자들조차 특히 서양 사회가 정말로 '속해 있음' 없이 '믿음'을 실천할 수 있는지, 탈제도화라는 점진적인 마모가 결국 '텅 빈 채로 운영되는' 공적 종교를 초래할 것인지 묻기 시작했다. 하나님과의 관계가 개인 영성과 행복에 관한 문제일 뿐이라고 생각한다면, 신앙의 공적 목소리와 존재는 말할 것도 없고 공동체적 실천, 사회 정의의 전통, 지역사회에서의 섬김에는 무슨 일이 일어날까? 이는 종교의 공적 중요성이, 신앙이 개인적인 것을 넘어서 지속적으로 제도적·공동체적으로 표현되는 것이 가능한지 여부에 달려 있다는 사실을 우리에게 일깨워 준다. 많은 신앙인에게 공동체적(따라서 윤리적·사회적) 차원은 선택이 아니라 필수다.

나는 사적 차원에서 영적이지만 종교적이지 않은 것에는 전혀 관심이 없다. 혼자서만 깊은 사상을 가지고 있는 것은 전혀 어려운 일이 아니다. 흥미로운 것은, 다른 사람들이 당신에게 무언가를 부탁하거나 부디 그런 일이 없으면 좋겠지만 당신 의견에 반대할 수도 있는 공동체 안에서 이 일을 하는 것이다. 당신이 혼자 힘으로 발명해 내지 않은 전통 안으로 더 깊이 파고들어 갈 때 하나님과 함께하는 삶이 풍성하고 도전적인 삶으로 변한다. (Daniel 2011)

종교 문해력

교회에 출석하는 규범적인 기독교 문화가 20세기 중엽을 거치며 쇠퇴함에 따라 더 비정통적이며 다원주의적인 **후기기독교** 문화가 나타났다. 여기에는 "'비종교'라는 문화 형식의 출현, 새로운 종교적 하위문화의 공고화, '종교'의 새로운 문화적 구성개념의 유포가 포함된다"(Brown and Lynch 2012, p. 331). 다시 말해, 더 종교적인 동시에 덜 종교적인 사회, 또한 매우 종교적인 사람들, 명목상으로만 종교적인 사람들, 종교에 적대적인 사람들로 이뤄진 집단들 사이에서 훨씬 더 분화된 사회가 되었다. 그러므로 공적인 회의론과 비신앙 형태의 성장, 의식적으로 대항문화적인 종교적 정체성의 강화와 더불어 종교의 탈제도화가 진행되었고 이는 대중문화와 일상의 실천을 통해 매개되었다.

서양에서 종교적 쇠퇴의 추세가 정확하다면, 이는 종교가 많은 경우에 예상하지 못한 몇몇 측면에서 가시적이기는 하지만 대부분 사람의 일상적 관심사에 대해 주변적이며 그들이 직접 경험할 수 없는 것으로 남아 있음을(혹은 점점 그렇게 변하고 있음을) 의미한다. 그런 경우에 종교적이며 신학적 관심사를 대중의 의식에 전달하는 매개체는 누구 혹은 무엇일까? 신조와 제도를 갖춘 종교가 쇠퇴함에 따라 대부분은 예를 들면 매체에서 소개하는 종교 이슈나 인물을 통해 대리적으로 종교를 만날 가능성이 높다고 나는 주장하고자 한다. 이것은 비종교적인 이해 당사자가 종교적 이미지, 가치, 표현에 대한 매개에 대리적으로 책임을 지게 되는 방식을 보여 주는 또 다른 사례일까? 이것은 현대의 공적 사유의 특징이기도 한, '종교 문해력religious literacy'을 높이려는 시도에 도움이 될까? 아니면 이런 시도를 왜곡할까?

  종교를 새롭게 동원하는 방식, 사회 정책과 평등과 인권 담론에 종교가 재진입한 상황은 일상생활의 한 부분으로서 종교의 가시성이 약화한 것과 대조를 이룬다. 따라서 이런 격차를 메우는 수단으로서 '종교 문해력'이라는 용어가 등장했다. 이 용어는 미국에서 스티븐 프로세로Stephen Prothero의 연구와 공립 혹은 주립 학교에서 종교를 가르칠 수 있는지 여부에 관한 논쟁을 통해 시작되었다(2007). 영국의 맥락에서 '종교 문해력'은 점점 더 세속적으로 변하고 있는 정치 계급과 신앙의 이름으로 계속되는 풀뿌리 지역 활동 사이에 점점 커지고 있는 간격을 극복하기 위해 서로에 대한 이해를 높이는 방법과 더 많이 연관되어 있다. '종교 문해력'이라는 담론은 주립이나 공립 교육에서 시작되었고, 그것을 학교 내 종교 교육의 목적 중 하나로 간주한다(Carr 2007). 영국에서는 1944년 이래로 매일 집단 예배 활동을 하고 일정한 형태의 종교 교육을 하는 것이 법으로 요구되었다. 하지만 영국 사회가 종교적·문화적으로 더 다양해지면서 이런 규정은 공유된 기독교 유산을 따르는 것에 관한 문제보다 다문화 사회에서 종교적 신념과 실천의 다원주의를 적절하게 다루는 것에 관한 문제가 되었다.

하지만 더 광범위한 차원에서 종교의 새로운 공적 가시성으로 인해 '종교' 혹은 '신앙' 문해력이라는 용어의 사용이 확장되어 정부의 공무원과 공공 서비스 담당자의 훈련에도 적용되기에 이르렀다. 최근 영국에서 기회 평등 법안과 관련해 이뤄진 변화는 일종의 촉매제가 되었다. 2003년의 고용 평등 (종교나 신념) 법안Employment Equality (Religion or Belief) Regulations과 2006년, 2010년의 평등법Equality Acts을 통해 차별에 맞서는 기본적 보호가 '종교와 신념'의 문제까지 확장되었다(이 장 뒷부분을 보라). 이제 고용주와 서비스 공급자는 피고용자와 고객에게 영향을 미치는 종교적 요인에 관해 더 많이 알고 있어야만 하기에, 일상 관행이나 법과 관련하여 신앙의 문제에 당연히 더 민감한 태도를 취하게 되었다.

하지만 종교 혹은 '신앙' 문해력이란 무엇인가? 어떻게 그것을 전달하거나 배우거나 가르칠 수 있는가? 그것의 본질적 특징과 잠재적 유익은 무엇인가? 또한 누구에게 유익한가? 이 현상에 대한 스티븐 프로세로의 논의는 '강화된 시민의식'을 위한 도구로서 공립학교에서 종교 문해력을 위한 프로그램을 마련하라는 촉구로 마무리되며(2007), '인류의 위대한 종교적 서사를 더 폭넓게 이해하는 것이…교육적 필수요건'이라는 확신을 표상한다(Carr 2007, p. 668).

종교의 '미디어화'

하지만 영국 평등과 인권 위원회Equality and Human Rights Commission의 보고서에서 볼 수 있듯이, 공공 기관과 서비스 공급자가 종교 문해력의 증진이 필요하다고 생각하게 된다면 매체와 대중문화가 교육처럼 더 공식적인 부문만큼 큰 영향력을 발휘할 수도 있다(Woodhead 2009). 이런 주장은 대중문화와 매체가 성스러운 것에 대한 사람의 지각과 방향 설정을 설명하고 구축하는 데 형성적 역할을 한다고 주장하는, 종교와 매체와 문화를 다루는 현대 학계의 추세에 의해 뒷받침된다. 노르웨이의 종교사회학자 스티그 야르바르드Stig Hjarvard는 공식적인 종교 인구가 감소함에 따라 매체가 종교 사상을 전달하는 통로로서 더 두드러진 역할을 하게 된다고 주장한다(2008). 그는 이를 종교의 '미디어화mediatization'라고 부른다. 이는 매체가 수많은 매체 소비자에게 신앙을 표현하고 이해하고 경험할 수 있는 점점 더 강력한 원천이 된다는 뜻이다. 이는 후기세속적 표현 양상을 지니기도 한다.

종교와 매체가 상호작용하는 방식에 대한 연구는 **세속화와 재신성화**re-sacralization의 경향성에 대한 증거를 제공하며, 두 경향성이 동시에 (비록 종교와 매체 사이의 접촉면의 다른 영역이나 양상에서이기는 하지만) 작동할 수도 있다. (p. 10, 저자 강조)

이 분석에 따르면, 영화, 뉴스를 비롯한 방송, 인터넷, 새로운 소셜 미디어 등 다양한 종류의 대중문화를 생산하고 소비하는 것은 종교를 선험적인 것으로 보고하거나 묘사하는 데 기여하기보다는 '종교' 자체의 본질에 관한 이해를 구축하는 데 기여한다. 이는 종교 단체에 심각한 영향을 미친다. 세속화로 인해 일반 대중에게 직접 노출되지 못함에 따라 종교 단체들은 꾸준히 공적인 관심을 받기 위해서는 대리자 역할을 하는 매체와 협력해야만 한다(Graham 2011). 그러나 그들이 매체에 의존할 수밖에 없게 만든 바로 그 세속화의 논리가 그들에게 매체의 논리를 따를 것을 요구한다.

공적 담론의 영역에 참여하는 것 자체가 그 시대에 공적 영역을 보증하는 이들이 통제하고 있는 사회정치적 화폐의 가치를 갖는다.···공적 종교는 공적 영역에 참여하는 것을 간절하게 원하지만, 여기에 접근하기 위해서는 그 자체의 구축, 그 자체의 주체성에 대한 통제력을 포기해야만 한다. (Hoover and Venturelli 1996, p. 261)

대중문화와 매체가 성스러운 것에 대한 사람들의 인식과 방향 설정을 설명하고 구축하는 데 점점 큰 영향력을 미치는 역할을 하고 있다는 이런 분석이 옳다면, 중요한 공적 실재로서의 종교의 '미디어화'에 관심을 기울여야만 한다. 이는 종교적 신념과 실천이 더 이상 공공적이고 집단적인 기관에서가 아니라, 다양한(그리고 더 사사화될 가능성이 있는) 형태의 의례화되고 신성한 공간과 환경으로 옮겨 가고 있는 상황을 반영한다. 그것은 물리적 공간과 환경일 수도 있고 상상하거나 가상의 공간과 환경일 수 있으며 사람들의 정체성, 의미, 행동의 종교적·영적 차원을 탐구하는 일상적 맥락을 이룬다(Graham 2011).

종교의 미디어화는 종교에 대한 새로운 형태의 공적 참여가 사회가 세속화와 신성화 경향의 공존을 경험하는 맥락에서 나타나고 있음을 완벽하게 예증한다. 이것은 종교적 정보와 참여의 원천이 종교만 다루는 기관으로부터 기업과 연예 산업의 영역으로 재배치되는 정도를 반영한다. 또한 종교적 실천의 방향이 의미를 만들거나 자발적인 활동만큼이나 소비의 형태로 재설정되고 있음을 반영한다. 이는 종교가 개인적 의미의 원천으로서 사라지지 않고 있으며, 심지어는 문화적 의미와 영적 실천의 저장고로서도 사라지지 않고 있음을 보여 준다. 하지만 새로운 종교 형태의 성장과 더불어 종교적 신념과 실천의 공적 얼굴이 그것의 표현에서 더 분화되고 더 '유동적 liquid'임을 보여 준다(Bauman 2000). 하지만 전통적으로 종교적 가치와 행동이 공적으로 표현되었던 방식과 관련해서 이 모든 것은 무엇을 의미하는가?

공적 삶에서의 종교: 세속주의와 자유주의 '방화벽'

서양 민주주의는 종교와 정치가 공존하는 특수한 해법을 물려받았다. 역사적으로 16세기와 17세기 유럽의 종교전쟁으로부터 둘의 관계를 이해하는 이러한 방식이 생겨났다. 이런 방식에서는 정치적 권력과 정당성을 신학적·교회론적 정통과 결부시켰다. 근대 국가의 발전에 따라, 특히 18세기 말 프랑스와 미국에서 일어난 민주주의 혁명 이후 정치 이론은 국가, 국민, 정부가 신권이 아닌 사람들의 의지의 산물이라는 사상을 기초로 삼았다. 이것은 근대 사회에서 가치 체계의 다원성과 정부는 사람들의 동의에 따라 지배한다는 신념을 그 출발점으로 삼았다. 정치적·도덕적·종교적 다양성은 외적 속박으로부터 독립적인 자기 결정이라는 본질적 자유를 행사한 결과이므로 좋은 것이다. 반면에 종교는 갈등의 잠재적 원인으로 간주되며, 종교가 정치권력의 근거가 되거나 다원주의 사회를 통치하는 정책이나 원칙을 결정하는 데 사용되지 않는 편이 우리의 행복(과 건강한 민주주의)을 위해 더 낫다.

이런 사상은 미국헌법 수정조항 1조를 통해 국가와 교회를 분리하고자 했던 제퍼슨의 정책에 그대로 반영되어 있다. 이 조항에서는 "의회는 국교를 세우거나 종교의 자유로운 종교 활동을 금지하는 법을 만들 수 없다"라고 천명한다(미국 헌법 수정조항 1조). 하지만 이것이 종교를 공적 삶에서 배제하는 것에 관한 문제가 아니며, 어떤 종교의 표현에도 특정한 특권을 부여할 수 없게 하여 예를 들면 국교회를 세우는 일이 발생하지 않게 하려는 것을 목적으로 삼았다는 점에 주목하라.

하지만 역설은 이런 분리에도 불구하고 미국은 여전히 세계에서 가장 종교적인 나라 중 하나로 남아 있으며, 문화적으로 말해 미국 시민은 정치 지도자가 명시적으로 종교적 언어나 정서를 표현하는 것에 대해 대부분 유럽 국가 시민들에 비해 더 수용적인 태도를 지닌 것으로 보인다는 점이다.

따라서 이 맥락에서 '세속적'이라는 말은 본질적으로 교회와 국가의 분리를 의미하며, 기능적으로는 한 가지 특정한 신앙 고백에 특권적 지위를 부여하지 않는 것을 뜻한다. 하지만 대안적 모형으로 정교분리 laïcité와 종교의 공적 표현을 일체 금지하는 전통을 가지고 있는 프랑스를 들 수 있다. 여기서는 세속주의가, 성스러운 것을 공적으로 언급하는 것을 더 철저하게 배제하는 것을 의미한다. 그러므로 자유주의 세속 국가에는 두 차원이 존재한다. 어느 한 종교 전통과도 특권적 제휴 관계를 맺지 않는 국가와, 종교에 대한 공적 표현이나 고백을 허용하지 않는 국가가 있다. 찰스 테일러는 '세속' 국가에 대한 헌신이 '자유와 평등과 박애'라는 프랑스 혁명의 역사적 원칙에 의해 빚어졌다고 설명한다. 즉, 자유란 믿거나 믿지 않을 자유이며, 평등이란 어느 한 신조에 특권을 부여하기를 거부하는 것이고, 박애란 (종교적 목소리를 포함한) 모든 목소리가 정치체 안에서 지분을 가질 수 있도록 하려는 바람이다(Taylor 2010, pp. 24-25).

종교와 정치의 기능적 분리는 현대의 논쟁에서 정치철학자

존 롤스와 관련이 있는 경우가 많다. 롤스의 고전적 입장은 근본적인 정치적 문제에 관한 공적 담론에서 (이성이 위대한 중재자가 되는 상황에서) 모든 합리적인 시민이 공적 이성의 한계를 존중해야 한다는 것이다. 공적 합의에 헌신하면서도 도덕적·종교적·철학적 교리가 다양하다고 인정하는 사람들은 자신이 하는 행동의 근거를 서로에게 설명할 준비가 되어 있어야 한다. 이때 그 설명은 각자 다른 이들이 그들의 자유와 평등에 부합한다고 합리적으로 기대할 수 있는 방식으로 이루어져야 한다(Rawls 1971).

이로 인해 국가는 어느 한 (종교적이든 아니든) 분파 집단이 공적 담론과 시민권의 행사에 제한을 가하는 것을 막기 위해 경쟁하는 세계관 사이에서 균형을 유지해야만 하는 난제에 직면한다. 한 가지 해법은 국가의 권위를 종교적인 혹은 다른 당파적 신념 위에, 혹은 그 너머에 두고, 이로써 정치권력이 시민들 사이에 평등하게 공유될 수 있게 하고, 아무도 부당한 특권을 누리거나 시민권 행사에서 배제당하지 않도록 한다. 하지만 그렇게 하기 위해서는 종교적 혹은 신학적 추론이 모든 국민에게 보편적으로 공유될 수 없다는 이유로 그것을 공적 담론에서 '배제'해야만 한다. 그 결과 정치적 영향력과 권력에 대한 보편적 접근이라는 명분으로, 역사적으로 종교적인 담화는 참전 여부, 낙태나 동성애 합법화 여부, 법과 질서 유지 방식 등에 관한 민주주의 논쟁에서 받아들여질 수 없는 것으로 간주되었다.

그러므로 근대의 정치적 자유주의 필수 원리는 정치권력이 시민 사이에 평등하게 공유되어야 하며 아무도 부당한 특권을 누리거나 시민권 행사에서 배제되어서는 안 된다는 것이다. 세속적 추론은 보편적 인간 이성에 뿌리를 내리고 있으므로 모든 시민에게 주어진 것임에 반해, 모든 신학적 추론은 그 신앙을 신봉하지 않거나 그 어휘에 정통하지 않은 사람들을 침묵하게 만들기 때문에 당파적이며 분열을 야기하는 것이라고 이해한다. 그러므로 본질적으로 자유주의적 정체에서 공적인 것과 사적인 것 사이의 단층선은 세속적인 것과 종교적인 것 사이에 일종의 '방화벽'을 세운다는 의미이기도 하다. 그것은 문화적 다원주의와 세속적인(혹은 적어도 특정 신앙고백을 지지하지 않는) 공적 공간의 자율성을 전제하기 때문이다. 하지만 롤스의 비판자들은 이것이 '공적 이성'과 '사적 신앙'의 수용할 수 없는 분리(본질적으로 종교의 사사화)를 의미하며, 정치적 논쟁의 도덕적 근거에 대한 충분히 '두터운thick' 설명을 제공하지 못한다고 주장한다.

> 근대 세계에서 종교를 바라보는 표준 시각은 종교가 하나의 부가물로서 그것을 벗겨내더라도 우리가 함께 살아가기 위해 필요한 원칙들이 우리에게 충분히 두텁게 남아 있을 것이라는 시각이다. (Wolterstorff 2008, p. 675)

니콜라스 월터스토프Nicholas Wolterstorff 같은 비판자들은 가치와 근본 원리를 근거로 삼아 공적 문제에 관해 생각하는 사람(특히 신앙이 있는 사람) 중에서 이런 신념을 한쪽으로 제쳐둘 것이라고 기대할 수 있는 사람은 아무도 없다는 반론을 제기해 왔다.

그렇게 한다면 그들의 기여가 근원적으로 약화되고 왜곡되고 말 것이다. 이는 자연적 정의를 위반하는 결과를 초래할 것이다. 더 나아가 종교적 추론이 축소되고 세속적이지 않고 종교에 관심을 기울이는 시민들의 자유를 제약하는 결과를 낳기 때문에 포용적이고자 하는 시도 역시 실패하고 만다. 자유 민주주의 공론장은 그 속성상 다원주의적이며 논쟁이 벌어지는 공간이고, 그럴수록 더 강건하고 민주적일 것이다. 그러므로 비평가들은 공적 이성 모형 대신 '대화형 다원주의dialogic pluralism'에 기초한 모형, 즉 공동 관심사에 해당하는 문제에 관해 관점과 정당화의 풍성한 교환이 이뤄지는 공간을 주창해 왔다(Williams 2012; Katwala 2006).

이는 정치적 추론의 종교적 근거가 민주주의 정치체로부터 배제될 수 없으며, 온건하게 종교적인 시민들의 정당성과 유익을 인정하는 것이 세속주의자와 다원주의자에게도 이롭다는 것을 암시한다. 그들을 밀어내 이른바 극단주의자의 품에 안기게 하는 가장 빠른 방법은 신정정치나 세속주의에 대한 모든 대안을 거부하는 것이기 때문이다.

무신론자가 유신론자보다 더 나은 시민이 된다는 주장, 마지막 사제의 창자로 마지막 왕을 교살한다는 망상, 신자가 **본질적으로** 비합리적이며 관용할 줄 모른다는 관념, 자유주의적 교육의 목적이 민주적 세속주의자를 가능한 한 많이 만들어 내는 것이라는 생각, 신앙이 지구상에서 사라지는 날이 올 것이라는 꿈, 세속주의자들이 **그들의** 장기적 목표를 추구하는 동안 공평하게 말해 당신은 **당신의** 종교적 신념을 교회 문 뒤에 남겨두어야 한다는 조언을 어떻게 이해해야 할까? (Stout 2008, p. 540)

따라서 세속주의가 중립성, 즉 정치와 종교 사이의 '방화벽'이라는 개념에 이의를 제기하는 논쟁의 새로운 단계가 부상하고 있다. 롤스는 후기 저작에서 이 주장을 상당 부분 받아들이면서 '중첩적 합의overlapping consensus'라고 부르는 것을 위해 시민들이 자신의 참된 신념을 근거로 삼을 수 있게 해야 한다고 주장했다(Rawls 1987). 자유민주주의 국가가 제대로 작동하는지 여부는 인권, 평등, 법치 등 보편적으로 인정된 특정한 사회적 선에 달려 있다. 하지만 사람들은 인본주의와 유신론을 비롯해 매우 다른 근본적 신념으로부터 출발해 이러한 사회적 선에 접근할 것이다. 국가의 역할은 핵심 윤리를 떠받치는 것이지만, 여전히 모든 특수한 가치 체계에 중립적인 태도를 유지할 수 있다. 따라서 동시대적이며 긴급한 도전은 어떻게 문화적·종교적 다양성을 존중하면서 공공의 기능적 중립성과 다원주의의 균형을 이룰 것인가 하는 문제다.

문제는 정말로 다양한 민주주의는 그것이 아무리 편안해도 그 자체의 원리를 배신하지 않고서는 공민종교civil religion나 반종교antireligion로 되돌아갈 수 없다는 것이다. 우리는 중첩적 합의를 이룬 채 살아갈 수 없는 운명에 처해 있다. (Taylor 2010, p. 33)

사실 유럽과 남아프리카, 미국에서 이뤄진 역사적 사회 개혁 운동은 언제나 세속주의자와 종교적 자유주의자, 그리고 종종 정치 활동에 적극적인 복음주의자의 연합이었다고 스타우트 Stout는 주장한다. 이는 월터스토프가 제안하는 다원주의적이며 논쟁이 벌어지는 공적 토론의 장이 일부에서 상상하듯이 낯설거나 전례가 없는 실체가 아님을 암시한다. 다른 한편으로, 월터스토프는 많은 종교 집단이 공적 교류가 이뤄지는 그러한 공유된 공간을 만들어 내는 데 힘쓰기보다는 특수 이익 정치를 추구하는 편을 선호하고, 정의와 공동선에 대한 자신들의 특수한 관점을 옹호하기 위해 필요한 의지나 (신학적 혹은 정치적) 기술을 갖추고 있지 못하다고 인정한다.

대화형 다원주의 모형이 작동하기 위해서는 인민인 우리가 공공 정책의 의제에 관한 나름의 관점을 제시하며 이런 관점을 견지하는 이유를 설명하는 다양한 종류의 종교적·세속적 목소리에 귀를 기울여야 한다. 하지만 거꾸로 이 모형을 적용할 수 있으려면 종교적인 사람들이 **기꺼이** 대화에 참여하려 해야 하며 참여**할 수 있어야** 한다. 그들은 의제들에 관해 어떻게 생각하는지를 **기꺼이** 설명하려 해야 하며 설명**할 수 있어야** 하고, 관심을 기울이면서도 열린 자세로 대안적인 관점에 대해 **기꺼이** 귀를 기울이려 해야 하며 귀를 기울**일 수 있어야** 한다. 하지만 물론 그들이 의제들에 관한 진지한 생각을 실제로 가지고 있어야만 그들이 종교인으로서 논제에 관해 무슨 생각을 가지고 있는지를 설명할 수 있다. 그렇지 않다면 대화형 다원주의라는 나의 모형은 핵심에서 빗나간 것이 되고 만다. (Wolterstorff 2008, p. 676, 저자 강조)

그럼에도 많은 비평가가 종교가 공적 삶에서 무언가 역할을 하는 것에 여전히 반론을 제기한다. 이것이 다원주의적 정치체에 대한 종교의 바람직하지 못한 간섭이나 강요를 의미한다고 생각하기 때문이다. 이 관점에 따르면, 종교는 신적으로 비준된 권위에 대한 그 나름의 관점에 관해 일체의 이견이나 다원주의를 허용하지 않으려고 하기에 내재적으로 민주주의에 반한다. 샘 해리스에게는 종교적 온건주의자들과 근대주의적이며 다원주의적인 세계관을 받아들일 준비가 되어 있는 사람들조차도 비위가 거슬리는데, 그들은 더 극단적인 종교 형태로부터 다른 곳으로 관심을 돌리기 때문이다. 종교적 보수주의자들은 관용, 인권, 다원주의처럼 그들 자신의 전통으로부터 도출한 가치의 정당성을 인정하기를 거부함으로써 더 정직한 태도를 보인다. 하지만 그 자체의 관점에서 이해할 때 모든 종류의 유신론적 신념은 억압적이며 편협한 행동으로 귀결될 것이다. 그러한 헌신은 다원주의나 이견을 결코 용인할 수 없기 때문이다(Harris 2005). 중도주의자들은 받아들일 수 있는 사람들처럼 보일지도 모르지만, 실제로는 그들과 같은 신앙을 가지고 있는 더 경건한(그리고 더 일관된 태도를 취하는) 사람들의 참된 속성을 은폐한다. 비신자와 세속주의자는 중도적 유신론자들과 동맹을 맺는 것을 경계해야 한다. 왜냐하면 그 모든 것이 신정정치의 승리로 귀결될 것이기 때문이다.

하지만 문제는 세속적인(신성한 것에 대한 모든 언급을 배제했다는 의미에서) 공공 영역이 바람직하기는커녕 가능한지 여부다. 종교적 확신이 있는 사람들이 그들의 신앙이 그런 방식으로 제한되는 것을 용인할 가능성은 매우 낮다. 또한 제프리 스타우트[Jeffrey Stout]가 지적하듯이, 강압이 결여된 민주주의 체제는 결코 종교 집단의 개입을 만류할 수 없을 것이며, 그들이 신앙인으로서 공적 삶에 참여하는 것을 제한하려는 모든 법적 시도는 역효과만 낳을 가능성이 높다.

만약 어떤 기적이 벌어져서 세속주의자들이 미워해 마지않는 증오에 찬 설교자들에 제약을 가하는 법률이 통과되고 이 법률을 지지하는 판사가 임명된다면, 그런 설교자들에게 무슨 일이 일어날까? 그중에서 가장 용감한 이들은 한 손에는 성경책을, 다른 한 손에는 권리장전을 들고 순교자이자 애국자로서 자랑스럽게 감옥에 가려 할 것이다. 그다음 날에는 수많은 사람이 그들의 교회를 가득 채울 것이다. (Stout 2008, p. 539)

이와 비슷하게, 오스트레일리아에서 노골적으로 기독교적 색채를 띤 가족제일당[Family First Party] 같은 보수적 종교 압력단체의 출현에 관한 글에서 매리언 매덕스[Marion Maddox]는 공적 토론에서 종교적 신념을 배제하거나 간과하는 세속주의는 종교적 동기를 갖는 정치에 맞서는 빈약한 반론일 것이라고 주장한다. 위험은, 자유민주주의를 주창하는 이들이 토론에서 모든 종류의 종교적 혹은 형이상학적 추론을 받아들이기를 거부함으로써 그런 추론이 비판적 질문을 받을 기회를 자신들에게 부여하지 않는다는 것이다. 그는 이것을 정부의 '은밀한 주권주의적dominionist' 경향이라고 부르며, 세속 국가도 세속주의의 공적 수사도 종교적 동기를 갖는 정치를 막는 적절한 보호 장치가 되지 못한다는 것을 보여 준다고 주장한다. 오히려 정반대로 보수적이며 명시적으로 종교적인 소수의 압력단체들이 자신의 신념에 따라 더 광범위한 정치 문화에 영향력을 줄 수 있어야 한다. 매덕스의 주장처럼 종교는 은밀하거나 암호화된 방식으로 작동하며, 표면으로 나와 공적 조사의 대상이 되지 않는다. 이는 공적 가치의 형이상학적 차원이 합리적 조사의 대상이 될 자격이 없을 뿐만 아니라 가치나 원칙을 언급하지 않는 민주적 논쟁이 지속 가능함을 암시한다(Maddox 2007).

공적 종교가 공론장을 떠났을 때 가능한 적어도 한 가지 결과는, 공적으로 덜 가시적인 경우가 많지만 그럼에도 영향력이 큰 종교, 반민주적 경향성, 심지어는 신정주의적 성향까지 지닌 종교의 잔여물이 여전히 남아 있게 된다는 것이다. 오스트레일리아는 교회들이 공적 영역에서 독립적 목소리로서 작동하는 역사가 있지만, 교회의 비판을 차단하겠다고 결심한 정부에 의해 최근 여러 해 동안 그런 참여 공간이 축소되었다. 하지만 같은 기간에 정부의 행동(학교에 대한 자금 지원과 같은 정책 변화로부터 정부의 고위 인사가 보수적인 대형교회와 선교단체 행사에 참여하는 것과 같은 더 상징적인 자세에 이르기까지)은 대안적이며 고도로 사사화된 기독교의 모형을 지지하는 인상을 갖게 했다. 이 모형에서는 개인의 경제적 열망이 사회 정의에 대한 집단적 관심을 대체하는 한편, '주권dominion'과 기독교 우월주의라는 암호화된 언어가 전통적으로 관용을 베푸는 오스트레일리아의 공적 문화를 변화시키고 있다. (p. 91)

물론 유일한 조건은 종교인이 '기꺼이 그렇게 하고자 하고 그럴 수 있어야' 한다는 것이다. 또한 세속주의자들이 그들을 신뢰할 준비가 되어 있어야 한다는 것이다. 그런 참여 조건을 어떻게 만들어 낼 수 있느냐가 이어지는 논의의 기초를 이룰 것이다.

공공 안의 종교: 종교와 복지 사례

영국 현대 종교의 또 다른 특징은 제도적으로는 취약성이 지속되는 상황에서 전보다 그 존재가 더 두드러지게 되었(고 기대도 더 높아졌)다는 모순을 잘 보여 준다. 그리고 이것은 신앙 기반 단체가 복지를 재구조화하는 과정에 참여하는 것과 관련된 논쟁이기도 하다. 교회의 특권으로부터 자유로운 공적 공간의 틀을 세우고, 서양 자유민주주의의 특징 중 하나인 모든 시민이 참여할 수 있는 자유로운 의사소통 과정을 보장하는 수단으로서의 중립적인 세속 국가라는 이상은, 종교적 정체성의 재부상이 시민권과 자유와 신앙에 대한 우리의 이해에 새로운 도전을 제기하는 상황에서 많은 점에서 우리의 논의를 위한 기준점 역할을 한다. 이 역설이 표현되는 한 가지 방법은, 국가가 더 이상 공적 공간의 중립적 중재자가 아니며, 국가의 주변부에서 돌봄과 복지를 제공하는 방식으로 신앙에 기초한 행동주의가 시민사회의 영역 안으로 다시 돌아오는 것을 적극적으로 장려하려고 한다는 것이다. 우리가 근대 민주주의 국가를 종교적인 것과 세속적인 것 사이의 '방화벽'으로 바라보는 법을 배웠다면, 예를 들어 정부가 신자유주의 복지 개혁의 맥락에서 새로워진 '제3부문'의 전위로 신앙에 기반한 조직을 적극적으로 옹호할 때 무슨 일이 일어나는가?

신앙 기반의 복지에 관한 논쟁은 복지에 대한 직접적인 공적 자금 지원을 축소하고 신앙 기반 조직과 같은 자발적 지역 단체로 하여금 복지의 책임을 맡게 하는 이른바 '온정적 보수주의 compassionate conservatism'의 옹호자 마빈 올래스키 Marvin Olasky를 기용했던 조지 부시 George W. Bush의 집권기로 거슬러 올라간다. 거듭난 복음주의 그리스도인이었던 올래스키와 부시는 가난과 가정 붕괴 같은 문제를 부분적으로 복지 의존에서 기인하는 불량 행동의 증상으로 이해하는 비슷한 성향이 있었다. 종교 기관이 실천적인 돌봄과 도덕 재교육 프로그램을 결합하는 한, 증상과 원인 모두를 해결하려고 노력하고 있으며 복지 비용이라는 사회의 부담을 덜어 주는 데 기여한다고 간주되었다.

이제 영국에서는 복지 서비스 공급welfare provision 과정에, 예를 들면 소년범, 자유학교(중앙 정부의 자금 지원을 받지만 자율권을 가진 학교—역주)와 도심 교육시설, 고령자를 위한 주거 돌봄과 주간 돌봄, 중독 재활, 지역 재생과 같은 프로젝트에 신앙 기반 단체를 포함하는 것이 흔한 일이 되었다(Dinham, Furbey and Lowndes 2009). 종교 단체는 '사회자본'(인적 사원, 네트워크를 형성하고 자원을 동원하고 이타주의와 공동체에 대한 봉사를 촉진하는 가치를 옹호하는 능력)을 넉넉히 보유하고 있다고 간주된다(Bretherton 2010, pp. 31-58). 공적 지출에 대한 압력이 점점 더 거세짐에 따라 정부 프로그램의 이해당사자나 협력자, 심지어는 서비스 공급자로서 자발적 혹은 '제3'부문의 역할이 더 크게 두드러지게 된다. 그러나 역사적 관점에서 본다면 복지 서비스 공급에서 종교가 맡게 된 새로운 역할이 전적으로 새로운 것은 아니다.

중세부터 복지 지원은 기독교의 이상이었으며, 빈곤 구제, 교육, 병자를 돌보는 책임은 종교적 토대를 지닌 영역이라고 생각했다. 유럽에서 사회민주주의 정당이 집권하고, 법률에 의거한 복지 체계의 하부구조를 만들기 시작함에 따라 기독교 교회와 교회 지도자는 기꺼이 그 책임을 사람들의 의지의 구현체로 간주되었던 국가에 넘겼다. 스칸디나비아와 영국 같은 전후 복지 사회는 절정기에 훨씬 더 세속적 성격을 띠었다. 빈곤을 억제하는 기술관료적 수단에 대한 믿음, 여성주의와 사회주의 같은 진보적 정치와의 연합, 평등주의적이며 민주인 정신이 결합되어

"낙관적이며 진보주의적이고 유토피아주의적인" 서사를 만들어 냈다(Woodhead 2012, p. 10).

그러나 교회는 지배적인 정치 문화에 따라 움직이면서 독특함을 상실하고 말았다. 인도주의와 박애주의, 복지 개혁의 종교적 근거는 점점 잊혔다. "천국의 약속이 땅으로 옮겨진 후에는 더 이상 종교가 필요 없었다"(p. 15). '복지 유토피아주의'가 세속적 신앙의 특징을 갖게 됨에 따라 다른 종류의(종교적) 신앙이 그것을 뒷받침할 필요가 없었다.

1970년대 말 경제 흐름이 바뀌기 시작했을 때 복지 지원과 사회 정책에 대한 종교적 참여가 주변화되었다. 더 큰 재정 삭감으로 인해 복지 체계 성장이 둔화되고 더 나아가 역전됨에 따라, 또한 신보수주의 이데올로기가 등장함에 따라 이 세속적 신앙의 점진적 쇠락은 진보와 과학, 인본주의, 집단적 행동이라는 모든 거대서사에 대한 확신의 상실을 반영하는 동시에 그 원인이 되었다. 어떤 측면에서 이는 신앙 기반 단체의 개입이 특히 공공신학과 관련해 여전히 유효하다는 생각을 새롭게 심어 주었다. 왜냐하면 교회는 국가의 영향에 대한 통제권을 되찾고 공공 지출을 축소하려는 시도에 맞서 보편적이며 자선을 베풀고 개입주의적인 국가를 옹호하는 발언을 할 수 있었기 때문이다(Archbishop's Commission on Urban Priority Areas 1985).

물론 공공 서비스의 전달에 교회와 다른 신앙 기반 단체를 참여시키려는 생각은 현재의 연합 정부가 고안한 바가 아니며, 1990년대 말 신노동당 정부의 첫 집권기로 거슬러 올라간다. 그

후 20-30년에 걸쳐 더 시장 지향적이며 기업가적인 기풍으로 전환하려는 움직임이 신앙 기반 단체 사이에서 재부상했다. 이들 단체가 국가와 관계를 맺는다면, 이는 협력자로서, 시민사회의 일부로서, 혹은 자선 활동에 대한 후원의 일환으로서 맺는 관계였다. 전쟁 전의 관계로 회귀하는 셈이었지만, 그것으로 경쟁 입찰, 계약 문화, 서비스 수준 합의와 같은 신자유주의적이기는 하지만 세속적인 고려 사항으로부터 (다시 한번) 면제되지 않았다. 이 모든 것이 종교와 국가의 새로운 접촉면으로서의 '사회적 기업가 정신'이라는 이름으로 이뤄졌다. 따라서 종교는 더 시장 주도적 철학을 지향하는 더 광범위한 사회적 경향을 반영하게 되었다.

그러나 새로운 활력을 얻게 된 제3부문의 일부로 '신앙'을 동원하는 것은 정치적 스펙트럼을 가로질러 유익이 존재할지도 모르지만, 활동가들은 위험을 감지한다(Dinham 2012). 사회자본이라는 용어는 복지 서비스의 상품화를 받아들이는 위험을 감수한다. 또한 신앙 기반 단체들의 공헌을 도구화하고, 이로써 그들의 관심사를 왜곡하고 협소하게 만들 위험이 있다. 신앙 단체들은 이해 당사자들의 의제와 특히 역량 강화^{empowerment}, 행복, 지역사회 개발을 중심으로 한 자신들의 핵심 가치를 자유롭게 표명하기보다는 위로부터 강요된 의제와 공모할 위험에 직면한다. 정부의 관점에서 신앙 기반 단체들은 '따뜻한 가슴과 안전한 두 손'을 제공한다고 보일지도 모른다. 하지만 참여 조건에 이의를 제기하거나 협상할 수 있는 독립성을 그들에게 부여하지는 않는다(Dinham 2012; Archbishops' Commission on Urban Life and Faith 2006). 특히 영국의 이슬람 교인들은 종교의 '세속화'를 우려한다. 예를 들어, 폭력적 극단주의 예방Prevent Violent Extremism 같은 프로그램에서는 종교 기관을 지역사회에서 사회적 통제나 감시의 집행기관으로 바라보는 것처럼 보일 때가 많다(Bleich 2010). 이로써 우리는 "종교적 다양성에 대한 자유주의적 선의와 종교적 정체성이 공동체의 유대에 심각한 위협을 가할 수도 있다는 점증하는 두려움 사이에 직접적인 모순은 아니더라도 긴장이 존재함"을 깨닫기 시작한다(G. Smith 2004, p. 198). 정부는 야누스의 얼굴을 하고 있다. '좋은' 종교에 대해서는 사회적 유대를 강화하는 기능을 효과적으로 수행한 것에 대해 보상하지만, 그 이면에는 분열적이며 반사회적인, 극단주의적 혹은 근본주의적 '신앙'에 대한 불안이 자리 잡고 있다.

사회자본의 상상된 다양성이나 범주로서의 '신앙'의 동원과 그 제도적 취약성(즉, 국가의 영향력에 좌우되기 쉬움) 사이의 이런 모순은 종교의 공적 가시성이 커질 때 나타날 수밖에 없는 문제점을 예증한다. 즉, 종교의 공적 가시성은 전통적이며 주류에 해당하는 기관에서 표현하는 바와 분리되어 있는 경우가 많고, 그 결과 "정치신학의 열망, 동기, 실행이 더 이상 주요 종교의 문화적이며 제도적인, 교회적 혹은 공동체적 유산 안에 존재하지 않으며, 신학적…동기에서 출발한 정치가 역사적·지리적·경험적·개념적으로 연결되어 있는, 정치적 주권의 근대적 형태 안에도 존재하지 않는다"(de Vries 2006b, p. 9). 종교의 "동원이 점점 더 탈지역화되고 탈영토화되고 휘발성을 띠게 된다"라는 것은 확립된 제도적 관계가 느슨해지고 있음을 보여 주는 증거다(p. 8). 세속화의 흐름은 종교의 탈제도화를 만들어 내며, 동시에 국가의 개입은 종교적 신앙과 실천의 독특한 가치를 도구화하고 '제거할' 위험이 있는 방식으로 조직의 구조와 운영 체계를 흡수한다.

바위와 딱딱한 공간 사이에서

서양 사회에서 종교가 새롭게 눈에 띄게 되었고, 그 결과 성스러운 것과 세속적인 것 사이의 경계가 이동하고 있음을 잘 보여 주는 한 사례는 인권 관련 법률에 '종교와 신념'이라는 범주가 포함되었다는 것이다. 20세기 중엽 이후 국가법, 유럽법, 국제법에 종교의 자유 관련 조항이 자리 잡게 되었다. 하지만 더 새로운 흐름은 인종과 민족성, 젠더, 성적 지향, 장애와 같은 다른 차별 금지 원칙과 나란히 종교적 평등이 헌법에 포함되었다는 것이다. 이는 차별을 금지하는 관행의 직접적 연장처럼 보일 수도 있지만, 종교적 양심과 정체성에 대한 감수성이 공공 복리에 대한 더 일반적인 고려와 충돌하곤 했다. 이는 보호를 받는 상이한 종류의 특질 사이에 사실상 위계질서가 존재하는지, 또한 어떻게 신앙 자체의 본질에 관한 판단을 내리지 않고도 공적 사법권을 집행할 수 있는지에 관한 질문을 제기한다.

평등과 차별 금지가 중요한 헌법적 가치로 등장하는 동시에, 보호받는 차별 금지의 근거가 성적 지향으로 확장됨에 따라 이런 목표들 사이에 갈등, 혹은 적어도 중대한 긴장이 발생할 것이라는 전망이 제기되었다. 또한 인권과 차별 금지에 관한 법률을 통해 평등의 보호가 확대된 결과로 상이한 사회 집단 사이에 '갈등'이 심화되었다는 공적 인식이 널리 퍼져 있다.
(Malik 2011, p. 22)

이 책 5장에서는 (시민 결합 관계인 동성 커플에게 2인용 침대를 갖춘 객실을 내주기를 거부한 호텔 경영자처럼) 법을 어겼다고 박해를 받거나 (유니폼 규정을 어기고 십자가를 착용했다는 이유로 해고된 항공사 직원과 보건 전문인, 시민 결합 의식의 주례를 거부했다는 이유로 징계를 받은 등기소 직원, 동성 커플의 성생활 치료 상담을 거부했다는 이유로 해고된 상담사처럼) 차별적 관행을 문제 삼아 자신의 고용주를 대상으로 소송을 제기한 보수적인 복음주의 기독교인의 사례와 이런 사례가 특별한 종류의 복음주의 (공공)신학이 빚어낸 결과를 예시한다는 점에 초점을 맞출 것이다.

하지만 그 전에 종교 신자들이 상징물 착용이나 옷 입는 방식을 통해, 혹은 성과 같은 도덕적 이슈에 관한 특수한 입장을 통해 자신의 신념을 공적으로 표명할 수 있어야 한다고 주장하는 상황에서 표현과 믿음의 자유처럼 서양에서 소중히 여기는 민주주의적 자유를 위한 법률 조항이 다뤄지고 있는지를 더 일반적으로 살펴볼 필요가 있다. 어느 정도까지 종교가 이런 법률에 포함되어야 하는가? 그것은 모든 시민에게 주어져야 하는 필수적 권리의 확장으로서 환영할 만한 일인가? 아니면 궁극적으로 공유된 공적 영역의 통일성을 약화하는, 환영받을 수 없고 분열적인 특수성의 표지를 도입하기 위해 특권을 남용하는 사례인가?

이미 개관했듯이, 신앙과 양심과 종교의 자유라는 원칙은 "의회는 국교를 세우거나 자유로운 종교 활동을 금지하는 법을 만들 수 없다"라고 선언하는 미국 헌법 수정조항 1조의 사례에서 볼 수 있듯이 계몽주의적 자유주의의 첫째 교리다(Gunn and Witte 2012). 따라서 수정조항 1조의 의도는 주가 승인하는 종교적 강요를 종식하려는 것이었지만, 동시에 세속적이라기보다는 특정 교파를 지지하지 않는non-confessional 정치체 안에서 종교적 자유를(아마도 믿음과 실천 모두를) 보장했다.

1939-1945년 세계대전 직후 국제연합 세계인권선언United Nations Universal Declaration of Human Rights 18조(1948)에서는 양심과 신앙의 자유에 대한 헌신을 표현했다.

> 모든 사람이 사상과 양심, 종교의 자유에 대한 권리를 가지고 있다. 이 권리에는 자신의 종교나 신념을 바꿀 자유와 가르침과 실천, 예배와 의식을 통해 혼자서나 다른 사람들과 공동으로, 또한 공적으로나 사적으로 자신의 종교나 신념을 표명할 자유가 포함된다. (United Nations 1948)

유럽인권조약European Convention on Human Rights(1950) 9조 역시

비슷한 원칙을 따른다.

9.1 모든 사람은 사상과 양심, 종교의 자유를 가질 권리가 있다. 이 권리는 자신의 종교나 신념을 바꿀 자유를 포함하며, 예배와 가르침, 실천과 의식을 통해 혼자서나 다른 사람들과 공동으로, 또한 공적으로나 사적으로 자신의 종교나 신념을 표명할 자유를 포함한다.

9.2 한 사람의 종교나 신념을 표명할 자유는 법률에 규정된 제한에 따르는 것으로 하며, 민주주의 사회에서 공공의 안전이라는 이익을 도모하여, 공공질서나 보건, 도덕의 보호 혹은 다른 이들의 권리와 자유를 보호하기 위해 필수적인 제약 조건에 의거해서만 제한할 수 있다. (European Declaration of Human Rights 1950)

여기서는 종교적 신념을 **보유할** 절대적 권리를 보장하지만, 그런 신념을 **표명하는** 방식에 관해서는 더 조건부의 기준을 세운다. 신념이 종교적 확신일 필요는 없으며, 사실 신념의 부재일 수도 있다. 또한 9조에서는 주류의 신념 체계와 더 일시적이고 사소할 수도 있는 신념 체계를 구별하려고 노력한다. 따라서 니콜스[Nicholls] 경은 '윌리엄슨 대 교육고용부 장관 소송 판결문[R] (Williamson) v SS Education and Employment' (2005) 2 AC 246 23단락과 24단락에서, 9조의 '신념'이 (i) 사소한 것이어서는 안 되며 (ii) 인간의 존엄성이나 정직성의 기본 기준과 조화를 이루어야만 하고 (iii) 의미가 명확하고 이해할 수 있는 것이라는 의미에서 정합성을 갖추어야 한다고 판시했다.

영국 최초의 공식 차별 금지 법안은 1975년에 통과된 동등 기회보장법 Equal Opportunities Act 인데 성차별과 관련이 있다. 이 법을 통해 성별에 근거한 차별이 불법은 아니었던 종교 기관과 특정 직업군을 포함하는 면제 조항이 만들어졌다. 2003년, 2006년, 2010년에 나온 후속 법안을 통해 이 법률은 '종교와 신념'이라 불리는 것으로 확장되었으며* '평등과 다양성'이라는 용어를 포함하게 되었다.** 어떤 사람이 자신의 종교만을 근거로 불리한 대우를 받았음을 증명할 수 있다면 그는 차별을 주장할 수 있다. "어떤 종교나 신념을 지닌 사람에게 적용되더라도 위법한 차별을 초래할 가능성이 있는 실천을 사람이 행하는 것은 위법하다"(2006, para 53).

무엇 때문에 종교와 신념, 종교적 정체성은 특권적이거나 보호를 받는 지위를 부여받아 공적 입법의 중립성보다 우선하게 되었는가? 종교가 더 가시적인 동시에 종교를 둘러싼 논쟁이 더 심해진 맥락에서 사적 확신과 공적 표명 사이의 관습적 구분선

- 2006년 평등법의 2부 44, 45단락에서는 '종교와 신념' 관련 입법의 틀을 제시한다. 이 법안의 44단락에서는 (a) '종교'가 모든 종교를 의미하며, (b) '신념'은 모든 종교적 혹은 철학적 신념을 의미하고, (c) 종교에 관한 언급은 종교 없음에 관한 언급을 포함하며, (d) 신념에 관한 언급은 신념 없음에 관한 언급을 포함한다고 명시한다.
- 2010년에 이르면 '보호받는 특징'을 다음과 같이 정의했다. (a) 나이, (b) 장애, (c) 성별 전환, (d) 결혼과 시민결합, (e) 임신과 출산, (f) 인종, (g) 종교나 신념, (h) 성, (i) 성적 지향.

이 무너지고 있으며, 자유(이제는 종교의 자유를 공적 사실로서 포함해야만 하는)의 보편주의적 기준과 종교적 양심과 행동에 대한 차별적 고려를 적용하고자 하는 입법 분야보다 논쟁이 더 심한 분야는 없다.

그러나 법은 '신념'과 그 '표명'의 연관성에 관해 고민해 왔는데, 이는 어떤 행동이 신념의 참된 표명인지 여부를 판단하기가 어려울 수도 있기 때문이다. 예를 들어, 영국에서는 시크교인 학생이 신념의 정당한 표명으로서 학교에서 카라 팔찌(시크교인이 착용하는 다섯 상징물 중 하나)를 착용할 권리가 있다고 판결한 반면, 혼전순결의 상징으로 은반지를 끼기 원하는 복음주의 기독교인에게는 그 권리를 인정하지 않았다R (P) v Governors Millais School. 이는 종교나 신념에서 영감을 받은 행동이 반드시 그 종교나 신념의 **표명**은 아님을 암시한다(윌리엄슨 소송 판결문 35단락에서 니콜스 경이 한 말을 보라). 윌리엄슨 소송 판결문에서 니콜스 경은 이런 긴장을 인정했지만, 둘의 구별을 옹호했다.

이런 배경에서 유럽인권조약 9조는 종교의 자유를 옹호한다. 이 자유는 종교적 신념을 보유할 자유에 한정되지 않는다. 한 사람의 신념을 표현하고 실천할 권리를 포함한다. 이것이 없다면 종교의 자유는 거세되고 말 것이다. 언제나 종교적 신앙은 신념보다 더 많은 것을 요구한다. 다소 차이는 있지만, 신앙인들에게는 특정한 방식으로 행동할 것을 요구하거나 권장하는데, 가장 명백하고 직접적인 예는 공동체적 혹은 개인적 예배,

기도, 명상 등의 형태에서 나타난다. 하지만 9조에 따르면 신념을 보유할 자유와 신념을 표현하거나 '표명'할 자유 사이에는 차이가 있다. 후자의 권리, 즉 신념을 표명할 자유는 제한된다. [그는 계속해서 이렇게 말했다.] 다원주의 사회에서는 한 사람이 자신의 신념을 실천할 자유와 그런 실천에 영향을 받는 다른 이들의 이익 사이에 균형을 유지해야만 한다. (http://www.publications.parliament.uk/pa/ld200405/ldjudgmt/jd050224/will-1.htm, para 16-17)

이와 비슷하게, 소송을 제기한 사람이 일단 무언가가 신념의 정당한 **표명**임을 입증한 후에도 **간섭**을 증명할 수 있기 전에 여전히 넘어야 할 장애물이 존재한다. '스테드먼 대 영국 소송 Steadman v UK (1997) 23 EHHR CD 168'과 '콥시 대 데번 클레이스 유한회사 소송 Copsey v WWB Devon Clays Ltd (2005) EWCA Civ 932' 모두에서 일요일에 일하기를 거부한 노동자들은 부당 해고를 주장했지만, 9조에 따른 간섭을 증명할 수 없다고 판결했다. 일요일 근무가 포함된 고용을 자발적으로 수락한 근로자는 9조를 적용할 수 없다. 대안적 조항을 활용할 수 있다면 9조를 위반하지 않았다고 볼 수 있다. 따라서 '베그넘 대 덴비고등학교 소송[R] (Begum) v Headteacher and Governors of Denbigh High School (2006) UKHL 15' 과 'X 대 Y학교 소송[R] (X) v Y School (2007) EWHC 298 (Admin)' 모두에서 이슬람교 소녀들이 '질밥'과 '니캅' 전통 의상을 착용하는 것을 금지함으로써 간섭이 발생한 것은 아니라고 판결했다.

왜냐하면 그들은 더 융통성 있는 교복 규정을 채택한 다른 학교에 다니기로 선택할 수도 있었기 때문이다.

하지만 이것이 신념과 실천의 이분법과 '사적' 신념이 '공적' 실천과 입법 세계로 침투하도록 허용할 수 없다는 전제를 영속화한다고 주장할 수도 있다. 양심의 권리에 무조건적 자유를 허용하지만, 그것이 실제 행동으로 어떻게 전환될 수 있는지에 관해, 더 나아가 전환될 수 있는지 여부에 관해 여전히 판결하지 못한다. 이는 사법적 결정이 문제가 되는 신념의 본질과 기원이라는 문제에 관해 단호하게 불가지론의 태도를 유지한다는 점을 통해 여전히 명확하게 드러난다. 이는 종교적 확신이 성차별 문제와 충돌하는 사례에서 가장 첨예하다. 왜냐하면 "무엇이 내적인 종교적 신념의 정당한 영역 혹은 그 신념의 합법적 표명인지를 규정하는 경계를 우리가 어떻게 발전시키고 감시할지를 결정할 수 있게 해 주는 사회적 합의가 거의 존재하지 않기" 때문이다(Malik 2011, p. 25). 이것은 종교를 마음대로 포기하거나 타협할 수 없는, 한 사람의 가치관의 가장 심층적인 원천이자 신앙 공동체와의 동일시의 일부로 보기보다는 자발적 활동으로—"또 다른 일군의 선호나 생활방식에 관한 선택에 불과하다고"—보는 관점이다.

따라서 예를 들어, (영국에서 시작된 소송 중 다수가 항소의 근거로 삼은) 유럽인권조약의 9조는 **신념**과 **실천**, 내적 표현과 외적 표현의 이분법에 기초하며, 이는 개인적 양심의 자유와 강요하지 않으며 non-coercive 특정 신앙고백을 지지하지 않는 non-confessional 공론장의 속성을 구별하는 근대주의적이며 후기 계몽주의적 태도를 반영한다. 하지만 비판자들은 이 둘을 분리하기가 어려울 때가 많으며, "특히 행동에 대한 제약이 종교와 신념의 내적 차원에 중요한 영향을 미칠 수 있다"라고 지적한다(Malik 2011, p. 24).

신념의 자유와 양심의 자유에 대한 절대적 권리를 보호하는 것은 자유주의가 이루어 낸 위대한 성취였지만, 그런 신념과 양심적 행동을 본질적으로 사적인 것으로 보아야 한다고 가정하는 경우가 매우 많았다. (Plant 2011, p. 10)

휘슬러Whistler와 힐Hill은 시크교인이 '카라' 은팔찌를 착용할 수 있는 권리에 관한 '와킨스-싱 대 애버데어여자고등학교 소송 Watkins-Singh v Aberdare Girls' High School Governors'을 언급하면서, 법원이 종교적 상징의 착용을 개인 양심의 내면적 영역*forum internum*을 초월하는 실천이라고 판단하기 시작했다는 징후가 존재한다고 주장한다. 이는 종교적 상징과 복장의 착용을 선행하는 종교적 신념의 표현이 아니라 공적 정체성을 규정하는 문화적 실천으로 이해하는 방향으로 전환이 이뤄지고 있음을 의미할 수도 있다. 그것은 상징을 내적 신념(한 개인이 지닌 세계관의 내면적 영역의 한 속성)의 외적 '표시'로만 이해하기보다는 종교의 '참여 기능'을 더 강조하는 것을 나타낸다. 종교적 충성의 표지를 공개적으로 착용하는 것은 한 개인이 공동체에 참여하고 있다는 '상징물'(Whistler and Hill 2012, p. 4)로서 기능하며, 종교를 신념이나 실천이 아니라 정체성의 표현으로서 이해하기 시작할—이로써 공적 영역의 외면적 영역 *forum externum* 으로 바꿔 놓을—가능성이 있다. 또한 그것은 종교적 상징의 의미가 개별 신자를 신앙 공동체 안으로 결속시키는 능력에 기초해 있다고, 곧 믿음이 아니라 소속감의 표현으로 이해하는 데 더 개방적인 태도를 갖게 되었음을 암시한다(Whistler and Hill 2012, pp. 46-47). 실천이나 행동에 **적용되는** 신념이 아니라 통합된 전체로서의 종교적 정체성을 강조할 때 종교는 선택된 것이 아니라 타고나거나 부여된 정체성, 즉 젠더나 장애, 인종, 성과 같은 정체성의 형식과 더 유사한 것이 된다. 어떤 점에서 이는 종교 기관에 대한 소속, 심지어는 영적 지향성 지표를 근거로 종교의 사사화가 심해졌음을 암시하는 다른 후기세속적 경향과 모순을 이룬다.

> 정체성을 소환한다고 해서 법적 특권과 의무에 관한 논란이 종결되지는 않는다. 오히려 이로써 논쟁 곧 경험보다는 규범에 관한 논쟁이 시작된다. (Plant 2011, p. 14)

하지만 지금까지 법원 판결은 어느 정도까지 직장이 신념과 정체성의 표명에서 개인이 양심의 자유를 행사할 수 있는 영역이 될 수 있는지, 혹은 직원으로서 의무 때문에 개인이 종교적 가치를 회사의 방침에 종속시켜야 하는지 여부에 관해 결론적인 합의를 만들어 내지 못했다. 예를 들어, 신앙 기반 조직이 공적 서비스를 제공하도록 요청받거나 공적 자금을 지원받는다면 문제는 더 복잡해진다. 확실히 자리 잡고 있는 유예^{derogation}의 원칙에도 불구하고 이런 조직이 평등과 다양성 법안을 준수할 것이라고 기대해야 하는가? 이 관점에서는 이런 상황에서는 '위탁 계약' 원칙이 우선시될 것이며, 이런 조직들에 대해서는 참여 철회를 요구해야 할 것이라고 본다.

> 비록 신념-행위의 구분이 이상적인 개념적 장치는 아닐지라도, 종교나 신념/문화와 성적 지향에 대한 차별 사이에 모순이 발생할 경우, 신념과 양심의 권리를 존중할 필요가 있을 수 있다. 동시에, 이러한 예외의 범위를 제한하고 이 예외가 실제로 미치는 영향을 평가함으로써 차별적 행위에 대해 엄격한 접근 방식을 취해야 할 필요가 있다. (Malik 2011, p. 38)

그럼에도 종교적 자유의 잠재적 금지나 축소를 한 사람의 권리의 다른 측면에 대한 위반으로 본다면 9조와 다른 평등 법안이 종교적 신념을 보호하기 위한 유일한 도구는 아니었음을 기억해야 한다. 실제로 종교와 신념을 보호할 수 있는 다양한 수단이 존재한다. 예를 들어, 2006년 '종교와 인종 혐오 금지법'에서는 인종 혐오의 선동을 금지한다. 또한 2006년 '평등법'에서는 종교 학교의 존재를 보장하여 특정한 신앙 전통에 속한 아동을 그 신앙의 가르침에 따라 분리하여 교육할 수 있게 한다. 비슷하게, 고용주는 요청이 있을 경우에는 개인적으로라도, 종교적 준수를 가능하게 하는 '합당한 편의'를 제공해야 할 수도 있다.

"종교에 관한 편견이나 오해, 무관심, 무지를 포함하는 '문화적' 차별에" 불만을 제기하는 종교 기관과 개인의 사례를 조사한 한 보고서(Woodhead and Catto 2009, p. 15)에서 평등과 인권 위원회는 복잡한 그림을 제시했다. 종교적 신념과 신자가 "매체에 의해서나 교육과 공적 담론에서 오해받거나 모욕당하거나 무시당하거나 경시되거나 왜곡되거나 조롱당한" 사례(2009, p. 15)가 물리적 상품과 서비스의 제공을 거부하거나 부적절하게 제공한다는 의미에서 직접적 차별에 해당하지는 않지만, 표현의 자유라는 자유주의의 원칙(다른 이들의 신념과 행동에 이의를 제기할 권리를 포함하여)과 종교적 실천과 정체성을 포함한 문화적 차이에 대한 존중 사이에 존재하는 긴장을 드러낸다. 아마도 이는 놀라운 일이 아닐 것이며, 판례가 쌓이면서 법원은 명확한 판결 기준을 마련할 수 있을 것이다. 하지만 당분간은 종교와 신념에 대한 존중과 법률 내의 평등과 다양성에 대한 다른 기준 사이에서 적절한 균형을 찾기가 여전히 어려울 것이다.

결론

지역과 사회마다 중요한 차이가 존재하기는 하지만 종교는 여전히 전지구적 문화의 중요한 일부로 남아 있다. 이 장에서는 이러한 전지구적 경향을 개관하고, 더 나아가 종교에 대한 공적 인식과 관련하여 가장 두드러진 전환과 새로운 경향을 진단해 보고자 했다. 역사적으로 근대 자유민주주의가 서양 사회에서 등장했고 종교와 공적 영역의 관계에 관한 특수한 관행을 확립했음을 고려하여 서양의 맥락에서 일어나고 있는 일에 초점을 맞추었다. 하지만 서양에서 종교를 지닌 사람의 비율이 상대적으로 감소하고 있으며 다른 곳에서 정치 참여의 새로운 신호가 나타나고 있음을 고려할 때, 참여의 규칙 중 다수를 수정할 필요가 있음이 분명하다.

종교가 사회자본의 원천과 '가치'에 대한 새로운 탐색에 영향을 미칠 수 있는 요인으로서 공론장으로 돌아오고 있을지도 모르지만, 이는 세속화의 역전이나 단순한 종교적 부흥이 아니다. 세속주의 담론이 여전히 활력을 유지하고 있으며, 다수의 영향력 있는 목소리가 계속해서 모든 종류의 종교적 기여의 정당성에 의문을 제기하고 있기 때문이다. 이 장에서 반복적으로 지적했듯이 '신앙'과 '비신앙'을 명확하게 구분하기가 어려우며, 이와 비슷하게 제도적 종교와 세속적인 공적 영역의 관계 역시 밀접하게 얽혀 있다. 찰스 테일러가 주장하듯이, 현대인들에게 믿음이라는 선택지는 믿지 않음의 가능성에 대한 자각에 의해 돌이킬 수 없는 방식으로 제한된다(2010). 마찬가지로, 여전히 종교적으로 신실한 사람들에게조차도 종교가 공적 영역에 효과적으로 개입할 수 있다는 전망은 종교 문해력의 광범위한 상실 혹은 결핍에 의해 영향을 받고 있다. 공적 신앙으로부터 사적 신념으로의 전환은 공공신학이 그 당면한 관심사를 공유하지 않는 사람들과 소통하는 방식에 상당히 의미 있는 영향을 미친다.

특히 법적·사회적 정책이라는 측면에서 종교의 재부상은 종교와 정치의 분리라는 근대주의적 관습에 중대한 이의를 제기한다. 설령 성별에 근거한 차별과 관련하여 규정된 태도나 행동과 충돌하더라도 종교적 양심이나 원칙은 어느 정도까지 한 사람의 공적 행동에서 규제하는 요인, 심지어는 압도하는 요인이 될 수 있을까? 이것은 어떻게 자유민주주의가 종교적인 목소리와 개입이 온전하게 작동될 수 있도록 허용하는 동시에 다원주의 사회에서 가치와 생활방식의 다양성을 수용해야 하는가에 관한 문제를 두드러지게 보여 준다.

따라서 다음 장에서는 현재 우리가 처한 상황의 더 이론적인 차원을 살펴볼 것이다. 세속화 이론의 사회학적 정통에 따르면, 근대성의 조건 아래에서 수많은 공적 맥락을 가로질러 종교적 행동주의가 재부상하는 것은 불가능하다. 어떻게 우리는 이것을 개념화하는가? 유럽 예외주의의 서사를 주장함으로써, 즉 '서양과 나머지'의 차이를 유지함으로써? 아니면 세속화의 보편성과 불가피성을 재고해야만 하는가? 그렇다면 우리는 무엇으로 그것을 대체해야 하는가?

2장

불안한 변경

후기세속의 지도 그리기

현재 영국은 오래된 형식과 새로운 형식의 헌신, 권력, 조직이 공존하며 서로 경쟁하는 상황에 있다.…왜 영국은 종교적일 수도 있고 세속적일 수도 있는지…왜 인구의 과반수가 스스로 그리스도인이라고 말하면서도 종교의 수많은 양상에 적대적이거나 무관심한지, 왜 정부가 '신앙'은 받아들이지만 '종교'에 대해서는 의심스러워하는지, 왜 공적 논쟁이 '다문화주의'와 '통합' 사이에서 왔다 갔다 하는지, 왜 종교를 급진적인 동시에 보수적이라고 간주하는지, 왜 우리가 다종교의 공간을 만들지만…공적 공간에서 더는 하나님에 관해 이야기할 수 없는지. (Woodhead 2012, p. 26)

세속화는 일어나고 있지만, 세속화 이론은 틀렸다. (Brown 2001, p. viii)

공적 영역에서 종교가 점차 사라질 것이라고 내다보았던

20세기 서양 세속화 이론의 예측과 달리, 공적·종교적 신앙이 정치 현상으로 지속되고 있다는 증거가 최근 여러 해 동안 나타났다. 저스틴 보몬트Justin Beaumont는 "20세기 근대주의와 세속주의의 전제와 달리 종교의 공적 재부상이 21세기를 규정하는 특징 중 하나라고 할 수 있다"(Beaumont 2010, p. 8)라고 주장했다. 경험적으로 말하자면, 세계 전역에서 종교적 행동주의가 재부상하고 있는 상황은 종교가 공적 영향력을 상실하고 있다는 전망에 대한 반증이다. 하지만 이런 상황은 근대성과 사회적 분화가 종교적 제도와 신념의 쇠퇴를 예고한다는 세속화 서사라는 이론적 틀의 수정에도 영향을 미친다.

이런 작업의 일환으로서 전지구적 사회·문화적 동학, 즉 신앙의 점증하는 정치화, 문화적·사회적·경제적 절차를 규정하는 요소로서 신앙의 재부상에 주목한다. 특히 글로벌 사우스Global South(북반구 저위도 및 남반구에 위치한 개발도상국—역주)에서 공적 종교의 새로운 표현이 나타나고 있으며, 이는 종교의 쇠퇴라는 규범적인 서양 모형의 보편성에 의문을 제기한다. 하지만 유럽에서조차도 (점점 더 세속화의 규칙이 아니라 예외로 간주되고 있는) 종교가 다시금 공적으로 눈에 띄게 되었다. 이런 경향이 종교가 공적 삶에서 사라지고 있으며 더 이상 정치적 중요성을 갖지 않게 되었다는 사회학의 정통 이론에 대한 수정주의적 관점에 영향을 미치고 있다. 피터 버거Peter Berger는 자신이 본래 주창했던 세속화 이론을 수정하면서 이제는 '탈세속화desecularization' 과정에 관해 이야기하는 것이 더 정확하다고 주장했다(Berger 1999).

오늘날 세계는…그 어느 때만큼이나 맹렬하게 종교적이며, 어떤 경우에는 그 어느 때보다 더 그렇다. 이는 역사가와 사회과학자들이 대략 '세속화 이론'이라고 이름 붙인 문헌 전체가 본질적으로 잘못되었음을 뜻한다. (p. 2)

하지만 우리가 선형적 과정, 즉 '탈세속화'라는 용어가 암시하듯이 종교의 부흥이나 세속화의 역전을 목격하고 있는 것은 아니라고 믿을 만한 이유가 존재한다. 린다 우드헤드Linda Woodhead는 공적 삶에서 종교가 차지하는 위치에 대한 모순적이며 해결되지 않은 태도의 특징을 설명하면서 훨씬 더 모호한 이 상황을 포착해 낸 바 있다. 전지구적 디아스포라와 전지구적 정치 세력의 영향으로 종교가 '새로운 가시성'을 갖게 되었다고 말하는 것은 분명히 정당하다. 하지만 많은 분야에서, 오랫동안 확립된 신앙 전통의 쇠퇴와 종교적·신학적 언어와 가치가 공적 주류에서 점점 더 소외되고 있음을 의미하는 '세속화'의 고전적 궤적이 여전히 지배적이다. 예를 들어, 많은 경우에 계몽주의로부터 물려받은 세속주의 관점을 반영하는 종교에 대한 공적 회의론이 그 어느 때보다도 강력하다. 자유로운 사회에서 종교적·신학적 담론의 정당성—혹은 예를 들어, 교육과 사회적 돌봄, 다른 형태의 복지를 제공하는 신앙 기반 조직의 영향력—에 대해 공적 동요가 나타나는 상황은 그것이 자유민주주의의 관행을 유지하기 위해 너무나도 필수적인 공적 영역의 중립성을 위반한다는 계속되는 불안을 반영한다.

많은 비평가의 결론처럼 현재 우리 상황의 독특한 점이 종교에 대한 공적 인식이 새로워졌다는 사실이라면, 주요한 과제는 종교가 공적으로 나타나는 모습이 바뀌는 것에 대응하고, 성과 속의 접촉면을 관리하는 방법을 찾는 것이다. 그러므로 재주술화re-enchantment와 세속화되고 세속화하는 사회문화적 경향의 동시적·변증법적 공존이라는 관점에서 현재의 조건을 바라보는 것이 더 나을 것이다. 이는 단순한 종교적 부흥이나 사회학적 수정주의에서 전제하는 이분법을 초월하며, 세속주의와 지속적인 종교적 쇠퇴(북유럽에서만 이런 상황이 나타나는 것은 아니지만 북유럽에서 이런 상황이 나타나고 있음은 물론 부인할 수 없다)라는 중요한 경향과 공적·전지구적 신앙이 끈질기고도 영속적으로 나타나고 있다는 징조 **둘 다**를 독특하게 나란히 제시하는 것을 의미한다. 철학자 위르겐 하버마스를 비롯한 일군의 사회·정치 이론가들은 이제 '후기세속' 공론장에 관해 이야기하며, 그가 '시민 윤리'라고 부르는 것에서 종교적 가치가 역할을 할 수도 있다고 인정한다(2006).

논란이 진행 중인 개념이기는 하지만, 내가 보기에 후기세속성의 특징은 그 역설적이며 전례 없는 속성이다. 다시 활력을 얻은 종교적 행동주의가 전지구적·국가적으로 결정적 힘으로 부상하고 서양 사회에서 세속주의에 대한 강력한 지적 옹호가 이뤄지는 사이에 제도적 종교가 지속적으로 쇠락하는 상황에서 우리는 경험적·이론적으로 새로운 영토에 진입하게 된다. 이 모든 것은 공적 사무에 대한 종교 기관 개입의 정당성에, 또한 공적 당국이 시민성과 공동선의 경쟁하는 설명 사이에서 어떻게 중재하는지에 어느 정도 달려 있다.

이 장에서는 찰스 테일러가 근대성의 '혼란스러운 변경the unquiet frontiers'이라고 부른 것에서 후기세속의 역설을 느낄 수 있는 방식 중 몇몇을 고찰하고자 한다(2007, pp. 711-727). 또한 종교와 공론장이라는, 양립할 수 없다고들 하는 두 영역의 교섭과 관련된 우리의 확립된 관습과 관련해서 그것이 무엇을 의미하는지 고찰하고자 한다. 교회의 특권을 배제한 공적 공간의 틀을 마련하고, 서양 자유민주주의의 특징 중 하나인, 모든 시민이 참여할 수 있는 자유로운 의사소통 과정을 보장하는 수단으로서의 중립적인 세속 국가라는 이상은, 종교적 정체성의 재부상이 시민성과 신념, 공적 영역의 본질에 관한 우리의 이해에 새로운 도전을 제기하는 가운데 많은 점에서 우리의 고찰을 위한 시금석 역할을 한다. 후기세속이라는 대안적 용어를 채택한다면 우리가 세계 안에서 종교가 수행하는 역할(과 특히 '공'과 '사'의 변화하는 동학)을 이해하는 데 어떤 도움을 얻을 수 있는가? 세속 이후에도 세속화가 지속될 수 있을까? 서양은 전통적 형태의 종교의 재부상을 경험하고 있는가? 아니면 그것이 다시 발명되고 변화되어(Davie 1994) 새롭게 신성화된 세계가 전례 없는 방식으로 표현되는 상황을 경험하고 있는가?

하지만 마지막으로, 나는 일부에서 그렇게 하듯이 후기세속과 근대성의 이분법 곧 사/공, 신앙/이성, 성/속 중 일부가 해체되는 과정을 연결하는 것이 근대성에 대한 주류의 이해가 특히 젠더화된gendered 현상으로서 구성된 방식을 재고할 기회를 제공하는지 묻고자 한다. 세속 여성주의 사상에서 종교는 여성의 삶과 관련해 충격적일 정도로 간과되었고 이에 관한 이론화 작업도 제대로 이뤄지지 못했다. 따라서 후기세속과 같은 개념은 공적 영역에 대한 여성의 참여와 관련해 종교와 세속성이 명백히 드러나는 방식을 고찰할 수 있는 새로운 공간을 실제로 만들어 낼 수도 있다.

정치, 도시화, 사회 정책, 법률 같은 영역에서 종교가 공적으로 재부상하는 상황이 우리 세대를 규정하는 특징이라고 밝혀질 수도 있다. 문제는 우리의 개념 틀이 목적에 부합하는지, '후기세속' 담론이 그 도전에 부응하기에 충분한 명료성과 설명하는 무게를 지니고 있는지 여부다. 그러므로 나는 후기세속성이라는 용어가 공적 신앙의 본질에 대한 연구를 진척시키는 데 얼마나 적절한지를 살펴봄으로써 이 장을 마무리할 것이다. 나의 결론은 우리가 세속화 헤게모니의 종식을 목격하고 있을지도 모르지만, 이것이 반드시 **세속주의**나 세속화하는 사회적·경제적 경향의 몇몇 측면의 전면적 소멸을 의미하지는 않을 수도 있다는 것이다. 모든 새로운 준거 틀은 정치 담론 내의 후기세속적 전회가 지닌, 심층적으로 모순적이며 해소되지 않은 속성, 그러한 전회가 공공신학에 제기하는 도전을 받아들여야만 한다.

세속화 이후

누가 아직도 세속화 신화를 믿는가? 종교사회학의 최근 논쟁들을 살펴보면 이것이 적절한 물음이며 세속화 이론에 관한 현재의 논의가 이 물음으로부터 시작되고 있음을 알 수 있다.… '과학적' 증거로 무장한 종교사회학자들은 이제 종교의 미래가 밝다고 예상할 수 있다고 확신한다. (Casanova 1994, p. 11)

후기세속 담론이 부상하고 있는 현상을 설명하는 한 가지 방식은 이를 세속화 논제에 대한 수정주의적 접근법의 일부로 간주하는 것이다. 이는 종교가 개인과 사회를 위한 일차적 권위인 상황이 점진적으로 중단되는 과정을 상정하는 이론이다. 세속화가 종교의 중요성이 쇠퇴하는 과정을 지칭한다면, 그 배후의 기본 전제는 근대화 이론이다. 사회학계에서 이해하는 세속화는 본질적으로 근대 문화에서 종교가 필연적으로 쇠퇴한다는 서사로서 근대성 자체의 동학, 즉 근대화, 기술의 등장, 합리적·관료적 절차, 자유민주주의, 도시화, 산업 자본주의에서 그 원인을 찾는다(Bruce 2002, pp. 2-5).

피터 버거와 토머스 러크먼Thomas Luckmann이 제시한 세속화의 고전적 정의는 '종교적 의미와 제도의 지배로부터 사회 부분이 자율성을 점차적으로 확보하는 과정'에 관해 이야기한다(1966, p. 74). 이와 비슷하게 브라이언 윌슨Bryan Wilson은 세속화를 '종교적 제도와 행동, 의식이 사회적 중요성을 상실하는' 과정으로 특징짓는다(1982, p. 49). 나의 논의에서는 종교적 가치와 제도의 공적 양상과 영향력에 주로 초점을 맞추고자 한다. 나는 신학과 실천, 신앙과 시민의식의 관계에 관심이 있기 때문이다. 그럼에도, 자명한 신앙이라는 '성스러운 덮개 sacred canopy'의 퇴조와 그로 인한 개인적 종교의 주변화라는 더 폭넓은 물음 역시 대단히 중요하다.

> 세속화는 종교의 사회적 중요성이 약화되는 것과 연관이 있다. 거기에는 정치권력이 종교 기관의 재산과 시설을 몰수하는 것, 이전에 종교가 했던 다양한 활동과 기능을 관할하는 종교적 통제권이 세속적 통제권으로 전환되는 현상, 인간이 경험을 초월하는 관심에 할애한 시간과 에너지와 자원의 비율이 감소하는 상황, 종교 기관의 쇠락, 행동 문제에서 종교의 가르침이 엄격히 전문적인 기준에 일치하는 요구로 대체되는 현상, 특수하게 종교적인 의식이 경험적·합리적·도구적 지향에 점진적으로 대체되는 과정, 자연과 사회에 대한 신화적·시적·예술적 해석을 포기하고 사실 그대로의 설명을 선호하는 현상, 그와 더불어 가치 평가적·정서적 성향을 인지적·실증주의적 지향성과 엄격히 분리하는 태도 등이 포함된다. (Wilson 1982, p. 149)

그러므로 세속화의 고전적 정의는 공식적·제도적 종교의 쇠퇴, 공적 삶에서 종교의 지위가 점점 더 주변화되는 상황, 개인의 행동과 의미에 관련된 종교의 중요성 감소라는 세 가지 핵심

변수가 가리키는 종교의 사회적 중요성의 약화에 초점을 맞추는 경향이 있다. 스티브 브루스Steve Bruce는 이러한 삼차원적 관점을 다음과 같이 설명한다.

> 간단히 말해서, 나는 세속화를 (a) 국가와 경제 같은 비종교적 역할과 기관의 작동과 관련해 종교의 중요성이 감소하고, (b) 종교적 역할과 기관의 사회적 지위가 하락하고, (c) 사람들이 종교적 실천에 참여하고 종교적 종류의 신념을 드러내고 그들 삶의 다른 양상에서 그런 신념이 영향을 미치는 방식으로 행동하는 정도가 약화되는 상황을 통해 나타나는 사회적 조건으로 이해한다. (2002, p. 3)

아마도 공론장에서 종교적 개입이 공적으로 주변화되거나 도덕적 혹은 정치적 판단에 관한 문제에서 종교의 권위가 약화되는 상황보다 더 근원적인 것은 실재의 핵심에 자리 잡고 있는 '성스러운' 것이 배제되고 일상적인 경험이 '탈주술화'되는 현상일 것이다. 그레이스 데이비Grace Davie는 피터 버거의 성스러운 덮개라는 유명한 개념(1990)을 환기하면서 세속화의 이 차원이 일상생활에 대한 사람의 현상학적 이해에 미치는 영향을 강조한다.

> 대다수 사람에게 진지한 신념은 개인적인 관점에서 거부될 뿐만 아니라 전혀 이해하기 어려운 것이 된다.…두드러지게 부

재하는 것은 전체를 아우르는 성스러운 덮개, 조직적으로는 보편적 교회로 표현되는, 전부를 아우르는 종교적 틀이다. 근대 세계에서 이것은 더 이상 말이 되지 않는다. (2001, p. 25)

다소 '유행에 뒤처진 이론'이 되기는 했지만(Bruce 2010) 옹호자들은 특히 계속해서 종교의 사회적·문화적 주변화, 종교적 사회화의 명확한 경향성이 해체되는 상황, 주류 기독교의 예배 참석 인원, 교인 수, 제도적 가시성의 급격한 약화를 가리키는 증거와 관련해 서양 사회 안에서 고전적 세속화 이론의 주장을 계속해서 변호하고 있다. 브루스 같은 이론가들은 이런 흐름 중 일부가 다른 흐름보다 더 진행되거나 쇠퇴를 가리키는 몇몇 증거가 이민이나 지역 부흥, 몇몇 형태의 정체성 정치에 의해 일시적으로 지연될 수 있음을 부인하지 않을 것이다. 그럼에도 여전히 이 논제를 옹호하는 이들이 있는데, 그들은 이런 증거가 충분한 설득력이 없으며 (서양에서만이 아니라) 전지구적 사회에서 종교의 압도적인 경향은 여전히 세속화의 경향이라고 주장한다.

세속화에 대한 가장 묵시론적 설명은 주류 개신교와 개혁주의 전통의 운명에 관한 양적 지표를 근거로 삼는다. 스티브 브루스는 2031년에 이르면 영국 성공회Church of England가 "물려받은 막대한 재산을 소유한 변변찮은 자발적 협회로 축소될 것"이며(2002, p. 74) 영국 감리교회Methodist Church 같은 더 작은 교단은 완전히 사라져 버리고 말 것이라고 예상한다. 캘럼 브라운Callum Brown은 이런 묵시론적 예후에 동의하면서 "새천년 영국에서 기독교 문화는 사라질 것이다. 영국은 **우리가 알고 있는 종교**가 소멸할 수 있음을 세계에 보여 주고 있다"라고 주장한다(Brown 2001, p. 198, 저자 강조).

하지만 '우리가 알고 있는' 종교라는 브라운의 표현은 이 논쟁을 복잡하게 만드는 요소 중 하나를 환기한다. 공식적인 종교 인구가 양적·제도적으로 감소하고 있음을 추적하기는 상대적으로 수월할 테지만, 특히 신념과 실천, 정체성의 패러다임 자체와 집단적 혹은 개인적 현상으로서 그런 패러다임을 표명하는 방식이 바뀌고 있다면 개인적인 신앙과 사사화된 영성의 변화하는 윤곽을 추적하는 것은 그만큼 쉽지 않을 것이다.

그러므로 경험적 이유와 이론적 이유 모두로 인해 세속화 논쟁이 계속되고 있다. 세속화에 대한 하나의 수정주의적 접근법에서는 새로운 종교적 실천과 참여의 확산에 대한 증거를 채택하고, 이것이 세계의 '재주술화'나 '재신성화'를 표상하는 영속적인 영성의 형식을 반영한다고 추론한다. 이런 관점은 종교가 사라지지 않았지만, 공적인 것으로부터 사적인 것으로 옮겨졌다고 주장할 것이다. 이러한 재배치의 특징은 그것이 종교적으로 살아가는 옛 방식으로의 회귀가 아니라 종교적으로 살아가는 새로운 방식의 출현이다.

이 상황은 세속화라기보다는 종교의 재배치처럼 보인다. 다시 말해서, 우리는 주류 종교가 권위를 상실함에 따라 새로운 형태의 의미 있는 종교가 발전하여 이를 보충한다고 결론 내릴

것이다. (Partridge 2005, p. 39)

이것이 비전통적 형태의 종교가 더 오래되고 제도적인 표현의 쇠퇴로 야기된 진공 상태를 '보충'의 형식으로 채울 것이라고 마음을 놓게 해 줄 수도 있지만, 동시에 종교적 정서가 사회적 가시성이나 문화적 중요성을 상실하지 않고 하나에서 다른 하나로 '대체되는' 것뿐임을 암시하기도 한다. 하지만 공공신학의 관점에서 종교의 이러한 탈제도화나 사사화는 종교가 구조적·조직적 차원에서 공적 삶의 다른 양상에 참여할 수 있는 능력이 약화될 가능성이 있음을 나타낸다.

세속적인 것의 계보학

그러나 다른 이들은 경험적인 이유뿐만 아니라 개념적·이론적 근거로 세속화의 전제 자체에 이의를 제기한다. 호세 카사노바는 브루스의 모형과 비슷한 삼중 세속화 모형을 주창하면서 세속화가 점점 약해지는 종교의 사회적 중요성, 종교와 세속 영역의 구조적 분화, 종교의 사사화를 뜻한다고 설명한다(1994, p. 7). 그러나 그는 세속화를 서양 근대화에 관한 특수한 이론의 산물로 보는 자신의 해석에 근거하여, 세속화의 '신화'와 '오류'라고 부르는 것에 회의적인 입장을 표현한다. 즉, 국가, 경제, 시민사회, 과학 등 '세속적'이라고 여겨지는 영역이 기독교 세계라는 포괄적 영역으로부터 떨어져 나왔다는 견해에 회의적이다. 카사노바는 종교의 쇠락과 주변화의 이러한 다양한 차원이 나뉠 수 없는 것인지(그러므로 단일한 과정의 일부인지), 혹은 이런 차원이 독립적 변수로서, 따라서 경험으로서, 잠재적으로는 상이한 궤적으로서 기능하는지 묻는다. 카사노바의 결론은, 유럽 중심 시각을 통해 근대화의 동질성이라는 틀이 만들어졌고, 따라서 예를 들자면 '분화' 과정이 '사사화' 과정과 구별될 수 있는 가능성이 모호해진다는 것이다(pp. 38-39).

다른 이론가들 역시 세속화를 서양 근대의 발흥과 연관된 사회적 구성 social construction 으로 간주하고, 따라서 세속화가 불가피하거나 세계의 나머지 지역으로 수출할 수 있는 것이 결코 아니라고 이해하는 입장을 채택한다. 간단히 말해서, 세속적인 것의 역사, 즉 '계보학'이 존재한다(Asad 2003, p. 192). 크레이그 캘훈 Craig Calhoun 은 세속적인 것과 세속주의라는 이론을 '부재'나 삭감 subtraction 으로, 혹은 공리와 같은 존재론적 개념으로 이해하는 방식에 이의를 제기한다.

그것을 이데올로기로 보든, 세계관으로 보든, 종교에 대한 입장으로 보든, 헌법에 대한 접근 방식으로 보든, 어떤 다른 기획의 한 측면일 뿐이라고 보든, 세속주의는 단순히 종교의 부재가 아니라 우리가 철저히 생각해 볼 필요가 있는 무언가다.

(2010, p. 34)

전통적 형태의 세속화 이론에서는 근대화를 산업자본주의의 출현, 도시 성장, 기술 확장과 연관된 보편적이며 단선적인 과정이라고 생각한다. 이는 일반적으로 근대화와 세속화 혹은 합리화 사이의 밀접한 인과관계를 전제한다. 20세기에 이르러서야 세속화의 결과를 뼈저리게 느꼈지만, 이 과정의 근원은 합리주의와 개인주의의 발흥을 야기한 종교개혁기까지 거슬러 올라간다고 주장한다(Bruce 2002; Casanova, 1994). 17세기 과학혁명과 18세기 민주주의 혁명, 산업혁명과 연관된 거대한 사회적·경제적 변화는 사회적 관습의 유대를 느슨하게 만든 이런 흐름을 가속화했고, 자유로운 탐구와 과학적 합리성의 힘이 기독교 세계의 전통적인 사고 형식과 사회 구조에 지속적으로 영향을 미쳤다.

중요하게 눈여겨보아야 하는 바는, 이 과정이 전제 정치나 전통, 미신이라는 속박으로부터 자유로워진 인간 이성의 자기결정 능력과 해방 능력을 칭송했던 18세기 유럽과 북미의 계몽주의와 어느 정도까지 연관되어 있느냐다. 자유로운 탐구와 비판적 추론을 금지하는 한, 종교 기관과 교의는 계몽주의의 적으로 간주해야 한다. 그러나 많은 역사가가 지적하듯이, 계몽주의는 수많은 형태로 표현되었으며, 그중 일부는 명시적으로 무신론적이거나 세속주의적이었지만 다른 일부는 예술과 자연과학, 정치 경제학 분야에서 인간의 지적 성취를 꽃피우게 한, 적절하게 합리주의적이며 자유사상을 지지하는 종교의 출현을 예상하게 했다(Calhoun 2010, pp. 40-41).

그렇다고 해서 '세속적'이라고 간주할 수 있는 세계관, 즉 초자연적인 지시체referents나 마법적·의례적 실천보다는 합리적이며 현세적이고 경험적인 지시체가 지배적인 세계관이 존재했음을 부인하는 것은 아니다. 서양의 근대성은 하나님의 활동에 대한 믿음이 아니라 인간의 자율, 이성, 기술의 규제가 지배하는 시장, 국가, 개인 같은 영역의 출현이 특징이었다. 기업과 산업, 의학, 정부와 같은 활동의 '사회적 상상'(p. 36)은 내세의 기준이 아니라 현세의 기준에 따라 작동되었다.

이 논쟁에 중요하게 기여한 또 다른 연구서는 찰스 테일러의 최근작 《세속 시대 *A Secular Age*》(2007)다. 다수의 세속화 이론가와 마찬가지로 테일러는 세속화를 세 가지 특수한 차원을 지닌 다층적 현상으로 설명한다. 첫째는 종교의 공적 역할의 축소와 주변화를 지칭한다. 둘째로는 종교 인구의 감소를 꼽는다. 하지만 테일러에게 셋 중에서 가장 중요한 차원은 신앙belief과 비신앙unbelief의 변화다. 이를 통해 당연하게 여기는 전제였던 하나님에 대한 믿음은 '여러 선택지 중 하나'가 된다(2007, pp. 2-3). 테일러에게 이 세 번째 흐름은 그저 근대화의 필연적 결과가 아니라 기독교적 기원을 가지고 있었다. 세속 시대는 종교적 신앙의 불가피하고도 보편적인 쇠락이나 성속의 충돌이 아니라 세속적 지혜와 종교적 신앙 사이를 '오가는' 변증법으로 특징지어진다.

테일러는 비신앙이 가능해진(사실상 신앙보다 더 지지할 수 있게 되고 더 당연히 받아들여지게 된) 역사적·문화적 조건에 관한 이야기를 들려주는 데 관심이 있다. 테일러의 논제는 세속주의의 맹아가 종교 전통 안에 언제나 존재했으며, 전자가 후자를 압도하는 상황은 결코 불가피하지 않다는 주장이다. 그는 세속주의와 세속화 모두 외부적인 사회경제적 혹은 문화적 요인의 결과인 만큼이나 특히 기독교 안의 내부적 동학과 담론의 결과이기도 하다고 주장한다. 그는 초월이나 종교적 소속이라는 관념만 '벗겨져 없어졌을' 뿐이고 사람들의 상징적·물질적 삶의 나머지는 아무런 영향도 받지 않은 채로 남아 있다는, 세속화의 '삭감' 이론을 거부한다. 그것은 시대착오적이고 망상에 사로잡힌 초자연주의를 벗겨내고 그 자리에 계몽된 세속적 인본주의를 남겨두는 것에 관한 문제도 아니다. 오히려 테일러가 '닫힌 자아buffered self'라고 부르는 것, 공적 영역과 사적 영역의 분화, 자연주의적이며 경험주의적인 인식론의 형태로 나타난 우주의 탈주술화에 의해 특징지어지는 내재적 인본주의의 형태로서 새로운 세계관이 18세기에 지배적인 관점이 되었다. 그러므로 한 사람이 무신론자든 종교인이든, 신앙과 비신앙의 공모로 인해 모든 사람은 자신의 신념에 대한 반성적이며 상대주의적인 입장을 채택할 수밖에 없다. 자유의사에 의한 선택이라는 요소와 더불어 신앙의 보편적·공리적·비자발적 본질의 토대가 흔들리게 된다고 테일러는 주장한다.

  그러나 후기세속성 논쟁에서 테일러가 중요한 까닭은 그가 그저 신앙의 쇠락을 재촉하는 환경보다는 신앙의 지속을 촉진하는 요인에 관심을 기울이기 때문이다. 비록 "유감스럽게도 기독교 유신론을 지지하는 방향으로 기울어져 있다"라는 비판을 받아 왔지만, 세속화를 설명하려고 할 때 그는 일군의 대안적인 전제에서 출발하려고 한다(Kerr 2010, p. 321).

'후기세속' 같은 개념이 존재한다면, 세속화와 세속적인 것이 이미 그 자체로 복합적이며 다양한 용어이며, 우리가 그것을 고정된 암호가 아니라 이제는 재구성이 필요할지도 모르는 해석적·개념적 틀로 볼 수 있게 해 주는 역사들을 지니고 있음을 인정해야만 한다. 그러므로 세속적인 것은 역사를 지니고 있다. 즉, '입헌주의, 도덕적 자율, 민주주의, 인권, 시민적 평등, 산업, 소비주의, 시장의 자유'와 관계가 있으며 '시간과 공간, 잔인함과 부, 소비와 지식에 대한 새로운 경험을 만들어 내는' 일군의 경제적·정치적·문화적 '기획들'을 발생시킨 근대성과 공모한 역사를 지니고 있다(Asad 2003, p. 13).

많은 사람이 근대화가 보편적 과정이라고 가정했기 때문에 세속화의 지지자들은 세속화 역시 전세계적·전지구적으로 균일한 현상일 것이라고 가정해 왔다. 하지만 근대화 과정이 이런 과정이 생겨난 방식(예를 들어, 서유럽에서처럼 경제적 변화에 부수적이었는지, 아프리카에서처럼 식민주의에 의해 강요되었는지, 일본과 튀르키에에서처럼 정치 엘리트에 의해 도입되었는지)과 이런 과정이 전해진 시점(예를 들어, 한 사회가 생산 초기 단계에 자본주의를 만났는지, 발전된 생산 단계에서 자본주의를 만났는지)에 따라 세계의 여러 다른 부분에서 다양한 방식으로 전개되고 있을지도 모른다. 따라서 슈무엘 아이젠슈타트 Shmuel Eisenstadt의 주장처럼, '다중적 근대성'에 관해 이야기하는 것이 더 적합할 수도 있으며, 그 모두가 상이한 방식으로 종교적 신앙이나 실천과 상호작용한다고 말할 수 있다(2000, p. 593).

이를 참작하려고 하는 세속화 이론의 한 유형이 '공존' 이론이다. 이 이론에서는 몇몇 형태의 종교가 서양 사회에서조차도 쇠퇴하는 것이 아니라 성장하고 있다고 인정하며, 맥락을 이루는 환경과 근대화의 부수 현상이 아니라 독립 변수로서 종교의 운명을 더 강조하는 틀을 만들어 가기 시작한다. 찰스 테일러는 세속화의 '삭감' 이론을 비판하면서 이런 이론에서는 종교가 다른 변수에 상응하는 영향을 미치지 않고 단순히 사회 영역이나 정치 영역에서 사라질 수 있다고 잘못 전제한다고 주장한다. 이것은 종교를 없어도 되는 부수적 현상으로 간주함으로써 세속화나 근대주의적인 성속의 분리를 이미 받아들이는 것과 같다고 말할지도 모른다. 오히려 린다 우드헤드의 주장처럼(Woodhead 2012), 변화하는 종교의 미래에 대한 분석은 종교가 정치경제, 복지, 전지구화, 젠더 역할, 문화적 변화, 법률의 변화와 총체적으로 결합되어 있으며, 이런 변화가 더 광범위한 사회와의 관계에서 종교의 변화하는 모습을 형성하고 있다는 사실을 참작해야만 한다고 주장한다. 따라서 변화하는 맥락과 환경은 종교와 더 광범위한 사회 사이의 더 미묘한 관계를 초래하는 방식으로 종교적 신앙과 실천을 위한 새로운 궤적을 만들어 낸다.

세속화 이론에서는 어떻게 종교, 특히 기독교가 권력의 핵심 구조에 대한 장악력을 양도하는지(그리고/혹은 박탈당하는지)를 설명한다.…따라서 문제는 이 과정이 부수적인지, 즉 특수한 상황, 특히 유럽에서 확보된 상황에 의존하는지, 아니면 사회적

발전의 필수적이며 불가피한 일부인지가 된다. (Woodhead 2012, p. 295)

　　이런 주장의 필연적 결론은 종교의 미래에 관해 유연성과 다양성이 더 커지고, 그 결과 일부 맥락에서 종교가 쇠락하는 반면 오히려 종교가 성장하는 다른 맥락도 존재한다는 것이다. 따라서 세속화는 보편적이거나 필연적인 전지구적 과정이 아니라 특정한 환경에 따라 달라질 수 있다. 탈랄 아사드Talal Asad는 일종의 '계보학'을 통해 세속주의의 계략을 폭로하는 데 관심을 기울인다(2003, p. 192). 이 계보학에서는 세속주의가 '신앙과 지식, 이성과 상상력, 역사와 허구, 상징과 알레고리, 자연과 초자연, 성속'이라는 이분법적 사고 체계, 즉 '특히, 논쟁적인 방식으로 근대적인 세속 담론에 스며들어 간 이분법'에 기초해 있다고 본다(p. 23). 특히, 전지구적 이슬람이 정치 세력으로 등장함에 따라 기독교 세계의 쇠퇴와 동일시했던 종교의 운명에 관한 종래의 서사가 갖는 한계가 드러났다. 아사드는 '현재 지구 전역에서 종교적 움직임이 두드러지게 나타나는 상황'이 긍정적 반응과 부정적 반응 모두를 이끌어 낸다고 지적하면서 세속주의의 전제 자체를 재평가할 것을 촉구한다.

　　아사드의 주장은 '세속주의'가 그 자체의 정합성을 입증하기 위해 '종교'를 그것에 의해 부정되는 타자로 구성한다는 것이다. '세속적인 것'에서는 종교를 '초자연적인 것'이라는 존재론적 범주와 연관된 신념의 문제로 규정한다. 반면에 세속주의는 그 안에서 시민이 최고의 공적 실재인 자연적인 것과 사회적인 것을 다루며, 초월이나 비물질적인 것과 관련된 모든 것은 사적이고 내면적인 것으로 취급된다. 하지만 이런 범주화는 역사와 문화라는 맥락에 의존하며, 성서를 읽는 특수한 실천, 종교적 경험에 관한 담론, 교회와 국가의 관계를 설정하는 방식으로부터 출현했다. 특히, 국가에 의한 고문은 인간의 몸을 분류하고 통제하는 방식이지만, 동시에 자율적인 국가가 초월적·신적으로 세워진 권위를 대체했음을 상징하기도 했다.

이와 비슷하게 이반 스트렌스키Ivan Strenski의 논제는 '정치'와 '종교'로 알려진 별개의 두 현상 영역을 분리하려는 시도가 무익하며, 두 현상은 역사와 문화에 의존적인 근거에 기초해 있다는 것이다(2010). 우리가 종교의 자극을 받은 정치 행위가 급증하고 있는 이란과 파키스탄, 아프리카 일부 지역 등 전지구적으로 일어나고 있는 일을 이해하려고 노력할 때, 이는 특히나 명백해진다. 서양 관찰자들에게 이런 현상은 종교가 사적 영역으로 강등되고 결국 불가피하게 소멸되리라고 보았던 세대의 사회학 사상과 모순을 이룬다. 하지만 동시에 공론장에서 종교가 지속되고 부흥하는 현상은 우리의 개념을 재고하라고 요구한다. 그리고 스트렌스키는 우리가 '종교'와 '정치'를 분리되고 구별되는 것으로 분류함으로써 현상을 설명하는 귀중한 능력을 상실하고 만다고 주장한다. 그러므로 그는 '종교', '정치', '권력'에 대한 협소한 정의에 이의를 제기하면서, 이런 것들이 공허하고 무의미한 범주이거나 삶의 한 영역이 다른 영역을 '이용하거나' '타락시킨다고' 보는 결정론적 패러다임이라는 주장을 피하려 한다. 그는 이를 마치 망치가 못을 두드리는 것과 같은 단순하고 일방적인 방식이라고 표현한다. 특히 중동에서 현재 일어나고 있는 정치 현상에 관해 신학적 세계관과 정치권력의 행사를 섬세하고 복합적으로 종합해 내야만, 변화하는 맥락에서 종교에 의해 자극을 받은 행위자들을 충분히 두텁게 묘사할 수 있으리라고 그는 주장한다.

스트렌스키는 역사적으로 사람들이 종교 권력과 '세속' 권력의 결합된 통치를 받았으며, 따라서 신학적으로 규정된 교회의 권위*auctoritas*가 세속 권력*potestas*의 행사와 '통합된 장' 안에서 작동했다고 주장한다. 이 둘을 분리할 때 권력*potestas*이 주도권을 차지하고 종교를 사적·주관적 영역으로 강등시킨다고 그는 주장한다. 스트렌스키에게 종교와 정치의 구분을 계속해서 유지하는 것은 해석을 위한 가치밖에 없다. 이슬람과 같은 종교 전통이 중동 정치와 '전혀' 상관이 없다고 주장하는 환원론적 이론은 그것이 내재적으로, 환원 불가능한 방식으로 폭력이라고 비난하는 이론만큼이나 부적절하다. 오히려 우리는 어떻게 종교적 요인이 사람들의 행동을 '이해할' 수 있도록 도와주는지를 (특히 그들 스스로 종교적 설명을 제시한다면) 고려해야 한다. 종교가 다른 어떤 방식으로도 관찰할 수 없는 인과관계를 제공하는가? 그것은 다른 어떤 패러다임보다도 더 나은 설명을 제공하는가?

따라서 누가 누구에게 어떤 방법으로 종교 단체나 전통을 대표해서 말하는지는 전혀 분명하지 않다. 이는 공적 권위가, 더 나아가 대중 일반이 종교에 관해 이야기하거나 종교인과 공감하기 위해 필요한 개념과 지식, 어휘에 대해 어느 정도까지 익숙할 것이라고 기대해야 하는지에 관한 질문을 제기한다. 일부에서는 강력한 세속주의 입장을 견지하면서 종교가 공적 담론에서 아무런 정당한 자리도 요구할 수 없다고 주장할 수도 있지만, 일부에서는 실용적으로 말해 신앙에 기반한 관점을 일정 정도 수용할 필요가 있다고 주장할 수도 있다. 그러므로 이 문제의 핵심에는 공적 영역과의 관계에서 종교적 신앙의 적절한 역할에 관한 논쟁, 경쟁적이며 많은 경우에는 대단히 다층적인 논쟁이 자리 잡고 있다. 또한 이런 이유 때문에 하버마스의 이론이 핵심적으로 중요하다. 이는 시민권의 행사와 양심이나 시민적 행동의 문제를 결정함에 있어서 개인적 신념 사이의 적절한 관계로부터, 종교적 대표자들의 헌법적 지위 문제로, 더 나아가 신앙 기반 조직이 복지와 사회적 돌봄의 공급에 참여할 근거에 관한 문제까지 확장된다.

'후기세속'의 이론화: 위르겐 하버마스

후기세속 담론의 확장은 사회이론가이자 철학자인 위르겐 하버마스의 개입에 가장 크게 빚을 지고 있다. 그의 오랜 학문 경력은 근대성 아래에서 공적 영역의 본질에 대한 관심이 특징이다. 초기에 그는 마르크스주의 신념으로 인해, 시민권과 소통 민주주의 communicative democracy에 관한 풍성하고 비당파적 담론을 진술하기 위한 가장 평등한 조건을 보장하기 위해서는 비신앙고백적인 공적 공간을 만들어야만 한다는 고전적 롤스의 입장에 폭넓게 공감하는 입장이었다. 하지만 21세기 초부터 하버마스의 관점이 변하기 시작했으며, 공론장의 세속적 성격을 재평가하고 우리의 사회적·정치적 상상 social and political imaginary 을 풍성하게 하는 (공동의 용어로 '번역'하는 과정을 통해 매개되거나 중재된 것이기는 하지만) 추론의 종교적 원천을 도입할 것을 촉구해 왔다. 그는 이것이 '잃어버린 것'(즉, 종교적 가치)을 시민의 덕과 관련된 새로워진 어휘 체계에 다시 포함시키는 수단이라고 생각한다.

최근 글에서 하버마스는 종교적 추론이 '공적 의사소통의 흐름'에 포함될 수 있고 포함되어야 하며, 이는 '의미와 정체성을 만들어 내는' 강력하며 불가능한 원천을 이루기 때문이라고 인정했다(2008c, p. 131). 하버마스는 이성의 주권적 지위에 대한 의미 있는 비판과 결합된 종교의 전지구적 재부상으로 인해 의사소통적 이성과 공적 담론에 관한 '후기형이상학적 postmetaphysical' 이론을 구축해야 한다고 주장할 수 있게 되었다고 본다. 하버마스는 계몽주의의 유산을 부인하지 않으면서, 자유주의 국가와 그 시민들이 종교적 추론이 본래적으로 비합리적이라고 전제하는 태도에 대해 경고한다(Habermas, 2010). 그는 근대화와 세속화를 동일시하는 것은 지나치게 단순한 설명임을 깨달았다.

1989년에 시카고대학교에서 신학자들과 함께 진행한 한 세미나에서 하버마스는 이미 내재주의적 혹은 비실재론적 정치신학을 주창하기 시작했다. 이 신학에서는 하나님에 대한 소망이 실용적인 도덕적 행동을 위한 근거가 되며 인간의 연대에 대한 영감을 주는 전망과 소망과 의무에 대한 '두터운 묘사'를 제공한다(1992). 2007년 뮌헨의 예수회철학대학Jesuit School of Philosophy 구성원들과 나눈 대담에서 하버마스는 후기근대성 안에 존재하는 일종의 우울함, 세속적인 의사소통적 이성 안에 존재하는 결핍의 감정을 암시했다. 이것은 그의 말처럼 '잃어버린 것에 대한 자각'(2010), 즉 정의와 진보, 인간 존엄성과 같은 것에 대한 헌신의 형이상학적 혹은 초월적 근거에 대한 자각이다.•

    하버마스에게 후기세속은 무엇을 의미하는가? 그것은 종교적 신념과 기관이 서양 근대사회에서 다소 소외된 지위를 가지고 있던 상황을 벗어나 새롭게 공적 가시성을 확보하는 과정을 거치는 시기를 의미한다. 따라서 후기세속은 "종교가 한때 부재했던 무대로 '되돌아오는 것'이라기보다는, 기껏해야 전에는 과도하게 자신감에 넘쳤던 세속주의적 전망이 수정되는 것"을 의미할 것이다(Harrington 2007, p. 547). 따라서 그것은 근대성 논리의 재해석으로서, 전에는 분명하고 돌이킬 수 없는 쇠락의 시기라고 생각했던 것을 통과하면서 종교가 끈질기게 살아남았음을 의미할 수도 있다. 하지만 이런 관점은 일상생활에 대한 중요성에 있어서 제도적 현상과 공적 현전으로서의 종교의 역할이

• 하버마스는 고도로 발전된 기술, 특히 생명과학 분야의 발전이 미치는 영향이 이 점과 관련해 특히나 중대한 도전을 제기한다고 본다. Habermas 2003을 보라.

어떻게 전환되었는지를 이해하는 과정에서 얻은 중대한 장악력을 어느 정도까지 양보하려고 할까? 아니면 하버마스는 세속적인 도덕적 추론에 대한 종교적 영향력의 남아 있는 생명력이 세속 사회의 대기 속으로 용해되기보다는 특수한 신앙 전통의 동시대적 실천을 통해 언제나 구체화되어야 한다는 자신의 이전 주장을 수정하고 싶어 하는 것일까?

하버마스가 종교적 추론 형식과 세속적 추론 형식의 관계를 상호보완적인 것으로 이해하고 있음은 분명하다. 종교적 시민에게 보편적으로 이해할 수 있는 용어로 자신의 가치를 '번역'하라고 요구함으로써 종교적 시민과 비종교적 시민 사이에서 불균형한 입장을 취하는 것처럼 보이지만 하버마스는 모든 목소리—비록 적절하게 중재된 것이기는 하지만—가 다원주의적 공적 논쟁에 정당하게 공헌할 수 있다고 이해한다.

물론 종교적 표현 내용은 공식적인 의제에 포함되고 의사결정을 하는 집단의 고려 사항 안으로 유입되기 전에 보편적으로 이해할 수 있는 언어로 번역되어야 한다. 하지만 종교적인 사람들과 비종교적인 사람들의 만남을 통해 민주적 절차가 기원한 바로 그 공간에서 종교적 시민과 종교적 공동체가 여전히 영향력을 유지하고 있다. 정치적으로 연관된 공적 견해가 종교적 시민과 비종교적 시민에 의한 이성의 공적 사용을 담고 있는 이 저장소로부터 자원을 공급받고 있는 한, 의도적으로 형성된 민주적 정당화가 종교적인 목소리와 종교에 의해 자극을 받은 대결에 의해서도 영양을 공급받는다는 것이 **모든** 시민의 집단적 이해가 되어야 한다. (Mendieta 2010, pp. 12-13)

9/11이 겨우 한 달 지난 시점이었던 2001년 10월 14일, 그는 해마다 독일 출판계에서 지적 삶에 탁월하게 기여한 사람들에게 주는 평화상Peace Prize을 수상하면서 프랑크푸르트 파울스키르헤Paulskirche에서 "신앙과 지식"이라는 주제로 강연했다. 그가 이 기회를 통해 그때까지 공적 삶에서 종교의 역할에 거의 관심을 보이지 않았던 그의 사상에서 새로운 방향을 제시했다는 사실은 의미심장하다. 그런 다음 널리 홍보된 (나중에 교황 베네딕토 16세가 된) 요제프 라칭거Joseph Ratzinger와의 대담이 있었고, 그 후에는 더 방대한 책 두 권《놓치고 있는 것에 대한 깨달음: 후기세속 시대의 신앙과 이성An Awareness of What is Missing: Faith and Reason in a Post-Secular Age》(2008)과 뉴욕에서 이뤄진 학술회의 회의록인《공론장에서 이성의 힘The Power of Reason in the Public Sphere》(2010)을 출간했다. 무엇이 하버마스로 하여금 새로운 길로 나서게 했을까? 이는 21세기 초 사회 이론에서 종교의 위치에 관해 무엇을 말해 주는가? 그리고 그것은 후기세속에 관한 논쟁을 어떻게 규정하는가?

후기형이상학적 의식은 '한편으로는 종교적 진리에 대한 판단을 삼가면서도 신앙과 지식 사이에 엄격히 선을 그어야 한다고 (논쟁적이지 않은 방식으로) 주장하는' 불가지론적이지만 환원론적이지 않은 철학적 입장'으로 구성된다(Habermas 2006, p. 16; Mendieta 2010, p. 5도 보라). 이는 하버마스의 후기세속 관념이 후기

칸트주의적 계몽주의 사유가 전복될 것이라는 전제를 전혀 포함하지 않는다는 것을 말해 준다고 나는 생각한다. 반면에 이는 자연주의적 혹은 경험주의적 용어로 표현할 수 없는 진술을 평가 절하하는 협소한 환원론적 이성 관념을 거부한다.

실제로, 한 서평자는 '후기'와 '전기' 하버마스 사이에 더 큰 연속성이 존재한다고 주장하면서(Gordon 2011) 언제나 하버마스의 작업은 어떻게 진정으로 민주적인 공적 공간을 구성하고 떠받칠 수 있느냐는 물음으로 추동되었다고 지적한다. 하버마스는 인간의 의사소통 이성의 비환원성이 진정한 공적 합의와 절차적 정의의 가능성을 떠받치고 보장한다고 이해한다. 문제는, 어떻게 인간으로 하여금 공통의 이성과 합의에 헌신하게 하며 어떻게 문화가 우리에게 가치에 대한 자각을 심어 주느냐다. 우리가 공평무사한 시민으로서 기능하기 위해 특수한 문화적·윤리적 체계나 세계관 밖으로 자신을 끄집어내야 한다고 보는 롤스주의의 자유-계약 모형과 달리, 프랑크푸르트 학파Frankfurt School를 따르는 하버마스는 인간이 의사소통 규약을 초월하거나 그런 규약으로 환원할 수 없는, 물려받은 가치에 언제나 이미 물들어 있다고 본다. 이성을 비판적으로 면밀히 조사하기 위해서는 도덕의 초자연적 원천에 대한 일정 정도의 반성이 필요하고, 이로써 그런 주장을 상대화하고 그런 주장이 인간이 만들어 낸 개념임을 폭로해야 하지만, 궁극적인 도덕적 헌신이 문명과 공동선을 위한 전제 조건이라는 인식은 그대로 남아 있다.

따라서 하버마스는 표면적으로는 세속적인 민주주의가 세

속 이성으로 환원할 수 없는 세계관에 의존하며, 정의와 인권 개념이 다양한 뿌리를 가질 수 있고, 종교적·신학적 원칙이 공적 논쟁을 계속해서 육성하고 그 논쟁에 영향을 미칠 수 있다는 것을 언제나 기꺼이 인정해 왔다. 하지만 문제는 이것이 어느 정도까지 정당하다고 간주할 수 있느냐다. 그리고 이에 관해 하버마스는 종교가 진보적·민주적 가치의 평가절하된 원천이 될 수 있으며, 종교적 원칙의 환원 불가능성과 초월성이 세속적 이성에게는 주어져 있지 않은 깊이 있는 도덕적 추론을 가리킬 수 있다고 지적한다. "근대사회 중에서 단순한 인간적 영역 너머를 가리키는 자신들의 종교적 전통의 본질적 내용을 세속적 영역에 소개할 수 있는 사회만이 인간적인 것의 본질을 구해 낼 수 있다"(2010, p. 5). 그러나 이런 종교적 가치가 공적 담론 안으로 들어갈 수 있는 특정한 조건이 여전히 존재한다. 또한 하버마스는 명시적으로 신학적인 교훈이 공동의 의식 안으로 들어갈 수 있게 해 주는 '번역' 과정에 관해 이야기한다.

> 자신이 입헌민주주의의 충실한 일원이라고 생각하는 종교적 시민은 번역이라는 조건을, 경쟁하는 세계관들을 향한 국가 권위의 중립성을 위해 치러야 할 대가로 받아들여야 한다. 세속적 시민에게는 동일한 시민 윤리가 보완적인 부담을 요구한다. 종교적 시민을 비롯한 모든 시민에 대한 상호적 책임이라는 의무에 의해 그들은 정치적 견해와 [도덕적] 형성에 대한 종교의 기여를…처음부터 단순한 소음으로, 심지어는 허튼소리로 취

급하면서…공적으로 기각하지 말아야 한다. 세속적 시민과 종교적 시민은 이성의 공적 사용을 통해 서로의 눈높이에서 만나야 한다. (2011, p. 26)

물론 이런 입장은 종교적 시민들이 여전히 자신의 가장 심층적인 신념을 '괄호 안에 묶어 두어야' 한다는 점에서 고전적인 롤스주의 입장에서 제기하는 몇몇 비판에 여전히 취약하다. 여기서 타협은 그들이 자신이 만들어 내지 않은 이해 가능성과 신빙성이라는 기준에 의해 통제되는 공통의 언어로 종교적 이성을 '번역'해야 한다는 것이다. 이와 비슷하게, 하버마스가 종교적인 도덕적 추론의 영속적인 정당성을 인정하는 한 가지 이유는 그것이 순수이성 담론에 즉각적으로 접근할 수 없는 인간 경험의 차원을 다룰 수 있다는 것이다. 하지만 그것은 후자의 관행으로서 공적 기여자는 그것에 의해 판단을 받아야 한다.

따라서 계몽주의가 세운 경계 곧 경제적·정치적 절차라는 공적 영역과 신앙이라는 사적 영역 사이의 경계가 종교의 재부상과 세속주의의 지속이라는 역설적 흐름 아래에서 해체되고 있다. 이와 비슷하게 "종교가 보존한, 집단적으로 이상들을 묶어 주는 도덕적 총체(지상의 하나님 나라)라는 이미지에 대한 장악력을 상실한 것처럼 보이는 세속 근대성의 위기가 존재한다"(Habermas 2010, p. 19). 어떤 이들은 지상의 하나님 나라라는 이상을 복합적인 신학적 가르침의 세속화된 판본이라고 생각하겠지만, 하버마스의 주장은 인간의 존엄성이라는 전지구적 전망을 유지하고 세속적·유물론적 시민으로 하여금 무엇을 놓치고 있는지 깨닫게 하기 위해서는 단순한 실용주의만으로는 충분하지 않다는 것이다. "세계 전역에서 연대가…하늘을 향해 외치는 것이 훼손되고 있다"(p. 19).

> 문명의 충돌을 피하고 싶다면, 우리는 자신이 속한 서양에서 세속화 과정의 변증법이 아직 종결되지 않았음을 명심해야만 한다. 지난달의 뉴욕 공격으로 상징되는 세계에 대한 종교적 폭력이 분출하는 상황을 제대로 이해하기 위해서는 서양이 겸손과 자기비판을 통해서 세계를 지나치게 단순한 방식으로 평화롭고 세속적인 서양과 야만적이며 종교적인 타자로 이분법적으로 나누는 태도를 피해야만 한다. 이는 특히 전지구적 이민 때문에 유럽이 더는 문화적으로(나 종교적으로) 동질적이지 않기 때문이다. 하버마스는 어떤 점에서도 종교적 부흥이 일어나고 있다고 가리키지 않지만, 유럽이라는 관념 자체가 그것이 기독교 문명이라는 사실을 전제로 삼는다는 주장—일반적으로 교황 베네딕토를 비롯한 보수적 정치인과 신학자들이 주창하는—은 말할 것도 종교적 다원주의의 영향력에도 관심을 기울이는 태도를 보인다. (Gordon 2011, p. 4)

그러나 피터 고든 Peter Gordon 이 지적하듯이, 이는 널리 퍼진 종교적 부흥이 보장되었다거나 세속주의의 교훈이 역전되리라고 인정하는 것과는 다르다. 이는 하버마스가 근대성이 '놓친'

요소라고 말할 때 의미했던 바에 대한 오해일 뿐이다. 근대성이 놓쳤던 요소는 종교 자체가 아니라 인간 이성의 궁극적 무류성infallibility이었다.

하버마스는 이성을 이데올로기적 목적을 위해 도구화하는 특수한 '계몽의 변증법'에 대한 프랑크푸르트 학파의 불신을 물려받았다. 따라서 그는 종교의 유익에 대해 불가지론적 태도를 유지하면서, 참으로 포용적인 공론장을 만들기 위해서는, 또한 진정으로 자기비판적인 의사소통 이성을 추구하기 위해서는 세속주의가 승리주의를 피하고 종교가 인간의 연대를 강화할 수 있다는 가능성에 열려 있어야 한다고 지적한다. 궁극적으로, 제대로 작동하는 민주적 정치체가 번영하기 위해 '인간 도덕에 대한 배타적인 소유권 주장을 보유한다고 확신하는…종교성에 대한 불관용'을 고수할 필요는 없지만, 마찬가지로 '종교로부터의 독립을 교조적으로 확신하는 세속주의에 대한 불관용'을 관철하기 위해 너무 많은 시간을 보낼 필요도 없다(Gordon 2011, p. 8). 하지만 주목할 점은, 하버마스 철학의 많은 부분이 근거로 삼는 의사소통 이성의 전제가 상호성과 합의를 달성하는 인간 담론의 심층적 구조에 대한 믿음에서 매우 인문주의적이고 인본주의적이라는 것이다.

하버마스 주변에서 펼쳐지는 세계의 사건들이 종교의 역할에 대한 그의 고찰을 계속해서 자극했다. 2008-2009년의 전지구적 경제 위기는 물질적·구조적 불평등을 악화했고, 사회민주주의 국민국가의 노력으로는 더 이상 문제가 개선될 수 없는 상황에 이르게 되었다. 이런 전지구적 추세가 "민주주의의 자율주행 능력을 약화하며"(2001, p. 6), 이로 인해 민주적 정치경제와 공적 숙의의 왕성한 문화를 갱신하는 것이 훨씬 더 긴급한 과제가 되었다. 본질적으로 시장 논리가 사회 정의에 대한 모든 규범적 고려를 '제거해 버렸다.'

> 나에게 전지구적 근대성은 참여자들이 문화적 발전의 상이한 경로에 대한 관점으로부터 다소간 공유되는 사회적 사후 부조의 규범적 구축을 놓고 다투는 공개된 경기장처럼 보인다. 우리가 오늘날까지도 국제 관계에서 지배적인, '무슨 수단을 써도 괜찮다'라는 식의 사회진화론적 조건을 극복하는 데 성공하고, 고삐에서 풀려난 듯 전지구적으로 사납게 날뛰고 있는 자본주의를 길들이고 사회적으로 받아들여질 수 있는 방식으로 운영되게 할 수 있을지는 여전히 열린 물음으로 남아 있다.
> (Mendieta 2010, p. 8)

따라서 하버마스는 어디에서 시민적 덕의 갱신을 위한 잠재적 원천을 찾을 수 있는지를 살펴보고자 하는 동기를 부여받는다. 우리는 왜 그가 의사소통 이성 함양을 위한 기술의 재발견을 통해 단순하고 실용적인 해법을 찾을 수 있는데도, (아리스토텔레스주의 같은) 고대 철학이나 (인문주의나 계몽주의 같은) 현대 철학에서 유래한 민주적인 정치적 가치를 재공식화하는 방식으로 굳이 형이상학적이거나 도덕적인 이상에 기대를 걸려고 하는지 물을 수도 있다. 다시 한번, 인간 존엄성에 대한 종교적이며 형이상학적인 설명이 정초적 준거점 역할을 할 수 있다는 사실에서 그 답을 찾을 수 있는 것처럼 보인다.

따라서 하버마스는 종교가 본질적으로 인권과 다원주의적인 공적 담론에 적대적이기보다는 해방적이며 진보적일 가능성을 지니고 있다고 주장해 왔다. 종교에 대한 이러한 새로운 호의적 태도 때문에 그는 '후기세속'이라는 용어를 고안하게 되었다. 그러나 우리는 그가 종교의 '내적' 동학이라고 부를 수 있는 것의 관점(종교적 신념, 소속, 실천이라는 관점)에서는 이런 현상에 관심이 없다는 것에 언제나 주목해야 한다. 또한 신앙인들이 공적 영역에서 '신앙'의 새로운 가시성에 대응하기 위해 채택할 수도 있는 변화하는 담론이나 적응 전략에 관해서도 관심이 없다. 오히려 미셸 딜런Michelle Dillon이 지적하듯이, 그것은 계몽주의 기획의 운명에 관한 그의 지속적인 관심과 전적으로 조화를 이룬다. '후기세속'과 명백히 종교로부터 파생된 도덕적 추론 형식의 재수용은 쇠락해 가는 계몽주의 기획의 재부흥을 보장해 준다. 프랑크푸르트 학파에 속한 그의 멘토들은 이 기획이 기술적·도구적 이성의 도구화되고 절대주의적인 형식에 영향을 받기 쉽다고 예상했다. "후기세속이란 세속이 계몽주의처럼 처음에 의도한 목적지에 미치지 못했음을 의미한다. 세속화가 발생하지 않았다는 뜻이 아니라 종교가 끈질기게 지속되는 과정에서 생겨난 복잡한 문제들이 존재한다는 뜻이다"(Dillon 2012).

하버마스는 후기세속 사회의 복잡하고 모순적인 성격을 지적한다. 그는 유럽을 언급하면서 종교의 세속화와 탈제도화가 계속되고 있다고 주장한다. 바뀐 것은 '점점 더 세속화되는 환경에서도 종교 공동체가 계속해서 존재하는 상황'이라고 그는 말한다(Mendieta 2010, p. 10). 이는 이민이 야기한 새로운 종교 다원주의, 전지구적 근본주의의 간접적 영향력, 전통적인 사회민주주의 국가 복지 체계가 재구조화됨에 따라 신앙 기반 조직이 갖게 된 새로운 가시성(이는 교회가 자선과 구호 활동의 중요한 자원이었던 20세기 이전과 근대 이전 사회로의 회귀를 의미할 수도 있다) 때문이다. 따라서 하버마스에게 '근대화 과정에서 종교가 전세계적으로 사라질 것이라는 세속주의의 확신이 근거를 상실하는 동안 종교가 공적 영향력과 적합성을 유지하는 한' 후기세속은 새로운 출발을 의미한다(2008b). 나중에 나의 분석에서 이들 맥락 중 일부를 다시 다루고자 한다. 이것은 (a) 세속화 논제의 예상이 잘못된 것일 수도 있다는 이해와, (b) 따라서 근대화와 세속화(와 세속의 계보학)를 동일시했던 것에 대해 수정이 필요하다는 인식을 반영하지만, (c) 세속적인 것의 불가피성과 보편성이 의심받을 수도 있는 상황에서도 세속주의의 요소와 세속화의 논리는 여전히 공적 담론의 수행을 위한 조건이 되고 있다.

후기세속의 지도 그리기

후기세속이라는 용어가 21세기 초에 공적으로 두드러지게 등장했지만, 제임스 베크포드James Beckford는 그 기원이 훨씬 오래전으로 거슬러 올라가며 1966년에 로마가톨릭 종교사회학자 앤드루 그릴리Andrew Greeley가 발표한 논문에서 시작되었다고 주장한다 (Beckford 2012, p. 2). 그럼에도 이 용어가 널리 사용된 것은 1990년대 말 이후였다. 하지만 이 이후로 용례가 너무나도 확산되어서 용어의 가치 자체가 돌이킬 수 없을 정도로 평가절하되었다는 것이 베크포드의 주장이다. 그는 이 개념에 대한 주요한 해석을 무려 여섯 유형으로 제시한다. 여기에는 종교적 신념과 실천의 지속이 '세속화'라고 불리는 모든 것이 존재하지 않는다는 것을 드러낸다는 주장이 포함된다. 더 온건한 해석으로는 세속주의라는 실재와 메타서사로서 그것이 지닌 한계 모두를 지적하는, 세속화에 대한 수정주의적 입장, 특히 대중문화에서 성스러운 것이 회귀하는 것을 통해 명백해진 세속적인 것의 재주술화, 종교의 탈사사화와 공적·정치적 세력으로서 종교의 재부상, 신정통적 세계관의 재천명, '속'과 '성'이라는 범주 자체를 기피하는 입장이 있다(pp. 3-12). 일부는 세속주의와 세속화가 이제는 불필요하다고 보며, 일부는 후기세속이 세속화의 더 온건하며 지역화된 판본을 의미한다고 보고, 일부는 후기세속이 세속화 궤적의 역전이라고 본다(p. 12).

본질적으로 베크포드는 이런 해석들을 해석 실천의 이상적 유형으로 제시하지만, 나로서는 그의 개관이 후기세속의 참된 본질로서 나타나고 있는 바, 즉 그것의 양가적이며 역설적인 성격을 온전히 강조하고 있다고 확신할 수 없다. 아마도 그가 제시한 두 번째 유형이 내가 바라보는 관점과 가장 가까울 것이다. 즉, 후기세속을 세속적인 것 '위에 쌓아 올림'으로서 이해하고, 세속적 근대성의 요소가 지속되고 계속해서 공적 삶에 두루 퍼져 있지만, 그럼에도 종교적 신념과 실천이 재부상하고 새롭게 표현되고 있다는 징후가 공적 삶에서 나타나고 있다고 보는 관점이다. 하지만 베크포드는 세속화 분석 '위에 쌓아 올림'이나 '세속화 이론의 오류'를 학계 안으로 '흡수함', 후기세속을 여성주의 이론 안으로 '통합함'에 관해 이야기하는 반면, 나는 탈주술화와 재주술화라는 공존하는 것처럼 보이는 이 흐름들 사이의 부조화를 그대로 받아들이고자 한다. 따라서 나는 후기세속이 새로운 맥락의 중요한 양상들이—특히 종교와 공적 삶과 관련해—쉽게 혹은 편안하게 화해를 이룰 수 없는 어색하고도 모순적인 공간이라는 가설 안에서 작업하고자 하고자 한다.

많은 이들에게 **후기**세속이라는 용어는 후기근대postmodern, 탈식민주의post-colonial, 후기구조주의post-structuralist나 포스트휴먼posthuman 등 다른 개념과의 공명을 환기할 수도 있다. 이런 용어는 각각 나름의 전문적 담론과 복잡한 계보학을 지니고 있지만, 한 가지 공통된 특징은 '후기'라는 접두사를 사용한다는 점인 듯하다. 이는 시간적으로나 연대기적으로 말해서 한 시대나 패러다임이 또 다른 시대나 패러다임을 뒤따르는 계승의 단계를 의미하는가? 아니면 연관된 개념의 안정성이나 정합성 자체에 의문을 제기하기 위해 사용되는 용어인가? 예를 들어, 후기근대는 "그때는 그때고 지금은 지금이다"라고 말할 때처럼(Hayles 1999,

p. 6) 단순히 근대 이후 시대나 근대주의 이후의 건축 양식이나 미적 양식을 가리킬 수도 있다. 혹은 근대의 근거를 이루는 전제에 대한 재평가를 의미할 수도 있다. 브뤼노 라투르Bruno Latour는 근대성이 자연과 문화, 인간과 비인간, 내재와 초월 같은 요소가 존재론적으로 구별된다고 평가되는 범주화 과정에 기초한다고 이해한다. "우리는 근대적인 적이 없었다"(1993)라고 인정하는 것은 근대성의 공리가 주어진 것이 아니라 특수한 인식론적 관습에 의존하고 있음을 인정한다는 뜻이다.

이와 비슷하게 나는 '포스트Post/휴먼Human'에 관한 연구에서 주의를 환기하기 위해, 즉 그것이 "저자와 대상, '인본주의'와 '인간 본성'에 대한 호소가 갖는 정치적 함의에 관해 질문하게 하는 물음표, 비판적 신호로 해석되어야 한다"라고 주장하고 이런 용어의 '범주적 불안정성'을 드러내기 위해 빗금 혹은 사선을 채택했다(Graham 2002, pp. 36-37; Badmington 2004). 문제는 어떻게 인간과 기계와 자연의 경계가 세워지고 규제되어 왔느냐다. 그러므로 후기세속에 관해 세속화가 역전을 경험했는지, 종교가 부흥을 경험했는지 여부를 물을 수 있다. 이는 '종교적'과 '세속적'이라는 범주 자체가 구성된 개념으로서, 세속이 교회의 통제로부터 독립적인 특수한 공적 공간을 점유하고, 그것을 통해 법률과 정치, 복지, 인권이라는 특수한 영역이 확립된다고 보기 때문이다.

무엇을 놓치고 있는가? 젠더와 후기세속·

후기세속을 이해하는 한 가지 방식은 그것을 세속적 이성과 종교적 부흥 사이에 있는 일종의 '제3의 공간'으로 이해하는 것이다. 그렇게 할 때 우리는 특히 계몽주의 기획으로부터 배제된 이들의 경험과 맥락, 정체성을 차단하는 데 기여하는 방식으로 세속적 이성에게 부여된 무비판적 헤게모니를 재평가할 수밖에 없다. 위르겐 하버마스는 초월적·형이상학적 가치의 형성에 관해 세속적 이성이 '놓치고 있는' 무언가가 존재한다고 주장해 왔다. 하지만 나로서는 후기세속의 상징을 재고할 때 우리가 젠더의 핵심적 역할—근대성의 개념적·정치적 형성에 필수 불가결한—을 무시할 위험이 있다고 생각한다. 그러므로 종교는 종교와 시민적 정체성, 정치체의 후기세속적 개편에서 '놓치고 있던' 유일한 요소가 아니다. 후기세속에 관한 이론화의 상당 부분에 대한 주요한 감독이 고도로 **젠더화된** 특성을 지녀 왔기 때문이다.

여성주의 이론가들이 오랫동안 우리에게 상기시켜 주었듯이, 근대성을 통해 공적 이성, 불편부당하고 의존적이지 않은 주체, 자유민주주의의 형성으로 촉진된, 자유롭고 자아를 실현하는 자율적 행위자라는 모형을 고양할 수 있게 된 과정 다수는 실제로 중립적이거나 보편적이지 않았고 고도로 젠더화되어 있었

• 이 부분의 일부 내용은 "What's Missing? Gender, Reason and the PostSecular", *Political Theology* 13.2 (2012), pp. 233-245에 처음 수록되었다.

다. 이런 과정들은 여성과 남성의 상이한 본성에 대한 이분법적 표상에 의존했다. 여성이 완전하고 적극적인 시민권은커녕 온전한 인간성을 주장하는 것조차 배제하는 경우가 많았던, 분화되고 젠더화된 노동 분업을 고안해 냈다. 따라서 젠더와 여성은 종교, 정치, 정체성에 관한 후기세속적 논쟁의 첫 장에서도 사라질 위험에 놓여 있다.

종교에 관한 서양 여성주의 이론의 침묵은 놀랍지만, 역사적으로 여성주의와 계몽주의의 밀접한 연관성, 그리고 종교를 진보와 인간의 자기 결정에 대한 대립물로 바라보는 여성주의의 관점을 고려한다면 이는 그다지 놀랍지 않다. 하지만 후기근대주의가 젠더화된 선들을 따라 구획된 근대성의 구조 자체에 질문할 수 있는 비판적 공간을 열어 준다는 것을 재빨리 알아차렸던 많은 현대 여성주의자들이 지적했듯이, 이것은 양가적 유산이다. 계몽주의 이후 제1물결과 제2물결 여성주의는 분명히 자율, 외부적 제약으로부터의 자유, 자기 결정에 호소하는 근대주의로부터 혜택을 입었지만, 후기근대주의 여성주의자들은 주체, 이성, 인격 개념이 얼마나 남성 중심적인지를 강조해 왔다. 그러나 여성주의자들은 어느 정도까지 계몽주의적 여성주의가 무의식적으로 세속주의 의제를 받아들였는지를 깨닫는 데는 상대적으로 덜 예민했으며, 그 결과 대부분의 서양 여성주의 학자들은 종교와 신학을 무시해 왔다.

근대성의 젠더화된 성격

제인 플랙스Jane Flax가 지적했듯이, "근대성과 근대화에 관한 지배적 서사가 필수적이지만 억압되었거나 분리되고 젠더화된 구성 요소를 지니고 있다는 것을 알아차린 작가가 거의 없는 것처럼 보인다." 근대성의 정합성과 규범성은 '명시적으로 진술되거나 포함되지 않은 것⋯방해받지 않은 채로 남아 있는, 인식되지 않고 발굴되지 않은 요소에' 기초를 둔다(1993, p. 75). (나라면 더 과감하게 근대성에 관한 근대성의 설명으로부터 '빠져 있는 것', 즉 이 맥락에서는 그것이 젠더 관계와 재현의 특수한 맥락에 기초를 둔다고 말할 것이다.)

플랙스나 제너비브 로이드Genevieve Lloyd 같은 다른 여성주의 철학자들은 칸트와 헤겔, 루소 같은 계몽주의 작가들이 공통적으로 근대성에 관해 근본적으로 젠더화된 서사를 제시하며, 이런 서사에서 여성과 남성은 이성과 자아실현, 자유와의 특수한 관계를 표상(상징)한다고 지적한다. 피타고라스까지 거슬러 올라갈 수 있는 자연과 문화, 신체와 영혼, 정서와 이성이라는 이분법적이며 젠더화된 구성개념을 반향하면서, 이성을 자연의 것들에 대한 초월과 통제와 짝을 짓고, 따라서 여성적인 것에 대한 대립물로 이해한다(Lloyd 1984). 플라톤주의와 아리스토텔레스주의 사상에서 말하는 형상 질료의 구별도 비슷하게 젠더화하는 동시에 위계적으로 이해했으며, 이는 서양의 기독교 사상으로부터 과학혁명을 빚어냈다. 자연은 두 성에게 상이한 속성을 부여했고, 여기에는 인류가 계몽주의로 나아갈 수 있도록 보장하는 이성의 부여가 포함된다.

도덕과 덕은 개인이 아니라 공적이며 집단적인 영역과 보편화된 합리적 원칙과 관계가 있다. 젠더화된 관점에서 이처럼 자아를 발견하기 위해 자아를 외재화하는 것은 가정과 가족, 정서의 관계를 초월하는 세계 안에서 발생한다. 합리적이며 자아를 실현하는 주체라는 전망이 여전히 자연의 지배를 받는다고 간주되었던 여성들에게는 적용되지 않았다. 이성의 비판적 힘이 특권과 미신, 전통을 퇴위시키고 자유와 인간이 완전해질 가능성, 자기 향상이라는 원칙이 지배하는 새로운 사회 질서로 나아가는 길을 닦았다면, 감정, 미신, 종교 등 그에 반하는 것으로 간주된 모든 것은 검토되지 않은 권위와 초자연적 진리에 호소한다는 이유로 의심스러운 것으로 낙인찍혔다.

여성은 (재생산의 세계와 더불어) 정서와 감성 세계의 수호자일 수 있지만, 이성의 발전은 남성의 책무다. 최고 수준으로 이성을 활용하고자 한다면, 남성들은 돌보고 양육하는 사람들인 여성들에게 적합한 영역인 자연과 체현embodiment, 감정의 세계를 내어주어야만 한다. 근대 초에 이르면 이와 비슷하게 젠더화된 공사의 구별이 나타나기 시작하고, 이를 통해 여성과 남성의 책임은 분리되지만 보완적이라고 생각하게 된다. 여성이 공적 영역에 참여하는 것은 이런 배열을 무너뜨릴 텐데, 이는 사적 관심사가 공적인 덕을 위협하지 말아야 하기 때문이다. 여성은 자신이 의존하는 남성을 통해 대리 만족해야 한다. 따라서 계몽사상가들philosophes은 이성의 함양과 공적인 덕과 좋은 시민 의식의 발전 사이의 관계에 관한 그들의 분석과 암묵적으로 젠더화된 서사를 결합했다. 이는 젠더화된 주체성을 전제하며, 인간 기획의 핵심을 자율적이며 이성적으로 사고하고 독립적인 자아를 성취하기 위해 모성과의 유아적 유대를 끊어 내는 것으로 이해한다.

플랙스가 칸트에 관해 지적하듯이,

> 근대화는…일련의 분할과 거부에 의존한다. 세계는 노동의 세계와 가정이라는 두 사적 영역과 학문/지식의 세계와 국가라는 두 공적 영역으로 나뉜다.…가정은 아동이 이성과 자율이라는 능력을 개발할 수 있을 때까지 그들을 보호한다. 일차적으로 그것은 이성의 부재가 특징인 의무와 순종의 세계다.
> (1993, pp. 80-81)

이는 계몽주의가 젠더화되고 가부장적인 서사에 돌이킬 수 없을 정도로 뿌리를 내리고 있었다는 의미인가? 한 가지 대답은, 그 반대로 여성주의가 근대의 운동으로 출현했으며, 이런 비판에도 불구하고 계몽주의의 핵심 원칙을 공유한다는 것이다. 분명히 메리 울스턴크래프트Mary Wollstonecraft 같은 초기 여성주의자는 이런 원칙을 여성의 열망에도 동등하게 적용할 것을 촉구했고, 여성의 야심을 사소한 것으로 취급하는 태도와 그 결과 남성을 위해 덕이라는 부담을 지도록 강요하는 유해한 현상에 항의했다. 이는 자연에 맞서는 진정한 범죄였다. 그는 《여성의 권리 옹호A Vindication of the Rights of Women》(책세상) 서문에서 "남성과 똑같이 자신의 능력을 펼치도록 이 땅에 태어난 인간 피조물이라는 거시적 관점에서 여성을 바라보아야 한다"라고 분명히 주장한다 (Wollstonecraft 1796, p. 5).

울스턴크래프트는 계몽주의 사상의 논리를 사용해 그 자체의 모순을 폭로했다. 그는 덕을 사생활과 가정 영역에 한정하는 것은 그것으로부터 유익을 얻을 수 있는 공적 영역의 야심을 약화한다고 주장했다. 여성이 활동하는 시민이 되도록 허용하다면 그들은 가정과 사사로운 일에만 관여하도록 제약을 받을 때보다 훨씬 더 효과적으로 사회를 인간화할 수 있을 것이다. 가정이라는 부르주아의 영역과 공적 세계 모두 뒤틀려 있으며 일차원적이다.

물론 다른 여성주의 이론가들은 다른 관점을 채택하여 계몽주의적 인본주의가 차이와 맥락을 무시하는 것에 대해서는 말할 것도 없고, 그 근저를 이루는 전제, 특히 개인의 자율, 초월적이며 주권적인 이성, 자아실현이라는 목적에 특권을 부여하는 방식에 이의를 제기했다. 그러므로 근대성의 성취에 대해, 특히 공과 사, 이성과 정서, 보편성과 우발성의 이분법적 구조라는 유산에 대하여 언제나 분열되어 있었다. 계몽주의, 18세기 과학혁명과 민주주의 혁명이 인류를 자유롭게 하고 이성과 자기 결정이라는 이름으로 개인을 해방했을지도 모르지만, 여성에게 자유로우며 활동적인 시민의 지위를 부여하는 것에 관해서 그 유산은 양가적이었다.

여성주의의 종교 비판: 근대와 후기근대

이성과 합의를 제외한 다른 것들의 힘에 기초한 권위를 거부함에 있어서 이성은 비판의 근거인 동시에 자유의 중재자였다. 이성은 특권, 미신, 전통을 폐위하고, 자유, 인간이 완전해질 가능성, 자기 향상이라는 원칙이 지배하는 새로운 사회 질서로 나아가는 새로운 길을 닦았다. 중립적이며 보편적인 우발적이지 않은uncontingent 공적 영역을 지지한다는 점에서 계몽주의는 신학적으로 세속적이지는 않더라도 정치적으로 '세속적'이었다. 이와 비슷하게, 근대의 제2물결 여성주의자들은 정서와 경건이라는 사적이며 가정적인 세계로 제한되는 것에 항의하면서 자신이 해방과 자기 향상에 대한 계몽주의의 헌신을 지속하고 확장하고 있다고 생각했다. 따라서 서양 제2물결 여성주의의 많은 부분은 세속적이거나 반종교적이었으며, (적어도 정통적이며 제도적 형식의) 종교를 여성에 대한 지배의 근거로서, 여성의 역할을 '자연적이며' 하나님이 주신 것으로 옹호하는 주된 근거로서, 따라서 젠더화된 노동 분업과 남성에 대한 여성의 종속적 지위를 영속화하는 주요 요인으로 간주했다.

> 계몽주의의 세속주의적이며 반항적인 딸들인 여성주의자들은 합리적 논증과 초연한 아이러니를 익혔다. 따라서 여성주의의 신념 체계는 유신론적이지 않고 시민적이며, 전체주의와 정통주의에 본능적으로 반대한다. (Braidotti 2008, p. 3)

하지만 언제나 이에 대한 예외가 존재했으며, 1960년대부터 여성주의 종교학에서는 종교, 신학, 영성이라는 '누락된' 요소를 여성주의 이론 안에 다시 통합시키려고 노력했다. '종교적 텍스트와 전통, 실천, 재현, 역사의 탈가부장적 (재)해석'을 발전시키려고 노력했다(Reilly 2011, p. 13). 이와 비슷하게, 20세기 말에는 '후기세속'으로의 전회를 기대하게 했던 후기근대적 여성주의 이론의 흐름(물론 여성주의적 대륙 철학을 포함하는)이 등장했다. 여기서 나는 도나 해러웨이Donna Haraway의 포스트휴먼 여성주의가 지닌 신생기론적neo-vitalist이고 명백히 가톨릭적인 감수성은 말할 나위도 없고 뤼스 이리가레Luce Irigaray, 쥘리아 크리스테바Julia Kristeva의 신-라캉주의적 정신분석학을 염두에 두고 있다. 이들은 종교의 독재와 미신을 비판한 유럽 계몽주의를 독점적으로 계승했다고 주장하는 서양 여성주의의 기존 입장을 반박했다. 그들은 관습적 의미에서 유신론적이지 않을지도 모르지만, 신적인 것과 초월, 영성이라는 개념을 주류 여성주의 이론에 재도입했다(Joy O'Grady and Poxon 2003; Jantzen 1998).

그럼에도 여성주의 이론과 여성주의 종교학의 교류는 대부분 일방적이었다. 2/3세계 여성에 관해 고찰할 때나 탈식민주의 여성주의와 우머니스트womanist 사상에서 영성과 신앙이라는 주제를 불가피하게 인정하는 경우처럼 예외가 있기도 하다. 하지만 대부분의 서양 여성주의의 기본적 입장에 대해서는 이의를 제기하지 않으면서 종교와 종교성을 "'차이로서의 종교성'이나 아직 '근대화되지' 않은 맥락으로 특징지어지는" 이들의 분야로 묘사한다(Reilly 2011, p. 7). 이런 관점은 종교가 언제나 어디에서나 자율, 참된 정체성, 진보의 적이라고 주장함으로써 전지구화가 정치적 기획이자 인간의 존엄성과 자유를 선언하고 떠받치는 운동으로서의 여성주의에 어떻게 영향을 미치는지에 관한 새로운 탐구를 억제한다. 이런 관점은 서양과 글로벌 사우스에서 종교의 이름으로 독재 권력과 맞서 싸우는 신앙 기반 운동에 신뢰나 정치적 신용을 거의 부여하지 않는다.

그러나 대니얼 휘슬러Daniel Whistler와 앤서니 폴 스미스Anthony Paul Smith가 후기세속이 반동적인 신학의 승리주의적 귀환이 되는 것에 대해 경고하듯이(Smith and Whistle 2010), 후기세속이 세속주의의 저항할 수 없는 힘과 종교의 움직이지 않는 고정된 측면, 특히 종교적 근본주의 사이에 그저 끼어 있게 될 수도 있다는 위험에 대해서도 알고 있어야 한다. 그리고 내가 주장하는 바는, 이를 시험하는 한 가지 방식은 세속주의와 종교가 여성의 몸과 삶에 각인되는 방식을 통해 드러날 수 있다는 것이다. 두 입장 모두 여성주의에 공감하는 공간을 제공하지 않는다. 한쪽에서는 우발성, 체현, 영성이라는 실제 삶의 경험을 희생시켜 이성, 자율, 개인주의를 촉진하는 반면, 다른 한쪽에서는 전통적인 혹은 '자연적인' 삶의 방식에 대한 순종이라는 이름으로 여성의 자유를 제한하려고 하기 때문이다.

예를 들어, 이슬람에 대한 대중의 불안감은 이 종교가 세속 공적 영역에 관한 전제를 무너뜨릴 수 있다는 점에서 일부 기인한다. 머리 가리개를 하고 자신의 종교적 신앙을 자신의 공적·

시민적 정체성 안으로 끌고 들어오는 이슬람교인 여성은 비합리적 근본주의의 상징으로서 공격의 표적, 악마화의 대상이 된다. 주디스 버틀러는 진보적 대의가 종교적 관용을 주장하면서 세속주의 논리를 동원할 때, 종교적 소수자를 무시하거나 비방하며 국가 폭력을 승인하는 수단으로 작용할 위험이 있다고 비판했다(2008). 역설적이게도, 계몽주의의 핵심에 자리 잡고 있는 인간 자율이라는 정신이 이슬람 여성의 자기 결정권, 자기 결정의 몸짓으로서 전통적인 이슬람 의상을 **입거나 입지 않을** 자유라는 권리를 부인하는 인종주의적 이슬람 혐오 정치와 실제로 공모를 벌인다.

후기세속적 전회는 행위 능력 혹은 정치적 주체성이 종교적 경건을 통해 표현되거나 지지받을 수 있고, 심지어는 의미 있는 정도의 영성을 포함할 수도 있다는 개념을 명시적으로 드러냄으로써 유럽의 여성주의에 이의를 제기한다. (Braidotti 2008, p. 1)

티나 비티Tina Beattie는 특수하게 여성주의적 신학의 관점에서 '새로운 무신론'에 대응하면서 도킨스와 그의 동료들이 반대하는 '신'이 많은 경우에 여성주의, 퀴어 이론, 기타 해방 이론의 비판으로 이미 해체되었다고 지적했다. 그는 이 논쟁을 '영어권 남성들의 작은 도당이 합리성과 하나님에 대한 모의 전투를 무대에 올린 것'으로 묘사하고(2007, p. 10), '그리운 옛적 신'의 원수들과 옹호자들이 서로의 거울 이미지로서 똑같은 게임을 하면서 자신의 성적 능력을 증명하려고 노력하고 있는 것은 아닌지 의문을 제기한다.

다른 쪽에서는 여성의 몸이 반근대적 종교가 재부상하는 자리가 되었다. 섹슈얼리티와 낙태 문제는 줄기세포 연구처럼 재생산권을 건드리는 다른 문제들과 함께 종교적 우파의 특징적 캠페인인 경우가 많다(Gupta 2011). 따라서 세계 곳곳의 많은 여성에게는 후기세속이 그들을 '바위와 딱딱한 곳' 사이에, 즉 종교의 전지구적 재부상, 차이와 관용에 대한 다문화적 호소와 권위주의 신학에 맞서 여성과 소녀들의 안녕과 자기 결정권을 보호하라는 명령 사이에 내버려두는 것처럼 보인다.

지금까지는 근대 여성주의의 세속적 사고방식으로 인해서 여성의 삶에 존재하는 종교를 바르게 이해하지 못했다. 하지만 신앙과 이성의 모순적 공존, 종교가 사람들이 실제 삶에서 하는 경험에 계속해서 강한 영향력을 행사하고 있다는 서사를 갖춘 후기세속은 더 큰 분석의 자유를 제공할 수도 있다. 신앙이 공적 공간을 만날 때 일어나는 일의 복잡성을 더 섬세하게 이해함으로써 실제로 신앙을 지닌 여성들을 포용적이며 건설적이고 해방적인 대의를 추구하는, 영성과 신학에 기반을 둔 행동주의를 이끌어 갈 수 있는 활동적인 시민으로서 정치체 안에 복귀시킬 수도 있다. 그러나 후기세속은 신앙, 이성, 젠더, 권력 사이의 실제 관계에 대한 비판적이며 성찰적이고 미묘한 균형을 갖춘 설명을 계속해서 요구하기 때문에 종교가 행위 주체성^{agency}의 강력한 원천일 뿐만 아니라 계속해서 여성에게 억제하는 세력으로도 작용하는 방식들을 계속해서 폭로해야 한다.

> 불가피한 세속화라는 지지대 없이, 세속성과 종교성이라는 이 이분법의 억압적 담론 논리에 대한 후기근대적 비판에 도전받고 있는 세속주의 옹호자들에게는 세속주의의 지위가 순전히 규범적인 정치적 원리일 뿐임을 받아들여야 할 의무가 있다. 이는 세속주의의 목적을 명확히 정의하고 구체화된 맥락에서 그의 적용을 정당화하는 것을 의미한다. 또한 이를 위해서는 세속주의를 정초적 원리[절대적인 것]로서 옹호하는 태도를 멀리하고, 대신 민주적 정체에 대한 해방적이며 포용적인 이론 안에서 그것이 차지하는 자리에 초점을 맞춰야 한다. 이런 관점에서는 세속주의라는 원리에 호소하여 종교적 다원주의에 대한 존중을 포함하는 인간의 자유를 위한 조건을 뒷받침하고자 한다. (Reilly 2011, p. 25)

후기세속이 우리에게 세속적 이성에서 '누락된 것'에 관해 생각해 보도록 권유하지만, 또한 신앙과 이성, 공과 사, 성과 속, 독재와 자유에 관한 우리 사고의 (많은 경우에 은폐된) 젠더화된 속성을 인정하고 바로잡을 기회이기도 하다는 것이 나의 주장이었다. 서양 계몽주의 담론에 대한 여성주의의 개입이 많은 부분에서 근대성의 본질과 궤적에 관한 비판적 논쟁의 일부였던 것과 마찬가지로, 이제는 "후기세속주의가 사회학적·공간적·영적 관점에서 여성의 삶을 그토록 방해했던…이분법에 대해 더 공개적으로 논하고 폭로할 수 있는 기회를 제공한다"(Greed 2011, p. 108). 따라서 젠더에 관하여, 후기세속은 우리에게 세계 안에서 종교의 상태(특히 공적 영역에서 종교의 동원)에 관한 경험적 질문에 관해, 학자들이 그들의 이론화 작업에서 종교를 무시하는 태도를 어느 범위까지 바로잡아야 하는지에 관해 생각해 보도록 권유한다. 후기세속 사회에 대한 분석은 여성의 삶에서 종교의 역할과 종교, 문화, 젠더 사이의 관계의 탈맥락화와 재맥락화를 정교하거나 의미 있는 방식으로 이론화할 수 있는 공간을 분명히 마련해 준다. 그것은 전지구적 해방 운동과 여성의 주체성 행사뿐만 아니라 권위주의적 권력 남용의 종교적인 뿌리와 세속적인 뿌리(이 둘을 적절히 분리할 수 있다면)를 드러낼 것이다. 그 핵심은 '신앙'과 '이성'이 젠더 정체성, 관계, 재현이라는 구성개념을 둘러싼 논의를 규정할 수 있는 방식과 관계가 있다(Graham 1995).

결론

세속화 논제에서는 마치 '종교적인' 것과 '세속적인' 것이 공존할 수 없다는 듯이 둘의 제로섬 게임을 전제했고, 심지어는 한 요소가 다른 요소 안에 퍼져 있을 수 없다고 전제했다. 이 패러다임이 점점 더 큰 압력을 받게 되자 대안적 개념 틀을 찾으려고 노력하는 과정에서 종교의 '탈세속화'나 '재주술화', '탈사사화' 같은 용어가 만들어졌다. 그러나 이런 용어는 종교와 비종교의 중요한 특징이 명백하게 나타나며 다양하고 때로는 예상치 못한 방식으로 우리 일상적 삶을 적극적으로 규정하는, 사회적·문화적 발전의 복잡성을 제대로 포착해 내지 못한다.

종교가 다시 공적 가시성을 확보하기 시작했으며, 그 일부는 관료주의적이며 세속적인 국가에 의해 종교가 더 심하게 도구화된 상황을 반영할 수도 있다. 하지만 몇몇 형태의 종교적 표현, 특히 더 통속적이며 비정통적이고 조직화되지 않은 방식의 종교적 표현이 실제로는 결코 사라지지 않았음을 암시하는 증거가 존재한다. 그러나 이는 공적 공간의 종교에 관한 연구에 중요한 의미가 있다. 종교가 끈질기게 지속되고 있다는 증거가 존재하지만, 그런 증거는 종교가 지속되고 있다면 종교적 신념, 실천, 정체성이 상대적으로 사사화되고 덜 제도화되었음을 암시한다. 결정적으로 이것은 여전히 후기세속 사회에서 종교의 공적·구조적 인지도가 약화되었음을 상징한다. 다른 한편으로, 다른 유형의 제도적 참여(노동조합, 정당, 자발적 결사)에 관한 증거는 시민사회의 다른 부분도 종교와 마찬가지로 파편화되고 유동적임을 암시한다.

그러나 이것은 근대성 아래에서 종교의 상대적 쇠락을 부인할 수 없기 때문에 '**후기**세속적인' 상황이다. 찰스 테일러가 주장하듯이, 서양인들은 일상적으로, 많은 경우에 무의식적 차원에서 세속성의 '내재적 틀' 안에서 살 수밖에 없다. 마찬가지로, 더 이론적이며 지적인 차원에서 세속화가 서양의 근대성이라는 조건 아래에 놓인 종교 연구를 위한 주요한 개념 틀로서 지배적인 위치를 차지하고 있는 상황은 단순히 그것을 발명되지 않은 상태로 되돌릴 수 없음을 의미한다. 모든 대안적 접근 방식은 새로운 패러다임을 모색하는 사이에도 세속화의 사후 세계와 경쟁해야만 한다. "이제 세속화는 너무나도 굳건히 자리를 잡고 있어서 이 분야 전체, 곧 의제를 설정하고, 연구를 위한 질문을 던지고, 조사를 위한 질문을 작성하고, 자료를 수집하고 분석하는 방식을 규정하게 되었다"(Woodhead 2012, p. 3).

차이는 이제 '세속화 논제'를 다수의 관점과 패러다임 중 한 관점, 한 패러다임으로 볼 수 있다는 것이다. 이제는 그것을 중립적인 렌즈가 아니라 증거를 정리하는 한 방식이라고 생각한다. 우드헤드가 지적하듯이, "우리는 증거에 대한 논쟁보다 더 근본적인 무언가를 다룬다. 여기에는 근본적 헌신이라는 문제도 걸려 있다"(2012, p. 3). 종교사회학자들은 그들이 연구하는 체계의 진리 주장에 관한 '규범적' 판단과 거리를 두는 것으로 잘 알려져 있다. 하지만 여기서 세속화의 옹호자와 반대자는 종교적 신념에 근접하는 무언가에 대해 상대적 입장을 지니고 있는 것으로 보인다. "세속적 헌신과 결합한 세속화 이론은 탈세속화 이론만큼이나 가치로 가득 차 있으며 열정적으로 고수될 수 있다"(p. 4).

사실 '세속'과 '종교'라는 범주는 복잡한 상호관계 안에서 공존한다. 어느 쪽도 단일하거나 하나로 통일되어 있지 않다. 둘 다 역사가 있으며, 그 역사는 서로 얽혀 있다. 둘 다 추적하고 분석할 필요가 있는 계보학을 가지고 있다. 둘 다 정치적·종교적 목적, 추론을 통한 발견의heuristic 목적에 기여한다. 전자는 유럽 예외주의에 초점을 맞추는 반면 후자는 전지구적 증거를 활용한다는 경쟁 이론을 뒷받침하는 이유가 존재하는 것도 아니다. 전지구적인 동시에 지역적이고, 이론적인 동시에 개념적이다(Martin and Catto 2012, pp. 376-377).

분명히 자연주의적이며 합리적인 세계관이 더 초자연적인 세계관을 대체했으며, 근대는 경험주의, 자율, 자유주의, 민주주의로 특징지어진다. 그러나 이것은 그저 무지에 대한 계몽의 승리가 아니다. 오히려 특정한 시간과 공간에서 종교적 정체성을 동원할 수 있다. 종교는 의미와 목적을 주는 역할을 할 수 있다. 혁신적인 사회 운동과 문화 운동을 지원하거나 그것에 반대할 수 있다. 그러나 이것은 성/속의 이분법과 제로섬을 예상하는 태도로부터 자유로운 분석을 생성해 내기 위해 해석의 융통성, 맥락에 대한 관심, 무엇보다도 비판적 행위자의 주체성이 요구되는 실재를 그리기 시작한다. "일단 종교가 미리 정해진 내리막길 위에 서 있다는 관념을 포기한다면, 일부는 종교적이고 일부는 종교적이지 않은 대안적 양식의 근대성을 위한 공간이 열린다"(Martin and Catto 2012, p. 377).

린다 우드헤드의 주장은 세속화 논제의 전성기에 종교가 돌이킬 수 없게 쇠퇴하고 있다는 전제가 말하자면 정부의 관심과 이론적 관심이라는 '레이더가 탐지하지 못하는 상황에서' 많은 새로운 종류의 종교적 표현이 확산될 수 있는 진공 상태를 만들어 냈다는 것이다. 즉, 더 비기독교적이며, 탈제도화되고, 여성화되고, 신자유주의적인 방향으로 종교가 다양화되었다는 것이다. 이런 상황들이 결합하여 이런 종교적 표현의 형태가 더 가시적으로 나타나게 되었을 때, 법률 당국에는 이를 관리하기 위한 분명한 전략이 없었다. 그리고 세속화 논제가 이론적으로 유리한 고지를 점하는 한 이는 학계도 마찬가지였다. 오래된 패러다임이 더 이상 목적에 부합하지 않으며 새로운 사고방식이 필요하다는 이런 인식은, 이 책에서 다루는 많은 이슈와 공명하며, 부분적으로는 "바위와 딱딱한 공간"이라는 이 책의 제목에도 영향을 미쳤다. 종교는 더 이상 사사화되어 있지 않고, 공론장의 관심을 요구한다. 신앙과 이성, 성과 속, 종교와 정치 사이의 경계를 세우는 관습적 방식은 더 이상 시대와 맞지 않다. 하지만 여전히 우리는 앞으로 나아갈 새롭고 공정하며 상상력이 넘치는 방식을 찾기 위해 노력한다.

　　영국의 맥락을 바라볼 때 분명히 현 상황은 무엇보다도 복잡성과 양가성이 특징이다. 나는 분명히 우리가 종교적 부흥에 관해 이야기하는 것이 아니라고 생각하지만, 동시에 종교적 담론과 실천의 재부상이 근대성이 아무 방해 없이 진행되는 과정에서 등장한 예외적인 상황일 뿐이라고 확신하지도 않는다. 마찬가지로 '종교'와 영적인 것의 재부상을 합리성에 대한 근대의 강조에 이의를 제기하는 것이라고 해석할 수도 있지만, 이성과 과학의 지속적인 승리에 기초한 현재의 담론은 많은 영역에서 여전히 세속주의를 강력히 옹호하는 자세를 견지하고 있다. 종교는 가시적인 동시에 비가시적이며, 더 두드러지게 나타나는 동시에 더 대리적이고, 제도적으로(또한 지적으로, 신학적으로) 더 종잡을 수 없지만 더 많이 인용되고 더 많은 설득력을 갖게 되었다. 따라서 이 새로운 시대에는 종교적 목소리를 공적 공간 안으로 매개하는 방식에 관한 기존의 전제에 중대한 도전이 제기된다. 신앙 기반 단체와 세속 시민 정부 모두 길잡이를 해 줄 확립된 지도나 교전규칙을 거의 갖추지 못한 상태에서 종교의 재부상이라는 '바위'와 세속주의라는 '딱딱한 공간' 사이의 길을 헤쳐 나가는 법을 배워야 한다.

> 성스러운 것을 엄격히 한계가 정해진 사적 영역으로 추방했다고 주장하는 정치적·경제적 구조의 전지구적 확산을 통해 계몽주의적 세속화가 승리한 것처럼 보였지만 예상치 못한 방식으로 그 자체의 편협함[특히 다른 학자들이 유럽 세속주의의 '특수주의'라고 지칭한 것]을 깨닫게 됨에 따라, 또한 '공적 종교'가 지속적으로 존재하고 있으며 힘을 지니고 있음을 뒤늦게 인정함에 따라 그런 전제가 흔들리게 된 듯하다. (de Vries 2006a, p. ix)

그러나 드 브리스de Vries와 설리번Sullivan이 충분히 강조하지 않은 것은 후기세속의 역설적이며 새로운 성격이다. 그것은 세속주의의 중요한 흐름, (특히 북유럽에서) 종교의 지속적 쇠퇴와 공적·전지구적 신앙의 끈질기고 지속적인 표출 **모두**를 독특한 방식으로 병치한다는 점에서 종교적 부흥이나 사회학적 수정주의 이상이다. 후기세속은 세속화의 역전이라는 단순한 설명을 거부한다. 이는 종교적 실천과 참여가 여전히 쇠퇴하고 있지만—적어도 유럽의 많은 부분에서 종교가 탈제도화되고 있다는 점에서—동시에 왕성하게 재부상하고 있기 때문이다. 아마도 그런 재부상이 같은 시간과 같은 공간에서 한꺼번에 일어나는 것은 아닐 것이고, 특히 서양에 관한 한 많은 경우에 전지구적 디아스포라와 국가를 초월하는 정치적 충성의 영향을 통해 간접적으로 그런 재부상이 이뤄진다.

 그러므로 후기세속 현상의 함의 중 하나는 자유민주주의 안에서 공적 담론과 시민적 행동주의의 본질을 통제하는 규약과 더불어 '공'과 '사', '세속'과 '종교'라는 인습적 구분이 무너지고 있다는 것이다. 예를 들어, 비신학적 추론이 다른 형태의 공적 담론보다 덜 주관적이거나 편파적이라는 점은 분명하지 않다. 이와 비슷하게 신앙인들에 대해서만 자신의 가장 심층적인 도덕적 신념을 '배제'하기를 기대하는 것은 더 이상 정치적 삶에 대한 참여를 위한 이상적 조건으로 간주되지 않는다. 그와 반대로 그런 기대는 점점 자유로운 시민권 행사에 대한 제약으로 간주되고 있다. 뿐만 아니라, 역사적으로 교회와 다른 신앙 기반 단체들은 국교 금지에 관한 제한 사항을 위반하지 않으면서도 국가의 일, 통치, 복지, 정치적 동원에 밀접하게 관여해 왔다. 마지막으로, 공과 사, 교회와 국가의 분리를 인정하기 거부하는 전지구적 종교 운동의 출현은 신앙이 공동체와 개인의 삶과 동기부여에 미치는 영향력을 강조해 왔다. 이 모든 요인은 공공신학이 그 책무를 수행하는 맥락을 제공하며, 그것의 기대와 절차, 목적을—그것의 사회적·문화적 수용과 효율성은 말할 것도 없이—규정한다. 그러나 공공신학의 담론과 미래의 우선순위를 형성하는 다른 요인들이 존재하며, 3장에서는 이 요인들을 살펴보고자 한다.

2부

후기세속적 공공신학

3장

번역 중에 잃어버린 의미?

공공신학의 딜레마

하나님의 목소리가 주변화되었다. 이제 우리는 새로운 맥락에서 그 목소리가 들릴지 불확실한 가운데, 다시 행동의 장으로 들어가라는 요청을 받고 있다. (Dorey 2008, p. 43)

서론

1장과 2장에서는 후기세속 사회의 출현이 '공'과 '사', '세속'과 '종교'라는 인습적 구분이 해체되고 있음을 어떻게 드러내는지를 추적했다. 이와 더불어 신앙의 담론 및 실천과 자유민주주의 시민권의 모습 사이에도 일련의 변화가 일어나고 있다. 예를 들어, 비신학적 추론이 다른 모든 형태의 공적 담론보다 덜 주관적이거나 편파적이라는 것은 자명한 결론이 아니다. 이와 비슷하게, 신앙인이 자신의 종교적 신념을 보류해야 한다는 기대는 점차 공적 논쟁에서 도덕적 차원을 배제하려는 태도를 드러낸다고 간주되고 있다. 더 나아가, 역사적으로 교회를 비롯한 신앙 기반 단체들은 국교 금지와 연관된 제한 사항을 위반하지 않으면서 국가의 일, 통치, 복지, 정치적 동원에 긴밀하게 참여해 왔다. 마지막으로, 공과 사, 교회와 국가의 분리를 초월하는 전지구적 종교 운동의 출현은 신앙이 공동체와 개인의 삶과 동기부여에 계속해서 기여함을 강조했다.

이 모든 상황에서 공공신학은 어디에 서 있는가? 공공신학은 그 발전에서 결정적 단계, 곧 스토러Storrar의 말처럼 현재의 도전이라는 관점에서 '카이로스' 순간(Storrar 2007)에 도달했는가? 공공신학은 서양에서 기독교 세계의 쇠퇴와, 기독교적 실천과 더 광범위한 문화 사이의 유대가 느슨해지는 과정을 목도하고 있다. 하지만 기독교의 '담론 권력'(Brown 2001)이 약해지고 있음에도 여전히 다른 방식으로 종교적 영향력과 행동주의가 공적으로 계속해서 드러나고 있다. 따라서 기독교 세계가 사라져 가는 상황에서 공공신학은 더 이상 특권적 위치에서 발언할 수 없을 뿐만 아니라 비신학적 대중이 그것의 기여를 즉각적으로 이해할 수 없는 상황에서 그 기여에 대한 새로운 엄격한 조사가 이뤄지고 있다는 사실을 받아들이는 법을 배워야 한다. "신앙과 문화, 문화와 사회, 사회와 새로운 공중의 형성 사이의 관계를 연구하지 않고서는 이미 존재하는 전지구화의 동학을 파악하거나 안내할 수 없다.…우리에게는 이 새로운 공중을 해석하고 안내할 수 있을 만큼 충분히 넓고 깊은 신학이 필요하다"(Stackhouse 2007a, p. 33). 그렇다면 공공신학은 어떻게 다원적인 공론장을 향해 발언하는 이 책무를 수행할 수 있을까? 그것이 기대고 있던 관습과 전제는 변화하는 이 시대에 적합한 것일까?

공공신학은 두 가지 주된 목표를 세운다. 첫째는 종교적 신앙의 사사화에 맞서 '종교적 다원주의 사회에서 신학 담론의 공적 역할을 정의하고 옹호함'이고, 둘째는 '공적 삶의 질을 유지하고 공동선을 추구하려는 사회적 헌신'을 촉진함이다(Doak 2004, p. 9). 따라서 정치체의 건강에 대한 관심과 시민적 덕의 배양이 언제나 공공신학의 핵심에 자리 잡고 있다. 또한 공공신학은 "기독교 신앙의 위대한 상징과 교리를 명시적으로 사용함으로써 우리 시대의 긴급한 도덕적 질문을 해명하려고 노력한다"(Hollenbach 1976, p. 299). 물론 이는 어떤 면에서 모든 신학의 목적이기도 하지만, **공공**신학의 특징은 교회를 넘어서는 공적 관심사에 해당하는 문제로부터 그 의제를 가져오고, 마찬가지로 그 논의를 더 광범위한 사회에 전달하려고 노력한다. 캐스린 태너 Kathryn Tanner의 말처럼, 공공신학은 '신학 연구를 개인 구원이라는 순전히 영적인 질문으로 제한하려는 기독교 사상'을 거부하며, 대신 '일반적인 사회경제적·정치적 중요성이 있는 이슈와 관련해 기독교 상징과 교리의 함의를 끌어내고자' 한다(1996, p. 79). 그러나 앞으로 살펴보겠듯이, 공적 논쟁과 기독교 전통에 대한 이 이중 강조는 공공신학의 존재 이유 raison d'être를 보여 주는 특징이기도 하지만 실제로 많은 논의의 초점이며, 우리를 신학적 방법, 인식론, 선교라는 이슈의 핵심으로 이끈다. 이것은 실질적 참여 절차에 관한 물음의 적실성뿐만 아니라 공적 이슈에 대한 신앙 기반 참여를 뒷받침하며 그런 참여에 영향을 미치는 신학적·철학적·형이상학적 개념에 대한 질문도 강조하는 역할을 한다. (공공)신학자는 어떤 지점으로부터 발언하는가? 그는 제도 교회의 정통에 얼마나 깊이 들어가 있어야 하는가? 교회의 교리와 실천을 소셜 미디어, 언론, 공공 정책, 평범한 그리스도인의 증언이라는 일상어로 '번역'하는 과정은 무엇을 의미하는가? 후기세속 서양 문화를 특징짓는 다원주의와 회의주의 속에서 종교적 목소리가 들리도록 보장하는 장치가 존재할 수 있는가?

신학의 옹호자와 비판자가 주장하듯이, '신학'의 힘과 많은 부분에서 그것의 혼란은 학계, 교회, 사회를 포함하는 복수의 '공중'을 향해서 동시에 그로부터 말함에서 기인한다(Tracy 1984, 230). 분명히 '종교'에 더 적대적이지만 '신앙' 문제에 관해서는 우호적으로 보이는 다양한 동시대의 '공중'과 대화하려고 노력하는 공공신학은 특수한 도전에 직면해 있다. 다원주의라는 현실에 더 민감할 뿐만 아니라 그 자신에 관해서도 더 명료한 태도를 취하라는 요구를 받을 것이다. 어떻게 그럴 수 있을까? 공공신학은 계속해서 학계와 제도 교회의 권위 있는 언어로 소통해야 하는가? 아니면 반항적인 풀뿌리 공동체의 대항문화적 증언 형태를 취하여 더 고백적이며 수행적인 방향으로 전환함으로써 더 설득력 있는 목소리를 낼 수 있을까? 따라서 공공신학은 또 다른 의미에서 바위와 딱딱한 공간 사이에 갇혀 있다고 말할 수 있다. 즉, 공공신학은 자신의 전통과 세계관에 충실하면서도 다양하고 비판적인 공적 영역에 개방적인 태도를 취해야 한다. 전지구적 시민사회에서 문화적·종교적 다원주의가 출현하고 있음을 고려할 때 공공신학을 특징짓는 대화적이며 투명한 성격이 한층 더 중요해졌다고 주장할 수 있다.

기원과 특징

공공신학은 종교 사상과 실천의 공적 적실성에 관한 연구다. 이는 '일군의 문헌, 담론 형식, 신학과 윤리학을 연구하는 방식, 기독교 교회 안의 전통, 연구 분야' 등을 다양하게 지칭할 수 있다(Breitenberg 2010, p. 4). 공공신학은 신학적 관점에서 경제, 정치, 문화, 미디어와 같은 공적 삶의 양상에 대해 논평하고 비판적으로 성찰하고자 한다는 점에서 학문 분과인 동시에 교회의 담론이기도 하다. 이 분과의 폭과 다양성을 이해하는 것도 중요하지만, 그 핵심 특징에 관한 강력한 합의가 존재한다는 사실 역시 놀랍다. 그 특징이란 기독교의 가르침을 개인의 행동뿐만 아니라 공동체와 사회의 행동과도 연결하고자 하는 관심과 공적 담론의 절차적 규범을 기꺼이 따르고자 하는 특수한 종류의 신학 방법에 대한 헌신이다.

'공공신학'이라는 용어가 최근에야 비로소 널리 사용되기 시작했지만(Marty 1974), 이 특수한 용어가 해명하려고 노력하는 이슈와 활동은 기독교 전통 초기부터 존재했다고 말할 수 있다. 교회와 세상의 관계에 관해 교섭하고 교회와 국가에 대한 상충하는 충성 사이에서 신자를 위한 판결을 내리고자 했던 바울서신을 비롯한 다른 서신 같은 초기 교회 문서를 통해서 이를 확인할 수 있다. 교회사 전체에 꾸준히 나타났던, 교회와 세상, 정치권력, 경제 문제, 통치, 도덕에 관한 물음, 시민권과 국가 정체성 사이의 관계에 대한 관심이 언제나 존재했다.

예를 들어, 남아프리카공화국에서는 20세기 중반부터 국민당의 아파르트헤이트Apartheid 아래에서 많은 교회가 대중 캠페인과 신학 논쟁을 통해 국가에 저항하는 활동을 벌였다. 마음과 지성을 두고 벌이는 이 싸움에서 신학은 부수적 요소가 아니었다. 1982년에 네덜란드계 개혁주의 선교교회Dutch Reformed Mission Church에서 아파르트헤이트를 이단으로 선언하는 '신앙고백'을 발표했다. 1985년 9월 정부의 비상계엄 선언에 맞서 일군의 남아프리카공화국 교회들은 정치적 기능에 따라 상이한 유형의 신학을 대조하는 〈카이로스 문서Kairos Document〉를 발표했다. 국가신학State theology은 일차적으로 로마서 13장에 대한 문자주의적 해석을 통해 현 상황과 공모하며, 교회 신학Church theology은 일반화된 상투어에 의존하지만 사회적 영향력을 거의 행사하지 못한다. 그러나 '예언자적 신학'은 성서적이며 상황적이고, 해방신학을 활용하여 소망의 메시지를 내놓고 행동을 촉구한다.

교회는 사람들에게 도전하고 영감을 주고 동기를 부여해야 한다. 교회는 우리가 정의와 해방을 위해 희생하도록 영감을 불어넣는 십자가의 메시지를 가지고 있다. 우리에게 깨어나서 소망과 확신을 가지고 행동하라고 촉구하는 소망의 메시지를 가지고 있다. 교회는 말과 설교와 진술만이 아니라 행동과 프로그램, 캠페인, 하나님에 대한 섬김을 통해서도 이 메시지를 전해야만 한다. (The Kairos Document 1985, Section 5.6)

아파르트헤이트 이후 남아공 교회들은 복지와 재생을 위한 재건 프로그램을 통해 공적 가시성을 높이고 있으며, 이와 더불어 신학적 성찰, 공적 성명서, 출판물과 같은 풍부한 자료를 제공하고 있다(Koopman 2003, p. 4). 어떤 시대든 공공신학이 이런 다양한 활동에 관여하고 있음은 분명하다. 예를 들어, 학계에서는 스텔렌보쉬Stellenbosch의 베이어스 노데 공공신학 연구소Beyers Naudé Centre for Public Theology 같은 연구소가 민주주의, 사회 정의, 빈곤 같은 문제와 관련해 세속 기관들과 협력하는 반면, 다른 네트워크에서는 보건, 토지 사용, 캠페인 분야에서 활동가들을 훈련하는 일이나 평신도 그리스도인의 신학 교육과 성서 이해도를 높이는 일에 집중한다. 하지만 교회에 더 초점을 맞추는 또 다른 형태의 공공신학도 존재한다. 이런 공공신학에서는 가난한 지역의 교회 공동체를 훈련하여 사회 변화에 참여하게 하는 것을 목표로 삼고, 신학적 성찰과 성경 공부 모형을 활용하여 빈곤과 HIV/AIDS, 가정 폭력, 토지 사용 같은 이슈에 대한 더 깊이 있는 인식을 촉진하고자 한다(de Gruchy 2007, pp. 37-39). 존 드 그루시John de Gruchy는 자신이 생각하는 공공신학의 훌륭한 실천의 예를 제시하는데, 여기에는 언론 인터뷰, 사회 문제와 관련한 교회 지도자와 평신도 교육, 소외된 지역에서 병원을 운영하고 사회 정의 사역을 펼치는 것 등이 포함된다. 이런 사례를 비롯한 다른 많은 사례는 공공신학이 학계, 교회, 사회의 경계를 가로지르며 기능하는 방식을 보여 준다고 그는 주장한다. 드 그루시는 이런 예로부터 최선의 공공신학은 다른 목소리를 침묵하게 만들기보다는 개방적이며 이해하기 쉬운 대화를 촉진하려고 노력하며, 공공신학은 평범한 그리스도인을 위해 성서적 증언과 동시대적 이슈를 연결하고, 실천과 영성에 있어서 가난한 이들을 위한 우선적 선택을 실천해야 한다는 결론을 도출한다.

현대 공공신학의 주요한 한 흐름은 미국에서 시카고대학교 소속 마틴 마티Martin Marty의 작업으로부터 시작되었다. 그는 이 용어를 처음 사용한 사람으로 널리 인정받고 있다. 마티는 철학적이며 사변적이기보다는 경험적인 신학 사상의 전통, 종교적 개인과 공동체의 행위라는 현실, 특히 공적·사회적 이슈에 대한 특징적인 참여에 뿌리를 내리고 있는 전통을 찾으려고 노력했다. 마티는 특히 미국의 메인라인 개신교와 로마가톨릭 교단에서 두드러지며 자신의 전통과 가르침을 토대로 '사적 신앙과 공적 질서를 연결하고자' 하는 노력으로 구별되는 '공적 교회public church'에 관해 이야기했다. 부분적으로는, 이들 교회가 교회와 국가의 분리를 명시하는 헌법 조항이 종교를 사사화하도록 내려두기를 거부할 뿐만 아니라, 자신이 정치체의 온전한 구성원으로서 그 안에 참여하고 있다는 생각도 거부하는 모습을 통해 이런 특징을 확인할 수 있다(1981, pp. 98-99).

또한 마티는 20세기 초 '사회 복음'의 주창자요 도시 목회자이자 사회주의 활동가인 월터 라우쉔부쉬Walter Rauschen-busch(1861-1918)와 공적 지식인이자 기독교 윤리학자인 라인홀드 니버Reinhold Niebuhr(1892-1971) 같은 모범적 인물이 개인으로서 독특하게 기독교적인 사회적 증언을 발전시키는 데 기여했다는 사실이 중요하다고 지적한다(Marty 1974). 마티의 주된 관심사는 그가 메인라인 개신교 전통(이에 더해 로마가톨릭 존 코트니 머리John Courtney Murray의 전통)이라고 간주한 것과 개인적 회심과 경건이라는 복음주의 전통을 구별하는 것이다. 신학적으로 이러한 사회적 행동주의와 비평의 흐름에서는 기관과 조직에 책임을 물어야 하며, 공적 이슈를 규정하는 이런 기관과 조직의 역할에 대한 신학적 성찰이 필요하다는 중요한 통찰을 명료하게 진술했다. 기독교는 세속적이거나 현세적인 관심을 무시하면서 그저 개인 구원이나 '영적' 물음만을 다루는 종교가 아니다. 기독교는 기관으로서 교회의 '공적' 영향력에 관해 생각하는 것보다 더 멀리 나아가는 공적 영향력을 지니고 있으며, 이는 신학이 우리 공동의 삶을 위한 질서를 세우는 일과 관련된 문제에 관여하고, 교회 너머 삶의 질서를 세우는 일에 관심을 기울이고, 사회 전체를 아우르고, 공적 논쟁에 신학적 관점을 도입하는 것이 받아들여질 만하고, 심지어는 필수적이라는 확신을 반영한다. 이것은 종교적 전통 안으로부터 발언하는 신학으로서 공적 의미가 있는 질문에 답하고, 더 폭넓은 문화에 영향을 미치려고 노력하며, 문제와 정책을 다루는 방식을 규정하는 데 기여한다.

그래서 마틴 마티는 공공신학이라는 용어를 어휘 체계에 도입했다고 인정받고 있다. 하지만 그는 다른 이들과 마찬가지로 기독교 복음의 사회적·집단적 차원을 밝혀내고, 사회경제적 조건에 대한 엄격한 분석의 필요성을 지적하고, 사회의 선에 기여하는 교회와 신학적 비평의 '공적' 역할이 존재한다고 보는 공공신학의 특징을 이전의 많은 사상가에게서도 찾아볼 수 있다고 말할 것이다.

북미 전통과 나란히 유럽, 특히 영국에도 공공신학의 강한 흐름이 존재한다. 윌리엄 템플William Temple, 로널드 프레스턴Ronald Preston, 로완 윌리엄스Rowan Williams 같은 성공회 교인, 던컨 포레스터, 윌리엄 스토러William Storrar 같은 장로교인이 이런 흐름을 대표한다. 특히 이런 전통은 영국 성공회와 스코틀랜드 장로교회처럼 국교의 지위를 지녔던 교회로부터 나타났으며, 교구와 회중 체제를 통한 강력한 지역주의와 결부된 성육신 신학의 강력한 전통을 뚜렷하게 표현한다. 윌 스토러는 에든버러대학교를 본거지로 삼는 행동주의적 공공신학이 스코틀랜드 민족주의의 재부흥에 어떻게 기여했는지 설명한다. 1989년에 스코틀랜드 장로교회는 스코틀랜드 자치정부에 관한 보고서를 후원했으며, 1997년 헌법 개혁에 관한 국민투표 기간에는 교회들이 세속적이며 종파에 속하지 않은 로비 단체들과 협력했고, 그 결과로 1999년에 스코틀랜드 의회가 수립되었다. 의회는 홀리루드Holyrood에 새로운 의사당이 완공되기를 기다리는 동안 에든버러대학교 신학부가 자리 잡은 곳이자 스코틀랜드 장로교회 총회가 열리는 곳인 뉴 칼리지New College에서 모였다. 스토러는 이것을 '후기근대 정치'의 한 형태라고 특징지었다. 이는 소요逍遙하며, 의식적으로 참여하고, 초당적이며, 민주적 역량 강화를 의도적으로 강조하는 정치라는 의미다. 신학적으로 정통적이며 정치적으로 급진적인(Storrar 2007, p. 19) 스코틀랜드 개혁주의 전통의 기여가 이러한 광범위한 협력을 만들어 가는 데 필수 요소였다. 스토러는 공공신학이 에큐메니컬하고, 전지구적인 동시에 지역적이며, 교회뿐만 아니라 전지구적 시민사회에 뿌리를 내리고, 집단적이면서도 포용적이고, 다양한 국제적 주체 사이의 협력에서 초국가적인 신학이 되기를 열망해야 한다고 결론내린다(p. 25).

2007년 공공신학 글로벌 네트워크Global Network for Public Theology의 창설과 〈공공신학 국제 학술지International Journal of Public Theology〉의 개간을 통해 공공신학의 전지구적 학술 공동체가 크게 성장할 수 있었다. 독특한 상황적 접근법을 취하는 아프리카, 아시아, 오세아니아, 라틴아메리카의 전통이 등장하고 있다. 그러나 일반적으로 이런 전통은 종교 담론의 공적 의미를 연구함에 있어서 공통된 특징, 다원주의적인 구성원과 상황적 접근법에 대한 헌신, 비신학적 청중이 이해할 수 있는 언어를 사용해 말하고자 하는 노력과 같은 특징을 공유한다(Jacobsen 2012). 하지만 21세기 초에 이러한 공공신학 전통을 탄생시킨 메인라인 개신교회의 주도권은 수적 쇠퇴, 새로운 기독교 우파와 같은 복음주의 기독교의 정치화, 라틴아메리카에서 새롭게 나타나고 있는 오순절파의 공적 행동주의와 같은 요인으로 인해 약화되고 있다. 이런 이유로 우리는 기독교적 참여의 대안적 형식이라는 압력뿐만 아니라 그 신학 자체의 약화와 세속화하는 세력에 직면한 공공신학의 미래에 관해 생각해 보아야 할 것이다.

가톨릭 사회사상: 공동선과 덕

로마가톨릭 사회사상과 공공신학의 관계는 조금 더 복잡하다. 18세기 말 민주주의 혁명, 특히 1789년 프랑스대혁명은 로마가톨릭교회에 중요한 상실을 의미했다. 교회는 전통적 특권이 폐지되는 것을 바라볼 수밖에 없었다. 이런 변화는 한 세기 넘도록 민주주의와 인민 정부에 대한 교회의 태도를 규정했는데, 1864년에 비오 9세가 발표한 〈오류 목록 *Syllabus Errorum*〉이 이를 집약적으로 보여 준다. 이 문서는 합리주의, 공산주의, 과학, 고등비평, 프리메이슨주의를 정죄했다. 이는 로마가톨릭교회 안에 존재하는 자유민주주의에 대한 양가적 태도가 확대되었다는 사실을 통해 설명할 수도 있다. 교회는 근대 국가의 정당성을 인정하지 않으려 했기에 교도권에 의한 선언을 할 때 세속 권력을 고려해야 함을 깨닫지 못했다. 따라서 이는 로마가톨릭 사회사상이 근대성과 자유주의, 민주주의에 대한 태도의 양가성 때문에 더 '공적인' 담론 방식을 채택하는 것이 금지되었는지에 관한 논쟁의 문제다.

그럼에도 교황의 사회적 가르침의 식별 가능한 전통의 시작은 1891년 회칙 〈새로운 사태$^{Rerum\ Novarum}$〉의 발표로 거슬러 올라갈 수 있다. 이 문서에서 교황 레오 13세는 산업화와 산업 노동자들이 당하는 착취에 대해 사회경제적 질서의 중대한 변화와 노동자의 권리와 노동조합에 대한 인정을 촉구했다. 1891년 이후 (공공신학이라는 용어 대신) 가톨릭 사회사상$^{Catholic\ social\ thought,}$ CST이라는 구별할 수 있는 전통이 나타났다. 이 사상은 주로 교회 회칙을 통해 유통되었지만 1968년 메데인^{Medellin}, 1979년 푸에블라^{Puebla}에서 열린 라틴아메리카 주교 회의에서 발표한 문서를 포함한 지역 주교들의 문서에도 등장했다(Hennelly 1990). 그러나 네덜란드, 독일, 프랑스, 오스트리아 등 많은 유럽 국가에서 로마 가톨릭의 가르침이 존 코트니 머리$^{John\ Courtney\ Murray}$ 같은 공적 지식인들의 글뿐만 아니라 기독교 민주주의 정당과 노동조합에 미친 영향과 로마가톨릭 압력단체의 영향력도 잊어서는 안 된다. 에큐메니즘의 관점에서 이 모든 것은 경제, 정치, 문화 이슈와 관련해 교회를 위한 중요한 자료가 된다. 이 단계에서 CST의 몇몇 특징을 지적해 둘 필요가 있다.

    근대주의 사상과 세속 기관을 신랄하게 비난한 이전 문서들과 대조적으로 〈새로운 사태〉는 정치 및 경제 생활의 특수한 사항에 대한 더 균형 잡힌 평가를 제시하며 "인간의 권리와 책임, 국가의 긍정적 역할, 시민 조직의 중요성에 대한 더 명료한 분석을 제시한다"(Carr 2012, p. 239). 이 회칙과 이후의 회칙에서 반복해서 다루는 주제는 국가나 시장이 규제받지 않는 권력을 극단적으로 행사하는 것에 대한 비판이다. 이는 특히 교황 요한 바오로 2세의 회칙에서 두드러지는 주제다(1981년 〈노동하는 인간 Laborem Exercens〉과 1991년 〈백주년 Centesimus Annus〉).

    CST에서는 중재하는 기관을 평가하는 방식으로서, 또한 사회 조직에 대한 온전한 참여를 보장하는 중요한 원리를 대표하는 가르침으로서 '보조성 subsidiarity' 교리를 주창한다(Ivereigh 2010, pp. 168-169). 또한 인간 존엄성을 매우 중시하는 명확하게 인격주의적인 강조점을 전통적으로 나타낸다(pp. 21, 162-163). 인간의 창조된 본성과 상호의존적인 본성 때문에 인간의 번영은 개인주의적인 성격보다는 명확하게 상호인격적인 성격을 전제한다. 예를 들어, 근대적이며 자유주의적이고 계약론적인 정의 관념과 대조적으로 CST에서는 정의가 우리의 공통된 인간성과 상호의존성이라는 현실에 뿌리를 내리고 있으며, 따라서 정의의 핵심은 공동체적 삶의 번영을 추구하는 것이라고 주장해 왔다. 이러한 신학적 인간론에 비추어 볼 때 정치는 사적 선택이나 개인적 자유를 증진하는 데만 초점을 맞추어서는 안 된다. 오히려 모두가 공동선을 공유할 수 있는 번영하는 사회를 세우는 데 초점을 맞춰야 한다. 그리고 교회와 시민사회, 국가의 책무는 모든 시민이 이러한 공동선의 전망을 깨닫고 실현하도록 공적이며 개인적인 덕을 함양하는 것이다(Hornsby-Smith 2006).

    하나님의 정의가 명령하는 바에 순종하기 위해 그리스도인은 공적 삶의 담론을 규정하는 선의 전망을 활용한다. 여기에는 이 전망을 굳게 붙잡고 삶에서 그것을 체현(성육신)하는 시민적 덕을 갖춘 사람들의 형성이 포함된다. 그리스도인은 선한 의지를 지닌 다른 사람들과 협력하여 여론과 정책 수립 과정을 형성하는 실천에 참여하도록 부르심을 받았다. 그러나 일관된 주제는 교회의 사회적 가르침이 행동으로 전환되지 않는다면 신뢰를 얻기 힘들다는 주장이다(Ivereigh 2010, pp. 28-30).

그러므로 현대의 관점에서 로마가톨릭 사회사상의 특징 중 다수는 개신교와 개혁주의 공공신학자들에게 익숙해 보일 것이다. 그 사상을 교도권의 선언이나 공식적인 교회의 권위로 한정할 수 있는지 아니면 공적 지식인의 글과 정치인의 양심 안에 존재하는지에 관한 물음, 그 사상이 회중의 풀뿌리 행동주의에 대해 부여하는 중요성, 경제, 빈곤, 생명윤리, 의학 연구, 결혼과 성 등과 같은 문제에 대한 신학적 성찰을 규정함에 있어서 자연과학과 사회과학의 기여를 인정하는 자세 등은 그들에게 익숙할 것이다(Davis and Chappell 2011).

그러나 제2차 바티칸공의회 이후 CST에서는 '다른 사회 기관의 정당한 자율성'에 대한 더 큰 존중, '더 광범위한 사회의 행복을 위한 책임 인정…사회의 공동선을 만들어 감에 있어서 다른 사회적 기관들과의 협력에 대한 헌신'을 반영하는 신학적·교회론적 이해를 진술해 왔다(Himes and Himes 1993, p. 2). 이는 〈기쁨과 희망 *Gaudium et Spes*〉 같은 문서에 특히 분명히 나타나 있다. 이 글에서는 '이 시대의 인간, 특히 가난한 이들과 어떤 식으로든 고통을 당하는 이들의 기쁨과 희망, 슬픔과 불안…그리고 그리스도를 따르는 이들의 기쁨과 희망, 슬픔과 불안' 사이에 본질적인 유사성이 존재한다고 말한다(*Gaudium et Spes*, Section 1).

이런 신학에서는 하나님의 임재가 교회 안에서만이 아니라 역사에서도 작용하고 있다고 인정하며, 후대의 해방신학에서 강조하는 '가난한 이들을 위한 우선적 선택'을 미리 보여 준다. 마찬가지로 〈지상의 평화*Pacem in Terris*〉(1963)에서도 자연법의 언어를 사용하며 교회만이 아니라 선의를 지닌 모든 사람을 향해 이야기한다. 그러나 베네딕토 16세가 취임한 후 교회를 계시와 도덕적 가르침의 일차적 중재자로 보는 배타주의적 입장으로 교회가 기울어졌다고 폭넓게 받아들여진다(Verstraeten 2011). 그럼에도 〈하느님은 사랑이십니다*Deus Caritas Est*〉(2006) 같은 문서에서는 CST의 기능이 신자의 양심을 가르치고 정의로운 사회적·경제적 체계의 질서를 세우는 원칙을 제공하는 것임을 여전히 강조한다.

지난 영국 총선을 앞두고 잉글랜드와 웨일스의 가톨릭 주교회의에서 발표한 문서의 내용에서 현대 로마가톨릭의 사회적 가르침이 작동된 사례를 확인할 수 있다(Bishops' Conference of England and Wales 2010). 〈공동선을 선택하라*Choosing the Common Good*〉는 일차적으로 평범한 평신도 유권자를 위해 마련되었지만, 빈센트 니콜스*Vincent Nicholls* 대주교가 서문에서 말하듯이 로마가톨릭 사회적 가르침의 기본 교의를 더 광범위한 사회에 소개하려는 목적도 있었다. 따라서 공공신학의 많은 부분이 그렇듯이, 이 문서는 교회 지도자가 교회와 국가를 향해 말하는 보고서다. 이 보고서는 2007-2008년 금융 위기를 진단하면서, 신뢰의 붕괴야말로 전 세계 경제를 마비시킨 원인이었다고 주장한다. 그런 점에서 이 문서는 인간에게 미칠 영향에 전혀 관심을 기울이지 않고 이익만을 추구하는 규제받지 않는 기관들을 비판하는 가톨릭 사회사상과 조화를 이룬다. 이에 대해 주교들은 사회 전체가 '개인적 책임과 다른 이들을 섬기는 은사의 중요성을 재발견해야' 한다고 주장한다(Bishops' Conference of England and Wales 2010, p. 8).

이 보고서는 로마가톨릭교회의 사회적 가르침에 이러한 도덕적 재정향을 도울 수 있는 '공동선'이라는 개념이 포함되어 있다고 주장한다. 이는 가톨릭 전통에 국한되지 않는 기독교 사회윤리의 풍성한 전통이지만, 이 맥락에서 주교들이 자연법과 덕 윤리라는 더 폭넓은 맥락에서 이 전통을 제시하고 있다는 점이 흥미롭다. 공동선은 (하나의 집합체로서) 모든 인간의 최고의 번영을 표현하며, 하나님의 피조물로서 우리의 가장 심층적인 본성을 성취하고자 열망하는 것을 최선의 삶으로 이해하는 철학자들의 사상을 반향한다. 따라서 우리는 서로 의존하고 있으며, 그렇기에 공동선 추구를 통해 연대성과 상호성의 결속을 강화하고 원자론과 이기심의 부정적인 영향력에 대항할 수 있다.

규칙에 대한 순응만으로 결속되는 사회는 본질적으로 취약하고, 추가로 남용이 발생할 가능성이 있으며 이에 대응하려면 다시 규제를 추가로 확장할 수밖에 없다. 이것만으로는 충분하지 않다. 한 사람이 무엇을 하도록 허락되었는지가 아니라 한 사람이 어떤 존재로 형성되는지가 덕의 핵심이다. 덕은 우리를 강화하여 우리가 도덕적 행위자, 자기 행동의 원천이 되게 한다.…믿음, 소망, 사랑이라는 기독교의 덕은 인간으로서 우리의 성장이 하나님의 선물에 뿌리를 내리게 하고, 우리의 궁극적 행복, 즉 하나님과의 사귐을 위해 우리를 형성한다. (Bishops' Conference of England and Wales 2010, p. 12)

공동선의 미덕을 교육받는 것은 도덕 규칙을 지키는 것 이상을 의미한다. 좋은 삶의 습관을 배우고 이를 내재화하여 우리가 외부의 규제로부터 독립하게 한다. 신중함, 용기, 정의, 절제라는 덕은 쾌락주의, 기회주의, 원자론의 문화에 대한 해독제의 기능을 한다. 비록 이 보고서가 이런 경로를 따르지는 않지만, 덕 윤리의 다른 주창자들과 함께 신앙의 실천과 전통, 핵심 교리, 구별되는 생활방식을 지닌 공동체에의 몰입이 이러한 신앙의 '아비투스*habitus*'를 전달하는 수단이라고 결론내릴 수 있다고 나는 생각한다.

이는 평신도의 세속적 소명을 형성할 틀을 분명히 제시한다는 점에서 제2차 바티칸공의회의 정신을 떠올리게 한다. 하지만 제도 교회가 교리문답적 형성이라는 수단을 활용하여 사람들이 이런 종류의 시민 의식을 갖추도록 진지하게 노력해야 할 책임이 있다고 강조한다. 그러나 우리는 권위와 순종이라는 위계적이며 중앙집권적인 모형을 지닌 교회가 과연 덕에 대한 이러한 이해의 논리적 결과로서 더 큰 도덕적 자율을 함양할 수 있느냐는 질문을 던지고 싶어진다. 그럼에도 〈공동선을 선택하라〉는 기독교(이 경우에는 로마가톨릭)의 사회적 가르침의 핵심 교의를 근거로 삼고, 동시에 정치경제와 관련해 덕의 언어를 재발견하고 있는 더 폭넓은 도덕 철학 전통과의 공통 영역을 확립한다는 점에서 현대 공공신학의 고전적 특징에 대한 본보기를 보여 준다 (Sandel 2010; Stiglitz 2009).

　　이 보고서는 주류 공적 여론의 일반적인 진보 성향과 극명하게 대조되는, 낙태와 결혼, 가정과 같은 로마가톨릭의 도덕적 가르침의 다른 전통적인 보루에 관해서도 언급한다. 따라서 우리는 정확히 누구의 '공동선'을 지지하고 있느냐고 물을 수 있다. 그것은 특정한 전통의 경계를 넘어서 타협이 가능하고 식별까지도 가능한가? 아니면 존재하는 전통의 틀 안에서 보존될 뿐인가? 그러므로 '공동선'의 정확한 본질에 관해 분명한 이견이 존재하는 영역이 있다. 그리고 이런 모순을 직시하지 않는다면 이 용어는 구체적인 정책 문제에 관해 실제적 영향력이 거의 없는 대단히 추상적인 도덕 공리의 차원에 머물 수도 있다. 그럼에도 최근 영국의 공공신학에서 확인할 수 있는 이 사례는 제도 교회가 공적 절차에 개입하는 방식에 대한 예증이 될 수 있다. 이 사례에서 교회는 스스로를 더 광범위한 시민사회의 일부로 간주하지만 자신의 전통에 입각한 발언의 중요성을 인정하며, 이 보고서가 교인들 사이에 도덕적 분별과 시민적 소명을 함양하는 데 기여한다고 생각한다.

공공신학의 범위

공공신학은 다양한 연구자들을 통해 다양한 맥락에서 이뤄진다. 스티븐 로우Stephen Lowe와 나는 도시 신학에 관한 짧은 책에서 세 주요 장르를 구분한 바 있다. 즉, 교회의 보고서나 공적 성명서처럼 '신앙에 기반한 관점에서 공공 정책 문제에 개입하는 공공신학의 유형', 아마도 공적 이슈에 해당하는 문제들을 신학적으로 성찰하고자 하는 교인들로 이뤄진 내부의 청중에 더 초점을 맞추는 기획으로서 '그리스도인이…세속 세계와의 관계에서 신실한 증언을 실천할 수 있도록 돕는 안내 혹은 형성의 과정', '신앙적 헌신이 어떻게 정치인'과 다른 공적 인물의 '공적 행동을 형성하고 그 행동에 영향을 미치는지, 다시 말해서 사적 신념이 어떻게 공공 정책으로 전환되는지에 관한 연구'를 꼽을 수 있다(Graham and Lowe 2009, pp. 4-5).

더키 스미트Dirkie Smit는 남아프리카의 맥락에 기초해 공공신학을 이해하고 실천하는 세 방식에 관해 이야기한다. '민주주의 사회에서 동시대적인 민주적 삶의 기초를 이루는 규범적 전망이라는 의미에서 공적 영역과 관련된' 신학이 있고, 특히 시민 사회와 사회적 행동에 관해 마티가 말하는 '공적 교회'의 역할을 특히 강조하면서 '(아파르트헤이트처럼) 교회와 국가, 정치에 대한 성찰과 적극적 참여로부터 신앙과 신학, 경제생활에 이르는' 다양한 실천적 행동주의에 더 많이 초점을 맞추는 두 번째 흐름(Smit 2007b, pp. 443-445)이 있다. 셋째는 '신학적 행동에서 특수한 공중을 염두에 둔다는 사실을 가치중립적으로 기술하기만 하는' 공공신학이 있다. 이는 더 포괄적인 영역으로서 모든 종류의 신학 논평이 공적 의미를 지니거나 공적 청중을 향한 발언임을 의미한다(p. 446).

이와 비슷하게 해럴드 브라이튼버그E. Harold Breitenberg는 신학자와 교회 지도자의 글, (이 책처럼) 분과 자체를 정의하고 재정의하는 작업, 개인과 회중의 증언을 촉진하기 위한 목적으로 더 규범적이며 구성적인 성격을 띠는 공공신학의 요소가 있다고 지적한다. 다른 작가들은 저자와 연구자에 관해 생각하기보다는 공공신학의 다양한 기능에 더 초점을 맞춘다. 맥스 스택하우스는 공공신학의 규범적·구성적·비판적 혹은 변증적 양식에 관해, 삼중 책무, 즉 '사회적 혹은 문화적 에토스를 지배하는 작용적 가치와 규범을 정의하는' 책무, '어떤 가치와 규범이 옳은지'를 결정하는 책무, '사람들로 하여금 사회적 혹은 문화적 에토스의 재구성을 시작하도록 촉구하는' 구성적 차원에 관해서도 이야기한다(Stackhouse 2007a, p. 231).

스택하우스는 이런 방식으로 공공신학의 다양한 하위 장르를 개괄하면서 공공신학 실천의 특정한 표현(교회의 보고서나 사회적 행동 프로그램)이 다양한 발언 방식과 기능을 가질 수도 있는 가능성을 열어 둔다. 즉, 해석하거나 진단하는 단계로부터 비판적이며 규범적인 목소리를 내는 단계로, 규정적 혹은 구성적 차원으로 나아갈 수도 있다고 말한다. 이는 또한 '실천―이론―실천'이라는 방법론이나 '보기―판단하기―행동하기'의 해석학에 기초한 사목적 순환Pastoral Cycle의 사중 모형을 제시하는, 실천신학과 해방신학과 같은 다른 분야와도 매우 잘 조화를 이룬다. 또한 이는 비판적이며 구성적인 담론 형식을 결합하고, '교회 내부와 외부에서 기관, 상호작용, 사건, 환경, 정책, 실천에 대한, 신학적으로 기초를 잘 갖춘 해석과 지침' 종합을 통해 비판적·텍스트적 논쟁과 논평의 양식을 수행적 실천의 양식과 혼합하는 것의 중요성을 우리에게 일깨워 준다(Breitenberg 2003, p. 64). 이는 덕윤리의 관점이 공공신학자의 작업에 점점 더 많은 영향을 미치는 (따라서 교육학과 실천신학의 관점과 연결되는) 방식을 통해서도 분명히 드러난다. 그리고 이를 통해 평범한 신앙인들은 '시대의 표적'을 읽고 경제적·문화적·정치적·전지구적 흐름에서 더 폭넓은 의미를 이해하는 신학 훈련을 받을 수 있다(Schweiker 2010; Paeth 2010).

누구의 공공인가?

공공신학자들이 '공공'에 관해 이야기할 때는 정당 정치나 그저 정부의 일과 동의어가 아니다. 오히려 맥스 스택하우스의 말처럼 "정치가 사회나 종교에 영향을 미치는 것보다 시민사회의 도덕적·영적 구조가 정치에 더 결정적인 영향을 미치고, 미쳐야 하기" 때문에 "공공은 공화국보다 우선한다"(2007a, p. 101; Tippett 2004도 보라). 공공신학은 정치신학보다 더 포괄적이다. 사회의 행복이 국가의 일보다 더 많은 것에 기초하며 경제, 법률 체계, 자발적인 자선 활동, 매체, 특히 신앙 기반 단체를 아우르기 때문이다. 정치신학이 정치적 절차와 기관, 세속 권위의 모형과 하나님의 통치 사이의 관계를 다룬다면, 공공신학은 한 사회의 경제적·문화적·지적 환경의 도덕적·형이상학적·신학적 차원을 해석하고자 한다. 그런 점에서, 사회 제도의 물질적 현실과 공적 여론에 의해 형성되고 언론과 표현의 자유로 특징지어지는 규범적 이상의 영역을 다룬다. '시민사회에서 이뤄지는 교환의 구체적으로 담론적인 영역…책임 있는 시민들을 형성하는 공동의 숙의'를 다룬다(Tanner 1996, p. 80).

'공공'의 범위에 관해 고찰할 때 공공신학을 위해 가장 큰 목소리를 낸 사람은 데이비드 트레이시였다. 그는 교회, 사회, 학계라는 세 구별된 청중 혹은 '공중'을 향해 발언하는 것이 기독교 신학의 책무라고 보았다. 1981년 '신학자의 사회적 초상'에 관한 글에서 그는 모든 신학이 그것에 대해 신학자가 책임져야 하는 다수의 맥락으로부터 나타난다고 주장했다. 현대 사회의 다원주의 때문에 신학자를 비롯한 모든 사람이 인간 이해의 본질, 무엇이 좋은 사회를 만드는지, 사람들이 어떻게 사회적 결정을 내릴지 등에 관한 다양한 관점과 자료를 고려해야만 한다.

청중이 이렇게 다양하기 때문에, 신학이 '교회의 자기 이해에 관한 자기표현일 뿐'이라고 믿는 것은 잘못된 생각이다(Tracy 1984, p. 230). 하나님에 관한 말로서 신학은 (이러한 다양한 공중을 화해시키는 것이 어려울 때조차도) 실재 전체에 관해 말하려고 노력해야 한다. 왜냐하면 그것은 심오하고 영속적인 질문을 던지고 있기 때문이다. 신학은 전통을 위해 그 자신의 고전을 해석하는 일에 전념할 뿐만 아니라 '인간의 탐구와 인간의 경험이라는 경계에서' 한 문화의 종교적 차원을 해석해 내야 한다(p. 232). 이는 모든 개인과 모든 문화가 스스로에게 던지는 물음이며, 종교적 고전은 그러한 '경계의 물음limit-questions'에 답하기 위한 주요한 자료다.

> 문화적 세계의 다원주의는 우리 공동의 삶에 대한 새로운 전망과 참된 삶을 위한 새로운 가능성을 제공하여 우리 모두를 풍요롭게 해 주었다. 하지만 그 과정에서 우리가 침착하게 대하기가 거의 불가능한 대가를 치러야만 한다. 우리 각자는 단 하나의 자아가 아니라 동시에 여러 자아가 되는 것처럼 보이기 때문이다. 각자가 자아에 대해 여러 외재적 공중을 향해 말할 뿐만 아니라 참된 실존에 관해 성찰하는 과정에서 여러 내재적 공중을 향해 말한다. 근본적 물음은 단 사람에게 던지는 물음이다. 열정적이든 주저하든, 한 개인의 답은 궁극적으로 유일하며 심층적으로 개인적이다. 그러나 각 자아 안에 있는 대화 상대자들의 갈등을 비롯하여 우리가 행하는 성찰의 대화 상대자는 여러 명이다. (1981, pp. 4-5)

신학의 공적 성격에 관한 트레이시의 관심은 문화의 많은 부분처럼 종교 역시 현대의 삶에서 너무나도 사사화되었고, 그 결과 신학이 내면성의 세계 혹은 '영혼의 보호 구역'으로 제한되거나 퇴각해 버렸다는 인식에 자극을 받았다(p. 13). 그러나 '신적 실재의 보편적 성격', 즉 '유대교, 기독교, 이슬람교 신자가 이해하는 하나님, 실제로든 순전한 환상 속에서든 보편적인 하나님'의 보편성은 이러한 사사화에 대한 저항을 재촉한다. "정말로 사적이거나 특수주의적인 하나님의 실재에 관한 발언은 그 실재를 합당하게 다루지 못한다"(p. 51). 따라서 종교는 결코 개인적이거나 사적인 경건의 문제에 불과하지 않다. 경제, 시민사회, 국가, 문화 같은 공적 영역의 모든 양상에서 신자의 삶 속으로 파고들어 간다. 이와 비슷하게 '공공'이 개인화된 영성과 사사화를 강력하게 비판한다면, 그 필연적 귀결은 종교가 공적 담론에 미치는 영향력의 중요성에 대한 강조다.

> …신학은 강력하게 개인적인 헌신과 특수한 예배 공동체와 연결되어 있지만 가장 심층적인 차원에서는 결코 사적인 것이나 독특한 공동체적 정체성의 문제에 그치지 않는다. 오히려 그것은 사태가 어떠하며 어떠해야 하는지에 관한 주장, 공적 담론을 위해 결정적이며 개인의 영혼, 사회, 국가들의 공동체를 인도하기 위해 필수적인 주장이다. (Stackhouse 2006, p. 165)

데이비드 트레이시(1981)처럼 맥스 스택하우스는 신학의 '공공성 public-ity'을 주장한다. 다원주의적인(또한 점점 전지구화되고 있는) 문화에서 신학은 복수의 공중을 향해 말해야 한다. 스택하우스는 트레이시의 세 공중에 경제와 시장이라는 네 번째 공중을 추가하며, 공적 삶의 이 네 영역이 각각 '거룩함, 정의, 진리, 창의성'과 관계가 있다고 요약한다. 이는 공공신학이 교회, 사회, 학계, 시장이라는 이 다양한 공중과의 관계 속에서 증진하고자 하는, 신학적 규범 안에 내포된 가치들이다(2006, p. 166). 첫 번째 공중인 '거룩함'은 트레이시의 교회에 해당하며, '참된 종교적 공중'을 가리킨다. 여기서 신학적 질문은 종교적 가르침의 본질과 내용을 다룬다. "신실한 삶을 살고 가장 거룩한 실재에 따라, 즉 인간이 가리킬 수 있는 가장 포괄적이며 의롭고 영속적인 실재에 따라 생각하기를 추구하는 이들 사이에서 무엇을 설교하고 가르칠 수 있으며 설교하고 가르쳐야 하는가?"(p. 166) 이것은 신앙 공동체를 향해 말하고, 어떻게 그 구성원들이 유권자, 자원봉사자, 캠페인 참여자, 부모, 학생, 소비자, 노동자로서의 삶에 관해 자신의 소명에서 양육받을 수 있는지를 고찰하는 신학이다.

둘째는 '정치적' 공중과 관계가 있는 정의이며, 여기서 다루는 신학 이슈는 그것에 의해 건강한 시민사회가 유지될 수 있는 가치―'도덕적, 영적 구성 요소'(p. 166)―와 관련이 있다. "무엇이 권위를 지닌 이들에게 사회 안에서의 정의로운 제도를 위한 전망과 동기부여를 제공하여 공동의 삶이 번영을 이루게 할 수 있을까?"(p. 166)

셋째는 학자들 사이의 상호적·비판적 대화를 위한 장인 '학문적 공중'(이것이 '진리'와 교회의 영역이라는 점에 주목하라)이다. "무엇이 학자들 사이의 진지한 대화라는 맥락에서 이유를 제시하고 비판적 분석을 견디고 주창하는 입장에 대한 설득력 있는 논증과 근거, 증거를 제공할 수 있을까?"(p. 166)

경제생활이라는 네 번째 공중은 노동, 일, 생산 문제를 다룬다. "무엇이 인간의 삶을 번영하게 하고, 고된 일로부터 해방하며, 생산과 분배의 창의성을 장려함으로써 물질적 행복에 기여하게 하는가?"(p. 166) 우리가 점점 더 소비주의, 매체, 여가라는 후기근대의 '공중'에 통합되고 있는 상황에서 여기에 '소비'를 위중한 초점으로 추가할 수 있다. 또한 전지구화가 경제와 시민사회에 미치는 영향에 대한 스택하우스의 관심과 보조를 맞추어 모든 형태의 '창의성'의 전지구적 양상을 공공신학의 문제로서 고찰할 필요가 있을 것이다.

하지만 전반적으로 공공신학은 현대 사회에서 공중을 이루는 이러한 영역들의 다원성과 자율성을 인정한다. 따라서 우리는 이러한 감수성이 공공신학이 기독교 세계의 시대에 작동한다는 모든 종류의 전제로부터 얼마나 멀어졌는지를 이해할 수 있다. 왜냐하면 그것은 정치적 절차와 공적 영역의 자율성에 대한 존중을 드러내는 동시에—아마도 이론적으로(참여의 본질, 다원주의, 무엇이 좋은 사회를 만드는지에 관한 질문을 던짐으로써), 또한 실천적으로(그리스도인들과 다른 이들 사이에서 효과적인 시민의식의 덕을 길러 냄으로써)—건강한 공적 영역을 건설하고 유지하는 책임을 공유할 준비가 되어 있기 때문이다. 확실히 공공신학은 사회의 다원주의적 성격에 대한 자각을 유지하면서도 공적 논쟁에 영향을 미치려고 한다. 공공신학은 비그리스도인을 '개종시키거나' 사회에 교회의 독점이나 신정정치를 강요하려고 노력하지 않는다.

더키 스미트 역시 정치, 경제, 시민사회, (점차 다양한 매체를 통해 관리되는) 공적 여론을 아우르는 공적 삶에 대한 사중 정의를 채택한다(2007b). 그는 민주적 공공의 네 영역에 관한 하버마스의 구분을 따른다. 즉, 정당, 사법부, 국가가 임명한 공무원 조직과 규제 기관을 포함하는 시민 통치를 위한 공식 기관과 절차, 하버마스가 '소비자'와 '공급자'라고 부르는 시장과 노동, 자발적 지역사회 조직, 넷째로는 공적 여론이다. 세바스천 김[Sebastian Kim]은 이를 더 상세히 나눠 국가, 매체, 시장, 종교 단체, 학계, 시민사회를 공공의 여섯 차원으로 제시한다(2011, p. 13). 이러한 다른 영역 사이의 상호작용은 복잡하며 맥락에 의해 결정될 것이다. 그러나 이를 통해 공공신학이 점점 더 복수의 변화하는 청중을 향해 발언하며 그런 청중에 의해 형성되고 있음을 더욱더 강조할 수 있다. 이들은 초국가적 기업과 비정부기구의 활동, 이주와 이산[離散]이라는 초대륙적 경향성, 지역의 경제적 요인, 시민사회의 표현을 포함한 다양한 요인에 영향을 받는다.

'진동하는' 공적 영역

공공신학에서 '공공'이라는 용어의 지배적 용례를 정의하려고 한다면 그것의 일관성에 관한 논쟁을 반드시 고려해야 한다. 세속에 대한 정의들처럼 이것은 구성되었고 우발적인 범주다. 2장에서 주장했듯이, 공공의 범위에 관한 근대의 전제는 여성주의 학자들에게 많은 비판을 받았다. 이들은 공사의 구별이 불평등한 권력관계를 암묵적으로 보존하며 여성과 남성을 분리된 영역에 할당하는 젠더에 관한 정치적·문화적 존재론을 확립하고, 이로써 여성이 공적 삶에서 온전하고 평등한 주체성을 성취하는 것을 어렵게 만드는 젠더화된 전제로 뒤덮여 있는 경우가 많다고 주장했다.

이미 주장했듯이, 공과 사의 젠더화는 근대화 구조의 일부를 형성했으며, 후기세속적 재구조화 과정 중 하나는 여성을 사적·가족적·가정적·비정치적인 것과 짝짓는 자동적인 개념적·정치적 배치에 도전하는 작업이다. 그러나 실천적 차원에서 공공신학은 아직도 여성의 목소리와 관점에 특권을 부여하는 방식으로 건설적인 여성주의 분석을 그 기본적 규범에 통합시키지 못했다. 교회와 사회에서 여성의 권리 문제는 분명히 공공신학과 관련이 있지만, 최근까지도 상대적으로 거의 주목받지 못했다(McIntosh 2007). 헤더 월튼$^{Heather\ Walton}$이 인상적으로 주장했듯이, 신학의 일부 형태가 '가정 살림'과 관련된 교회의 일에만 관심을 기울인다는 던컨 포레스터의 비판(Forrester 2001, p. 127)은 특수한 종류의 교회적 내향성에 대한 강력한 논박을 의미할 수도 있지만, '종종 공공을 교회와 가정 영역 모두의 여성화된 환경으로부터 분리하는' 젠더 편견을 무의식적으로 채택했음을 드러낸다(Walton 2010, p. 31).

일반적으로 공공신학자들이 사용하는 '공공'의 다양한 범주는 많은 경우 하버마스식의 방법론을 취한다. 이에 따르면 근대적·민주적 공적 영역의 출현은 시장이나 국가에 의한 식민화로부터 자유로운 구체적인 활동 영역, '생활 세계^{life-world}'의 창조에 의존한다. 하지만 이 역시도 후기근대에 이르러 생산, 재생산, 상징적 활동, 물질적 활동 사이의 경계, 국가, 시장, 시민사회 사이의 경계가 상호침투함에 따라 변하고 있다. '공'과 '사'의 관계에 관한 논의에서는 이러한 구별을 표현하고 그것의 이분법적 성격을 강조하기 위해 은유를 사용하곤 한다. 여기에는 숨겨지거나 철회된 것과 드러나고 접근할 수 있는 것 사이의 대조가 포함된다(Weintraub 1997b, pp. 4-6). 대안적으로 쉬한^{Sheehan}은 개인에 관한 지식과 폭로라는 관점, '다른 이들이 그들에 관한 정보, 그들 삶의 친밀한 요소, 그들의 생각이나 신체에 대한 제한된 접근할 수 있는' 정도라는 관점에서 이 이분법을 특징짓는다(2002, p. 22).

공과 사라는 특수한 관념은 국가, 자본주의, 근대성 안의 개인과 같은 특수한 제도가 형성된 결과로 출현했지만, 이 둘을 구별된 영역으로 이해하는 것이 현대 사회에만 나타나는 태도는 아니다. 예를 들어, 한나 아렌트^{Hannah Arendt}의 연구는 공사의 구별이 그리스 고전기의 근본적 특징이었다고 강조한다(1958). 그러나 정치적 삶('비오스 폴리티코스^{bios politikos}')에 참여하는 것은 성인 남성에게만 허용되었고 여성이나 노예에게는 허용되지 않았으며, 이는 그것이 정치경제와 노동 분업이라는 물리적 환경에 뿌리를 내리고 있음을 암시한다. 고대 그리스인들에게 공과 사의 관계는 도시 국가의 출현으로부터 시작되었고, 이는 사람들로 하여금 가정('오이코스^{oikos}')에서의 가족의 삶과 구별되며 그것을 넘어서는 삶에 관해 생각할 수 있게 해 주었다. 아렌트에게 이는 한편으로는 일과 노동의 영역, 다른 한편으로는 행동의 영역을 구별하는 것에 상응한다. '오이코스'의 영역은 생존을 위한 기초적 필수 요소, 즉 물질적 생존, 인간 생명의 생산과 재생산의 필요성에 의해 추동되었다. 아렌트에 따르면, 사적^{private} 영역은 그 자체의 '결핍^{privation}'이라는 관점에서 이해되었다. 우리를 참으로 인간적으로 만드는 것들이 부족했으며, 참으로 인간적인 삶은 자연적 필요와 의존성을 초월하여 자기 결정과 자유를 성취할 수 있는 능력에 달려 있었다(Arendt 1958, p. 58 이하; Weintraub 1997b, pp. 10-12).

  유럽 경제가 농업 의존적 생존 모형을 벗어나 산업자본주의로 발전함에 따라 공적 영역과 사적 영역의 관계, 생산 조직, 정치적 삶의 성격이 변하기 시작했다. 17-18세기부터, 이전에는 가정과 가족의 경계 내에서 수행했던 활동이 새로운 사회적 생산 공간으로 이전되어 다르게 규제되고 새로운 사회 계급과 이익 집단을 만들어 냈다. 이제 막 태동한 자본주의 경제는 근대 국민국가의 발전뿐만 아니라 시장과 자본 투자(은행, 기업가, 이윤 보유자) 같은 새로운 경제적 규제 형태에 의해 뒷받침되었다. 하지만 근대 초기는 신문, 소책자, 잡지 같은 공적 정보, 여론, 논쟁이라는 새로운 공동 공간의 발전으로도 특징지어졌다. 이 시기 대중 출판의 역사가 기록했듯이 이는 정치적·경제적 엘리트만을 위한 것이 아니었다. 이것은 국가와 시장과 가정이라는 사적 영역을 매개하는 '공적' 공간을 표상했으며, 점점 더 국가의 작용, 참정권 개념, 경제의 부침에 따라 자신을 이해하고 있던 시민으로 이루어졌다.

이것이 위르겐 하버마스가 근대 초기 공적 영역의 기원에 관해 연구하는 맥락이다. 그는 이것을 대화와 열린 논쟁이 특징인 독특한 의사소통 공간으로 이해한다. 그것은 필요의 세계와 분리되어 있으며 이성의 활용과 표현의 자유라는 수단을 통해 시민의 덕이라는 이상을 갈망하는 정치적 삶('비오스 폴리티코스')이라는 고전 그리스의 개념에 많이 빚지고 있다. 그러나 이러한 자율적·민주적 공론장 모형은 젠더화된 차원을 가지고 있을 뿐만 아니라 의사소통 이성의 연합체가 자유로우며 민주적 통제에 대해 열려 있고, 시민사회의 공간이 국가나 시장에 의해 잠식되지 않을 것이라고 전제한다. 하지만 현대 전지구적 사회에서 자유로운 표현의 본질에 관한 논쟁에 관해, 정치와 매체 모두 정부의 통제와 상업화에 쉽게 영향을 받을 수밖에 없음이 분명하다. 그러므로 '공공'은 그 독립성을 상실하고 있으며, 민주적 시민사회의 열린 공간에 머무르기보다는 시장의 호주머니 속으로 사라져 가고 있는가? "시민 사이의 비판적 논쟁은 그들의 이름으로 수행되는 연출된 스튜디오 논쟁으로 대체된다"(Thompson 2011, p. 55).

공과 사의 관계에 관한 고전적 모형을 의미 있게 재고함으로써 의사소통 매체의 역할을 단지 뉴스를 반영하거나 보도하는 것이 아니라 '공적' 논쟁의 본질 자체를 실질적으로 구성하는 것으로, 더 나아가 공적 영역 자체를 구성하는 것으로 새롭게 규정할 수 있어야 할 것이다.

가정처럼 물리적 공간으로서의 사적 영역이라는 이 관념—고대 그리스인들이 사적 영역을 이해하는 방식의 필수 요소였던 관념—은 정보와 의사소통 기술로 인해 정보를 유포하고 정보에 접근하고 정보를 통제하는 방식이 변화한 세계에서는 더 이상 지지를 받을 수 없다. (Thompson 2011, p. 62)

공공신학자가 대상으로 삼아 발언하고 개입하는 다양한 '공중'을 고려하기 시작할 때, 우리는 이런 공중이 어느 정도까지 유동적이며 경쟁 대상인지 지각해야 한다. 이로 인해 우리는 위르겐 하버마스가 말한 공적 영역이라는 민주적 의사소통 공간의 온전성에 관해 다시 생각해 보아야만 할 수도 있다. 이 공간은 국가와 시장의 침투와 오염에 취약할 수도, 또한 전지구적 자본에 점점 더 많은 영향을 받을 수도 있기 때문이다.

불행히도 공적 영역의 자율성과 행동하는 시민들의 독립적 공간으로서 시민사회의 가시성이 후기자본주의 탈복지 사회에서 점점 더 약화하는 것처럼 보인다. 로버트 퍼트넘[Robert Putnam]이 《나 홀로 볼링[Bowling Alone]》(페이퍼로드)에서 제시한 분석에 따르면, 미국 시민사회의 자발적 협회 내에서 참여와 행동주의의 경향성이 쇠락하고 있다. 하트[Hardt]와 네그리[Negri]는 도시의 광장이 쇼핑몰로, 공공 택지가 폐쇄적인 고급 주택단지로 전환되는 것처럼 공적 공간이 전면적으로 사사화되는 현상이 후기자본주의의 증상이라고 주장한다(2000). 이는 단지 움직임에 대한 제약이 가해졌을 뿐만 아니라 (병원, 교도소, 학교, 여가 시설과 같은) 다수의 공공 서비스가 상업적 공급자들에 의해 제공됨을 의미한다. 보건, 교육, 사회적 돌봄과 같은 공적 재화 수요를 관리하기 위해 시장이 사용되고 있다. 마이클 샌델Michael Sandel은 이러한 흐름을 단순한 재정적 편리함의 문제로 받아들이기를 거부하고, 오히려 '시장의 좀먹는 성향을' 드러내는 도덕적 이슈로 간주한다(2012, p. 8). 모든 것에 가격표를 붙임으로써 공적 가치를 지닌 모든 진술을 순전히 돈에 관한 진술로 축소한다. 이는 한 사회의 공공재가 상품이라는 지위를 초월한다는 의미를 인식하지 못하는 것이며, 결과적으로 민주 사회의 본질 자체를 약화한다. 그는 우리에게 이 점을 생각해 보라고 권한다.

> 시장의 사고와 시장의 관계가 모든 인간 행동에 침투하는 세계의 문제에 관해 생각해 보라. 이런 상황의 문제점을 묘사하기 위해서는 타락과 퇴폐라는 도덕적 어휘가 필요하다. 그리고 타락과 퇴폐에 관해 말한다는 것은 적어도 암묵적으로는 좋은 삶이라는 관념에 호소함을 의미한다. (pp. 186-187)

그러나 앞 장에서 다룬 그의 후기세속 논의에서 보았듯이, 하버마스는 전지구적 시장의 헤게모니에 도전하는 데 관심을 기울이는 중요한 이론가 중 한 명으로서 신자유주의 이데올로기에 맞서 강력한 공적 영역의 필요성을 주장해 왔다. 실제로 그는 전지구적 시장의 무도덕성과 이에 더해 임박한 붕괴로부터 자신을 구할 수 없는 것처럼 보이는 이 시장의 무능력 때문에 대안적인 전지구적 가치의 잠재적 원천으로서 종교적 가치에 주목하게 되었다. 따라서 하버마스는 의사소통적 공적 영역이라는 개념이 신자유주의와 전지구화가 초래하는 최악의 증상을 완화하기 위한 수단으로서 새로운 의미를 획득했다고 생각한다. 그러나 국가와 시장의 힘 사이에서 완충지대 역할을 할 수 있는 시민사회의 능력 자체가 압력을 받고 있는 것처럼 보인다.

그러므로 하버마스와 같은 작가들이 공과 사에 대한 우리의 경험이 근대의 산물, 특히 회합이나 공적 문헌의 특수한 근대적 형식의 부산물이었음을 보여 주었지만, 이런 영역들과 그들 사이의 구분이 새로운 형태의 정치경제에 비추어, 또한 컴퓨터화된 의사소통과 같은 새로운 기술에 직면하여 계속해서 진화하고 있음도 기억할 필요가 있다. 사실 몇몇 학자들은 컴퓨터화된 의사소통이 "'공공성'과 '사사성'의 경계를 근본적인 방식으로 무너뜨릴" 수도 있다고 주장한다(Weintraub and Kumas 1997, p. xi).

컴퓨터로 매개된 의사소통과 민주주의

이제 어떻게 가상 기술과 컴퓨터가 매개하는 의사소통의 가속화가 은폐되거나 사적인 것에 대한 이해를 바꾸어 놓고 있는지, 어떻게 후기근대, 후기세속의 시민이 공적 영역에서 행위자가 되는지, 어떤 힘이 그런 행동과 참여를 매개하는지, 어떻게 이것이 자아와 관계 속의 자아에 대한 우리의 지각에 영향을 미치는지, 정치적 공동 공간이나 공유된 대화 공간과 같은 개념이 가능한지에 관해 계속해서 생각해 보자. 먼저, 공과 사의 경계가 이동하고 있다고 말하는 것과 그런 경계가 더는 존재하지 않거나 무의미하다고 주장하는 것은 전혀 다른 문제다. 하지만 우리가 공적인 것과 사적인 것 사이의 단층선을 통제하는 물려받은 관습이 (성속의 경계와 마찬가지로) 일상생활에 대한 새로운 이해와 새로운 실천으로 대체되고 있으며, 따라서 우리가 자아와 사회에 관련해 공사의 새로운 어휘를 배워야만 하는 시대에 진입하고 있을 수도 있다. 그것은 우리가 의사소통적·의도적 교환이 이뤄지는 공유된 공간을 구성하는 방식, 어떻게 결정이 우리 삶을 규정하는지, 어디에서 누구에 의해 그런 결정이 이뤄지는지, 새롭게 나타난 기술이 이 모든 것에 미치는 영향에 더 많은 주의를 기울여야 함을 의미한다.

그러므로 우리는 의회 민주주의 관습과 동일시된 정치 참여 모형 대신 유권자의 행위, 정당 가입, 정치 캠페인 등 그 하부구조에 관심을 돌리고, 시민의식의 실천에 대한 덜 중앙집중적이며 형식화된 이해에 초점을 맞춰야 할 필요가 있다.

의무를 강조하는 경향이 덜 하고 그 대신 더 개인화되고 자아실현을 강조하는 시민권 이해에 개방적인 방향으로 시민에 대한 이해가 바뀔 수 있다는 것에 더 많이 주의를 기울여야 한다.…혁신적인 유튜브 비디오, 휴대전화 메시지에서 쓰는 언어, 저항 음악, 사소한 것을 중요하게 여기는 태도처럼 유쾌한 행동 방식 모두를 정치적인 것의 양상으로 간주할 수 있다.
(Loader and Mercea 2011, p. 761)

특히, 새로운 기술이 실제로 대안적 풀뿌리 관점이 의미 있는 여론 형성자로 등장할 수 있게 하는지, 혹은 인터넷과 소셜 미디어를 비롯한 공적 논쟁이 여전히 기업의 이익에 지배당하고 있으며, 참으로 자율적인 공적 영역의 숙려가 아니라 시장 명령에 좌우되고 있는지에 관한 물음이 존재한다. 캐나다와 영국에서 매체가 전지구적 빈곤과 국제 원조와 개발에 관한 논의를 다루는 방식에 관한 조애나 레든Joanna Redden의 연구는 압도적 편견이 기업 중심적·신자유주의적 해법 쪽으로 기울어져 있음에도 소셜 미디어와 다른 온라인 네트워킹이 공적 의식 안에 침투하여 풀뿌리 운동을 하는 이들의 목소리가 더 잘 재현될 수 있게 만들어 주는 담론의 공간이 존재한다고 암시한다(2011).

또 다른 질문은 신기술이 정치에 적극 관여하는 시민들로 이뤄진 더 폭넓은 유권자층을 구축하는 데 도움을 줄 수 있는지 여부다. 헨릭 세룹 크리스텐슨Henrik Serup Christensen과 아사 벵츤Asa Bengtsson이 핀란드에서 실시한 연구는 이미 정치적이고 적극적으로 참여하는 이들이 자신의 캠페인 전략을 온라인 영역까지 확장한다고 보는 편이 더 타당하다고 결론 내린다. 그러나 증거를 검토해 보면 이런 캠페인이 새로운 참여자를 끌어모으고 있으며, 따라서 제한적이지만 실질적인 방식으로 정치 참여 범위를 넓히고 있음을 알 수 있다(2011).

'정치적인 것'이라는 말의 의미와 관련해 어느 정도 방향을 새롭게 설정해야 하기는 하지만, 이것은 정치와 시민사회 영역에의 참여 수준과 방식에 관한 논쟁이다. 그러나 '공공'에 대한 이해, 공사의 명확하게 구획된 구별을 전제하는 우리의 정체성에 대한 이해가 바뀔 수도 있음을 고려하는 것이 중요하다. 인쇄로부터 라디오와 텔레비전으로, 인터넷과 소셜 네트워킹으로 의사소통이 진화해 왔고 이는 공과 사 둘의 관계의 본질을 변화시켰으며, 공적 의사소통의 본질을 '방송'으로부터 더 상호적이며 분산화된 방식으로 변화시켰다. 공과 사 모두 물리적 장소와 식별 가능하고 권위적인 원천으로부터 대체로 분리되어 있는 정보와 논쟁의 영역으로 재구성되었으며, 이는 공사의 경계가 흐릿하고 구멍이 많으며 끊임없는 협상 대상이 되는 훨씬 더 유동적인 상황을 만들어 냈다. 의사소통과 정체성, 정보 관리가 '공적으로 사적인' 동시에 '사적으로 공적인' 세계(Lange 2007)는 우리의 내면적이고 사적이며, 공적이고 가시적인 자아의 반전이라는 느낌을 환기한다. 페이스북, 마이스페이스, 유튜브 같은 소셜 네트워크는 개인 프로필을 계속해서 뻗어 가는 사회 연결망과 연결하고, 잠재적으로 무한한 규모의 접촉자들이 개인 정보에 공개적으로 접근할 수 있게 함으로써 형성된다. 이런 방식으로 우리는 자신의 정체성, 공적 페르소나, 사적 관계를 관리하는데, 이런 관계가 친밀할 수도 있지만 온라인에서 오롯이 '사적인' 것이란 결코 있을 수 없다.

전지구화

공공신학은 전지구적이며 다문화적인 관점을 발전시켜 가면서 전지구적 시민사회의 신앙에 근거한 양상과 많은 경우 전지구적 도시의 맥락에서 문화적·종교적 경계를 가로지르는 풀뿌리 조직의 실천에 초점을 맞추고 있다. 따라서 종교적 신념과 소속이 지역적·국가적·전지구적 흐름의 간극 안에서 어쩌면 독특하게 표현되고 재편되는지를 고려하는 것이 적절할 것이다(Beaumont and Baker 2011). 전지구화는 공공신학의 모든 미래 우선순위가 결정될 새로운 맥락이 되었다(Storrar, Casarella and Metzger 2011). 1999년 겨울 미국 시애틀에서 벌어진 시위는 '전지구화globalization'라는 용어에 대한 대중의 관심을 크게 불러일으켰다. 또한 전지구화에 대한 지속적인 비판의 첫 사례이기도 했으며, 이는 2011년 전세계적인 '점거Occupy' 운동을 통해 가장 생생하게 계승되었다. 이 운동을 통해 사람들은 전지구적 금융산업에 저항하고, 은행이 파산하는 상황에서 다른 경제적·정치적 우선순위를 희생하면서 기업에 대한 자금을 지원하는 정책에 항의했다(Rieger 2012).

롤런드 로버트슨Roland Robertson과 앤서니 기든스Anthony Giddens 같은 사회학자들은 새로운 기술과 교통 시설을 통해 공간과 시간이 압축된다는 관점에서 전지구화를 이상적인 유형으로 정의한다. 그러나 '전지구적인 것'의 부상은 지역과 국가 차원에서 일어나는 일에도 영향을 미친다.

전지구화는 지역, 국가, 역내와의 연속체에 자리 잡고 있다고 말할 수 있다. 이 연속체의 한쪽 끝에는 지역적·국가적 토대 위에 조직된 사회적·경제적 관계와 네트워크가 존재한다. 다른 끝에는 역내와 전지구적 차원의 상호작용이라는 더 폭넓은 규모에서 명료하게 드러나는 사회적·경제적 관계와 네트워크가 존재한다. 전지구화는 역내와 대륙을 가로지르는 인간 활동을 연결하고 확장함으로써 인간이 하는 일의 조직화에 대한 변화를 떠받치는 이러한 시공간적 과정을 가리킨다고 이해할 수 있다. 이러한 광범위한 공간적 연결을 언급하지 않고서는 이 용어를 명료하거나 논리적인 방식으로 공식화할 수 없다.…전지구화에 대한 만족스러운 정의는 이 요소, 즉 방대함(확장성), 강도, 속도, 영향력을 모두 포착해 내야 한다. (Held et al. 1999, p. 15)

전지구적 경제 발전은 초국가적 기업과 유럽연합, 아세안 자유 무역 지대ASEAN Free Trade Area, 북미자유무역협정North American Free Trade Agreement, NAFTA 같은 다국가 무역 재정 합의의 등장과 연관이 있다. 전지구화는 경제적 동인의 산물로 간주될 수도 있지만, 전지구적 의사소통, 여행, 이주라는 관점에서 문화적 차원을 확산시켰다. 2000년 국제통화기금International Monetary Fund, IMF은 전지구화의 네 가지 기본 양상을 무역과 거래, 자본과 투자의 이동, 사람들의 이주와 움직임, 지식의 확산으로 규정했다. 자본(또한 어느 정도까지는 노동 시장, 혹은 적어도 한 노동력이 다른 노동력으로 대체될 수 있는 상황)의 전지구적 이동성이 커지는 상황은 수많은 결과를 낳는다. 이는 국민국가의 자율성과 중요성에 영향을 미친다. 예를 들어, 유럽연합, 세계무역기구, 국제연합, G8과 규모가 더 큰 자매 기구인 G20 같은 역내 혹은 초국가적 기관이 국가의 경제적·법적 관할권을 압도할 수 있다. 이와 비슷하게 전지구화 시대에는 세계 최대 기업의 다수가 많은 국민국가의 국민총생산보다 규모가 더 큰 것이 당연하다. 그리고 투자하거나 생산 시설을 이전할 수 있는 이런 거대 기업의 능력은 한 나라의 전체 경제에 심대한 영향을 미친다. 이 글을 쓰는 지금도 영국에서는, 여러 대규모 다국적 기업이 유럽연합 세법의 입법적 허점을 이용하여 특정 국가의 관할권 아래에서 벌어들인 수입에 대한 세금 납부를 회피하는 것에 반대하여 이들 기업에 대한 항의와 불매 운동이 일어나고 있다.

마지막으로, 자본과 돈의 유동성으로 인해 전지구적 경제의 무게중심이 생산으로부터 주식과 선물, 통화, 가상 상품의 금융 거래로 이동했다. 물론 이런 거래가 2008년 전지구적 금융 위기의 근원이었다. 이 위기는 어느 한 국가의 금융 시장이나 거래 체계도 이른바 '악성' 금융의 확산으로부터 안전하지 않음을 예증했다.

그러나 전지구적 비정부기구들[NGO] 역시 규모와 영향력을 키우고 있으며, 전지구적 자본과 통상적인 정치적 절차에 대항하여 균형을 맞추는 역할을 할 수 있다. 전지구적 비정부기구는 아직 생겨난 지 얼마 되지 않았지만, 이런 기구들의 전지구적 영향력이 확대되고 있으며, 세계은행[World Bank]이나 국제연합 같은 초국가적 기관과 특수한 이익 집단을 연결하는 기구들의 전지구적 하부구조도 확대되고 있다. 이런 단체들이 자선과 개발 기획에 에너지를 집중하면서 국가의 경계를 가로질러 활동을 확장하고 있지만, 통계 자료를 보면 회원 구성과 통제권이 소수에 집중되어 있음을 알 수 있다. 예를 들어, 국제 비정부기구의 60%가 유럽연합에 본부를 두고 있으며, 회원의 1/3이 서유럽 출신이다(Union of International Associations 2000).

　　전지구적 시민사회는 "전지구화에서 양분을 얻는 동시에 전지구화에 반응한다"(Anheier, Glasius and Kaldor 2003, p. 7). 한편으로, 세계 경제와 정부의 연결 확대는 전지구적인 공적 영역에 대한 접근을 용이하게 만드는 무역, 투자, 여행, 의사소통이라는 관점에서 전지구적 시민사회의 '공급 측면'을 제공한다. 다른 한편으로, 전지구적 시민사회는 자신이 특권적인 전지구적 네트워크로부터 배제되었음을 깨닫는 사람들을 동원하는 '수요 견인' 역할을 한다(같은 책). 그런 점에서 전지구적 시민사회는 양가적 개념으로서, 신자유주의적 해법으로 지지하면서 국민국가의 권력과 영향력을 대체하는 동시에 대안적 형태의 정치적·경제적·시민적 절차를 촉진한다.

　　그럼에도 전지구화에 대한 만연한 태도는 '자유 무역에 대한 강한 선호, 정부 규제를 폭넓게 철폐하여 기업의 의사 결정과 자본의 흐름에 대한 제약을 줄이라는 요구, 정부에 대한 규범으로서의 균형 예산, 기술 혁신과 전지구적 의사소통 네트워크의 최신 모형이 한 국가의 경제를 위한 필수 조건이라는 전제'를 비롯하여 광범위하게 신자유주의적인 정치경제를 대체로 무비판적으로 받아들이는 태도인 것처럼 보인다(Gillett 2005, 16).

공공신학자들 중에서도 맥스 스택하우스는 전지구화를 가장 열정적으로 옹호하는 이들과 그에 항의하는 이들로 양극화된 상황에서 '제3의 길'을 모색하면서 전지구화를 고찰하는 작업에 앞장섰다(2006; 2007a). 역사적으로 종교는 전지구적 사회의 진화에서 중요한 역할을 담당했으며, 특히 순전히 경제적인 것을 넘어서는 자율적인 '공중'을 길러 내는 일에서 그 영향력은 여전히 중요하다. 전지구화는 세계의 가장 가난한 지역사회를 변화시키고 인류가 하나 되는 새로운 시대를 촉진할 잠재력을 지니고 있기에 참으로 '은총'의 기회라고 스택하우스는 생각한다(2007a). 종교 전통이 전지구화에 관한 논쟁에 온전히 참여해야 하며 주변부로 밀려나서는 안 된다는 그의 주장도 중요하기는 하지만, 때로는 스택하우스가 (경제적·문화적 관점에서) 전지구적 자본주의의 파괴적이며 빈곤을 초래하는 영향력에 너무 낙관적인 태도를 보이는 것처럼 보이기도 한다. 또한 중요한 의미에서 이런 논쟁은 기독교 전통의 공공신학이 다른 신앙 관점과의 지속적인 대화에 참여할 기회를 제공하기도 한다. 이는 지금까지 공공신학에서 제대로 논의가 이뤄지지 못한 부분이다.

그러나 공공신학 글로벌 네트워크(168쪽을 보라) 같은 단체를 통해 전지구적 연결이 강화됨에 따라 이 분과는 그 자체의 전지구적 다양성과 부와 빈곤, 매체와 의사소통, 신식민주의와 전지구적 정치 등 전지구화와 연관된 변화가 영향을 미치는 방식에 점점 더 초점을 맞추고 있다. 전지구적 다양성의 동시적 동질화와 (만들어지거나 낭만화된 경우가 많기는 하지만) 지역주의의 재부상이라는 관점에서 전지구화의 역설적 효과를 느낄 수 있다. 이제 막 표현되기 시작한 상황신학의 흐름에서는 이를 실망스럽게 여길 수도 있다. 등장하자마자 '지역적 지식의 생산과 실천을 충분히 진지하게 받아들이지 않는…총체화하는 이데올로기'를 마주하게 되었고, 다시 한번 '메타서사의 고압적인 속성'에 압도되고 있음을 발견했기 때문이다(Sebastian 2009, p. 264). 전지구화의 동학은 다양성의 표현을 압축하고 해체하며, 이 과정에서 지역의 목소리는 수입된 대형 교회의 규범과 토착 문화와 영성의 삭제로 묻혀 버리고 만다(Pearson 2007, p. 154). 그러므로 후기식민주의 관점에서 전지구화는 신식민주의의 영속화에 불과한 것처럼 보일 수 있다.

> 이 세계의 가난한 이들은 어디에서 잘 수 있을까?…기술과 컴퓨터 혁명, 또한 경제의 전지구화가 특징인 세계에…가난하고 배제된 이들, 오늘 인간이자 하나님의 자녀로서 자신의 정체성을 짓밟는 비인간적 조건으로부터 스스로를 해방시키려고 노력하는 이들을 위한 공간이 존재할까? (Gutiérrez 1996, p. 116)

클라이브 피어슨^{Clive Pearson}은 (지리적 위치, 문화적 다양성, 유동적 인구 구성이라는 관점에서 문자적으로도, 은유적으로도) '액체 대륙^{liquid continent}'인 오세아니아의 공공신학과 관련해 전지구화의 문제를 다룬다. 피어슨은 전지구화가 취약한 토착 문화를 압도할 위험이 있는 맥락에서 공공신학의 본질을 고찰한다. '공공신학'이라는 언어조차도 강요된 것일 수 있다. 오세아니아에서 공공신학은 공적 이슈에 관해 비평하기를 원하며, 교회와 국가적 삶의 의례 사이에 비판적 긴장이 존재하는 한 자신의 작업을 시민종교civil religion와 구별하는 비평가들의 토론회로 등장하고 있다. 하지만 그나마도 자주 중단되고 파편적이다(2007, pp. 163-165). 더 나아가 물려받은 신학 전통이 '전혀 모호하지 않게' 상황적인 방식으로 작동될 수 있는지에 관한 의문이 존재한다(p. 167). 따라서 공공신학의 전지구적 네트워크에 참여하는 이들 사이의 상호작용조차도 동질성과 다양성이라는 상충하는 힘을 반영하고 재생산한다. 어떻게 지배적인 규약과 접근 방식을 단순히 재생산하지 않으면서도 서로 영향을 주고받기 위한 목적으로 공동의 담론을 유지할 수 있을까?(pp. 167-169)

글로벌 사우스의 목소리들도 미국과 유럽의 공공신학이 하버마스의 공적 영역 개념과 밀접한 연관을 맺고 있다고 지적하며, (많은 경우에 교회가 그 선봉에 서는) 시민사회와 정부 외부의 항의라는 번영하는 전통을 지니고 있는 다른 맥락도 있기는 하지만, 이런 밀접한 연관이 보편화되는 위험이 존재한다고 지적한다. 또한 소외된 이들을 위한 우선적 선택에도 불구하고 공공신학이 자신의 주장이 관습적 공중이 받을 수 있는 곳의 바깥에 떨어지거나 전지구적 자본의 잠식에 의해 짓눌린 공간을 대변한다고 인정하기를 거부할 위험도 있다.

> 만약…참여의 조건이 더 많든 더 적든 이미 충족된 곳에서만…공공신학이 정의된다면…존재하는 국가의 대다수에 속한 사회의 거대한 지역은 공공신학을 위한 맥락이 될 수 없다.
> (Cochrane 2011, p. 55)

그러므로 전지구화가 세계, 국가, 지역 간의 경계를 흐릿하게 함에 따라, 공적 공간이 어디에서 열리고 닫히는지를 살펴보는 것이 중요하다. HIV/AIDS 같은 이슈는 성관계의 친밀성과 관계가 있지만 동시에 인습적으로 '공적인 것'을 넘어서기도 한다. 남아프리카 같은 맥락에서는 정부 정책뿐만 아니라 아동, 가정, 직장, 보건, 교회 등 삶의 모든 양상에서 그 영향력을 느낄 수 있다. 여기에 그것이 여성에게 상대적으로 더 큰 영향을 미친다는 점을 더한다면, 공사의 인습적 구별을 시급히 재고해야 한다는 사실이 자명해질 것이다(Landman 2011; Ayallo, 2012).

브라질의 공공신학은 1960년대부터 나타난 해방신학에서 많은 영감을 얻었는데, 해방신학은 가난한 이들을 위한 우선적 선택이라는 원칙을 토대이자 '신학을 발전시키는 실천적·인식론적 출발점'으로 삼았다(von Sinner 2007, p. 340). 해방신학은 극심한 빈곤이라는 현실로부터 시작되었다. 이는 많은 경우 마르크스주의와 종속 이론이라는 렌즈로 분석되었으며, 기초 교회 공동체들이 이 과정을 선구적으로 이끌었다. 하지만 해방신학이 분화되어 계급뿐만 아니라 인종, 젠더, 성의 동학을 수용하는 동시에 1980년대 말과 1990년대의 정치 변화와 경제 변화에 보조를 맞추려고 노력하기도 했다. 해방신학은 시민들의 신학을 발전시키는 방향으로 기울어졌고, 경제가 발전하고 도시화가 자리를 잡으면서 토지와 농촌 공동체로부터 도시의 행동주의로 강조점을 이동해야만 했다(von Sinner 2007; 2009).

그러므로 공공신학은 공적 영역의 '진동'(Storrar 2009)과 이것이 제시할 수도 있는 도전과 기회를 인식해야 한다. 민주적 공적 영역은 신자유주의 시장의 잠식과 새로운 소셜 미디어와 풀뿌리 조직의 저항적 잠재력 하에서 '수축되는 동시에 팽창되었다'(Storrar 2009, p. 249). 이는 공공신학과 같은 분과에 특히나 중요한 의미가 있다. 왜냐하면 공공신학의 자기 정체성에 대한 이해와 개입의 영역은 공과 사의 본질에 대한 변화하는 이해, 그것이 체현하는 특수한 배제와 편견, 그것이 '공동선'과 같은 개념에 대한 이해를 반영하는 방식과 보조를 맞추지 못하기 때문이다.

공공신학의 신학

요약하자면, 공공신학은 단순히 공공에 관해 관심을 기울이는 것이 아니라 공공과 관련하여 특정 종류의 신학적 방법에 관심을 기울인다. 공공신학은 기독교적 준거점을 공유하는 이들만 이해할 수 있는 것일 수 없고, 특정 종교적 신조나 전통의 파벌적 이익을 초월하는 공동선에 기여하도록 다원주의적 공적 영역에 제시될 수 있다. 공공신학은 방법론적으로 다원주의적인 공적 영역에서 이뤄지는 대화와 연관된 절차적 기준을 준수하기 때문에 공적이다. "그것은 기꺼이 세상에 대한 세속적이고 철학적이며 기독교가 아닌 종교적 지향과 만나고 그들의 언어로 자신의 주장을 설명하려고 한다"(Stackhouse 2007a, p. 107). 이 분파는 종교적인 것과 세속적인 것의 경계에 존재하며, 그 언어는 비전문가 청중과 소통하기 위해 '번역' 활동에 나선다. 더 나아가 신앙의 경계들을 넘어서서 더 폭넓은 청중에게 공헌할 수 있다고 믿기 때문에 공적이다. 그리고 마지막으로 시민적 담론의 함양을 도와야 할 책임을 진지하게 받아들이기 때문에 공적이다.

이런 점에서 데이비드 트레이시의 작업이 주류 공공신학의 토대가 되었다. 첫째, 그는 신앙을 사적이며 경건주의적 의도로 제한하는 종교적 신앙과 실천 형식과 대조적으로 신앙의 공동체적·정치적·사회적 의미에 관한 관심을 분명하게 설명한다(Breitenberg 2003; Stackhouse 2006). 이미 살펴보았듯이, 공공신학은 종교가 경제, 매체, 정치, 법률, 전지구화, 사회 정의, 환경과 같은 문제와 상호작용하는 방식을 가리킨다. 이런 분파와 세계관은 다양하지만, 정치적·시민적 행동이라는 공유된 영역에 대한 헌신 안에서 수렴한다.

핵심은 공공신학이 신학적으로 형성된 담론이지만 그 논거와 논증 방식은 성서와 교회의 가르침처럼 구체적으로 종교적인 것들에 국한되지 않는다는 것이다. 오히려 명시적으로 신학적인 자료와 기준을 다른 통찰의 자료로부터 끌어온 통찰과 논거와 결합한다. 모두가 파악하고 평가할 수 있는 방식으로 이런 것들이 함께 사회의 이슈와 제도, 상호작용에 영향을 미치게 한다. 또한 이를 통해 그들이 행동에 나서게 할 수도 있다. (Breitenberg 2010, p. 5)

트레이시는 공적 영역이 반드시 '공유된 이성 개념'에 의해 특징지어진다고 주장한다. 다시 말해서, 그것에 의해 경쟁하는 주장을 공적 숙고의 대상으로 삼고 민주적 수단을 통해 결정에 이르는 의사소통적 담론의 합의된 절차가 없다면 공적 영역이 작동할 수 없다. 트레이시에 따르면, 이슈는 이해 가능성, 진리, 올바름, 상호성과 같은 공유된 규범에 따라 논의된다. 공공신학에 대한 트레이시의 이해는, 인간의 보편적 질문을 다루는 종교 전통 '고전'의 일반적 중요성에 대한 그의 이해로부터 도출되었다(1981).

이는 신앙과 실천의 공공성을 투명하게 만들어 비판적 조사 대상이 되게 하는 방식으로 그 공공성을 촉진하고자 하는 트레이시의 노력을 더욱 강화한다(Breitenberg 2003). 공공신학은 자신을 교회의 내부적 담론으로 한정해서는 안 되며, 비기독교적 분파와 신앙 전통에 속한 더 폭넓은 청중에 대한 책임을 명심해야 한다. 공공신학은 종교를 '멸시하는 교양인들'을 비롯해 기독교 전통 내부와 외부에 있는 이들 모두에게 접근 가능하고 이해하기 쉬운 학문이 되기 위해 노력한다. "모든 신학은…공적 수용이라는 시험을 거쳐야 한다"(Stackhouse 2007a, p. 84). 이는 중요한 이데올로기적·방법론적 요소다. 일반 청중의 접근 가능성이라는 차원뿐만 아니라 책임의 정도까지 암시하기 때문이다. "신학이 공적 담론에 참여하도록 허락을 받고자 한다면, 신자가 아닌 이들이 이해할 수 있는 용어로 그것이 주창하는 바에 대한 그럴듯한 주장을 전개할 수 있어야 한다"(p. 112). 계속해서 진리 주장을 하기 위해서 신학자는 그런 주장의 공적 기준을 개발해야만 한다. 모든 참된 신학은 공적 담론이며, 이는 '(원칙적으로) 모든 사람에게 주어져 있으며, 한 사람의 경험, 지성, 합리성, 책임에 대한 호소에 의해 해명되고, 적절한 논거, 뒷받침, 반박 절차를 갖추어 주장을 진술하는 논증으로 공식화된 담론'을 의미한다(Tracy 1981, p. 57).

다른 곳에서 트레이시는 인간의 관심사, 하나님의 본질 등 영속적이며 근본적인 질문과 '공통된 인간의 경험과 언어'를 다루는 종교적 고전 사이의 대화 혹은 상관correlation으로부터 나타나는 신학에 관해 이야기한다. 우리는 인간성에 의해 이성의 힘을 공유하며, 도덕적 행동을 할 수 있고, 선에 속하는 무언가를 얼핏 볼 수 있다. 신학은 '두 해석의 묶음, 즉 기독교 전통에 대한 해석과 동시대적 경험에 대한 해석 사이의 상호 비판적인 상관'의 방법을 통해 나아간다(Tracy 1984, p. 235). 공적 영역에서 신학의 역할은 그것이 자리 잡고 있는 상황에 비추어 그 자체의 고전적 텍스트를 해석하는 것이다. 그러나 이 과정은 맥락 자체가 질문을 제기하고 전통이 답해야 하는 도전을 제기한다는 점에서 상호 비판적이다. 일반적으로 대화는 유비 혹은 '차이 안의 유사성'을 만들어 내지만 비판적 상관은 상이한 원천 사이의 동일성이나 유비, 모순의 관계를 만들어 낼 것이다. 하지만 모순의 경우에조차도 교정이 필요한 것은 신학적 전통인 경우가 많다. 하지만 이러한 상관의 목적은 고통을 경감하고 인간 존엄성을 확증하라는 명령이다. 이것은 공공신학의 중요한 원칙이기도 하다. 즉, 합리적인 도덕적 담론의 공유된 원리를 바탕으로 대화를 나눌 수 있고, 종교적 전통이 인간 경험에서 보편적인 요소를 가리켜서 이를 통해 합의에 도달할 수 있다고 믿을 수 있다는 것이다.

공공신학은 비신학 분과에 귀를 기울이고 그런 분과가 이해할 수 있도록 말하면서도 그 자신의 전통에 속한 자료를 활용할 수 있다는 의미에서 그 자체가 '이중 언어적'이라고 말한다. 공공신학이 교회의 이익에 관해서뿐 아니라 세계의 안녕에 관해서도 이야기해야만 그렇다고 말할 수 있다. 목표는 참여이며, 공공신학은 대화적으로, **공적으로** 정책 입안자와 활동가들과의 토론, 자문, 대화를 통해 연구를 수행함으로써 설교하는 바를 실천하려고 노력한다. 따라서 공공신학자는 이 분과의 **이중 언어적** 성격에 관해 이야기하며, 이 분과의 담론이 '그 자체의 종교 전통 안에 있는 종교인들에게 이해할 수 있으며 설득력 있는 것으로 만들려는 동시에 그 외부 있는 사람들에게도 이해할 수 있고 설득력 있는 것으로 만들려고 하는, 종교적으로 규정된 담론'에 뿌리를 내리게 하려고 한다고 말한다(Breitenberg 2003, pp. 65-66).

두 세계 사이에 다리를 놓기 위한 수단으로서 공공신학에서는 20세기 중엽 올드햄^{Oldham}, 템플, 프레스턴의 연구를 통해 출현한 중간 공리 middle axioms의 방법을 채택했다. 윌 스토러는 이를 '기독교의 공유된 신념, 연관된 윤리적 원리와 그리스도인이…자유롭게 내릴 수 있어야 하는…매우 구체적인 판단 사이의 중간 지대에서 핵심적 기능을 하는 중재적인 도덕적 명령'으로 특징짓는다(2004, p. 38). 중간 공리는 신학적 원리에 기초하지만, 추가적인 숙고를 위한 지침을 제공하는 잠정적이고 임시적인 규범으로서 기능한다. 따라서 반드시 명시적으로 신학적일 필요는 없다. 오히려 중간 지대를 점유해야 하지만, 추단적 heuristic 이며 잠정적이고 '파생적'이며, '일차적'이지 않다(Temple 1976, p. 67). 하지만 이것을 기독교 사회사상의 총합으로 간주해야 하는지, 아니면 공적 대화를 촉진하고 공유된 담론의 공간을 만들어내기 위해 보내는 모두 발언으로 간주해야 하는지에 관해서는 논쟁이 있다.

템플은 지침이 되는 원리를 두 단계로 구분했다. 하나님의 목적 그리고 세계에서 인간의 지위에 관한 일차적인 기독교 사회 원리는 상대적으로 안정적이며 '우리가 가능한 모든 상황에서 그에 입각해 행동하기를 시작할 수 있는 원리'다. '파생적' 원리(자유, 사회적 사귐, 섬김)도 여전히 유용하지만, 종교적·도덕적 다원성이라는 21세기 초 상황에서 재검토가 필요하다. 이런 원리 중 일부는 변함없이 그대로 남아 있을 테지만, 다른 원리는 시간에 따라 발전하고 변화할 것이다. 템플의 초기 저작은 바로 이런 작업을 위한 자료를 제공한다. 따라서 '중간 공

리'를 적절하게 활용하기 위해서는 그 배후와 너머로 가야 한다. (Dackson 2006, p. 245)

이는 공공신학이 기독교 신학과 더 폭넓은 정치 원리의 종합을 구현하기 위한 노력으로서 중간 공리나 이중 언어 구사 전략을 옹호함을 암시한다. 그러나 공공신학은 이런 범주들이 더 영속적인 전통의 특정한 맥락을 지향하는 표현 이상이 되기를 의도하지 않는다. 던컨 포레스터는 공적 담론 안에서 신학적 언어를 중재하기 위한 또 다른 접근 방식을 시도한다. 산업화된 서양에 속하는 대부분의 지역에서 기독교 문화나 교회가 공적으로 발언할 수 있는 자동적인 공간을 전제하는 것은 더 이상 가능하지 않다. 따라서 신학의 책무는 "'파편'—통찰, 신념, 질문, 유보 조건—을 제공하는 것이며, 그중 일부가 관습적이며 공통적으로 받아들여지는 정의 이론에 대한, 참되고 필수적인 보완이나 수정이나 확장으로 인정받을 수 있게 하는 것"이다(Forrester 2001, p. 3). 이런 파편은 그 나름의 내적 통일성과 정합성을 지닌 전통에서 기원했지만, 공적 논쟁의 다원주의적 담론 안으로 그대로 끌고 들어갈 수는 없다. 파편은 절대적이며 물화된 reified 진리를 재현한다고 주장하지 않고, 오히려 더 광범위한 정치체를 위해 '깨달음에 도움을 준다'라고 입증될 수 있는, 특수한 공동체의 실용적인 통찰로 제시될 때 최선의 기능을 수행한다.

파편은 깨져 버린 전체의 일부분이다. 이것은 타락 이전 완벽한 시대의 원초적 prelapsarian 세계관을 반영하는가? 포레스터는 이 은유를 사용하면서 공적 영역이 파열되어 모든 거대 서사가 영향력을 상실했다는 식의 분석을 명백히 인정한다. 포레스터의 공공신학자는 '빛을 붙잡고 [그] 놀라운 색을 보여 주는 유리나 보석 조각'에서 아름다움과 깨달음을 발견하기를 바라면서 유용한 파편을 찾아다닌다(2001, p. 157). 하지만 사금을 추출하는 사람이나 매립지에서 쓰레기를 뒤져 보잘것없는 수입을 얻는 2/3 세계 가난한 이들처럼 묻혀 있는 보물을 사냥하기 위해서는 많은 쓰레기를 버려야만 한다. 많은 이들은 전통의 파편이 전혀 해방적이지 않고, 오히려 '동성애 혐오, 여성 혐오, 가정 폭력, 종파주의, 개인적 죄책이라는 치유되지 않은 상처'를 입힌다고 생각한다(Walton 2010, p. 33). 이런 방식으로 전통을 되찾고 복구하려는 시도는 대단히 힘겹고 양가적이지만, 가치 있는 것은 거의 얻지 못할 것이다. 교회는 과거의 파편에 의지해 살아가는가? 아니면 세상에 증언하기 위해 그것을 '위험한 기억'으로 개조하고 있는가? 새로운 서사, 희망과 의무를 위한 자원을 생성해야 하는가? 그 대신에, 현대 공공신학의 적절한 증언을 부분적이며 원형적이고 예변적인 proleptic 작업으로 특징짓는다면 어떨까? 즉 신적 은총의 행동이 단순히 진행 중인 작업을 그 궁극적인 성취로 변화시키기를 기다리는 것으로 말이다.

    주류 공공신학의 이중 언어 구사, 중재, 대화 전략에 대한 반론은 공통 기반을 찾거나 권력에 진리를 말하고자 하는 모든 시도가 기독교적 증언의 온전함을 치명적으로 해체하는 결과를 초래한다는 이해를 전제로 삼는다. 예를 들어, 던컨 포레스트의 접근 방식을 기독교 전통의 '파편'을 사용하는 '침투' 전략이라고 부르는 마이클 노스콧Michael Northcott의 비판을 생각해 보라. "그의 목표는 권력자들에게 간곡히 부탁하여, 그들이 어렵게 캐냈지만 기독교의 신앙과 실천 영역과 필연적으로 분리되어 있는 기독교적 진리의 한 요소를 듣게 하는 것이다. 공공신학의 핵심인 파편이라는 관념에는, 신학자에게 세속 혹은 후기근대 사회의 공론장에서 복음 이야기를 할 권리가 전혀 없다는 명확한 함의가 포함되어 있다"(2004, pp. 218-219). 대신 노스콧은 존 하워드 요더John Howard Yoder의 급진 종교개혁 전통을 환기하면서, 세속 권력과의 대화에 대한 무관심에 관해 전혀 타협하지 않고 그 자체의 독특한 관습에 따라 살아가는 대항문화적 기독교 증언을 주장한다. '기독교 전통으로부터 **추려낸** 개별적 진리에 대한 공적 발언권을 얻고자 하는 노력'은 무의미하며, 이는 필연적으로 그런 진리가 '하나님의 백성을 다루시는 하나님의 방식에 대한 서사와 동떨어진' 것임을 의미하기 때문이라고 노스콧은 주장한다(p. 219; 저자 강조, 노스콧은 연어 양식과 연관된 '추리기'를 은유로 사용함으로써 자신의 주장을 한층 더 강화한다). 노스콧의 답은 일종의 시민적 공용어Espereanto를 사용하자는 것이 아니라 '그리스도를 따르고 그리스도의 주 되심을 증언하고…예수님의 일을 하는 것'을 소명으로 삼는 실천 공동체를 형성하는 것이다(pp. 220-221). 기독교 공동체의 실천과 분리되어 일하는 것은 그것의 통일성을 흐리고 희석하는 것이다. 교회는 실천을 통해 타협 없이, 변명하지 않는 태도로 스스로 발언해야 한다.

결론: 기독교 세계와 세속주의를 넘어서는 공공신학

이중 언어 구사, 중재, 중간 공리와 같은 공공신학의 관습은 모두 기독교 신학의 실천과 전통에 뿌리를 내리는 동시에 더 폭넓은 논쟁에 대해서도 책임을 지는 담론 형식을 표현하겠다는 이런 꾸준한 결의를 반영한다. 다양한 방식으로 이러한 접근법들은 신학이 공적 이슈에 대해 이야기하고 개입할 권리를 옹호하며, 신학이 투명하고 일반적으로 접근 가능한 담론 형태로 공적 영역에서 성찰을 수행해야 한다는 확신을 발전시킨다. 그 점에서 이런 접근법들은 세속을 하나님의 자기 계시와 구원의 은총을 위한 정당한 영역으로 보는 신학적 해석을 표현한다.

그러나 이것이 "일관되고 합리적으로 표현될 때(보통 이는 훈련받지 않은 독자가 이해할 수 있는 어떤 형태로든 하나님에 대한 언급을 피하는 것을 의미한다) 신학적 담론 **자체**에 본래적으로 진보적인 무언가가…존재한다"라는 매우 어설픈 전제를 채택함을 의미한다면(Walton 2010, p. 25), 공공신학은 신앙을 그 자체 전통의 원천과 조화시키지도 못하고, 그것이 속해 있는 맥락과 공중의 현실에 충실하지도 못하고, 무엇보다도 변화를 만드는 자료를 내놓지도 못한 셈이다.

이 장에서는 공적 삶의 수많은 '공중' 혹은 영역과 관련해 공공신학이 어떻게 그 자체를 자리매김하는지, 어떻게 그것이 예언, 권익 옹호, 연대와 같은 다양한 역할을 맡을 수 있는지, 공적 담론의 형식으로서 그것의 개입이 어떻게 수행적, 예전적, 성례전적이거나 (다수의 '공중'과 대화 상대자를 반영하는 방식으로) 담론적일 수 있는지에 관해 이야기한다. 하지만 공공신학이 세 주요한 도전 앞에서 그 자체의 장기적 유효성을 신학적으로 논증해야 한다고 주장하기도 했다. 첫째는 특히나 후기세속성의 역설로 특징지어지는, 점점 더 복잡해지고 다원주의적으로 변하는 전지구적·지역적 '공중들'을 향해 말해야 한다는 도전이다. 둘째는 그것이 공유되고 의도적인 담론의 공동선이 계속해서 존재할 것이라고 기대할 수 있는지 여부다. 셋째는 '번역 중에 소실되지' 않는, 설득력 있는 신학 담론을 유지할 수 있는지 여부에 관한 도전이다. 어떤 단일한 세계관도 압도하지 못하며, 공유된 담론의 공간이 거의 남아 있지 않을지도 모르는, 기독교 세계와 세속주의 모두를 넘어서는 세계에서 공공신학의 대화적 책무는 한층 더 강화된 중요성을 갖는다. 가치관의 진술이 전지구화된 맥락에서 실행 가능한 시민사회를 구축하는 데 근본적으로 중요하다면, 협상하고 중재하는 능력이 훨씬 더 시급해진다.

> 우리의 과제는 여전히 기독교 신앙의 특수성을 기초로 삼는 동시에 공적 중요성을 띠는 이슈를 진실하게 다루는 공공신학을 발전시키는 것이다. 너무나도 많은 경우에…[중재] 과정에서 기독교 증언의 독특한 본질과 예언자적 '통찰함'이 약화되고 만다. 반면에 기독교 서사와 실천의 특징적인 언어와 경향성을 보존하려고 노력하는 신학은 효과적이고 책임 있는 방식으로 공적 영역에 참여하지 못할 때가 많다.…그리스도인이 오늘날

문화에서 참으로 공적인 목소리를 찾고자 한다면, 똑같이 불행한 두 대안 사이에서 가운데 길을 찾아내야 한다. (Thiemann 1991, p. 19)

이 논쟁은 공적 삶의 목적과 목표, 본질에 관한 합리적 의사소통을 수행할 수 있는 공유된 공간의 통일성에 대한 이해와도 밀접하게 결부되어 있다. 이 장 앞부분에서 논했듯이, 합리적 주체가 보편적인 절차적 규범에 따라 논쟁할 수 있는 중립적인 공적 영역이 더 이상 존재하지 않으며, 파편화되고 재주술화되고 경쟁 대상이 된 여러 '공중'이 존재할 뿐이라면, 공공신학이 말을 걸 수 있는, 우리의 도구화된 행동의 실용주의를 넘어서는 공동의 준거 틀이나 원칙에 입각한 공적 영적이 존재한다는 관념은 개연성이 없어 보인다. 그렇다면 때로는 정도의 문제인 것처럼 보인다고 하더라도, 먼저 변증이 가능한지 여부, 신학이 '세속적'이거나 '비신학적' 지혜의 원천을 정당한 대화 상대자로 인정하는지 여부가 문제가 된다. 둘째로, 세계를 해석하는 비기독교적 방식이 해체적 혹은 비판적 도구로서만이 아니라 재구성을 위한 기획에서 실질적인 목소리로서 신학적 담론을 구성할 수 있는지 여부가 문제가 된다. 요약하자면, 이것은 (공공)신학의 자기 충족성과 교회와 세계 사이 경계의 삼투성에 관한 질문이다. 이는 곧 하나님의 자기 계시의 본질과 후기세속 사회에서 기독교의 공적 정체성과 실천이 근거로 삼는 가치관의 원천에 관한 질문이다.

후기근대성과 순수이성에 대한 비판과 결합된 공적 담론의 다원화와 상대화는 기독교 전통과 교회의 실천에서 정체성을 찾고자 하는 흐름, 흔히 '후기자유주의' 혹은 신정통주의 신학으로 알려진 다양한 흐름을 촉발했다. 이에 대해 자유주의 신학자들은 규범적인 기독교 전통에 계속해서 뿌리를 내리고 있는 것이 중요함을 인정해 왔지만, 자신들이 추구하는 재구성 작업에 대화적·변증적·공적 성격을 부여하겠다는 약속을 고수해 왔다. 그러나 대부분의 비평가는 공공신학이 더 광범위한 사회의 언어를 채택하여 독특하게 신학적인 근거를 상실할 잠재적 위험을 무릅쓰는 것과, 사회와의 연결에 실패한 특수하게 기독교적인 용어를 고수하는 것 사이에서 균형을 유지해야 하는 어려운 과제에 직면해 있다는 데 동의한다. "신학자는 공적 담론의 변두리로 퇴각하여 사실상 그 목소리가 들리지 않는 상황을 피하는 동시에 종교적 전통을 충실하게 대변하고 그 전통의 윤리적·정치적 함의를 분명히 진술할 수 있을까?"(Forrester 2001, p. 31) 따라서 다음 장에서는 수정주의 혹은 이중 언어 접근 방식의 비판자들에 대한 더 종합적인 비판을 다루고, 교회의 실천과 성서에 대한 순종이라는 독특하고 특권적인 문화에 뿌리를 내리고 있는 전통적인 정통으로 회귀하는 것이 후기세속의 조건에 대한 더 적절한 대응이 될 수 있는지를 살펴볼 것이다.

4장

공적으로 말하기

세속적 이성과 교회의 목소리

> 참된 교회는 자신의 신실함을 전적으로 확신하지는 못하며, 자신의 경계를 전적으로 확신하지 못한다.…따라서 아이로니컬하게도, 자신을 '교회'로 볼 수 없기에 세상을 '세상the World'으로 볼 수 없는 사람들 사이에서 참된 교회는 자신을 나타낸다.
> (Biggar 2011, p. 82)

서론

"신학자는 어디로부터 발언하는가?"(Ward 2005, p. 4) 그레이엄 워드Graham Ward는 신학과 현대 문화의 만남을 가리키면서 이렇게 묻는다. 20세기 말 상황신학이 출현한 이후 이는 신학 지식의 생산과 배포에 관여하는 모든 사람에게 가장 시급한 질문이다. 관점의 인정 그리고 중립적이며 몸과 분리되어 있고 초연한 주체가 불가능하다는 입장은 근대로부터 후기근대로, 객관적이며 순수한 이성을 전제하는 세계관으로부터 자기 반영성reflexivity과 상황성의 세계관으로의 전환을 반영한다. 이는 '어느 곳에도 자리를 잡고 있지 않은 관점'은 존재하지 않으며, 우리 모두가 우리가 그로부터 바라보고 해석하고 의사소통하는 관점을 인정해야 함을 일깨워 준다.

그러나 이러한 물음은 21세기 초에 대체로 근대주의적이며 자유주의적인 신학 방법을 거부하는 새로운 신학 담론의 흐름이 공공신학 안에 나타날 것을 미리 알려 주었다. 이러한 새로운 물결에는 다양한 신학 관점이 포함되지만, 용이한 분석을 위해서 나는 이런 관점들이 3장에서 개관하기 시작한 광범위한 주류 전통에서 출발점을 취하는 한, 그것들을 '후기세속적' 혹은 '후기자유주의적' 접근 방식으로 분류할 것이다. 조지 린드벡George Lindbeck, 한스 프라이Hans Frei, 스탠리 하우어워스Stanley Hauerwas 같은 작가와 관련된 후기자유주의 신학과 '급진 정통주의Radical Orthodoxy'와 관련된 이들(존 밀뱅크John Milbank, 그레이엄 워드, 캐서린 픽스톡Catherine Pickstock, 대니얼 벨Daniel Bell, 필립 블론드Phillip Blond)은 모두 다원주의적인 공적 영역에서 구성적인 변증에 참여하려는 시도를 거부한다. 이런 관점들은 근대성에 대한 신학적 자유주의의 굴복으로 간주하는 바에 대해 한탄하며, 기독교 세계의 문화적·신학정치적 우월성을 회복할 그리스도인의 증언 형식을 실천하려고 노력한다.

공공신학 분과와 동일시하는 이들은 어떻게 신학이 '공적 광장으로 나아가는지', 다원주의의 요구나 공적으로 이뤄지는 종교적 발언에 대한 저항과 신앙의 입장으로부터 설득력 있고 논리 정연하게 말해야 할 의무 사이에서 어떻게 균형을 유지할지에 관한 질문을 오랫동안 받아 왔다. 후기자유주의자들은 특수한 신앙 공동체의 신념에 대한 규범적인 자기 묘사를 제공하는 데 관심을 기울이는 반면, 자유주의자들은 '온전히 비판적인 신학적 성찰'과 공론장에서 기독교의 지적·합리적 신뢰성을 옹호하는 변증 작업에 초점을 맞춘다(Kamitsuka 1999, p. 14). 과거에 나는 이런 대조적 접근 방식이 각각 '제자도'와 '시민 의식'의 신학을 대변한다고 지적한 바 있다(Graham and Lowe 2009; Brown, Pattison and Smith 2012, p. 187).

문제의 핵심에는, 공공신학이 중요한 영향력을 행사하기 위해 어느 정도까지 그 기원의 언어를 비그리스도인 청중이 받아들이고 이해할 수 있는 언어로 '번역해야' 하느냐는 물음이 자리 잡고 있다. 이 문제는 다시 계시와 일반은총의 본질, 공적 삶의 목적, 목표, 본질에 관한 합리적 의사소통을 수행할 수 있는 공유된 공간의 가능성에 대한 특수한 신학적 이해에 기초한다.

이것이 주류 공공신학의 원칙이었지만, 자유주의적 혹은 수정주의적 입장에 대한 현대의 비판자들은 문화나 언어로 매개되지 않은 일반적 혹은 보편적 종교 경험에 대한 호소를 근거로 기독교 신앙을 포괄적으로, 남김없이 다른 세계관으로 번역하는 것은 불가능하다고 주장한다. 후기근대성의 형태로 나타난 근대성의 종말은 세속적 이성에 맞서 변증을 구성하고자 했던 자유주의 신학 기획의 '후기세속적' 붕괴에 대한 전조다. 이는 공적 담론에 대한 새로운 종류의 신학적 개입을 예고하며, 이로써 그 옹호자들은 세속적 관례와 절차에 어느 정도 적응함으로써 공적 도덕이나 정치적 정책에 영향을 미치고자 했던 자유주의 신학자들의 실패할 수밖에 없는 시도라고 간주하는 것을 피하고자 한다. 또한 이 새로운 방식은 '폴리스^{polis}'와 덕의 공동체를 길러 내는 기획을 근거로 삼는 시민사회 개념의 재구성을 통해 덕 윤리를 재발견해 낸 알래스데어 매킨타이어$^{Alasdair\ Macintyre}$의 작업에도 많은 빚을 지고 있다. 사실 원래 정치적 회합이라는 의미를 지닌 '에클레시아^{ekklesia}'라는 용어가 정치체이기도 한 그리스도의 몸을 뜻하는 말이 되었다. 따라서 신학자의 공적 발언은 공적 정합성이나 적실성의 추구가 아니라 독특한 교회적 윤리에 대한 충실성에 의해 승인된다. 따라서 조지 린드벡이 "후기자유주의자는 변증에…회의적일 수밖에 없다"라고 지적한 것은 전혀 놀라운 일이 아니다(1984, p. 129).

 그레이엄 워드가 던진 질문으로 돌아가서, 우리는 그가 '기독교의 담론적 실천과 공적 진리의 생산과 변혁 사이의' 관계를 명확히 하려고 함을 알 수 있다(Ward 2005, p. 5). 이는 곧 한 특정 공동체의 전통을 더 광범위한 영역, 아마도 다원주의적이고 공적인 영역 안에서 중재할 수 있는지, 전자가 후자에 영향을 미치게 하는 것이 과연 허용될 수 있거나 정당한 일인지를 명확히 하고자 함이다. 어떤 차원에서는 이를 자신이 하는 연구의 통일성에 관심을 지닌 학자라면 누구든지 열망할, 지적 투명성에 대한 촉구로 이해할 수 있다. 하지만 다른 차원에서, 워드에게 이것은 신학적 논증의 본질적으로 **변증적인** 성격에 관한 논의를 위한 예비적 고찰prolegomenon로서 '그리스도인의 삶(과 말)과 공적 의식의 암묵적 가치 사이의 관계에 대한 설명을 제시하고자 하는' 목적을 지닌다(Ward 2005, p. 2).

워드가 내가 살펴보기 원하는 신학 운동 중 하나인 급진 정통주의를 주도한 사람 중 한 사람이었음을 고려할 때, 또한 자유주의적 변증에 반대하는 흐름에 영향을 미친 20세기 신학자 중 한 사람이 카를 바르트였음을 고려할 때, 워드가 바르트의 변증 반대를 거부한다는 사실은 흥미롭다. 하지만 나는 그렇다고 해서 워드가 변증을 진심으로 수용한다고 볼 수는 없다고 생각한다. 그는 기독교적 가치와 더 광범위한 문화의 가치 사이의 관계를 설명하는 것이 중요하다고 분명히 믿으며, '시대의 표적을 읽는 과정'을 변증 과정이라고 칭찬한다. 그런 점에서 그는 신학이 그 맥락을 진지하게 받아들일 필요가 있다고 말하는 것과 다름없다. 그러나 변증을 '공적으로 이해할 수 있는 방식으로 기독교 신앙의 이론적 신뢰성을 만회하려는 시도'로 정의한다면(Kamitsuka 1999, p. 46), 이는 비신학적 청중에 대한 책임을 전제로 하는 특정한 형식의 의사소통을 신학자에게 위임하는 것을 의미한다. 즉, 신학이 그 자체의 발화 공동체 너머에 존재하는 이들을 향해 그 가치를 옹호할 수 있는, 공적으로 이해할 수 있는 담론을 납득시키고 추천하고 구성해야 함을 의미한다. 이는 신학이 어떻게 공적 영역에 영향을 미치는 일에 효과적일 수 있는지에 관한 질문을 제기한다. 그것이 무엇이든 신학이 어떤 관점으로부터 발언한다면, 누군가가 듣고 있다는 것을 어떻게 보장할 수 있는가? 후기세속 사회에서 교회의 실천이 충분한 설득이 될 수 있다고 말하는 것으로 충분한가?

먼저 이와 관련해 급진 정통주의 전통에 서 있으며 자신의 싱크탱크 '레스푸블리카*ResPublica*'를 통해 공적 논쟁에 영향력을 행사하려고 노력해 온 필립 블론드의 작업을 살펴보고자 한다. 블론드는 기독교 신학에서 직업적·학문적 훈련을 받은 사람임에도 놀랍게도 자신의 정치적 신념이 신학에 뿌리를 내리고 있다고 선언하기를 주저하는 듯 보인다. 이는 공론장에서 종교적 목소리에 의심을 품는 대체로 세속적인 청중을 소외시키지 않으려는, 전적으로 실용적인 전략일 수도 있다. 그러나 이는 자멸하는 선택이었던 것으로 보인다. 이 문제에 대한 블론드의 침묵이 그가 교묘한 속임수를 쓰고 있다고 비난하는 이들을 자극하여 오히려 비판적인 반응을 불러일으켰기 때문이다. '공적으로 드러내기'를 거부함으로써 블론드는 갱신된 정치적·문화적 덕의 경제에 실제로 영향력을 미칠 수 있는 전통과 실천의 원천이 무엇인지를 밝히는 과정을 생략하고, 이로써 무엇보다도 먼저 자신의 정치적 신념을 길러 준 신학적 뿌리와 자신을 단절했다.

그다음에는, 공론장에 발언하는 전략은 상이하지만 교회 정체의 형식으로부터 발언한다고 스스로 밝히는 두 신학자를 살펴보고자 한다. 그레이엄 워드는 급진 정통주의 진영과 밀접하게 동일시되며, (비판적 방식이기는 하지만) 바르트의 신학에 깊은 영향을 받았다. 하지만 변증을 신학의 사명에서 핵심 부분으로 삼을 것을 촉구했다. 그러므로 그의 문화 변혁 기획은 신학적 전통에 뿌리를 내리고 있지만, 문화적 비판에 참여하기 위해서는 지배적인 문화적 가치를 신학적으로 해독하고 해체하는 능력도 필요하다. 변혁의 책무는 교회의 성례전적·송영적·정치적 실천에서 나온다. 하지만 워드의 작업에서 덜 명료한 부분은 그런 실천과 그 실천에 영향을 미치는 전통에 대한 교회 밖 원천의 상호 비판과 수정을 그가 어느 정도까지 수용하려고 하는지다.

이에 관한 루크 브레서튼Luke Bretherton의 논의는 이 논쟁을 구체적인 정치적 참여에 더 확고하게 위치시킨다. 그 핵심 서사와 전통에 의해 형성되고 훈련된 교회는 공적으로 어떻게 행동해야 하는가? 누가 교회의 동맹자인가? 교회가 접근하지 말아야 하는 영역은 어디인가? 어디에서 교회를 발견할 수 있으며, 교회의 정치적 목적은 무엇인가? 그는 교회와 관련된 지역 차원의 정치적 행동주의를 분석하면서, 언제나 이미 '교회'를 포함하는 공공의 다양한 부분들 사이의 복잡한 관계성을 보여 준다. 브레서튼은 교회의 자율성과 자율적인 시민사회 안의 교회 중심적 사회 윤리를 강조하면서 복음이 세속 정치의 또 다른 형식으로 환원될 수 없다고 강조한다. 하지만 그는 그 사명에 충실하기 위해서는 교회의 공공신학이 반드시 그 '타자들'과의 공동 대의를 찾아야 한다고 지적한다. 따라서 교회의 공적 발언과 공적 활동에 관한 브레서튼의 논의에서는 초점이 정치적 실천 영역으로 이동되며, 공공신학적 실천praxis의 책무 중 하나는 제자도와 시민의식 **모두**를 실천할 수 있는 공적 공간의 통일성을 길러 내는 것이라고 결론내린다.

자유주의 신학과 그 비판자들

3장에서 나는 "신학자의 자기 이해란 무엇인가?"라는 물음에 대한 트레이시의 답을 살펴보기 시작했다(Tracy 1981, p. 5). 다원주의 상황에서 신학자는 공적 신뢰성이라는 도전에 직면하며, 어느 정도라도 효율적이고 설득력 있게 말하고자 한다면 자신이 펼치는 "의미와 진리에 대한 주장이 더 폭넓은 공중에게 의심스러워 보일 수 있다"라는 사실과 씨름해야만 한다(p. 3). 트레이시는 이처럼 더 폭넓은 책임에 관심을 기울이고자 할 때 기독교 전통의 특수성을 포기해야 한다는 것을 부인하지 않는다. 이는 단지 기독교 전통의 특수성이 어떻게 다른 이들의 신념과 조화를 이루거나 반향하는지를 보여 주기 위한 필수조건일 뿐이라는 것이다. 물론 기독교 신학의 특수한 텍스트는 일반적인 인간 경험을 다루거나 조명하는 한(그것으로부터 소통 가능성을 끌어내는 한) 문화적 '고전'이 될 수 있지만, 다른 전통과 세계관을 배경으로 지닌 이들도 그 통찰을 이해할 수 있어야 한다.

그러므로 트레이시는 '공적 이해 가능성'이라는 기준에 따른 기독교 신학의 변호를 주창하며, 다원주의적인 공적 영역이라는 맥락에서 기독교의 주장을 변호해야 한다는 관념을 강력히 주장하는 사람 중에 가장 대표적인 인물이다. 신학자의 일은 대화적으로 펼쳐지는 전통에 기여하기 위해 해석학적·역사적·경험적 도구를 사용해 더 폭넓은 세계의 통찰에 귀를 기울이는 작업이다. 따라서 신학자는 다양한 공중의 '요구와 개연성 구조'를 가늠해 보고(1981, p. 28), '유비'의 과정을 통해 연결과 모순을 탐색한다. 이런 신학적 방법의 핵심에는 다원적인 자료에 대한 노출과 타자 앞에서의 적절한 겸손이 자리 잡고 있으며, 이는 진리가 일의적^{univocal}이거나 일원적^{monistic}이기보다 유비적이라는 주장을 반영한다. 하지만 이것은 하나를 다른 하나 안으로 절대적으로 섞어 넣는 것이 아니라 '대결, 논증, 모순, 설득'(Tracy 1981, p. 446), '듣기'와 협력(p. 447) 등 다양한 양식을 채택할 수 있는 차이의 놀이다. 이런 대화는 특수성의 자리로부터 시작된다. "이제 모든 기독교 신학은 그 자체를 **있는 모습 그대로** 진정한 타자에 끊임없이 노출시킴으로써만 그 자체의 특수성을 강화하는 여정을 계속해서 강화할 수 있다"(p. 448).

트레이시의 입장은 오랜 시간에 걸쳐 발전되었다(Tanner 1996; Kamitsuka 1999; Heyer 2004). 그는 종교 경험의 본질에 관한 자신의 이해를 통해 고전적인 자유주의의 관점을 설명하는 것으로부터 시작했다. 《질서를 향한 복된 열망*Blessed Rage for Order*》(1975)에서 그는 신학적 성찰이 '공통된 인간 경험과 언어'와 기독교 전통 자료의 상관^{correlation}으로부터 나타난다고 주장했다. 이후에 그는 언어의 투명성, 합리적 주체의 중립성과 원자론, 문화적 표현의 보편주의 같은 근대주의 공리에 대한 후기근대적 비판에 입각해 종교적 경험에 관련해 '공통되고 통일된 본질'을 주장하는 모든 입장에 의문을 제기한다(Tracy 1989). 그는 종교 전통의 상황적 특성을 인정하며, 일정한 정도까지는 어떤 경험도 언어나 상징, 특정한 종류의 문화적 재현으로 매개되지 않은 채로 이뤄지지 않는다고 인정한다. 따라서 기독교 전통의 '고전'은 인간의 역사성에 의해 한정됨에도 특수한 시간과 장소의 산물로 인정해야만 한다. 그럼에도 그는 종교적 '고전'이 특수성을 띠면서도 그 자체의 특수성을 초월하여 다른 고전에서 유비적 반응을 불러일으킬 수 있는 진리를 환기하는 능력을 지닌다고 주장한다. 더 나아가 전통의 해석자인 신학자는 자신의 해석학적 렌즈에 한정되어 있으므로 자신의 자기 반영성을 인정해야 한다. 따라서 모든 상관의 과정은 언제나 이미 특수한 담론 공동체들로부터, 그 안으로부터, 그 사이에서 이루어진다. 대화는 유비에 의해서만, 구체적인 타자들과의 연대라는 잠정적인 입장일 수밖에 없는 것을 지향하는 방식으로만 이뤄질 수 있다(1981, p. 446 이하).

이성을 넘어: 후기자유주의와 후기세속의 신학

현대 자유주의 신학은 18-19세기에 뿌리를 두고 있을지도 모르지만, 현대의 도전은 이 신학이 바르트로부터 시작되고 후기자유주의와 급진 정통주의 같은 운동에 속해 있는 그의 계승자들을 통해 계속되고 있는 20-21세기 신학의 비판에 대응할 자원을 지니고 있는지 여부에 달려 있다. 이런 관점들은 대화적이며 변증적인 신학 모형에 반대하면서 신학 담론과 비신학 담론의 통약 불가능성incommensurability, 반신학적인 세속 이성의 암묵적 폭력으로 오염되지 않은 친절하고 중립적인 공적 영역의 불가능성을 주장한다. 그런 점에서 이러한 반자유주의 신학들은 자유주의적 인본주의의 오만에 저항하고 독특하게 기독교적인 정체성을 주장할 수 있는 명확한 신학적 서사로 돌아가려는 바르트의 기획을 계속 이어 가고 있다. 그러면서 세속적 승인에 의존해야 한다는 기대를 거부한다.

비판자들에 따르면, 데이비드 트레이시와 슈버트 오그덴Schubert Ogden 같은 자유주의 신학자들은 "변증의 목적을 위해 현대 문화에 지나치게 수용적인 태도를 보이며, 그 결과 더 이상 세계를 향해 특수한 말을 하지 못하며 세속 문화에 초월적 안정성이라는 위로를 제공함으로써 그것을 보강하고 있을 뿐이다"(Kamitsuka 1999, p. 18). 교회는 세속 이성의 타협에 기초하여 용인될 수 있는 말과 행동의 한계를 그대로 받아들일 수 없다. 그런 식으로 통약 가능한 공동의 지혜란 존재하지 않으며, 교회는 그리스도의 고난과 죽음, 부활이라는 모범적 서사에 따라 자신을 빚고자 하는 용기를 지녀야 한다. 따라서 "그리스도인의 가장 주요한 정치적 역할은…국가에 참여하고 국가를 변혁하는 것이 아니라 교회를 다른 어느 곳에서도 찾을 수 없는 참된 정의와 평화를 지닌 유일하게 참된 폴리스로 세워 가는 것이다"(Doak 2007, p. 373).

이러한 관점은 보편적인 종교 경험에 대한 자유주의자들

의 호소가 그리스도 중심 구원론의 특수성을 부인한다고 주장한다. 자유주의 신학이 기독교 신앙을 세속적인 사람들이 이해할 수 있는 것으로 만들려고 노력한 나머지 성서적 세계와 기독교적 실천의 온전함을 희생시키면서 검증되지 않은 개념을 도입한다고 우려한다(Kamitsuka 1999, pp. 177-178). 이러한 관점에서는 신학이 세속 인식론에 적응할 필요가 있다는 기대에 저항하며, 대신 기독교적 계시와 더 광범위한 문화 사이에 더 '변증법적인' 혹은 대립적인 관계가 있다고 주장한다. 전통적인 기독교 정통에 대한 순종보다는 기독교를 '멸시하는 교양인들'(Schleiermacher 1996)에게 인정받는 신뢰성을 더 중시하는 것처럼 보이는, 자유주의적 변증 전략에 맞서 신학의 통일성과 특수성을 방어하려고 노력한다.

또한 이 관점은 카를 바르트의 신학과 인간이 구축한 '종교'와 신적 사건으로서의 '계시'를 대조하는 그의 이론에 빚을 지고 있다. 종교란 구원과 진리에 대한 자율적 탐색을 수행하고자 하는 인간의 무익한 시도를 뜻한다. 하지만 인간의 타락과 인간 이성의 한계로 인해 이런 노력은 아무런 성과도 거두지 못한다. 오직 (그리스도 안에 나타난) 하나님의 자기 계시를 통해서만 진리를 파악할 수 있을 뿐이다. 계시에 비추어 종교의 모든 진리 주장은 상대화된다. 바르트는 이러한 대조를 말하기와 듣기의 차이, 주기와 받기의 차이로 특징짓는다(1936, p. 302). 바르트는 신학자가 교회로부터, 교회를 향해 말한다고 이해한다. 그러나 이는 교회가 정치 밖에 머무는 것에 관한 문제가 아니라(바르트는 두

왕국 신학을 결코 용인하지 않을 것이다) 교회가 더 폭넓은 공중을 향해 말할 때 신앙의 언어로 말할 수 있을 뿐이라는 뜻이다.

> 그러므로 신앙의 언어, 즉 그리스도인으로 우리가 사용해야만 하는 공적 책임의 언어는 필연적으로 성서의 언어일 것이다.… 한 가지는 확실하다. 기독교 교회가 그 자체의 언어로 고백하기를 감행하지 않을 때 대개의 경우 전혀 고백하지 않는 셈이다. (1966, p. 31)

그러나 이러한 공적 신학에 대한 거부를 기독교의 정치 참여에 대한 거부로 오해해서는 안 된다. 오히려 이는 그 자체의 규범적 경계를 넘어서서 어떤 방식으로든 진정성이라는 '세속' 기준에 부응하려고 노력하는 신학 담론에 대한 회의의 표현이다. 이 신학은 특수한 공간과 시간 안에서 실천되며, 특수한 공간과 시간에 명백하게 뿌리를 내리고 있다. 그리고 크리스틴 헤이어Kristin Heyer가 지적하듯이 이 신학은 '더 광범위한 사회의 관심사에 대한 책임으로부터 물러남이 아니라 사회 윤리의 다른 모형'을 의미한다(2004, p. 322).

후기자유주의 신학자들에게 이는 모든 사람이 일반적으로 이해할 수 있는 객관적이며 보편적인 '토대'에 대한 거부로부터 시작된다. 조지 린드벡은 '문화언어적' 신학 모형을 제시한다. 이 모형에서는 비트겐슈타인Wittgenstein을 따라, 언어가 '언어 놀이'의 특수한 패러다임에 따라 작동한다고 주장한다. 언어는 객관적 실체와의 대응으로부터가 아니라 특수한 문법 관습을 따르는 그것의 기능으로부터 그 의미를 끌어낸다. 언어가 세계관을 구축하고 그것을 서사로 표현하며, 그 반대가 아니다. 오히려 모든 지식은 세계에 관한 선행하는(미리 존재하는) 일군의 신념으로부터 시작된다. 선행하는 신념 없이는 어떤 지식도 존재할 수 없다. 진리는 번역되거나 보편화될 수 없다. 왜냐하면 그것이 대응하는 단일하며 영원한 진리란 존재하지 않기 때문이다. 모든 신념 체계는 봉인되어 서로에게서 격리되어 있지만, 각각의 신념 군群은 그 자체의 사회문화적 혹은 언어적 틀 내부로부터 정당화된다.

후기자유주의자들은 그들이 (한스 프라이를 따라) 성서의 '명백한 의미'라고 부르는 것으로부터 핵심적 도덕 신념을 끌어내고자 한다(Kamitsuka 1999, p. 17). 성서적 전통이 성서적 세계를 건설하고 그 안에서 살아감에 관한 기독교 공동체의 설명에 대한 서사를 제공하고 그것을 안내하며, 한 공동체의 실천 안에서 체현된 진리 주장에 대한 '두터운 묘사thick description'를 나타낸다. 이는 기독교 교리가 묘사적이거나 표현적이라기보다 '규정적'이라는 뜻이다. 진리는 역사나 이성이나 사실과 같은 외부 중재자와의 관계가 아니라 기독교 규범 내에서 그것의 정합성이라는 관점에서 정의된다. 신학적 담론은 (명제적 진리나 보편적 경험의 표상이 아니라) 기독교적 정체성을 촉진하기 위한 공동체적 규범의 기능을 수행한다. 성서(와 특히 성서에 대한 '본문내적intratextual' 해석)는 그로부터 기독교적 정체성에 대한 규정적 이상, 따라서 그에 대한 규범적 이해를 끌어내는 권위 있는 원천이다. 상징과 기호는

'외부 요인에 대한 참조를 통해서가 아니라 그것이 의사소통이나 의도적인 행동의 체계와 조화를 이루는' 방식에 따라 의미를 획득한다(Lindbeck 1984, p. 114). 후기자유주의자들에게 교리는 고도로 실용적이거나 수행적인 방식으로 기능한다. 데이비드 켈시David Kelsey는 더 나아가 기독교 공동체의 실천을 '일차적 신학'이라고 부르고, 신학자의 작업을 '이차적 신학'이라고 부른다. 교리의 수정 가능성이 존재하기는 하지만, 여전히 켈시는 교리(예를 들어, 하나님의 삼위일체 본성 같은)가 문화나 도덕, 인간 본성에 대한 궁극적 해석 기준으로 기능한다고 주장할 것이다(2009).

비슷하게 린드벡은 '이스라엘과 예수 이야기에 묘사된 행위 주체로서 하나님의 성품에 비추어 어떻게 삶을 살고 현실을 이해해야 하는지'에 관한 설명을 만들어 갈 책무를 맡은, 신학적으로 '숙련된' 기독교 공동체의 발전에 초점을 맞춘다(1984, p. 121). 이러한 해석 과정이 본문을 동시대 경험에 '적용'하는 순진한 해석과 비슷하다고 결론 내릴지도 모른다. 그러나 린드벡은 신학적 이해가 '신실함에 관한 본문내적 규범'으로부터 도출되며, 이 규범은 그리스도인의 사회적 맥락과 전제가 역사적으로, 또한 문화에 따라 크게 다르다는 사실을 고려한다고 주장한다(p. 122). 더 나아가 이것은 비판적 방법에 전적으로 개방적이며 많은 경우에 다툼의 대상이 되는 더 폭넓은 규범 안에 이뤄지는 그것의 적용에 주의를 기울이는 본문내재성이다(pp. 122-123).

그러나 린드벡은 특정한 상황에서는 신학 전통을 넘어서는 지점에서 출발한 논증이 유신론에 대한 일반적인 철학 논증처럼

'즉흥적인' 변증적 토론 형식을 위해 적어도 배경 이론으로 사용될 수 있는 특정한 원칙을 입증하는 데 사용될 수 있다고 인정한다(Werpehowski 1986). 관련된 언어 체계가 언제나 통약 불가능한 상태로 남아 있음에도 이것은 특정한 종류의 대화를 위한 가능성을 만들어 낸다. 입증 책임을 '모든 도덕적 행위에 대한 논리적으로 필수적이며 유일한 조건으로서의 하나님에 관한 무제한적이며 형이상학적인 주장'에 지우고(Kamitsuka 1999, p. 83), 상관이나 등가의 형식을 찾기보다는 기독교적 신념과 다른 도덕 원칙들 사이의 유비적 관계를 교류의 조건으로 삼는다.

공공신학과 관련해 이런 관점의 강점은 그러한 해석 과정이 언제나 상황적이라는 것이다. 성서의 관점을 일차적인 것으로 고수하지만 책무는 그것이 신자의 다양하고 복잡한 일상 세계를 향해 어떻게 말하는지를 살펴보는 것이다. 성서 본문뿐만 아니라 살아 있는 인간의 맥락을 해석하는 '기술'에 관해 이야기할 때 린드벡은 또한 신학적 성찰의 일상적이며 구체적인 본질을 정체성 형성을 지향하는 무언가로서 우선시한다. 이는 도덕적 추론을 잘 사는 삶에서 나타나는 무언가로 공식화하는 아리스토텔레스주의의 입장을 반영한다.

따라서 후기자유주의 신학자들은 교회를 강조하며, 교회의 실천과 덕을 우선시한다. 예를 들어, 기독교 윤리에 대한 스탠리 하우어워스의 접근 방식에서는 그가 '딜레마 윤리학quandary ethics'이라고 부른 것 즉 도덕적 딜레마를 일회적으로 다루는 접근법을 멀리하고, 성서의 명확한 서사에 의해 경계가 정해진 성품 윤리 개발 훈련을 옹호한다. 이는 '하나님의 새로운 언어'이자 평화의 왕국인 교회 안에서 체현되고 길러진다(Hauerwas 1987). 그리고 교회는 폭력과 경쟁으로 규정되는 세속 세계와 대조되는 소망의 등대가 되도록 부르심을 받았다. 이는 '교회를 위한 섬김의 한 형태로서 기독교 신학'에 대한 본보기가 되며(Kamitsuka 1999, p. 174), 성서에 계시된 예수의 윤리를 체현한다. 그 안에 하나님에 대한 교회의 신실함의 표지가 담겨 있다. 그러나 이는 세상에 대한 교회의 섬김에 영향을 미치고자 하는 신학의 목적에 대한 전망을 제거하고자 함이 아니다. 교회가 세속의 일에 관한 신학적 해석을 제공함으로써가 아니라 자신의 소명에 충실하게 살아감으로써 세상을 가장 잘 섬길 수 있다는 것이 하우어워스의 주장이라는 뜻일 뿐이다.

> 교회는…세상이 될 수 있지만 되지 못한 것을 보여 주기를 바라면서 패러다임이 되는 공동체paradigmatic community로서 행동해야 한다.…교회가 사회 윤리를 가지고 있는 것이 아니라 교회 **자체**가 사회 윤리다. 다시 말해, 교회는 척도가 되는 기관 즉, 그리스도의 인격과 사역에 계시된 사랑이라는 진리의 형식을 체현하는 법을 배운 기관으로서 기능하기 때문에 사회 윤리다. (1977, p. 143)

교회의 공적 얼굴과 그 신학의 공적 성격은 무엇보다도 먼저 그 자체의 계시된 전통에 대한 충실함에 기초해야 한다. 린드벡이 지적했듯이, "교회가 스스로를 향해 시온의 노래를 잘 부를 때에야 전체 사회에서 신뢰를 얻을 수 있을 정도로 충분히 그 노래를 잘 부를 수 있다"(1989, p. 54). 물론, 이는 논쟁적으로 기독교적 실천의 우월성에 관한 오만한 주장처럼 들릴 수도 있다. 특히 존 하워드 요더, 윌리엄 캐버너 William Cavanaugh, 스탠리 하우어워스 같은 이들의 글에서는 급진적인 비순응주의를 천명하고자 하는 의도가 분명히 드러난다. 이들은 교회가 희생적이며 성상 파괴적인 예수님의 사역을 실천적으로 본받아야 한다고 주장한다. 급진적인 그리스도 중심 삶의 규칙을 실천하는 것이 '공적' 교회의 주된 소명이자 교회의 주요한 증언이다. 성서에 있는 명확한 서사와 성례전적 예배를 통한 모범적 실천으로 유지되는 교회는 사람을 변화시키는 예수님의 죽음과 부활을 통해 회복된 인간 공동체에 대한 전망을 실천한다. 따라서 캐버너는 성만찬이 공공신학의 한 형식이라고 설명한다. "정치적인 것의 기독교적 실천은 성만찬을 통해 체현된다"(1998, p. 2).

또한 캐버너는 인간 사회에 대한 기독교적 관점과 근대 세속 국가가 전제하는 관점을 대조한다. 전자는 (죄의 현실에도 불구하고) 인류의 본질적 일치와 조화를 전제하는 반면, 후자는 원자론적·경쟁적 인간 본성 모형을 전제하며, 사람들을 그들 자신으로부터 보호하기 위해 국가 권력을 행사해야만 한다고 가정한다. 그러나 국가가 정당성을 획득하고 유지하기 위해서는 공적 진리로서의 기독교 서사를 깎아내리고, 그 자체를 세속적 권위로 확립하고, 교회를 사사화되고 영적인 영역으로 강등시켜야만 한다.

그러므로 자유민주주의 체제에서 교회는 그 자체의 사사화에 맞서 싸우는 동시에 인간의 행복에 대한 세속적 전망에 교회를 흡수하려는 시도에 맞서 싸운다. 따라서 필요한 것은 시민적 책임의 회피가 아니라 제자도 실천을 통한 그런 책임의 이행이다. "교회의 역할은 그저 국가에 정책을 추천하는 것이 아니라 다른 종류의 정치를 체현하고, 이로써 세상이 진실된 정치를 보고 변화되게 하는 것이다"(2004, p. 404).

그러나 많은 비판자가 두려워하는 것은 대항문화적 요소, 곧 세속 국가의 규칙에 따라 움직이기를 거부하는 태도가 공적 영역에서 교회가 모든 터전을 상실함을 의미한다는 것이다. 이와 비슷하게 캐버너도 인정하듯이, "실제 상황에서 교회의 경계가 어디인지가 언제나 명확하지는 않다"(p. 405). 교회에 속한 이들이 '세속 소명'의 삶을 살아가기도 한다. 그리고 교인이 되는 것이 헬스클럽이나 슈퍼마켓 회원이 되거나 정당에 가입하는 것과 다를 수는 있지만, 그리스도인은 일반은총을 도모하면서 다른 기관을 형성하는 데 참여하도록 부르심을 받지 않았는가? 교회는 자명하고 대항문화적인 덕을 보여 주는 것을 넘어서 어떻게 실제로 공적인 삶에 효과적으로 개입할 수 있는가? 어쩌면 이런 문제에 관해 **독특성**과 **배타성**의 차이가 존재할 수도 있다. 그러나 뒤에서 살펴보겠지만, 기독교적 정체성이나 가치관과 다른 이들의 정체성과 가치관의 경계가 현실에서 그렇게 절대적이지는 않을지도 모른다.

급진 정통주의

급진 정통주의는 근대성의 문화적 진공 상태와, 또한 공적 진리의 한 형식으로서 신학이 소외되었다는 인식과 거리를 두기 위해 독특하게 기독교적인 실천과 전통을 되찾고자 하는 또 다른 현대 신학 운동이다. 하지만 이 운동은 근대성으로부터 퇴각하거나 근대성에 굴복하지 않고 그것보다 '더 나은 서사를 제시하려out-narrate' 한다. 급진 정통주의는 천상의 도성에 대한 아우구스티누스적 전망을 회복하기 위해 이른바 근대 신학의 소심함과 타협을 거부하는 '새로운 신학'을 발견하려고 대담하게 시도한다. 이 신학 운동은 다양한 형태의 근대적·후기근대적 세속주의를 대체하겠다고 약속하는 포괄적인 기독교적 관점을 제시한다.

이 신학 운동은 확립된 통치 구조와 관계를 맺는 지역적·국가적·초국가적 종교 기관이나 지도자들의 실천을 비판하고 거기에 영향을 미치는 책무보다는 (많은 경우에 성서에 기초한) 신실한 증언과 제자도의 '아비투스'를 서술하는 데 더 많은 관심을 기울인다. 공적 영역의 근대주의적 중립성에 이의를 제기하며, 공적 영역이 세속적인 것이 암묵적으로 반형이상학적이며 반신학적인 것으로서 구축되어 있는 공간일 뿐이라고 주장한다. 따라서 신학은 '자율적인 세속성을 받아들이고 근대적인 것과 동맹을 맺어 그 자체를 약화시킨 적이 전혀 없었던 신학적 문법을 통해' 후기세속에 접근해야 한다(Ward 2000b, p. 105).

후기자유주의가 성서의 권위를 강조한다면, 급진 정통주의는 교회의 연속성에 더 높은 권위를 부여하며, '신앙'이나 '참여'의 언어를 사용하고 교부적·중세적 뿌리로의 회귀, **모든** 지식이 신적 지식이라는 근대 이전 아우구스티누스적 전망의 회복, 참된 기독교적 실천의 본질적으로 성례전적이며 체화된 본질의 복구를 주창한다. 이는 근본적으로 반신학적 전제에 기초한 세속적 근대성의 토대에 대한 급진 정통주의의 비판으로부터 나타난다. 근대성은 신앙과 이성을 분리함으로써 신학을 용인되는 담론의 주변부로 강등시킨다. 급진 정통주의는 세속 근대성의 이데올로기적·우발적 본질을 폭로하는 후기근대 철학의 도구를 사용하여 '온전히 기독교화된 존재론과 참된 기독교 교리와 조화를 이루는 실천적 철학'의 회복(혹은 재구축)을 추구한다(Milbank, Pickstock and Ward 1999, p. 2).

세속 이성은 기독교가 가르치는 '평화의 존재론'에 대립하는 '폭력의 존재론'을 언제나 은폐한다. 필립 블론드는 1996년에 출간된 《후기세속 철학: 철학과 신학 사이에서 *Post-Secular Philosophy: Between Philosophy and Theology*》의 서론에서 다음과 같이 세속적 인본주의의 교만을 폭로한다.

…이 세속 지성인들은 자신들이 지지하기 원하는 초월적 체계로부터 자신들을 해방시킬 수 없으므로 모든 것이 그래야만 하는 상태로 존재하지 않고, 자신들에게 약속된 바—인간 능력이라는 한계에 세계를 제한함으로써 얻을 수 있는 자기 해방—가 결국에는 자기 신체 절단의 한 형태일지도 모른다는

것을 이제 비로소 깨닫기 시작한다. (1996, p. 1)

하나님을 '인간 경험에서 지워 버린' 결과로 근대성과 '초월의 현현을 은폐하려고' 노력하는 철학적 전망의 위기가 초래되었다(p. 21). 후기근대의 세속주의는 하나님이 필요 없다고 생각한다. 객관적 선이 존재하지 않으므로 도덕적 실재론도 필요 없다. 상대주의와 실용주의가 지배하게 되었지만, 근본적 가치, 즉 세계에 대한 권위 있는 설명 없이는 어떤 정치적 전망도 존재하지 않는다.

그러나 참된 가치가 없다면, 더 좋은 것과 더 나쁜 것의 차이가 없다면, 당연히 가장 평등한 것과 가장 공통적인 것이 지배하게 될 것이다. 당연히 최소의 공통분모를 인간의 시민적 삶을 위한 태도로 떠받들게 될 것이다. 그렇다면 그런 사회를 위한 척도는 무엇일까? 자신을 측정해야만 하는 공중은 어떤 척도를 요구하는가? (p. 2)

따라서 급진 정통주의의 기획은 '세상의 관심사와 행동을' '삼위일체, 기독론, 교회와 성만찬'을 비롯한 '신학적 틀 안에 자리 잡게 함으로써 세상을 되찾아 오는 것'이다(Milbank, Pickstock and Ward 1999, p. 1). 비신학 분과와 관계를 맺는 '공공'신학의 필요성은 제거된다. 왜냐하면 모든 담론 형식이 자유롭고 평등하게 기여할 수 있는 자율적인 혹은 공통된 공간이란 존재하지 않기 때문이다. 후기자유주의와 급진 정통주의에게 '공적 공간으로 들어감'이란 세속주의에 굴복한다는 의미다. 그것은 비신학적인 것의 정당성을 인정하고 계몽주의적 합리주의가 암묵적 편견이 내재적으로 반신학적임을 부인하는 것을 의미하기 때문이다. 대신 신학은 성스러운 것의 삭제에 기초한 담론으로서 세속 이성의 이데올로기적 토대를 폭로함으로써 세속 이성보다 '더 나은 서사를 제시해야' 한다. "간단히 말해서, 만약 '세속'이라는 말을 '중립적' 혹은 '특정한 입장을 지지하지 않는'이라는 의미로 사용한다면 **세속이란 존재하지 않는다.**" 오히려 우리가 그 안에서 살아가는 이른바 중립적인 공적 공간(학계나 정치)은 그리스도와 나란히 섬김을 받을 수 없는 다른 신들의 신전이다(J. K. Smith 2004, p. 42). 이것은 아마도 공공신학으로서의 급진 정통주의가 어떻게 근대적 형태의 정치 참여를 대체하는지에 관해 가장 분명한 관념을 우리에게 제시할 것이다. 왜냐하면 밀뱅크는 교회가 "모든 인간의 경계를 넘어설 수 있는 새로운 사회적 몸과 다름없고, '생명'의 법에 추가되는 다른 어떤 법도 채택하지 않으며…다양하지만 조화롭고 서로 화해를 이루는 공동체를 섬긴다"라고 주장하기 때문이다(Reno 2000, p. 42).

급진 정통주의는 신학 공동체를 양극화하고, 지지자와 비판자로부터 똑같이 열정적인 반응을 불러일으켰다. 공공신학 논의와 가장 연관성이 큰 논쟁 분야는 다음과 같다. 급진 정통주의에서 '세속'을 초월적인 것의 소거로 특징지어서 비신학적 원천이 하나님에 대한 지식을 조금이라도 생성한다고 여기는 것을 불가능하게 만든다는 지적, 후기근대 이론의 사용, 기독교 전통이라는 아르키메데스의 점을 주장의 근거로 삼고 그로부터 이 전통의 회복을 도모하려는 기획을 추진한다는 비판, 역사와 맥락에 자리 잡은 교회론보다는 이상화된 교회론을 암시하는 것처럼 보이는 교회에 대한 이해 등이다. 하지만 첫 부분에서 사용한 은유를 계속 이어 가자면, 급진 정통주의를 향해 어디로부터 발언하는지 묻고자 한다면 그것의 자기 이해 안으로 세속 담론을 받아들일 수 있는지에 관해, 그것 자체가 지닌 권위(교회든, 성서든, 다른 무엇이든)의 본질에 관해, 신학적 진리의 원천이자 중재라고 전제하는 교회의 정확한 위치에 관해, 그것이 신적 발화를 정치적·공적 개입 안으로 매개하는 과정에 관해 질문할 수 있다. 하지만 먼저, 스스로 급진 정통주의에 속해 있다고 밝히는 신학자가 공적 담론에 참여하려 할 때 실제로 무슨 일이 일어나는지 살펴보자. 이것은 "신학자가 어디로부터 발언하는가?"라는 입장에 관한 물음에 답하고, 신학, 정치적 가치, 공적 개입 사이의 관계를 검토하고자 하는 시도다.

공적 말하기: 《레드 토리》(2010)의 사례*

이것은 학계의 신학자가 싱크탱크 정치의 세계에 들어갈 때 무슨 일이 일어나는지에 관한 이야기다. 이 특수한 형식의 전통 중심적이며 교회적이고 반근대적인 신학이 '공적 공간으로 들어

갈' 때 어떤 일이 일어나는가? 《레드 토리$^{Red\ Tory}$》의 저자 필립 블론드는 '캐머런 측근에서 유일하게 중요한 사상가'로 불렸다(Gray 2010). 엑시터와 케임브리지에서 신학자로 훈련받은 그는 학계를 버리고 정치와 정치 평론을 택했다. 또한 '독립적이며 비당파적 싱크탱크'를 자처하는 '레스푸블리카'를 설립했다. 존 밀뱅크가 이해하기로는 블론드가 정치 분야로 진출한 것은 급진 정통주의의 신학적 의제를 전적으로 정당하게 구현하려는 시도였다. '레스푸블리카'의 이사인 밀뱅크는 정치 행사에서 블론드와 함께 정치 연설을 해 왔고, 블론드의 활동을 지지하면서 이를 통해 급진 정통주의가 정치적 성숙기에 진입했다고 선언해 왔다.

> 영국에서 필립 블론드는 레드 토리주의$^{Red\ Toryism}$(전통적 보수주의에 비해 정부의 역할을 상대적으로 더 강조하는 중도 우파 보수주의 정치 운동—역주)의 결정적으로 중요한 새 흐름을 만들어 내고 있으며, 내가 보기에 이 흐름은 일종의 전통주의적 사회주의로 이해할 수 있다. 이것은 이미 영국 정치에 근원적으로 변혁적인 영향을 미치고 있으며, 사실상 급진 정통주의의 역설을 정치적으로 번역한 것인 동시에 그것이 정치 무대로 진입하기 시작했음을 의미한다. (Suriano 2009, p. 5)

• 이 부분의 일부 내용은 "From Where Does the Red Tory Speak? Phillip Blond, Theology and Public Discourse", *Political Theology* 13.3 (2012), pp. 292-307에 처음 수록되었다.

블론드의 책《레드 토리: 어떻게 좌파와 우파가 영국을 망가뜨렸으며 어떻게 그것을 바로잡을 수 있는가?*Red Tory: How Left and Right Have Broken Britain and How We Can Fix It*》(2010)는 신노동당New Labour 집권 말기 영국 정치의 중도 진영이 재편되는 과정의 일환으로 이해할 수 있다. 부제가 암시하듯이, 이 책에서는 최근 집권한 양 진영 정부를 모두 비판하면서 정치 정책뿐만 아니라 현대 문화의 도덕적 분위기 자체에 전면적인 변화를 촉구한다. 표면적으로 이것은 좌파의 공동체주의와 규제되지 않은 기업 자본주의에 대한 혐오와, 복지 의존과 중앙집권적인 국가 개입의 속박을 깨뜨리려는 열망을 뒤섞은 것이라고 말할 수 있다. 그러나 '존재론적 차원에서'—특히 신자유주의적 소비자 자본주의의 핵심에 자리한 개인주의와 무도덕주의amoralism, 세속성에 대한 철저한 거부를 통해—정치적·시민적 문화를 고치고자 하는 야심이 그 이면에 자리 잡고 있다(Engelkele 2010).

1945년 이후 영국에서 복지국가가 세워지면서 더 상호주의적이며 협동조합 중심적으로 이뤄진 노동계급의 자조 형식이 파괴되었다고 블론드는 주장한다. 그 결과 의존적이며 '애원하는'(2010, p. 15) 노동계급이 생겨났고, 야심과 계층 상승 가능성이 억제되고 집단 동원을 치명적으로 약화시킨 '복지 의존 문화 benefits culture'가 깊이 자리 잡게 되었다. 문화와 전통의 가치를 회복하고, 가정과 시민사회의 '소규모 부대'와 같은 기관을 복구해야 한다. 그는 '사회적인 것을 전혀 고려하지' 않는 근대 자유주의 한가운데에 개인주의와 공동체 상실의 문제가 자리 잡고 있다고 지적한다(2008). 레드 토리주의가 정치 스펙트럼의 양극단을 아우를 수 있다는 점은, 블론드가 독점 자본만이 아니라 중앙집권화된 국가에 대해서도 적대적 태도를 취한다는 것을 통해 명확히 드러난다. 둘 다 연합을 위한 매개체를 희생시킴으로써 규제를 받지 않고 성장하도록 허용되었기 때문이다.

하지만 결정적으로 시민사회라는 하부구조의 침식은 더 심층적인 위기를 반영한다. 이는 경제적이거나 정치적인 위기가 아니라 도덕적 위기다. 블론드가 가장 중요하게 우려하는 바는 '도착적이며 끝없이 타락하는 자유주의의 승리'가 초래한, 사회적 관습의 쇠락이다(2010, p. 139).* 한 세대 전체가 객관적 진리 같은 것은 존재하지 않는다는 신념을 갖도록 교육받았고, 그 결과 상대주의나 어떤 종류든 공유된 가치를 선호하게 되었다. "무엇이 객관적으로 선한지에 관한 논쟁과 그것을 실현하기 위해 요구되는 덕의 실천에 관한 논쟁을 언제나 근거로 삼았던, 정치적 삶과 논쟁의 고전적·기독교적 전통을 허무주의적 자유주의가 **오랜 기간**에 걸쳐 거의 전적으로 대체해 나갔다"(2010, p. 139).**

그러므로 블론드는 행동하는 시민들의 가치와 관행을 길

- * 2011년 11월 블론드는 기회 평등과 차별 금지에 관한 법률 때문에 불이익을 당했다고 생각하는 복음주의 그리스도인을 변호하는 활동으로 가장 잘 알려진 신앙 기반 정치 압력단체 크리스천컨선('크리스천컨선포아워네이션'의 후신)에서 주최한 집회에서 강연했다. http://www.christianconcern.com/our-concerns/social/phillip-blond-argues-that-secular-liberal-values-fail-to-deliver을 보라. 크리스천컨선과 비슷한 압력단체들에 관해서는 5장을 보라.
- ** 같은 글. 저자 강조. 블론드는 자유주의의 퇴락이 언제부터 시작되었는지를 구체적으로 설명하지 않는다.

러냄으로써 '덕의 정치'를 회복해야 한다고 주장한다(p. 35).* 이는 국가가 수행할 수 없는 일이다. 특수한 조직 안에 '유기적으로 자리 잡게' 해야 한다. "시민사회, 연합을 위한 매개체, 여기에 서로 맞물려 있는 권리와 의무의 문화가 동반되어야 한다"(p. 173). 블론드는 관료적이며 국가에 의해 통제되는 교육으로부터 고전적인 모형으로 교육 체계의 방향을 전환할 것을 촉구하면서 '상기로서의 학습이라는 플라톤의 사상과 조명으로서의 학습이라는 아우구스티누스의 사상'을 추천한다(p. 177). 그는 거의 유일하게 종교를 언급하면서 객관적 진리와 인간 됨의 의미에 대한 명확한 서사를 전달하는 수단으로서 종교계 학교의 특별한 성공을 언급한다. "바로 이러한 이유 때문에 초월적인 하나님이라는 종교적 관념이 객관적 진리의 의미를 성취하는 동시에 아동과 교사 사이의 교육적 균형을 유지하는 **유일한 능력을 지닌 것처럼 보인다**"(p. 171, 저자 강조). 매우 온건한 주장이다. 하지만 이제 많은 사람이 교회에 의한 교육과 형성을 권력 남용이나 아동의 반사회적 격리와 연결시키기 때문에 이것은 망가진 영국을 바로잡고자 하는 대단히 논쟁적인 제안이다. 블론드 자신도 인정하듯이, "덕에 대해, 덕을 갖춘 사람과 가치의 위계에 대해 주장하는 것과 그 내용을 만들고 그 실천을 개시하고 형성하는 것은 별개의 문제다"(p. 171). 실로 그러하다. 하지만 《레드 토리》에서는 덕의 실질적인 원천과 행위자를 밝히지 않고, 어떻게 덕을 길러 내고 전달

---

* pp. 269-270도 보라.

할지를 다루지 않는다.

따라서 필립 블론드의 정치적 입장 한가운데에는 당혹스러운 침묵이 여전히 존재한다. 그의 사상에서 종교적 신념과 신학적 담론은 어떤 모습으로 나타나는가? 그의 청중은 누구이며 어디에 있는가? 그는 누구에게 영향을 미치려고 하는가? 그는 어디에 서 있는가? 신학과 정치철학의 상호적 '분리와 **은폐된** 상호의존'(Coombs 2011, p. 79)을 우리는 어떻게 이해해야 하는가? 그것은 공적으로 제시된 종교적 담론을 의심스럽게 여기는 정치적 문화에서 지지를 얻고자 하는 전략적 수사의 필수적 형식인가? 아니면 정치적으로 논쟁적인 신학적 영향력을 고의로 위장하려는 시도인가? 아니면 종교적 신앙이나 실천의 담론과 실질적으로 세속적인 시민의 일상 세계 사이의 간격이 점점 더 벌어지는 상황에서 포기하고 만 것인가? 보수 진영은 기독교적 혹은 종교적 가치로의 회귀를 촉구하는 평론가들로 넘쳐난다. 하지만 그들 대부분은, 무엇이 개인주의와 이기적 태도를 버리고 새로운 덕의 정치적·문화적 경제로의 전환에 대한 영감을 불어넣을 것인가 하는 문제를 다루지 않는다. 사실 신학은 매장당하여 '덕', '개방적이고 정직하며 선한 행동', '내면적 에토스', '신뢰'의 언어로 변형된다. 블론드와 마찬가지로 후기자유주의 신학자들은 고백하는 공동체의 특수한 서사와 실천에 뿌리를 둔 덕의 함양이 필수적이라고 말하며, 제자도의 습관을 훈련하는 것을 신학의 가장 중요한 책무로 여기지만, 블론드는 그가 그토록 고대하는 도덕적·문화적 부흥의 주체 혹은 산파가 누구일지 전혀 밝히지 않는다. 그런 모범적인 시민 의식의 뿌리는 무엇인가? 어떤 전통, 서사, 기관이 그것을 길러 내는가? 시민적 덕을 가르치는 학교는 어디에 있으며, 갱신된 문화적 가치관을 갖춘 사람들은 누구인가? 블론드는 이런 물음에 유달리 불가지론적 태도를 취한다. 하지만 왜 그럴까?

이는 전략의 문제일 수도 있다. 영국 대중은 종교적 신앙을 공개적으로 밝히는 정치인과 공적 인물들에 강한 의구심을 품는다고 평가된다. 토니 블레어Tony Blair의 대변인이었던 알래스테어 캠벨Alastair Campbell이 말했듯이 공적 삶에서 "우리는 하나님을 언급하지 않는다we don't do God"(Graham 2009b). 재임 기간 막바지에 이르러 캠벨의 상관이었던 블레어조차 조지 부시의 정책이나 세계관과 연결되고, 이로써 '얼간이nutter'라고 불리는 것을 두려워하여 자신의 종교적 신념을 분명히 밝히는 것에 대해 자신감을 상실했음을 암시하는 증거가 존재한다(Graham 2009b). 그러므로 블론드가 잠재적 지지자들을 소외시키지 않기 위해 신중함이 용기의 핵심이라는 판단을 내렸을 수도 있다. 한 비판자가 결론 내리듯이, 블론드는 "싱크탱크의 세계에서 형이상학과 현존에 관해 이야기할 수 없고, 하나님에 관해 이야기할 수 없다는 것은 (여기가 영국임을 고려할 때) 더 말할 나위도 없다.…급진 정통주의와 레드 토리주의라는 이중 명칭은 영국 정치 내 종교의 역설적 위치에 대한 거의 완벽한 요약이다. 등잔 밑이 어두운 법이다"(Engelkele 2010).

《레드 토리》에서 신학을 다루지 않는 이유에 대한 추가 설명을 제시한 사람은 네이선 쿰스Nathan Coombs다. 그는 블론드의 정치 전략은 신학을 생략하는 것이 아니라 급진 정통주의의 야심을 성취하는 것이라고 주장한다. 급진 정통주의의 목표는 위계와 교회가 세속 국가의 기능 중 다수를 떠맡는 일종의 신정정치의 회복에 기초한 난해한 정치신학이라는 이름으로 그 신학적 기원을 모호하게 하는 것이다. 급진 정통주의에서는 그러한 전략을 통해 "소수만이 온전히 이해할 수 있는, **은폐된** 이중성을 가중하고자 한다"(Coombs 2011, p. 90). 이 견해에 따르면,《레드 토리》의 신학은 '등잔 밑 어두운 곳'에 있어야 한다. 왜냐하면 그것 자체의 이해 범위를 넘어서는 설명이나 설득을 그 책무로 간주하지 않기 때문이다.

그러나 블론드의 접근 방식은 롤스주의적인 종교와 정치의 분리와 공론장의 중립성을 전복하기보다는 오히려 영속화하는 데 기여한다. 이유가 무엇이든 블론드가 자신의 신학적 배경에 대해 '수줍어하는 태도'(Bunting 2010)는 그의 비판자들 다수를 당혹스럽게 하고 소외시킬 뿐이었다. 그들은 신학적 함의에 대해 너무나도 잘 알고 있으며 일종의 '교묘한 손재주'를 부린다고 의심한다.

따라서 블론드는 급진 정통주의의 핵심 요소 중 하나인 신앙과 이성의 존재론적 통일성을 예증하기는커녕 이 둘을 연결하는 데 실패하고 말았다. 블론드는 모호한 접근 방식을 취함으로써 그의 신학이 그럴듯함을 변호해야 할 책임을 면할 수 있었지만, 그로부터 자신의 사상을 변호해야 할 확고한 관점을 진술하는 데도 실패하고 말았다. 급진 정통주의가 유해한 보편주의의 부정적 영향력에 맞서 전통의 특수성에 입각해 발언해야 함을 강조함에도 불구하고, 우리는 그 안에서 신앙의 실천이 이루어진다는 증거를 도무지 찾을 수 없으며, 누가 갱신된 사회자본을 지닌 사람들이 될 수 있는지를 식별하기도 어렵다. 구체적으로 어떤 지점으로부터도 발언하지 못하기 때문에 그는 자기 정치신학의 온전함에 대해 거의 신경을 쓰지 않는 정책 입안자들의 단편적인 침식과 도용에 덜 취약한 것이 아니라 오히려 더 취약하다고 볼 수도 있다(Brown 2012).

'시대정신'에 올라타기: 그레이엄 워드의 문화적 변증

그레이엄 워드는 존 밀뱅크, 캐서린 픽스톡과 더불어 원래《급진 정통주의》의 편집자 중 한 사람이었다. 최근 연구에서 그는 현대 문화, 도시 신학, 기독교 제자도 분야로 주제를 확장하여 '문화 비평'의 한 형식으로서 급진 정통주의가 갖는 함의를 고찰한다(2005). 워드는 동료들 중에서 후기근대의 신학적·영적 감수성의 재부상과 '극사실주의, 사이버공간, 영지주의, 후기근대주의 **유사 신비주의**'를 통한 성스러운 것의 재출현에 가장 민감하게 반응한다(2000b, p. 110). 그는 예술, 자연, 정치, 소비, 성을 둘러싼 (재현의 상징적 실천을 포함하는) 문화적 실천을 검토하고, 이에 대한 신학적 대응을 논하고, 그 핵심으로서 교회의 실천을 위한 제안을 제시한다.

워드는 '기독교 전통과 세계의 해석을 위한 이 전통의 중요성을 엄격히 재고하고자' 하는 급진 정통주의의 기획에 관심이 있지만(Ward 2000b, p. 103), 문화적 변화로 어떻게 일어나는지에도 관심을 기울인다. 즉, 어떻게 특수한 '진리의 담론'이 문화적 환경을 변형시킨다는 차원에서 믿을 수 있는 것이 되는지, 또한 기독교적 실천이 '공적 진리'와 어떤 관계가 있는지에 관심을 기울인다. 따라서 이것은 '공적 의식의 암묵적 가치'(2005, p. 2), 진리와 의미의 권위 있는 형식을 생성하는 기관들과 문화적 관례들과 밀접한 관계를 맺고 있는 신학이며, 따라서 통상적으로 공공신학이 점유하는 것과 비슷한 영토를 다룬다. 그렇다면 워드는 이러한 문화적·공적 연관성과 변형이 어떻게 발생한다고 이해하는가? 따라서 우리는 이 장의 첫 부분에 인용한 워드의 질문으로 다시 돌아간다. 신학자는 어디로부터(또한 어쩌면 누구를 대신해, 무슨 목적을 위해) 글을 쓰고 말하는가? 기독교 담론은 세계에서 어떤 변화를 만들어 내는가?

워드는 신학이 참으로 진실되고자 한다면 반드시 상황적이어야 하고, 상황적이고자 한다면 '시대의 표적'을 읽어 낼 수 있어야 한다고 주장한다.

지금이 몇 시인지 묻는다는 것은 사회·문화 이론가들과 함께 작업하면서 그들의 방법, 전제, 결론, 오늘날 전 세계의 다양한 부분에서 살아가는 사람의 삶에 관한 그들의 관찰을 파악하고 평가하는 것을 의미한다. 지금이 몇 시인지 묻기 위해서는 문화 연구를 진지하게 받아들여야만 한다. (2005, p. 3)

워드는 '문화'를 정의할 때 그것을 '구체적인 사회적 실천을 통해 새겨지고 재생산되고 수정되는 상징적 세계관'으로 설명한다(2005, p. 5). 문화는 상징적이며 의미를 떠올리게 하지만, 동시에 물질적 문화, 사회적 기관, 몸으로 이뤄지는 행동을 통해 유통된다. 비슷하게 '담론'은 본질적으로 의미론적 체계뿐만 아니라 수행적 실천을 통해 매개되는 일련의 의사소통 행위다. 담론 행위는 '믿음의 생산에 관여하는' 행위다(2000b, p. 97). 신학자의 경우 담론적 개입에는 '설교와 논문 쓰기, 교회 출석, 기독교 윤리의 실천, 예전, 경건의 행동 등'이 포함될 수 있다(2005, p. 12).

하지만 이것은 착각에 빠져 그 자체의 문화적 생산의 환경에 영향을 받지 않는다고 믿는 냉정하거나 이상화된 비판이 아니다. 왜냐하면 "우리는 우리를 특정한 맥락에 자리 잡게 하고 상황화하는 문화적 시대정신^{Zeitgeist}을 거부할 수 없기" 때문이다(Ward 2000b, p. 104). 문화 비판^{Kulturkritik}은 '교회를 향한 그리스도의 계시와…'시대의 표적' 사이의 문화적 **교섭**'으로서(2005, p. 9, 저자 강조) '그 말씀의 성격과 세계의 성격 모두'에 주의를 기울일 것을 요구한다(p. 10). 기독교 문화 비판의 비판적 책무를 수행하기 위해서는 문화적 담론, 어떻게 담론을 통해 특정한 신념이 만들어지고 정당화되는지, 역으로 신학적 담론이 어떻게 현대 문화에 의미 있게 개입할 수 있는지에 관심을 기울여야 한다.

《문화적 변혁과 종교적 실천Cultural Transformation and Religious Practice》은 '그리스도인의 삶과 생각과 현대 세계 사이의 교섭'을 위한 방법을 제안한다(Ward 2005, p. 4). 워드는 '신학적으로 규정된 그리스도인의 실천을 그를 상황화하는 더 넓은 사회적 세계와 연결하고자 하는' 새로운 의제, 즉 '새로운 **변증적** 책무'를 제시한다. "이것은 문화적 윤리를 새겨넣는 공적 담론이 될 것이며, 그 안에서 신학적인 것은 공적 진리의 생산에 공헌하는 작업에 이미 참여하고 있는 목소리로서 그 자리를 찾는다"(p. 173, 저자 강조).

하지만 신학자가 비판적으로 말한다면, 치유를 위해, 구속을 위해 말하는 것이기도 하다. 그리고 워드는 후기세속 신학의 공적 개입이 근대성의 교만에 오염되지 않은, 전통이라는 입장으로부터의 발언일 수밖에 없다고 단호하게 주장한다. 신학자는 시대의 표적을 읽어 내는 일에 전념하지만, 그 나름의 대안적인 욕망의 생산('포이에시스poiesis')이라는 렌즈로 해석할 수밖에 없는 비판적·변혁적 문화 비판을 내놓는다. 신학에서 내놓는 모든 발언은 공유된 담론의 토대(혹은 '사회적 상상')가 존재한다는 전제에서 이뤄져야 한다. 그것은 공유된 인간성과 '인간 됨 자체의 관계적 속성'으로부터 나오고(2005, p. 120), 이 둘은 언제나 이미 문화적으로 표현되며 매개된다. 역으로 신학에서 유래한 문화적 변혁 작업은 상상의 재교육을 통해, 욕망—하나님과 자신, 이웃을 향한(p. 152)—의 생산('포이에시스')과 표현 행위를 통해 이뤄진다. 그리고 이 행위는 사회성의 일상적인 문화적 실천을 통해 실행

된다.

> 따라서 신학적 담론은 이러한 변혁이 초월적인 소망을 지향하게 함으로써 문화의 생산적 변혁과 연결된다. 그것은 그리스도의 임재에 참여할 뿐만 아니라 이를 실행하려고 노력한다. 그런 노력 안에서, 또한 그런 노력을 통해서 문화적 상상이 변화되며, 대안적 형식의 사회와 공동체, 관계가 형성되고, 상상되고, 어느 정도까지는 구현된다. (p. 172)

따라서 전지구적 경제와 가상현실이 공동체와 몸을 해체하는 후기근대 도시의 맥락에서 기독교는 그 자체의 성만찬 신학에 새겨져 있는, 대안적인 몸에 대한 설명으로 물질성으로부터 표류하는 이 경향을 바로잡을 수 있다. 따라서 이러한 동학에서는 원자론, 잘못된 방향을 지향하는 욕망과 수사적 폭력이라는 후기근대적 가치를 조장하는 일군의 문화적 이데올로기를 해부하고, 독특한 방식으로 하나님의 도성을 가리키는 대안적 서사를 제시한다. 성만찬 실천은 욕망을 다시 교육하고 재정향하는, 변혁의 예전이 이뤄지는 자리를 표상한다.

워드는 바르트가 그 자체나 다른 모든 담론과 관련해 어떤 종류의 '교섭'을 수반하는 변증을 거부했던 것에 이의를 제기한다. 그는 이것이 자신의 신학과 상반되는 책임, 일반은총에 대한 인정을 내포한다고 생각했기 때문에 그런 양보를 할 의도가 없었다. 바르트에게 유일한 변증은 교회 자체의 교의적·석의적·

실천적 신학으로부터 발전된 변증이다. 참된 신학은 어떤 종류의 파생적 언어로도 그 자체를 표현할 수 없다. 왜냐하면 인간의 이성과 계시 사이에 절대적인 격차가 존재하기 때문이다.

이에 맞서 워드는 바르트조차도 그의 생애와 사상이라는 문화적 환경에 영향을 받을 수밖에 없었다고 주장한다. 문화에 대한 그의 적대적 태도는 종교와 문화적 진보에 관한 최고의 이상을 융합한 헤겔주의적 문화개신교 *Kulturprotestantismus*의 한 형식에 대한 반작용으로부터 기원했다. 유일한 대화는 교회의 삶과 하나님의 자기 계시 사이의 대화이며, 비신학적인 것과의 대화가 아니다. 바르트는 신학적 담론이 다른 형식의 문화적 표현과 관계를 맺어야 할 필요가 있다는 생각을 거부할 것이다. 그의 계시관은 그것이 그 자체의 문화가 만들어 낸 용어에 의존한다는 것을 받아들이려고 하지 않을 것이다. 워드는 이에 대해 이의를 제기하면서 모든 신학이 그것의 담론을 조직하고 자리매김하며 그것의 수용과 해석을 규정하는, 하나의 '아비투스'—'성향의 체계'(2005, p. 18)—로부터 발언한다고 주장한다. 기독교 신학은 그 담론의 문화적 조건을 초월할 수 없다.

하지만 워드의 말은 신학이 어느 정도까지는 언제나 주변 문화에 영향을 받고 그것으로 매개된다는 것 이상을 의미하는가? 이 '교섭'의 조항과 조건은 무엇인가? 문화는 얼마나 근본적으로 신학자의 문화적 견해를 형성하고 그것에 영향을 미치는가, 심지어는 그것을 재형성하는가? 한 문화가 그 구속적 잠재력을 알게 되는 수단은 무엇인가? 변혁의 씨앗을 포함하는 가치와 담론이 그 안에 이미 내재해 있는가? 아니면 그것은 거듭나게 하는 신학자의 말에 전적으로 의존하는가?

한편으로, 워드는 자신의 문화적 비판의 본질을 설명하기 위해 기독교 **변증**의 언어를 채택함으로써 더 수정주의적이며 자유주의적 입장으로 기운다. 그는 변증이 교회의 **현세성**worldliness을 감안해야 하며, 그리스도인이 이 일상 세계에 속하지는 않더라도 그 안에 있다고 주장한다(2011). 비록 그리스도의 복음에 영향을 받기는 하지만 그리스도인은 바로 이 자리로부터 발언한다. '사회적 상상'을 더 잘 이해하기 위해 주변 문화가 몰두하고 욕망하는 바를 이해하는 문화적 비판에 참여하는 것이 분명히 중요하다. 따라서 신학은 사회적 상상을 향해 그 자체의 동학과 변혁된 그리스도 중심적 해석을 다시 비추기 위해 더 심층적인 문화적 해석학을 수행한다. "신학적 담론은 상징의 더 광범위한 문화적 확산과 교환에 반드시 참여해야 한다.…따라서 기독교 신학은 문화적 교섭에 관여하며, 그렇게 하는 한 언제나 이미 지속적인 변증에 참여하고 있다"(2005, p. 53). 이것은 선포의 문제인 동시에 변혁의 문제다.

변증은 신학적 담론이 공적 진리에 관한 특수한 문화적·역사적 교섭을 지향하게 한다. 그 책무는 복음적이며 송영적이다. 따라서 복음을 확산할 뿐만 아니라 하나님 나라의 도래와 함께 이뤄지는 문화적·역사적 변혁을 일으켜야 하는 기독교의 사명은 변증을 기초로 삼는다.…변증은 기독교 복음, 그것의 도덕

· 사회적·정치적 질서의 정체政體를 드러낸다. (p. 9)

지향성에 관한 이러한 이야기는 시대의 표적에 주의를 기울이는 프로그램을 암시하지만, 전통적 의미의 추천하거나 설명하는 책무로서의 변증적 책무에 관해서는 사실 아무것도 말하지 않는다. 마찬가지로 **교섭**은 세계관 사이에서 일정 정도 교류가 이뤄짐을 암시하지만, 주변에서 보는 문화적 병리 현상에 대해 신학자는 소통하고자 하는 태도를 취하는가? 아니면 회복하고 구속하고자 하는 태도를 취하는가? 아마도 워드는 차이가 없다고 생각할 것이다. 바르트는 세상에 대한 하나님의 '발언'이 변증적이거나 대화적이지 않고 언제나 이미 회개의 촉구라고 생각할 것이다. 하지만 문화가 '그 자체의 열망과 한계를 이해하고자 하는' 노력을 성취하는 과정에서조차도 신학이 문화로부터 배운다고 할 만한 것은 전혀 없다(2005, p. 59).

필연적으로 신학자는 지배적 문화 담론에 갇혀 있으며 교의적 선언을 하기보다 대화에 참여해야 한다. 신학은 자신이 영원하고 객관적인 진리를 소유하고 있다고 생각함으로써 문화적 참여의 책임을 회피할 수 없다. '어느 곳으로부터도 기원하지 않은 관점'이란 존재하지 않으며 '방향에 대한 명명'만 존재할 뿐이다(Ward 2005, p. 88). 이는 문화적 통찰이 공적 진리에 기여할 수 있음을 일반적으로 인정하는 것처럼 보이지만, 워드는 여전히 '말씀과 세상'이 존재론적으로 서로에 대해 본질적으로 다른 질서에 속한다는 시각을 유지한다. 물론 종교적 경험을 비롯해 모든 지식이 필연적으로 매개적 속성을 지닌다는 것은 문화로부터 탈출하거나 신학적 담론을 문화적 유비로부터 분리해 내는 것이 불가능함을 의미한다. 문화가 신학적 담론에 대해 '특정한 수정을 제안할 수도 있지만'(2011, p. 117) 더 근본적인 수정에 개입할 권위는 없다. 마치 세속이 기독교의 덕과의 유사성이나 동등성을 전혀 지니지 않는 것처럼 '하나님의 주권'이 '용인, 그리스도와 세상 사이의 지속적인 대화 혹은 세속적 지형에 대한 신학의 지속적 연관성'(p. 117)으로서의 세속적 고려를 초월하며, 그것에 맞선다고 이해한다.

그러나 다른 한편으로 워드의 변증 개념은 여전히 파악하기 어렵다. 분명히 그는 변증에 대한 합리주의적 관점, 명제적 진리와의 대응으로 이해하는 관점을 벗어나려고 하며, 이런 관점이 '우리가 살고 있는 상황에' 더는 적합하지 않다고 생각한다(2005, p. 71). 워드는 지배적 이데올로기에 비판적인 삶의 방식을 우리에게 제공하며, 사람들을 대안적이며 더 구속적인 가치를 본보기로 보여 주는 공동체로 이끌 수 있는 기독교의 능력을 기대한다는 차원에서 더 실용적이며(혹은 수행적이며) 상황적인 기준을 채택한다(pp. 135-137). 전통적으로 이는 회의론자나 비신자에게 기독교 복음을 추천하는 일로 정의되고, 대화와 설득의 과정이 요구된다. 하지만 역사적으로는 변증가가 일정한 정도로 대화 상대자가 속한 세상으로 들어간다고 전제해 왔다. 6장에서 살펴보겠지만, 변증가는 기독교가 어느 정도까지 다른 진리 주장을 완성하거나 성취하는지를 논증하려고 할지도 모르지만, 타자를 존중하고, 신학적인 것을 매개하여 **타자의 세계로** 끌어들이고자 하는 노력도 존재한다. 워드의 수사 안에는 이런 태도가 나타나지 않는다. 분명히 워드의 의도는 현대 문화에 대한 자신의 진단 전체를 규범적이며 신학적인 것으로 만들고자 함이다. 하지만 지배적인 시대정신에는 구속적 덕목이 전혀 존재하지 않는가? 성스러운 덮개 밖 삶에 관해서는 칭찬할 만한 것이 전혀 없는가?

워드는 (공공)신학자가 교회와 세속 문화의 경계 공간으로부터 발언하는 것을 이렇게 묘사한다. "교회의 서쪽 열린 문, 곧 세상과 동쪽을 향한 제단 사이 문턱에서, 양쪽을 섬길 준비가 되어 있는 상태로 말이다"(2005, p. 59). 처음 읽었을 때는 동등한 조건하에서 이뤄지는 상호적 조우를 암시하는 것처럼 보이지만, 사실 이 교류는 전적으로 일방적이다. 신학자는 교회 **안에** 숨은 채 "그곳으로부터 삶의 질서가 제시되는 교회 안을 되돌아본다"(p. 59). 교회는 질서의 공간이지만 (외부) 세계는 모순적이며 무질서하고 복제simulacra와 조작된 전율synthetic thrills이 범람한다. '고층 건물과 지저분한 골목, 네온사인, 평면 스크린, 붐비는 공동주택, 유혹, 흥분, 결핍'의 공간이다(p. 59). 이는 가득 차 있는 동시에 텅 비어 있는 세계의 매력적인 이미지다. 그러나 기독교적 덕을 통해 더 많이 가꾸어야 할 필요가 있음에도 세계가 그 자체의 구속을 위한 씨앗을 포함하고 있다는 징조는 전혀 없다. 대신 교회의 역할은 타락한 문화에 평화와 화해를 부여하는 것이고, 그 대가로 교회는 통찰이나 치유, 용서의 말을 요구할 필요가 전혀 없어 보인다. 신학이 관습적으로 성스러운 것의 성소로부터뿐만 아니라 속된 공간으로부터도 발언할 가능성은 전혀 없어 보인다.

그러나 우리가 신학자가 교회에 자리를 잡고 세상을 향해 말한다는 워드의 관점을 받아들인다고 하더라도, 여전히 급진적 정통에 제기된 비판을 피할 수 없다. 즉 충분히 순수한 전통이 없기 때문에 이는 이상화된 교회론에 입각한 발언에 불과하다는 것이다. 그렇다면 워드의 신학자가 말하는 이 교회는 어디에 존재하는가? 이는 단순히 이상화된 개념에 불과하지 않은가? 이 변증의 주체는 누구인가? 그것은 교회와 세상의 경계에서 이뤄지는 개인의 책무인가? 그것은 대항문화적 윤리를 실천하는 성만찬 공동체의 집단적 실천인가? 신학자가 새로운 변증의 가장 중요한 대변인인가? 그렇다면 그는 어떻게, 누구를 향해, 무슨 형식으로 말하는가? 정치적·문화적 상상을 향한 개입이 이뤄지는 지점은 어디이며, 여기에 정책이 포함되는가?

워드는 물질문화와 문화적 실천, 그리고 제도의 현실을 무시한 채 모든 것을 '텍스트'로 취급하는 것의 위험성을 알고 있다. 그럼에도 그는 문화의 담론적·재현적 형식을 우선시하는 것처럼 보이며, 공적 영역의 변혁에 관한 구체적 사례를 언급하는 경우는 드물다. 신학이 어떻게 '변혁적인 공적 실천'이 될 수 있는가?(2005, p. 61) 문화와 관련해 신학을 위한 '참여의 구조'(p. 113)는 어디에 존재하는가? 마찬가지로 '더 심미적이며, 더 에로틱한'(2000b, p. 3) 기독교의 추구가 정치적으로 더 적극적인 기독교를 압도하고 마는가? 그가 교회의 일상적 실천에 뿌리를 내리고 있는 구체적인 문화적 생산('포이에시스')을 촉구함에도 어떻게 이러한 담론 행위가 생성되는지, 혹은 어떻게 이런 행위가 전략적으로 공적 논쟁 안으로 옮겨질 수 있는지에 관해서는 거의 설명하지 않는다.

주의 기울이기: 루크 브레서튼과 시민권의 실천

2011년까지 런던에서 활동한 영국 신학자 루크 브레서튼은 급진 정통주의와 후기자유주의 신학에 폭넓게 공감하는 관점에서 공론장에서 기독교적 증언의 역할에 관해 글을 쓰고 있다. 그는 핵심 이슈를 이렇게 요약한다.

> 현대 기독교 정치사상에서 핵심 문제는 교회가 독특한 정치를 지니고 있고 그 자체로 특수한 정체인지, 아니면 민주화와 자유주의 국가에 대한 헌신이라는 형태를 취하는 정치를 지니고 있는 시민사회 안에서 교회가 유권자 집단을 이루고 있다고 이해하는 것이 최선인지와 연관이 있다.…최근 점점 더 많은 신학자가 교회의 가장 우선적 책무는 교회가 되는 것이라고 강조해 왔다. 그들에게 교회가 할 일은 특정한 형식의 세속 정치 질서(즉, 자유민주주의)를 위해 일하는 것이 아니다.…밀뱅크, 캐버너, 오도너번 부부 같은 인물들은 교회가 자신의 정치적 전망

에 대한 이해를 **기독교 신앙과 실천의 외부로부터** 가져와서는 안 된다고 올바르게 주장한다.···이러저러한 방식으로 그들은 기독교 예배의 다양한 양상을 근대 국가와 자본주의 경제에 의해 한계가 정해진 사회적·정치적 관계에 대한 대항적 수행으로 이해한다. (Bretherton 2010, p. 17)

이 인용문은 이 입장의 특징 다수를 깔끔하게 정리한다. 즉, 세속적 자유주의에 맞서는 '대항적 수행'으로서 교회의 삶, 세속 근대성의 해악과 중립적 공론장의 빈약함에 대한 대안의 원천이 될 수 있는 기독교 전통의 실천, 인간의 조건에 대한 신학적 해석의 자기충족성 등이다. 하지만 공공신학에 대한 함의를 탐구하는 브레서튼의 여정은 그를 다른 경로로, 또한 아마도 매우 다른 목적지로 이끈다. 주된 이유는 신학자로서 그가 학계에 속하여 발언할 뿐만 아니라, 광범위한 토대를 갖추고 있으며 복수의 기관(과 복수의 신앙)이 참여하는 풀뿌리 지역사회 조직인 '런던 시민London Citizens'에 참여하면서 발언하고 있기 때문일 것이다. 이 조직에서는 기독교의 목소리와 에너지가 가장 두드러지지만, 이러한 참여는 다원주의 안에서의 실용주의라는 접근 방식을 취한다. 기독교적 신념의 영적 자본이 종교의 사사화와 국가에 의한 교회의 근대주의적 도구화에 저항해 적극적이며 주도적인 공적 신앙을 실천하고 서술하는, 독특한 '아비투스'를 만들어 내지만, 그리스도인은 동시에 어떻게 '국가나 시장과 관련해 그리스도인이 아닌 다양한 타자들과 공동생활을 해낼 수 있는지' 자문할 필요가 있다(p. 17).

　이 때문에 브레서튼은 전략적 협력 관계에 기초한 임기응변식 실용적 정치 전략을 옹호한다. 현재의 정치적 요구는 협력 관계에 있는 동반자의 세계관과 완벽하거나 절대적으로 일치한다고 가장하지 않으면서도 공유된 목적을 추구하는 대화가 반드시 필요하며, 이를 통해 '지배적인 정치적 조건이 우발적으로 유입되는 상황에서'(p. 20) 효과적인 정치적 동원이라는 목적을 성취할 수 있다. 이런 과정에서 다음 원칙들이 부상한다. 공동선을 추구하기 위해 연약한 시민적 행동주의의 촉진을 소중히 여겨야 한다. 또한 교회의 증언은 언제나 상황적이며 최선의 진정성을 유지하기 위해 '신실한 방식으로 즉흥적으로 대응할 수 있는 능력'(p. 21)을 요구할 수도 있다.

　이와 관련해 브레서튼은 지상의 도성과 천상의 도성의 관계에 관한 아우구스티누스의 이해로부터 영감을 얻었다. 겉으로 보기에 두 도성은 동일한 문화적 공간을 공유하지만 전혀 다른 논리로 작동한다. 지상의 도성은 하나님의 도성의 서투른 흉내내기이며, 기독교의 비판을 받을 수밖에 없는 왜곡된 모방으로 읽힐 수 있다. 종말론적 현실의 전형인 하나님의 도성은 궁극적으로 천상 도성의 가치에 의한 구속의 필요성을 통해서만 파악될 수 있는, 지상 도성의 의미와 사용을 상대화하고 바로잡는다.

　브레서튼은 교회가 지역의 행동주의에 참여하는 것에 관해 그가 '이중 듣기'(p. 99)라고 부르는 전략을 추천한다. 브레서튼에게 이는 아우구스티누스가 말한 세속*saeculum*에서 시민으로 살아가는 것의 결과다. 그 안에서 두 도성의 현실은 나름의 특수한 사법권을 행사한다. 그리스도인은 하나님의 도성이 세워지기를 고대하면서 부활과 종말 사이에서 살아가야 하며, 동시에 지상의 도성을 아무리 불완전하더라도 그 안에서 신앙을 실천해야 할 공간으로 받아들여야만 한다.

하나님의 도성과 지상의 도성을 나란히 놓는 아우구스티누스의 관점은 이 둘이 역사적으로 혹은 시간적으로 같은 경계를 가지고 있지만 다른 가치의 지배를 받음을 암시한다. 교회는 부패하고 있는 세상의 일부인가? 아니면 새롭게 떠오르는 정치적 결사 형식의 전령인가? 진리는 더 복잡하다. 교회는 하나님의 사랑이 지배하는 배타적 고립 지역이라고 주장할 수 없다. 그 경계 너머에 있는 이들의 이타적인 행동이 세계가 자기애에 빠져 있고 구속의 속성을 결여한 공간이라는 견해를 반박하기 때문이다.

> 아우구스티누스는 하나님 도성의 구성원들이 지상 도성의 구성원들과 세속적인 선(무엇보다도 정의)에 대한 공동의 관심을 공유하고, 일정 정도의 공적 합의를 허용하기에 충분한, 그러한 선에 대한 해석을 공유한다고 인정한다. 동시에 하나님을 향한 사랑 없이는 참되거나 완전한 정의가 존재하지 않는다는 것도 명백하다. (Biggar 2011, p. 43)

부분적으로 이는 과도기를 위한 기독교적 정체성과 공동체를 만들어 내는 것에 관한 문제이지만, 지상의 도성에 도래하는 하나님 나라가 미리 나타남을 인정하는 것에 관한 문제이기도 하다. 여기에는 그리스도인이 아니지만 정의와 인간 번영, 평화에 관한 관심을 공유하는 이들을 인정하는 것도 포함된다. 하지만 브레서튼은 이 책무가 '듣기'의 책무임을 강조하면서 인간이 하나님의 계시, 즉 그리스도 안에서 선포되고 성서에 증언된 말씀을 듣는다는 바르트주의적 주장을 떠올리게 한다. 하지만 자신이 했던 경험으로 인해 그는 그리스도인이 더 적게 말하고 더 많이 듣도록, 하나님 말씀뿐만 아니라 이웃에게도 일정한 관심을 기울이도록 부르심을 받기도 했다고 주장한다. "그것은 다른 이들에게 주의를 기울이는 방식이다.…이로써 자신의 제한된 관점 밖으로 나와 새로운 이해가 나타나게 한다"(Bretherton 2010, p. 87).

정치적 협력의 실용적 토대는 '공통된 사랑의 대상'을 확인하고 추구함에 있다(p. 83). 하지만 이처럼 소망을 품고 기꺼이 차이를 존중하고 용인하면서 세상과, 즉 손상되었으며 결함이 있는 많은 기관과 협력하는 것은 기독교의 순수성에 대한 배반이 아니라 그것을 실현하기 위한 조건이다. 그리스도인은 동료 시민으로서만 아니라 함께 은총과 용서를 받는 사람으로서 다른 이들과 공통 기반을 공유한다는 사실을 환영해야 한다. 세상의 도덕적 모호성이 세상을 구속할 수 없는 대상으로 만들거나 선을 행할 세상의 잠재력을 부정하는 것은 아니다.

브레서튼은 전작에서 탐구하던 주제로 돌아가 이것을 환대의 감수성─추상적이거나 상상력이 결핍된 중립성을 구축하려는 시도가 아니라, "한 사람이 다른 사람을 위한 공간을 만드는…주어져 있으며 공유된…공간 안에서 함께 살아가겠다"라는 헌신에 비유한다(p. 88). 그는 이 윤리를 성서적 전통과 기독교 역사에 깊이 뿌리를 내리고 있으며 그리스도인이 그 안에서 자리를 잡을 수 있는 풍성한 서사를 지닌 윤리로 본다. 이는 나그네를 환영하고, 감옥에 갇힌 사람이나 집이 없는 사람, 가난하고 소외된 사람을 돌봄으로써 그리스도를 대접하는 윤리다(마 25장). 하지만 이는 다른 종교 전통 안에서 자리를 잡고 있으며, 따라서 많은 도시 공동체에서 반향을 일으키고 연합을 이룰 수 있는 잠재력을 지니고 있다. 먼저 브레서튼이 기독교적 가치의 독특성이라는 패러다임에서 출발하여 "누가 나의 이웃인가?"라는 물음을 통해 이 관점을 중재하고 확장하는—상호텍스트적으로 그렇게 한다고 주장할 수도 있다—것을 살펴보고자 한다.

> 도덕적 문제를 직면할 때 교회는 생각과 행동의 구체적인 경향을 발전시킨다. 그러나 교회의 대응은 이웃과 함께하는 삶으로부터 고립된 채 발전되지 않는다. 그 대응을 발전시킬 때 교회는 주변에 있는 이들의 삶에 관여할 것이고, 그들 역시 교회의 분별에 관여하고 그것에 영향을 미칠 것이다. 이웃의 삶과 연대하면서 교회는 어떻게 특수한 도덕적 증언이 하나님의 행동에 의해 변형되는지를 증언하는 사회성의 경향을 확립하려고 노력할 것이다. (2006, p. 197)

기독교 정치 참여의 기초로서 일종의 실용적인 환대의 사회 윤리를 옹호하는 브레서튼의 관점은 위험하게도 교회적·성서적 뿌리와 단절되어 있는 교회와 관련된 공적 참여에 대한 후기자유주의적 비판을 많은 부분 반영한다. 하지만 세상이 아무리 양가적이며 결함이 있더라도 세상에게 자신을 내어주라는 성육신적 명령에 대한 일종의 기독교 현실주의적 헌신을 유지하는 동시에 여전히 특수한 전통과 입장에 뿌리내리고 있다. 하지만 전통 자체는 다른 이들을 위한 '공간을 만들면서' 바로잡음과 갱신을 위한 자원을 발견한다. "그것이 바벨론이라고 할지라도 도시의 번영을 추구할 때 우리는 우리 자신의 번영을 발견할 뿐만 아니라 새롭고도 놀라운 방식으로 하나님을 만난다"(2010, p. 87). 의식적으로 그렇게 하든 그렇지 않든 여기서 브레서튼의 언어는 (공공)신학이 "교회의 이익을 보호하기 전에 도시의 번영을 추구한다"라고 묘사한 던컨 포레스터의 말을 떠올리게 한다 (2004, p. 6).

이는 다원주의 사이에서 특수성이 창조적 긴장 관계에 있음을 인정한다. 적극적인 시민 의식의 형식을 촉진하기 위해 종교에 영향을 받은 추론이 다른 모든 추론과 구분되지 않을 필요가 없다고 주장한다. '다른 이들'에 대한 관심은 '민주주의 정치를 신실한 제자도의 적절한 매개체로서' 지지함으로써 제대로 기능하는 공적 영역의 기반인 신뢰와 포용력을 쌓을 수 있도록 돕는다(Bretherton 2009, p. 15).

논의: 아기와 목욕물

급진 정통주의와 후기자유주의 신학 모두 더 독특하게 **신학적인 담론**의 회복에 기초해 더 독특하게 **기독교적인 윤리**를 진술하는 것을 책무로 삼는다. 따라서 비판과 재구축의 두 단계를 더 자세히 구별하는 것이 도움이 될 수도 있다. 즉, 신학이 세속적 근대성에 순응했다고 판단하고 이로부터 거리를 두려는 단계와 그로부터 갱신된 발언과 실천이 이뤄질 수 있는 독특한 입장을 구축하는 단계다. 주류 공공신학의 많은 부분이 덧없는 시대정신이라는 우상에 취약하다고 비판할 수도 있지만, 나는 후기세속적이라고 자처하는 이 신학자들이 제시한 해법이 그들의 주장만큼 급진적이거나 정통적인지에 관해 이의를 제기하고자 한다.

급진 정통주의에게는, 철학(근대 이전 혹은 후기근대 철학)의 전유를 통해 이처럼 비판으로부터 재구축으로 넘어가는 움직임조차도 역설적 과정이다. 근대를 해체하기 위해 탈정초주의적 혹은 반정초주의적 비판을 채택한 급진 정통주의가 어떻게 정통을 추구하면서 이를 반복하는 것을 옹호할 수 있겠는가?(Hanvey 2000, p. 162) 이는 다시 이런 회복 프로그램을 시작하는지에 관한 질문을 제기하며, 이는 모두 어디로부터, 어디 안에서, 어디를 향해 발언하는지에 관한 질문이다. 신학이 그로부터 출발하는 역사적 '기본 입장'에 호소할 수 있는가? 독특한 혹은 순수한 관점에 입각해 말하고자 하는 욕망이 배타주의적 입장으로 퇴각하는 것과 혼동될 수도 있지 않는가? 말하고자 하는 관심이 필연적으로 존중하는 태도로 들으라는 명령을 포함하는가?

그렇다면 신학자는 어디로부터 말하는가? 주어진 규범 너머에 있는 것을 더 이상 언급하지 않고 자신의 전통과 관계를 맺을 뿐인가? 여기서 급진 정통주의는 재구성을 주창하는 후기세속 신학을 추구하면서 역사적 전통을 되찾고자 하는 노력이 자신의 자료에 대해 다소 부분적인 접근 방식을 채택하는 결과를 낳았다는 비판에 취약할 수밖에 없다. 급진 정통주의자들은 근대성에 오염되지 않은 권위를 고정된 아르키메데스 점으로 삼고 그것으로 돌아가기를 권고하는 것처럼 보이지만, 그것이 언제나 이미 그 자료에 대한 특수한 해석임을 고려하지 않는다―이로써 (그에 대해 아무리 큰 반감을 느끼고 있더라도 자신의 근대적·후기근대적 맥락으로부터 자신을 해방시킬 수 없는) 현대 신학자와 과거의 모범적 자료 사이의 해석학적 거리를 사실상 제거해 버린다.

> 급진 정통주의는 기독교 문화의 살과 피를 고안해 낼 수 없으며, 따라서 그 신학적 형태gestalt, 몸짓을 후기근대적 방식으로 존재했던 것과 존재할 수도 있는 것을 지향하며 묘사하는 것에 만족해야만 한다.…기독교 신앙과 실천을 정화된 추상의 수준으로 높여야 하며, 그렇게 함으로써 그리스도가 교회 안에, 사회 안에 임재하시도록 하는 책무를 제대로 이행하지 못하는 상황으로부터 구원을 받을 수 있다. (Reno 2000, p. 44)

리노Reno의 비판은 급진 정통주의가 모범적 전통을 찾으려고 노력하다가 결국에는 역사에 대단히 선택적인 태도를 취하는, 이상화된 과거를 구축하는 것으로 귀결된다는 것이다. 제도적 교회의 불만족스러운 현실에 대한 환멸 때문에 자유주의 신학자들은 정통의 제약보다 경험과 맥락을 더 우선시하게 되었다. 하지만 마찬가지로 급진 정통주의는 약화된 전통의 제약을 느끼고, 에릭 홉스봄Eric Hobsbawm이 '고안된 전통'이라고 부른 것에 의지해 그 전통을 자신의 형상으로 다시 만들어 내야만 한다.

'고안된 전통'은 명시적으로나 암묵적으로 받아들여지는 규칙에 의해 일반적으로 통제를 받으며 의례적 혹은 상징적 성격을 지닌 일군의 실천을 의미하는 것으로 받아들여진다. 이런 실천은 자동적으로 과거와의 연속성을 암시하는 반복에 의해 특정한 가치와 행동 규범을 심어 주고자 한다. 실제로, 가능한 경우에 이런 실천은 일반적으로 적절한 역사적 과거와의 연속성을 확립하려고 노력한다.…그러나 역사적 과거에 대한 이런 언급이 존재하는 한, '고안된' 전통의 독특성은 그것과의 연속성이 대체로 허구적이라는 것이다. 간단히 말해서, 이런 전통은 옛 상황에 대한 지시의 형태를 취하거나 준강제적인 반복에 의해 그 자신의 과거를 확립하는 새로운 상황에 대한 반응이다.
(Hobsbawm and Ranger 1983, p. 1)

근본적으로 급진 정통주의는 '특수성 알레르기'(Reno 2000, p. 43)라는 병을 앓고 있는 듯하며, 비판자들은 어떻게 이 신학이 교회의 삶의 실질적인 맥락과 실제로 연결되는지를 파악하려고 노력해 왔다. 이것은 교회로부터 발언한다고 주장하는 신학일지도 모른다. 하지만 정확히 어떤 교회인가? 이 신학은 특수한 역사적 시기에 존재했던 물려받은 전통으로부터 실제로 말하지 않고, '고안된 것, 과거로부터 단호하게 추려낸 것, 상상을 통한 회복 행위'에 불과한 신학적 유산에 의존해야만 한다(p. 9).

이와 연관된 추가적인 비판은 어느 정도까지 교회가 (교회의 대안적 윤리나 근대성에 대한 치유의 실천을 위한 원천으로서) 비판을 초월해 있는지에 관한 문제와 관련이 있다. 물론 그리스도인의 윤리가 교회의 삶이나 지혜와 전적으로 분리된 채 '일종의 자유롭게 떠 있는 지혜로서 유지될' 수는 없다(Forrester 2010, p. 176). 하지만 이는 교회 밖에 구원도, 정의나 평화나 사랑도 없다는 뜻인가? 아니면 복음의 신뢰성이 전적으로 교회의 정직성에 의존한다는 뜻인가?

교회의 삶이 세상 고통과의 연결고리를 상실하고, 교회의 덕 함양이 너무나도 자기충족적으로 혹은 내향적으로 변하여 세상을 향한 더 온전한 소명이 무시될 때 문제가 발생한다. 인간 경험의 실천적·일상적·양가적 차원에서 하나님을 만날 수 있음을, 혹은 '윤리적 삶, 정치의 다루기 어려운 복잡성과 모순과 씨름하는' 것을 포함하는 신학함의 방식을 거의 인정하지 않는 것처럼 보인다(Ford 2001, p. 394).

그렇다면 신학자는 어디로부터 발언하는가? 신학적 담론이 원용할 수 있는 다양한 출처와 대화할 수 있는가? 실제로 '기독교의 공동체적 신념에 대한 규범적 설명'(Kamitsuka 1999, p. 14)을 제시하는 신학들조차도 주변 문화와 교류하지 않는 것이 불가능함을 깨닫는다. 결국 기독교 교리는 언제나 그 주변과의 교류로부터 변증법적으로 나타났고, 이는 이런 대화가 신학으로 하여금 그 자신의 전통을 이루는 요소를 수정하도록 이끌기 때문이다. 기독교 교리의 역사는 비신학 자료가 미친 일련의 영향력을 보여 주며, 성경의 증언 자체가 확실히 선택받은 자라는 개념을 전복할 때가 많고, 하나님의 언약이 예상하지 못했던 사람들과 장소들을 끌어안기 위해 확장되는 것을 반복적으로 증언한다. 예를 들어, 급진 정통주의가 아퀴나스를 전유하는 방식을 비판하는 이들은 그가 아리스토텔레스주의와 아랍 철학을 흡수했으며, 따라서 비기독교적 영향력과 기독교 사상의 진화 사이에 역사적 연속성이 존재함을 지적한다(Hanvey 2000). 이는 결코 정통적인 구성하는 신학의 대체물이 아니라 조력자이자 섭리적 동반자였다. 이는 세속적 이성을 달래고자 함이 아니라 신학이 언제나 타락한 세속주의와의 대결보다는 '흐릿한 만남'(Reader 2005)과 더 비슷한, 특수한 상황과 맥락으로부터, 그것을 향해 발언함을 예증하고자 함이다.

  세속 이성에 대한 후기자유주의적 비판을 옹호하면서 카미추카Kamitsuka는, 그런 비판이 신학 외부의 권위를 거부하면서 신학적 비판이 결여된 세속적 메타서사 전체를 전유하려는 경향을 겨냥하지만 실제로는 자유주의 신학에 의한 비신학적 자료의 전유가 사회과학의 추단적 사용 방식과 더 비슷한 것은 아닌지 예리하게 지적한다(p. 181). 월퍼하우스키^{Werpehowski}는 이를 '임시변통 변증'이라고 부른다(1986). 이런 변증에서는 모든 차이가 무조건적으로 해소되리라고 가정하지 않으면서, 임시적인 윤리에 관해 동의할 수 있는 공유된 담론적 공간을 구성한 목적으로 공통 기반을 표현한다. 이는 후기세속 기독교 행동주의의 가치 있는 성과로서 상호적인 시민적 관여를 위한 상황적 전략을 만들어 내는 것을 양해하는, 기독교 행동주의에 대한 브레서튼의 실용적 접근 방식과 유사하다.

공공신학자는 실제로 교회와 세상, 성과 속의 문턱에 서 있다. 하지만 일부 후기세속 신학을 받아들인다면, 그것은 이러한 흐릿한 만남의 위험을 감수하거나 심지어는 두 세계의 더 왕성한 교류를 권장함으로써 교회에 속하지 않은 이들에게 환대를 베푸는 것을 의미할 수도 없다. 세속적인 것이 어두운 구석에 절실하게 필요한 빛을 비출 수도 있는 예배당 **안으로** 세속적인 것을 초대하는 것을 의미할 수 없다. 그러나 그레이엄 워드는 신학자가 교회의 계단에서 발언하지만, 자신의 성명서를 문에 못 박은 다음 다시 안으로 물러날 뿐이라고 생각한다. 하지만,

> …우리는 실제 세계가 신자와 비신자, 교회와 세상으로 언제나 뚜렷이 나뉘는 것은 아님을 기억해야 한다. 교의적으로 확신에 찬 신자와 교의적으로 확신에 찬 불신자, 다소간 신자인 사람과 다소간 불신자인 사람 사이에 있는 무수히 많은 단계에 속하는 사람들이 뒤섞여 있을 때가 더 많다. (Biggar 2011, p. 69)

그렇다면 신학자는 어디로부터 말하는가? 상상된 혹은 진화하는 전통으로부터? 세상에서 이뤄지는 교회의 일상적 실천으로부터? 아니면 그 어떤 비판적 조사의 대상도 될 수 없는 아르키메데스 점으로부터? 이러한 전망은 그 자체의 준거 틀 너머를 볼 수 있는 의사소통 활동으로서의 변증이라는 개념에 미치지 못한다. 신학자가 말할 수 있는 자유는 자기실현적 예언에 불과하다.

신학자는 영웅적 구원자, 꿈을 꾸고 실현하는 사람visionary, 천재다. 지적 탁월함은 갱신의 열쇠로서 교회의 순종을 능가한다. 신학은 수용적이고 반복적이기보다는 창의적이고 독창적인 것이 된다. 근대 교회와 근대 신학의 실패를 너무나도 잘 알고 있는 급진 정통주의의 주창자들은 이론의 차원에서 기독교 진리를 대단히 명료하고 분명하고 명백하게 표현함으로써 세속성의 허무주의적 유혹을 불가능하게 만들고, 급진 정통주의가 평화로운 결과를 이끌어 낼 것이 명백해질 수 있도록 노력한다. 의심할 나위 없이 밀뱅크와 그의 동료들은 야심에 차 있다. 우리 시대 교회의 실제적인 실천이 복음의 진리를 강력하고 분명하게 드러내지 못한다면, 사변적 능력을 갖춘 이론적 목자들인 신학자들이 그 일을 할 것이다. 하지만 이런 야심은 아우구스티누스주의적이지 않다. 이것이 본질적으로 근대적 야심임을 나는 인정한다. (Reno 2000, p. 43)

지금까지 교회의 역사적 실천에 근거한 수행적인 기독교의 공적 증언을 자신들의 공적 담론을 위한 기초로 삼고, 이와 짝을 이루는 기독교 제자도의 덕목에 대한 교육을 행동하는 시민 의식을 위한 토대로 삼아 이로부터 발언하는 신학자들의 주장을 살펴보았다. 하지만 그것의 온전함을 세속적·근대적·자유주의적으로 간주되는 모든 것으로부터 그런 관행을 분리해 냄으로써만 보호할 수 있다고 말할 이유는 전혀 없다. 기독교적 관행과 비기독교적 관행 사이에 상관관계와 중첩이 불가피하게 존재할 것이며, 종교적 이해당사자와 비종교적 이해당사자 사이에 전략적 협력 관계가 존재할 수도 있다.

> 하나의 기호 체계로부터 다른 기호 체계로… '온전히' 번역하는 것은 불가능하지만, 대화 과정에서 상호 간에 의미 있는 번역이 일어날 수 있음을 부인할 이유는 없다. 이런 일이 일어날 수 있다면, (비록 상황적이며 어쩌면 빈약할 수도 있지만) 최소한의 공통 기반이 확립될 수 있고 (변증적이며 상호 비판적인) 교류가 이뤄질 수 있다.…다른 탐구 전통에 속한 참여자들이 선의를 가지고 상호 비판적인 대화에 참여하며 적어도 중첩적 합의의 순간을 향해 노력할 수 있는 가능성을 미리부터 배제할 이유는 전혀 없다. 이것은 이미 일어나고 있다. (Kamitsuka 1999, p. 97)

　이 장에서 나는 비신학적 분과를 '객관적으로, 명백하게 아무런 효력이 없고 전적으로 진리를 결여한' 것으로 간주하는 신학자들(Milbank 2009, p. 306)과 '광활하신 하나님'이라는 이름으로 일반은총과 합리적 담론의 보편성이라는 원칙을 주장하는 이들(Atherton 2001, p. 5)을 나누는 단층선을 추적했다. 비판자들이 제기하는 반론이 유익하기는 하지만, 자유주의 모형이 이중 언어 구사, 중재, 변증이라는 영속적 원칙을 통해 다원주의적이며 후기세속적인 맥락에 대응하는 데 더 적합하다. 이 모형은 어디로부터 말하고 누구에 관해 말하는지에 관해 중요한 교훈을 후기자유주의자들로부터 배울 수 있다. 즉, 하나님의 말씀이신 예수 그리스도, 세상을 향한 하나님의 '발언', 그것이 내포하는 급진적 주장에 관해 배울 수 있다. 그러한 주장의 함의를 어디에서 어떻게 가르칠 수 있는지, 어떻게 하나님의 백성이 그곳으로부터 발언하고 행동하는 공간 안에서 살아가는지에 관해 더 많은 고찰이 필요할 것이며, 이와 관련해 일종의 수행적 변증으로서 교회의 실천과 일상적인 신실함에 대한 후기자유주의자들의 강조는 중요한 새로운 요소다. 그러나 그런 용어가 의미하는 바를 갱신해야 하는 책무가 여전히 남아 있다고 하더라도 이중 언어 구사, 중재, 변증—점점 더 파편화되고 있으며 종교적으로 더 회의적으로 변해 가는 세상을 향해—의 기획을 쉽게 무시할 수는 없다.

5장

십자군과 문화 전쟁

복음주의 정체성 정치의 위험

서론

1장에서는 공적 공간에서 종교가 '새로운 가시성'을 확보하게 되었고, 그 예로 유럽에서 평등과 다양성에 관한 법률이 확장되어 '종교와 신념'을 포함하게 되었음을 살펴보았다. 나는 종교와의 동일시를 인정하는 것과 다양한 생활방식에 대한 관용의 확대 사이에 균형을 잡고자 하는 노력에 내재한 어려움에 대해 암시한 바 있다. 이는 평등과 인권의 논리가 종교와 양심의 자유와 충돌하게 되는 때다. 이 장에서는 자유민주주의 공론장의 원칙 다수를 거부하는 특수한 종류의 고백적 공공신학의 출현에 초점을 맞춤으로써 이 문제를 더 자세히 살펴보고자 한다. 이런 신학은 다문화주의와 세속주의라는 이중적 힘으로부터 위협을 당하고 있다는 인식 가운데 공적 삶에서 기독교의 우세함을 회복하고자 노력한다.

이런 입장을 가장 뚜렷하고 논쟁적으로 표현한 사례로는,

영국에서 자신의 신앙을 표현하려 했다는 이유로 박해를 경험했다고 주장하면서 고용주에 맞서 세간의 이목을 집중시킨 법정 소송을 제기한 소수의 보수 그리스도인들의 행동을 들 수 있다. 일반적으로 이런 소송은 21세기 초에 도입된 평등과 다양성을 보장하기 위한 다양한 법률(1장을 보라)을 위반했다는 이유로 그들의 고용주가 취한 징계 조치로부터 시작되었다. 소송 건수는 많지 않지만, 한 사람을 제외하면 소송을 제기한 모든 사람은 후속 심리와 유럽인권법원 European Court of Human Rights을 비롯한 법원 당국에 의해 자신들의 소송이 기각되는 것을 목격했다. 그러나 이들은 여론, 캠페인, 공적 증언으로 이뤄진, 이질적이기는 하지만 더 광범위한 네트워크의 일부를 대표한다. 이 모든 것이 리처드 매캘럼 Richard McCallum이 '복음주의 기독교의 소공론장'이라고 부르는 것을 구성한다(2011, p. 180).

나는 이 네트워크로부터 등장한 '담론'이 '복음주의 정체성 정치'로 특징지을 수 있는 특수한 감수성에 기름을 붓는 다수의 강력한 주제 혹은 표어에 근거해 있다고 주장할 것이다. 이런 주제는 종교의 쇠락을 직면한 상황에서의 상실감, 세계에 관한 또한 '그리스도'와 '문화'의 관계에 관한 양극화된 견해, 비신학적 지혜와 문화적 다원주의를 의심하는 성서주의, 기독교의 공적 소명에 객관적인 도덕적 진리에 대한 개인적 증언이 포함된다는 전망을 다룬다. 세속주의가 부상하고 문화적·종교적 다원주의가 심화되는 상황에 직면해 많은 보수 그리스도인은 "대처하기 어렵고 계속해서 변화하는 도덕적 모호성을 명확히 설명하고, 새로운 도덕적 질문에 대해 답하고, 전통적 관점을 옹호하고, 새로운 경계를 세워야만" 했다(Hunt 2010, p. 188). 특히, 더 광범위한 서양 사회에서 레즈비언, 게이, 양성애자, 트렌스젠더, 인터섹스LGBTI 생활방식에 대한 태도가 자유주의적으로 바뀌고 '다양한 성 권리와 재생산 권리가 시민권에 대한 확장되는 정의와 점점 더 결합되는' 상황(p. 184)이 특별한 기폭제 역할을 했다.*

> 이제 영국은 본질적으로 후기기독교 사회다. 대체로 문화와 밀접하게 관련된 방식으로 이뤄진 기독교에 대한 해석에 기초한 관습적인 도덕은 이미 무너졌고 계속해서 도전받고 있다. 이제 기독교는 주변화되었으며 대체로 사적 영역에 국한되어 있다. 하지만 비이성애자 권리의 신장으로 대표되는, 세속 세계의 정치 변화로 인해 경쟁하는 기독교적 집단들이 공적 광장 안으로 점점 더 들어오게 되었다. 영국이 점점 더 세속화하고 있음을 보여 주는 한 척도는, 이런 집단들이 이제는 돌이킬 수 없는 것처럼 보이는 장기 과정의 일부로서 자신들의 구성원들까지도 세속화시키는 민주적 절차와 담론에 스스로 적응해야만 한다는 점이다. (Hunt 2010, p. 197)

다수의 주류 기독교 교단은 성도덕과 '비이성애적'(Hunt

---

* 전지구적으로 보면, 같은 요인이 동성애 문제에 대한 아프리카의 많은 보수 교회의 공적 태도를 형성하는 데도 영향을 미쳤다.

2010) 생활방식의 정당성이라는 문제를 둘러싸고 내적으로 갈등을 겪고 있다. 여기에는 성소수자가 교회에서 사목 직분을 맡을 수 있는지와 교회가 동성애자의 시민 결합이나 결혼 예식을 집례할 수 있는지에 관한 질문이 포함된다. (많은 경우에 전지구적으로 확장된) 기독교 전통 내의 분열을 고려할 때 사회 전반에서 나타나는 성적 관습의 변화가 더 전통적인 사고방식을 지닌 수많은 그리스도인에게 걸림돌이 되고 있다는 사실은 전혀 놀랍지 않을 것이다. 나는 이것이 냉혹한 세속주의의 저항할 수 없어 보이는 힘과 분노에 찬 종교의 움직일 수 없는 대상 사이의 또 다른 교착 상태를 상징할지도 모른다는 생각이 든다. 이 경우에는 중립적·비정파적·불가지론적 공적 영역이라는 자유주의 모형을 전제로 삼는 평등과 종교적 경건의 공적 표현에 대한 감수성 사이의 논쟁을 통해 이런 교착 상태가 드러났다. 정책 입안자들은 통약이 불가능해 보이는 평등의 서열과 종교에 대한 경쟁하는 감수성 사이에 판결을 내리는 방식 사이에 갇혀 있다. 이에 더해 그리스도인은 어떻게 대응해야 하는가? 박해를 받고 있다는 주장은 정당화될 수 있는가? 후기세속 사회에서 기독교의 공적 증언에 가장 적절한 형식은 무엇인가?

보수 종교의 '소공론장'

2010년 9월 교황 베네딕토 16세가 영국을 방문했을 때 그는 '공격적 세속주의' 문화에 관해 언급하면서 기독교가 유럽 문명의 필수 요소이며 공적 삶에서 종교가 계속해서 중요한 역할을 할 것이라는 자신의 확신을 이야기했다. "20세기 무신론 극단주의를 통해 얻은 엄중한 교훈에 관해 성찰할 때 공적 삶에서 하나님과 종교, 덕을 배제할 때 그것이 궁극적으로 인간과 사회에 대한 축소된 전망으로, 따라서 '인간과 그의 운명에 대한 환원론적 전망'으로 귀결될 수밖에 없음을 결코 잊지 말아야 한다"(Mackay 2010).

웨스트민스터 대주교 코맥 머피 오코너(Cormac Murphy-O'Connor) 추기경과 그의 후계자 빈센트 니콜스, 스코틀랜드 로마가톨릭교회 지도자였던 키스 오브라이언(Keith O'Brien) 추기경 같은 다른 로마가톨릭 지도자들도 베네딕토의 정서를 반향해 왔다. 이들의 분석은 많은 부분에서 비슷하며 (뒷받침할 만한 구체적인 증거를 거의 제시하지 않는) '공격적 세속주의'에 대한 공격, 교회가 공적 이슈에 관해 발언할 수 있는 권리에 대한 옹호, (그것이 영국 사회를 위한 기독교의 역사적 유산을 제대로 인정하지 않는 한) 다문화주의의 위험 등이 포함된다(Addley 2008). 또한 그들은 동성 결혼을 도입하자는 영국 정부의 제안을 공격해 왔다. (영국 법률에 따르면, 동성 시민 결합은 이미 합법이지만 예배 장소에서는 합법이 아니다. 종교 지도자들은 동성 결혼을 허용하면 법률이 그러한 예식을 집례하도록 요구할 것이라고 두려워한다.) 오브라이언은 단호한 용어로 이러한 경향을 비판하면서 결혼 제도 개혁은 자연법에 반하며 "사회가 부도덕한 방향으로 점점 더 타락하고 있다"라는 증거가 될 것이라고 주장했다(Furness

2012).

따라서 로마가톨릭교회 지도자들의 공식 입장은 그들이 서양 사회의 재앙적인 자유주의화 경향이라고 간주하는 것에 대단히 비판적이며, 기독교 세계의 쇠락을 사회를 결속하는 중요한 도덕적 가치관의 상실과 연결한다. 이러한 '쇠퇴 서사'와 전통적 신학 요소를 결합하는 태도는 흥미롭게도 사회적 분석과 복음주의 교리가 특수한 방식으로 결합되는 더 이종적인 항의 네트워크 안에서도 분명히 나타난다.

'소공론장micro public sphere'이라는 용어는 18세기 이후 유럽에서 이뤄진 독특한 공적 영역의 발전에 관한 위르겐 하버마스의 연구로부터 출현했다. 이에 대해 낸시 프레이저Nancy Fraser와 크레이그 캘훈 같은 비판자들은 공적 영역은 동질적인 것으로 간주할 수 없으며 분화된 공적 영역에 다수의 행위 주체가 존재할 가능성을 허용해야 한다고 주장해 왔다(McCallum 2011). 따라서 서로 연결되어 있으며, 때로는 경쟁하는 '소공중micro publics'의 네트워크라는 개념이 공적 영역을 구성하는 다양한 집단을 이해하는 데 필수적이다. 지역 정부와 국가 정부의 상호작용이나 시민사회의 다양성, 공적 여론의 형성을 예로 들 수 있다. 이는 종교적 사회자본의 동원에 대해 고찰하고자 할 때 특히 중요하다(McCallum 2011, p. 177). 기독교가 주류의 공적 영역에서 더는 지배적 세력이 되지 못하는 후기기독교 시대에, 종교 집단이 다양한 '소'영역 중 하나를 구성할 가능성은 다양한 형태의 종교적 사회자본을 더 균형 잡힌 방식으로 이해할 수 있게 해 준다. 이런 종교적 사회자본 중 일부는 대항문화적 관점이나 소수의 관점을 대변할 수도 있다. 이러한 소영역은 때로는 초국가 형태를 띠는 다양한 구성 집단의 네트워크, 더 광범위한 영향력을 행사하여 '상호적 관심사를 처리하고 논쟁하고 널리 알리기' 위한 목적으로 결합된 이익집단들의 연합체일 수도 있다(p. 179). 매캘럼은 이런 개념이 복음주의의 공적 여론을 대표하는 것과 관련해 특히나 유용하다고 주장한다. 왜냐하면 역사적으로 "복음주의자들은 자신들의 관심사와 의견이 기성 교회의 담론으로 적절하게 대변되지 않는다고 생각하며, 기독교 메시지에 대한 자신들의 독특한 이해가 공적 광장에서 공평하게 들리지 않는다고 두려워할 때가 많기" 때문이다(p. 184).

매캘럼은 영국에서 기독교와 이슬람 대화의 특수한 차원과 관련해 복음주의의 공적 여론이 활성화되는 방식에 관심을 기울이고 있지만, 이 개념은 문화적 다양성에 직면한 종교적 정체성이라는 더 광범위한 문제를 둘러싸고 동원을 시도하는 이들에게도 적용될 수 있다. 교회 지도자와 학자로부터 로비스트와 평신도에 이르기까지 이해 당사자들의 연합을 확인하는 것이 가능하다.

교회 지도자

새롭게 나타난 보수적 복음주의 압력단체를 이끄는 가장 유력한 인물들은 1991년부터 2002년까지 캔터베리 대주교를 역임한 조지 캐리$^{George\ Carey}$와 2009년에 로체스터 주교로 은퇴한 마이클 나지르 알리$^{Michael\ Nazir-Ali}$ 같은 성공회 교인들이다. 다른 저명한 인물로는 복음주의 싱크탱크 런던현대기독교연구소 London Institute for Contemporary Christianity의 존 애주마John Azumah와 세계 곳곳에서 박해당하는 그리스도인들을 지원하는 바나바 기금 Barnabas Fund의 회장 패트릭 수크디오Patrick Sookhdeo를 꼽을 수 있다. 나지르 알리의 책 제목《서양이 처한 삼중 위험: 공격적 세속주의, 급진적 이슬람교, 다문화주의Triple Jeopardy for the West: Aggressive Secularism, Radical Islamism and Multiculturalism》(2012)는 '추진해야 할 그 나름의 기획이 있기 때문에 전통적인 원칙을 약화하려고 노력하는 공격적 세속주의'에 직면한 상황에서 기독교의 문화적 주변화에 맞서 이들이 취하는 입장의 본질을 요약하고 있다(Beckford 2009). 이들은 우리 문명의 기초인 기독교를 약화하려는 시도에 맞서 나라의 영혼을 지키기 위한 싸움에 임하고 있다고 생각하는 것으로 보인다. 패트릭 수크디오가 주장하듯이,

> 공격적 세속주의와 급진적 이슬람교에 맞서 그리스도인들이 하나가 되어 예수 그리스도와 그분으로부터 나오는 가치관과 사회에 대한 전망에 대한 확신 속에서 공개적으로 목소리를 높이는 것이 필수적이다. 그렇게 하지 못한다면 우리나라의 기독교적 토대가 더 빠르게 무너지고, 너무나도 많은 이들이 당연하게 여기는 자유, 정의, 긍휼이 사라질 것이라고 예상할 수 있다. 우리가 공적 삶에서 예수 그리스도를 위해 당당히 나서지 않는다면 우리나라는 아주 빠른 속도로 전혀 다른 모습으로 변할 수도 있다. (http://www.notashamed.org.uk/comments-churches.

php)

조지 캐리는 세속주의와 다문화주의가 '공모하여'(2012, p. 53) 영국에서 기독교를 주변화하고 있으며, 교회 출석 인구의 감소로 생겨난 진공을 메우려고 애쓰고 있다고 생각한다. 종교적·문화적 다원주의, 변화하는 가정 형태, '동성애가 사회적·성적 **규범**으로 확립되는 상황을 비롯해 사회적 가치관이 급속히 바뀌는 과정을 통해'(p. 44) 영국 문화는 '잘못된 방향 전환을 했다'(p. 151). 역설적으로, 소수자에 대한 관용을 확대하는 법안이 자유주의적 합의에 이의를 제기하는 이들, 즉 나지르 알리와 캐리가 생각하기에 '전통적' 가치를 고수하는 이들을 향한 불관용을 확대하는 결과를 초래했다. "그들이 다른 신앙을 지닌 이들에게 편견이 있다고 비난받을 위험을 감수하지 않고 그리스도의 유일성에 대한 **전통적 기독교 관점**을 계속해서 **천명할** 수 있을까? '동성애 혐오'라는 모욕을 당하지 않으면서, 더 심하게는 증오를 자극한다는 비난을 받지 않으면서 기독교적 결혼을 옹호하는 것이 가능할까?"(Carey 2012, p. 17, 저자 강조)

법정 소송

복음주의 정체성 정치의 소공중이 드러나는 또 다른 방식은 평등과 다양성 관련법에 호소하여 세간의 이목을 집중시키는 법정 소송을 제기하는 다수의 개인과 관련이 있다. 2013년 1월 유럽인권법원European Court of Human Rights, EHRC에서는 그리스도인

네 명이 영국 고용심판소Employment Tribunals의 판결에 맞서 제기한 항소에 관한 판결을 발표했다. 네 건 모두에서 그들은 신앙 때문에 직장에서 일정 정도 차별을 경험했다고 주장했다. 그들은 유럽인권조약European Convention of Human Rights 9조와 14조를 근거로 소송을 제기했다(British Broadcasting Corporation 2013). 네 건 중에 나디아 이웨이다Nadia Eweida의 소송 한 건만 승소 판결을 받았다. 영국항공British Airways 탑승수속 담당 직원인 이웨이다 씨는 착용한 목걸이 때문에 복장 규정을 위반했다는 통보를 받은 후 2006년 10월 해고당했다. 그런 다음 영국항공에서는 2007년에 이 정책을 바꾸었지만, 이웨이다 씨는 복직한 후 바로 종교적 차별을 근거로 소송을 제기했다. 고용항소심판소와 항소법원에서는 패소했지만, 유럽인권법원에서는 영국항공이 직원들에게 십자가 착용을 허용하더라도 아무런 피해도 입지 않는다는 이유로 그에게 승소 판결을 내렸다.

소송을 제기한 다른 이들은 모두 패소했다. 런던 이즐링턴 자치구 협의회Islington Borough Council의 출생과 결혼, 사망 기록사무소의 직원인 릴리언 라델Lillian Ladele은 자신의 보수적 복음주의 기독교 신앙에 반하는 방식으로 동성 시민 결합을 집례하도록 요구함으로써 직간접적 차별을 당하게 했다는 이유로 자신의 고용주에 소송을 제기했다. 고용심판소에서는 직간접적 차별뿐만 아니라 종교나 신념과 관련된 부당한 처우를 근거로 그에게 승소 판결을 내렸다(Malik 2011, p. 30). 항소법원에서는, 적절한 조정이 주어졌으며 라델이 자신의 의무를 배제하는 '계약을 맺을' 수도 있었다는 이유로 이 판결이 뒤집혔다. 이웨이다 씨와 비슷한 소송에서, 왕립 데번 엑시터 재단 국가보건서비스 트러스트 Royal Devon and Exeter Foundation National Health Service Trust가 고용한 간호사인 셜리 채플린 Shirley Chaplin은 건강과 안전을 이유로 십자가를 유니폼 안으로 숨기라는 고용주의 요청을 거부했다. 유럽인권법원에서는 이를 지지했다. 관계 상담 자선단체 릴레이트 Relate에 소속된 상담사 게리 맥팔레인 Gary McFarlane은 동성 커플에게 성 치료 상담을 제공하기를 거부했다는 이유로 2008년에 해고당했다. 직원 훈련 프로그램에서 그가 기독교 신앙 때문에 동성애자의 성 행위를 장려할 수 없다고 밝히면서 그의 견해가 드러났다.

항소 과정에서, 또한 유럽법원의 재판 이전 심리를 통해 이 판결에서는 고용주가 항소인에게 '합당한 편의 reasonable accommodation'를 제공하려고 했는지를 검토했다. 또한 이 판결은 어느 정도까지 외적 실천의 양상이 핵심적 신념의 필수 요소인지에 관해 그리스도인들 사이에서도 이견이 존재함을 고려할 때 종교적 신념이 직접적 이유가 되는 차별을 입증하기 어렵다는 다양한 법원의 견해를 반영했다. 이웨이다 씨의 소송에서조차 그리스도인이 십자가를 착용하는 것이 의무적인 요구 사항인지에 관한 문제를 다루었다. 이웨이다 씨의 변호인은 그러한 관행이 개인적 선호 이상의 의미가 있다거나 그의 기독교 신앙이 아무리 독실하더라도 그런 실천을 요구한다고 기꺼이 주장하려고 하는 증인을 찾지 못했다. 또한 법원은 남들이 볼 수 있도록 십자가를 착용할 의무가 있다고 생각하지 않는다고 밝히는—항소

인도 그랬듯이—, 신앙을 실천하는 다른 그리스도인들의 증언을 들었다. 영국항공 기독교 신우회에서는 이러한 증언을 제출했다.

> 우리는 일부 그리스도인들과 교회들이 선동한 이 캠페인이 전체를 대변한다고 생각하지 않으며 하나님 나라에서 발견한 은총의 원칙과 조화를 이루지 않는다고 생각한다. 우리의 행동을 결정하는 것은 십자가 착용이 아니라 십자가의 길이다.
> 기독교에서 십자가라는 외적 상징은 마음속에 품어야 하는 것의 외적 표현일 뿐이라고 우리는 주장할 것이다. 외적이고 물리적 표현 자체는 내면의 신앙을 나타내는 데 필수적이지 않다. http://www.out-law.com/page-10758 [11 June 2012]

유럽인권법원 심리에서 칙선 변호사 제임스 이디James Eadie QC는, 입증 책임이 다르게 규정하지 않는 한 법률은 고용주에게 피고용인의 종교적 실천을 위한 편의를 제공하기 위해 근무 계약을 수정하도록 강요할 수 없다고 주장했다. "제한 규정을 정당화할 수 없다면 개인은 자신의 종교나 신념을 자유롭게 드러낼 수 있어야 한다. 하지만 이는 국가가 고용주에게 피고용인이 직장에서 자신의 종교나 신념을 실천할, 집행할 수 있는 권리를 인정하라고 요구해야만 한다는 뜻이 아니다"(Judd 2012). 그러나 궁극적으로 유럽법원의 판결은 십자가 착용이 기독교 신앙 실천을 위한 필수요건이냐는 물음이 아니라 영국항공이 이웨이다 씨의 선호를 기각함에 있어 합리적으로 행동했느냐는 물음을 근거로 삼았을 뿐이다.

몇몇 사례에서 기독교인 전문가들은 자신이 속한 전문 협회에서 징계를 받았다. 2011년 1월 영국 상담 및 심리치료 협회 British Association for Counselling and Psychotherapy는 심리치료사 레슬리 필킹튼 Lesley Pilkington에 대해 "합당한 기술과 돌봄을 활용하지 못했고, 따라서 직무에 태만했다"라는 결정을 내렸다(Davies 2012). 그가 자신을 동성에 대한 성적 끌림을 치료받고 싶어 하는 그리스도인이라고 소개했던 한 탐사 전문 언론인과 상담을 진행한 후 이런 결정이 내려졌다. 이 결정에서는 이것이 필킹튼 씨의 종교적 신념에 대한 판단이 아니라고 강조했다. 심의한 이들의 견해에 따르면, 그가 내담자의 상황에 관해 지나치게 성급한 결론을 내렸고 이를 근거로 특정한 치료 절차를 추천한 것과 내담자가 원하지 않는 감정을 제거하는 이른바 '회복 치료'의 적합성에 근거한 판단이라고 강조했다.

로비스트와 캠페인 활동가

이런 소송에서 소송을 제기한 이들은 독립 기금으로 운영되는 보수 기독교 단체들로부터 든든한 지원을 받았다. 이런 단체들은 무료 변론을 제공하는 기독교인 변호사를 고용한다. 중요한 후원 단체는 크리스천컨선포아워내이션 Christian Concern for Our Nation이라고 불렸던 크리스천컨선 Christian Concern으로서 기독변호사회 Lawyers' Christian Fellowship라는 조직에 의해 2004년에 설립되었다(http://www.christianconcern.com). 크리스천컨선에서는 "부끄러

위하지 말라"와 같은 캠페인을 벌인다. 이 캠페인에서는 십자가나 다른 기독교 상징을 착용했다는 이유로 고용주에게 징계받은 이들과 연대하기 위해 지지자들에게 십자가나 다른 기독교 상징을 착용할 것을 촉구한다. 또한 복음주의 그리스도인들에게 당당히 나서서 자신의 신앙과 가치를 위해 목소리를 높일 것을 권하고, 기독교 지도자, 지역 교회, 캠페인 활동가들의 지지 서명을 받고 있다(http://www.notashamed.org.uk/). 회장은 안드레아 미니치엘로 윌리엄스Andrea Minichiello Williams다.

또한 크리스천컨선은 정치에서 복음주의 그리스도인을 대표한다고 주장하는 의원 단체인 보수적 그리스도인 친우회Conservative Christian Fellowship와도 연계되어 있다. 2008년 5월 회원 중 한 사람인 나딘 도리스 하원의원Nadine Dorries MP은 1967년 임신 중지법에 따라 24주까지 허용되던 합법적 임신 중지를 20주까지로 제한하는 의원 발의 법안을 제출했다. 이는 윌리엄스와 CCFN이 그를 지지하며 펼치던 캠페인이기도 했다(Hundal 2010).

윌리엄스는 CCFN의 자매 조직인 기독교법률센터Christian Legal Centre의 수장이기도 하다. 이 조직은 종교적 차별을 주장하는 법정 소송에 연관된 수많은 개인을 지원하며, 그녀를 통해 배아줄기세포 연구, 임신 중지권, 동성 파트너십, 차별 금지법에 반대하는 다른 캠페인들과도 연결되어 있다(Adams 2010, Hundal 2010, Modell 2008).

기독교 협회Christian Institute('세속 세계에서 기독교의 영향력Christian influence in a secular world')에서는 임신 중지, 안락사, 동성애자의 권리

와 같은 이슈와 연관된 방임적 법안에 반대하는 캠페인을 벌인다. 이 단체에서는 입양할 권리, (동성애자가) 합의하에 합법적으로 성관계를 할 수 있는 연령을 (이성애자와) 동일하게 만드는 법을 포함해 성소수자에 대한 차별을 종식하기 위한 법안에 반대하는 수많은 캠페인을 추진해 왔다. 이 단체에서는 릴리언 라델과, 동성애자 커플에게 2인실을 내주지 않았다는 이유로 기소된 두 그리스도인 호텔 경영인 피터와 헤이즐메리 불Peter and Hazelmary Bull의 소송비를 지원했다(Adams 2010).

기독교 협회에서 펴낸《직장에서 그리스도인의 자유: 그리스도인 피고용인을 위한 지침서Religious Liberty in the Workplace: a Guide for Christian Employees》에서는 이렇게 묻는다(Jones 2008, p. 3).

- 나는 동료에게 성탄절 카드를 보낼 수 있는가?
- 나는 교회 예배/성탄절/부활절에 휴가를 사용할 수 있는가?
- 나는 십자가를 착용할 수 있는가?
- 나는 직장에서 다른 사람들에게 나의 신앙에 관해 이야기할 수 있는가?
- 나는 논쟁적인 주제에 관해 기독교적 견해를 제시할 수 있는가?

기독교적 행동 연구 교육Christian Action Research and Education이라는 단체는 1971년 전국 빛의 축제Nationwide Festival of Light로 시작되었다. CARE의 교리적 토대 8항목은 하나님의 주권에서부터 인간의 타락과 보편적 죄인 됨, 대속에 이르기까지 고전적 복음주의 교리를 반영한다.

- **우리의 사명**: 기독교의 진리를 선포하고 사회에서 그리스도의 긍휼을 나타낸다.

  우리의 목적:
- 아동, 독신자, 결혼 및 가정생활을 효과적으로 지원하기 위해 기독교적 행동, 연구, 교육을 증진한다.
- 그리스도인들이 사회를 위해 기도하고, 임신부터 생명의 자연스러운 종식에 이르기까지 모든 개인의 존엄과 가치를 인식하도록 장려한다.
- 그리스도인들이 공공 정책과 교육, 지역사회와 관련된 사회적·도덕적 이슈를 이해하도록 돕는다.
- 그리스도인들에게 민주적 절차에 적극적으로 참여하고, 진리와 정의가 필요한 곳에서 효과적으로 소금과 빛이 될 것을 촉구한다.
- 그리스도인들이 실천적인 돌봄을 통해 지역사회에서 그리스도의 사랑을 보여 줄 수 있도록 훈련한다. (http://www.care.org.uk/about/who-we-are)

복음주의 소공중의 담론

이런 개인과 단체들은 느슨한 연합체를 이루는데, 이 연합체는 인물들의 상호 교류가 특징이며, 더 중요한 차원에서 공통된 언어나 '담론'을 공유한다. 미셸 푸코Michel Foucault의 연구와 가장 밀접한 연관을 지을 수 있는 담론이라는 개념은 이 점을 설명하기에 유용한 이론적 틀이다. 왜냐하면 언어가 그 청중 안에서 일군의 태도와 반응을 끌어내는 의미의 세계를 만들어 내는 방식에 대한 효과적인 분석이기 때문이다. 담론은 이처럼 세상을 특정한 방식으로 정리하는 역할을 하는데, 이러한 방식은 전문가의 권위를 확립하고 진실과 거짓, 정상과 일탈의 경계를 구분하는 등 자연스러워 보이기 때문에 사람들을 설득할 수 있다. 모든 담론 분석에는 그것이 우발적이며 불안정함을 폭로하는 씨앗이 내재해 있다. "지금 존재하는 것이 언제나 존재했던 것은 아니다"(Foucault 1983, p. 206). 그러므로 복음주의 정체성 정치를 특수한 언어적 수사를 통해 구성된 담론 현상으로 파악하고 이에 대해 접근함으로써 우리는 구성되고 그 결과로 공리와 같은 것으로 표현된 신학적 세계관을 더 자세히 검토해 볼 수 있다.

첫째, '공격적' 세속주의와 양극화, 적대감이라는 수사가 있다. "때로는 세속주의의 **전투적 진영**에서 종교 일반(특히 기독교)을 박멸하고 공적 삶에서 아무런 역할도 맡지 못하게 하기 위해 '**십자군 전쟁**'을 벌이고 있는 것처럼 보인다"(Carey 2012, p. 9, 저자 강조). 마이클 나지르 알리는 같은 위협에 관해 이야기하면서, 교황 베네딕토처럼 세속주의의 대두를 역사적 기독교 유산의 침식과 연결한다. 기독교 협회 웹사이트는 대단히 논쟁적인 용어로 이를 서술한다.

> 지금보다 더 많은 '평등과 다양성' 법률이 존재한 적은 없었다. 하지만 그리스도인들은 놀라운 속도로 점점 더 주변화되고 있다. 많은 경우에 평등과 다양성 법률은 실제로 그리스도인들을 보호하는 방패라기보다 그들을 **공격하는 칼**로 사용되고 있다 (Christian Institute 2009, p. 71, 저자 강조).

둘째, 기독교가 공격받고 있다는 시각은 박해의 서사와 짝을 이룬다. 조지 캐리는 고용주에 맞서 법정 소송을 벌인 그리스도인들에 관한 글에서 "그들이 자신의 경험을 '박해'라고 느끼는 것은 전적으로 당연하다"라고 주장한다(Carey 2012, p. 16). 그는 공적 삶에서의 종교와 관련한 '심각한 문제'에 깊은 불안감을 느낀다고 인정한다. 그는 지금 일어나고 있는 일을 묘사할 때 '박해' 같은 용어를 사용하는 것이 아마도 부적절할 것이며, 그리스도인이 '영적 전쟁이라는 용어를 과도하게 사용하는 것을 삼가야' 한다고 인정하지만(p. 123), 그가 사용하는 일부 언어 역시 과격하다고 지적할 수 있다. 예를 들면 다음과 같다. 고용주들이 "신앙에 관한 주장에 **적대적이다**"(p. 121). 전통적 가치관을 표현하는 그리스도인들이 "이제 **사회적으로 따돌림받는** 신세가 되었다"(p. 109). 그의 의도는 "용기를 내어 **왕따 전략**에 맞섰고, 그 결과로 일자리를 잃어버린 소수의 담대한 그리스도인들에게 경의를 표하고자 함"이다. "하지만 그들이 잃어버린 것은 직업보다 훨씬 더 소중하다. 그들은 **불의의 희생자**다. 성서적 기독교의 핵심을 이루는 원칙을 고수하는 것이 이제 점점 더 용인될 수 없는 행동으로 간주되고 있기 때문이다"(Carey 2012, p. 9).

한 가지 차원에서 이는 캐리로 하여금 그리스도인의 증언의 공적 성격을 다시 새롭게 강조하게 한다.

> 그리스도인에게는 삶 전체가 나뉘지 않는다. 복음은 삶 전체를 다루기 때문에 우리는 사사화된 게토로 물러날 수 없다. 삶 전체가 도덕에 기초해 있기에 '사사화된' 도덕이란 존재하지 않는다. 신앙은 공적일 수밖에 없다. 모든 시대에 걸쳐 성서와 신학의 관심은 언제나 공적이며 정치적이었다.…신자는 정치 영역으로 들어가거나 공적 논쟁에 참여할 때 단순히 자신의 신앙을 벗어 버릴 수 없다. (Carey 2012, p. 78)

그러나 보수적 복음주의의 감수성이라는 필터를 거칠 때 이것은 치명적으로 붕괴되고 만, 객관적이며 하나님이 주신 도덕 질서에 대한 개인적 증언의 행위가 된다. 이러한 '박해'에 맞서 그리스도인은 그저 침묵을 지킬 수가 없다. 따라서 자신의 권리와 자유의 침식에 맞서 공적 삶에서 그리스도인이 해야 하는 역할은 본질적으로 인간의 죄인 됨과 십자가에 달려 죽으신 그리스도의 구원 사역이라는 객관적 진리를 전제로 삼는, 도덕적인 '십자군 운동'이 된다.

기독교 협회는 그리스도인이 점점 더 세속화되는 사회에서 살아가야만 하는 어려운 상황에 대처할 수 있도록 돕기 원한다. 우리는 그리스도인들이 이 시대의 주요한 도덕적·윤리적 문제를 이해하고 그에 대응할 수 있도록 돕기 원한다. 협회의 일은 그리스도인들이 **믿는 바를 위해 목소리를 높일** 수 있도록 그들을 지원하는 것이다.

하나님의 도덕법을 거부한 결과를 보여 주는 수많은 세속 연구가 존재한다. 이는 전혀 놀랍지 않다. 이 세상을 창조하신 하나님은 무엇이 이 세상에 최선인지를 아신다. 그분의 법은 **모든 시대 모든 사람의 유익을 위한** 것이다. 그러므로 기독교 협회에서는 가장 유용한 연구, 곧 사람들에게 하나님의 법의 지혜를 가리켜 보여 주는 것을 강조한다.

민주주의에서 우리는 공적으로 기독교의 대의를 주장해야 한다. 우리나라의 문제는 일차적으로 정치적이거나 경제적인 것이 아니다. **도덕적이며 영적인** 문제다. 경제와 정치 문제는 대단히 중요하며, 그리스도인이 이런 영역에 참여하는 것은 옳다. 하지만 우리가 도덕적 기초를 무시한다면 우리나라가 어떻게 번영할 수 있겠는가? 너무 오랫동안 그리스도인들은 목소리를 내지 못했다. 우리는 우리가 믿는 바를 옹호해야 한다. (Christian Institute 2007, 저자 강조).

이런 맥락에서 (일부 개인이 법률과 충돌하게 된 행동 중 하나인) 십자가 착용은 단순한 정체성의 표지가 아니라 복음 전도 행위다.

그리스도인이 특정 의류나 장신구로 자기 신앙을 겉으로 표현하는 것이 성경에 규정되어 있지는 않지만, 그 신앙을 다른 이들에게 전하는 것이 기독교 신앙의 가르침임을 고용주가 이해하는 것이 중요할 수 있다. 그리스도인은 그렇게 하기 위해 특정한 장신구를 착용하고, 동료에게 자신이 지닌 신념을 공개적으로 드러낼 수도 있다.…만약 그런 표현을 허용하지 않는 것이 고용주의 입장이라면, 이것이 기독교적 증언을 자신의 의무라고 느낄 수도 있는 그리스도인에게 특별히 더 큰 영향을 미친다는 점을 이해하는 것이 중요하다. (Christian Institute 2007)

현대의 복음주의 담론에 관한 다른 연구들에서도 비슷한 수사를 확인할 수 있다. 아나 스트란$^{Anna\ Strhan}$의 연구는 런던에 있는 대형 성공회 복음주의 교회의 평범한 교인들의 여론을 조사하면서 그들의 여론이 어느 정도까지 그가 '세속주의의 부흥'이라고 부르는 것을 나타내는지, 혹은 개인적 일화나 매체 보도 같은 구체적 사례를 통한 (세속주의가 사회에 침투하고 있다는) 일반적 주장을 드러내는지를 살펴본다(Strhan 2012, p. 200). 언어적 표지의 조합을 통해, 예컨대 세속주의는 언제나 '공격적'이며, 이슬람은 언제나 '전투적'이고, 자유주의는 은연중에 '전체주의적'이며 '비관용적'이라는 식으로 푸코의 '에피스테메^{episteme}'가 구축된다. 이러한 경향들은 본질적으로, 즉 존재론적으로 복음주의자가 자유롭고 진실되게 신앙을 실천할 수 있는 능력에 반하는 것으로 묘사된다. 스트란은 일종의 자기실현적 예언으로 작동하는 담론의 순환을 묘사한다. 일단 비관용적이며 반기독교적인 세속주의라는 개념이 유포되기 시작하면, 그와 관련된 구체적인 사례가 모이고, 기대의 분위기—비빈스가 다른 맥락에서(2007) 두려움의 문화라고 설명하는 바—를 만들어 내면, 이는 다시 원래의 관점을 강화하는 역할을 한다(Strhan 2012, pp. 213-214). '세속주의'는 참된 기독교적 정체성에 적대적인 것으로서만 경험되(고 명명되)며, 따라서 단어나 개념을 넘어서는 강력한 **행위 능력**agency을 행사하고, 교인의 일상적 감수성을 결정적으로 규정하는 '관계와 다양한 실천의 양상'으로 통합된다(p. 213).

이와 비슷하게 새라 다이어먼드Sara Diamond는 미국 내 새로운 기독교 우파에 대한 분석에서 이 운동의 지지자들의 수사와 이 운동이 풀뿌리 차원에서 효과적으로 캠페인을 펼치는 능력 사이에 강한 상관관계가 있다고 단정한다. 그들이 효과적으로 후원을 동원할 수 있는 능력에서 핵심적인 것이 다이어먼드가 '틀을 잡는 과정'이라고 부르는 것이다. 이는 곧 지배적인 문화적·정치적 규범에 대한 공유된 불만을 설명하는 설득력 있는 서사를 만들어 내는 담론과 그에 상응하는 변화를 위한 의제를 구축하는 능력이다(Diamond 1998).

복음주의 정체성 정치

따라서 본질적으로 중요한 것은, 사실이 아니라 박해를 받고 있다는 인식에 대응하여 고난에 관한 특수한 서사나 담론을 구축하는 것이다. 그리고 이는 특수한 종류의 복음주의적 정체성을 강화하는 데 기여한다. 사실 복음주의는 주변 문화에 일관되게 양가적 태도를 언제나 나타내 왔다(Dyrness 2007, p. 145). '정체성 정치'의 관점에서 이런 현상을 고찰하는 것이 적절하거나 유용할까?

'정체성 정치'라는 용어는 1960년대와 1970년대 진보적 사회 운동으로부터 의식을 고양하고 배제를 종식하려는 캠페인의 결과로, 개인적·집단적 주체성의 경험에 기초한 권리와 인정을 주장한 결과로 나타났다. 1970년대 여성주의와 흑인 민권운동, (당시에 알려진 명칭대로) '동성애자 해방' 같은 소수자에 대한 인정과 역량 강화를 위한 운동의 일환으로 등장하기 시작했다. 정체성 정치에서는 보편적이거나 일반적인 권리보다는 차이와 특수성에 기초한 정치적 행위 능력을 주장한다. 정치적 동원의 모형은 경제적 불평등이나 법적 차별과 같은 물질적 불의를 폐기하는 것뿐만 아니라 '중립적' 시민을 자유주의적으로 이해하는 관점에 의해 인정받지 못했던, 독특한 일군의 정치적 자기 이익과 노선을 천명하는 것을 근거로 삼는다.

낸시 프레이저가 주장하듯이, 이것은 수입과 기회의 평등 같은 사회경제적 요인에 따라 조직되는, 전통적인 '재분배의 정치'와 더불어 그가 '인정의 정치'라고 부르는 것을 구체화하는 새로운 현상이다(1996). 이 둘은 제2물결 여성주의 내에서 보편주의적인 여성주의 정치, 즉 여성이 남성과 '평등'하다고 인정하기 원하는 이들과 남성과 구별되는 여성의 독특함을 기리기 원하는 다른 관점 사이의 분열과 대체로 상응한다. 이런 운동들은 차이의 인정—아마도 흑인 여성의 종교적·문학적 유산과 같은 특수한 문화의 회복이나 창조를 통해 표현되었을—을 정치적 역량 강화의 방해물이 아니라 필수 요소로 간주하는 집단에게 가시성과 정치적 행위 능력을 부여하고자 한다. 따라서 문화적 '주류'로부터 배제되고 있으며 그것과 다르다는 감정이 저항과 재건의 원천이 된다. 본질주의라는 비판과 진보 정치의 연합체를 파편화한다는 비판에도 불구하고(p. 10) 정체성 정치는 개인적인 것과 정치적인 것의 강력한 혼합으로서, 개인적인 경험을 더 공적이며 정치적인 신념으로 발생시킬 수 있는 원천이 될 수 있다.

일반적으로 정체성 정치는 시민권과 정치체에 대한 더 포용적이며 덜 단색적인 이론을 지향하는 진보적 운동을 수반하지만, 정치적 충성에 관한 더 반동적인 이론을 재천명하기 원하는 이들이 정체성 정치를 주장할 수도 있다. 따라서 최근에 특히 유럽에서 극우 정치 운동과 정당이 여러 형태의 인종적 우월성과 백인 민족주의White nationalism에 호소하고 있다. 대규모 이민과 다문화 혹은 통합주의integrationist 정치에 맞서 이런 집단들은 이민자가 토착민을 '포위'하거나 기존의 생활방식을 위협하거나 직업에 대한 전망을 약화하거나 기존 주민들에게는 제공되지 않는 것으로 간주되는 특권을 주장한다고 묘사한다. 특히 이미 압력을 받고 있는 지역사회에서 새로운 이주자에 대한 저항(과 특히 경제적·종교적·문화적으로 위협을 받고 있다는 인식)은 새로운 것이 아니지만, 정체성 정치의 수사는 다원주의에 대한 방어적이며 배타적인 거부를 표현하는 새로운 매체가 되었다.

흑인 민권에 대한 반동으로서의 백인 정체성에 관해 조지 립시츠George Lipsitz가 지적하듯이, "지배적인 정치적 이익에 복무하는 성공적인 정치적 연합은 다른 점에서는 적대적이었을 개인과 집단 사이에 통일성을 주입하는 백인성Whiteness이라는 배타적 개념에 의존하는 경우가 많다"(1995, p. 370). 립시츠가 주장하는 바의 일부는 '백인' 미국 자체가 인종적으로는 대단히 다양하지만 백인의 우월성과 연대라는 서사를 진술하는 출발점 역할을 하는 다양한 정치적·과학적·문화적 준거점을 (흑백 분리, 우생학, 서부영화로부터) 찾아내야 했다는 것이다. 반동적인 정체성 정치는 다원주의적인 공적 영역 내에 새로운 소수자를 위한 공간을 확보하는 수단이기는커녕 다문화주의와 평등한 권리라는 가치를 거꾸로 뒤집는 수단이 된다. 인종, 젠더, 성적 지향을 비롯한 정체성의 다른 표지 자체를 원래의 의도대로 자신감과 사회적 역량 강화의 원천이 아니라 편견이나 차별에 대한 주장으로 호전적인 방식으로 바라볼 수도 있다.

이는 1980년대에 새로운 기독교 우파가 이전 몇십 년 동안의 자유주의 정치 운동 다수에 대한 반동으로 등장했던 점이나 이 운동을 주도한 이들이 '문화 전쟁'에 관해 이야기하고 '전통적인' 미국적 가치와 진보 세력 사이의 투쟁 담론을 국가의 영혼을 차지하기 위한 장엄한 전투라는 틀로 제시하는 것이 유리함을 발견했다는 점과도 분명히 유사성을 지닌다. 이는 계급, 인종, 민족, 종교라는 전통적인 구분선이 아니라 특정한 보수적 복음주의 세계관이 주도하는 이데올로기적 구분선에 따른 양극화였다.

그러나 이러한 분석은 반인종주의적이며 진보적인 남성성 연구에서 '거짓 병행론false parallelism'이라고 부르는 것을 고려함으로써 금세 논박될 수 있다(Schwalbe 1996; Hearn 2004). 한 집단의 평등을 위한 운동에 맞서 다른 집단은 불리함의 (거짓) 평등을 주장한다. 따라서 백인들은 자신들도 인종주의를 경험하며 소수인종 우대 정책으로 피해를 당하고 있다고 주장한다. 혹은 남성들은 여성이 압도하는 분야에서 직업적으로 성공하는 것을 단념할 수밖에 없다고 느낄 때 불리하다고 느낀다고 말한다. 하지만 이런 식으로 병행적 혹은 등가적 차별을 당한다는 비판은 거짓된 것으로 여겨진다. 왜냐하면 이런 비판에서는 흑인과 인종적 소수자, 여성, 성소수자에 대한 차별의 구조적·물질적·체제적 속성을 고려하지 않기 때문이다. 모든 불의가 서로 동등하다고 전제함으로써 권력의 불평등이나 물질적 불평등과 같은 요소를 아예 무시하며, 구조나 체제에 대한 분석 대신 개인주의적 분석을 선택한다.

개인주의의 논리가 많은 점에서 다문화주의에 대한 접근 방식의 구조를 만들었다. 차이에 대한 관용의 촉구를 개인적 특성과 태도에 대한 존중이라는 틀에서 다루고, 집단의 차이를 관계적인 것이 아니라 범주적인 것으로, 차이를 공표하는 반복적 과정을 통해 만들어진 서로 연결된 구조나 체계라기보다 독특한 실체로서 이해한다. (Scott 1992, p. 17)

거짓 병행론을 끌어내는 것은 역사를 소수 전통의 이익이 필연적으로 특권적 '다수'의 약화나 특권 박탈을 의미할 수밖에 없는 일종의 제로섬 게임으로 서술하는 방식이다. '문명의 충돌'을 주장하는 새뮤얼 헌팅턴Samuel Huntington의 논제처럼, 이것이 문화적 다원주의를 필연적으로 갈등과 생존을 위한 투쟁으로 쇠락할 수밖에 없는, 차이의 위협적인 침입으로 묘사하는 방식이 될 수 있다는 위험이 존재한다.

역사적 관점에서 본 복음주의 정체성 정치

나는 후기세속의 맥락에서 나타나는 현대 복음주의 정체성 정치의 특징을 일부 지적했다. 여기에는 급기야 박해받는 상황에 이를 정도로 양심과 신념을 강조하는 태도, '그리스도'의 것과 '문화'의 방식을 양극화하는 경향, 사회 변혁을 도덕적 십자군 운동으로 간주하는 경향이 포함된다. 그러나 이러한 특징은 유럽의 종교개혁과 18세기 유럽 및 북미의 부흥 운동과 선교 운동에 뿌리를 둔, 역사적인 복음주의 세계관과 연속성을 지니기도 한다. 데이비드 베빙턴David Bebbington은 복음주의의 역사를 다룬 책에서 이 운동의 기원을 다음과 같이 설명한다. "복음주의라는 종교는 1730년대 이후로 영국에 존재해 온 대중적인 개신교 운동이다.…복음주의는 18세기의 새로운 현상이었다"(1989, p. 1). 이 운동은 1730년대 유럽과 영국, 북미 전역에 널리 확산된 '초교파적인 부흥과 복음 전도의 분위기' 가운데 등장했다.

18세기 대각성 운동을 주요한 기원으로 삼지만, 복음 선포, 개인의 양심, 성서의 권위를 강조한다는 점에서 14세기 성서 번역자 존 위클리프John Wyclif의 유산과 종교개혁과의 연속성도 존재한다. 마르틴 루터Martin Luther의 영향이 결정적이었는데, 그는 교회의 권위보다는 하나님의 말씀과 구주와의 인격적 관계를 통한 은총의 매개, 이신칭의, 증거를 통한 검증이 필요하기는 하지만 본질적으로 경험을 중시하는 종교의 성격을 강조했다.

복음주의는 종교개혁으로부터 삼중 영향을 받았다. 루터는 변화시키는 복음의 능력이 일차적으로 인간의 마음과 개인의 양심에 있다고 보았으며, 칼뱅은 하나님의 말씀이 개인뿐만 아니라 구조와 제도에도 적용된다고 믿었고, 재세례파는 그리스도에 대한 헌신이 세속 권력의 단호한 회피를 요구한다고 가르쳤다. 셋 모두 세속 권력과 기관이 그리스도의 구원 사역을 드러낼 수 없으며, 하나님 백성은 이성이나 자연법이 아니라 성서에 제시된 하나님의 말씀으로 형성되어야 한다고 가르친 종교개혁의 우상파괴 태도를 공유했다.

계몽주의 철학자들 사이에서 이성을 강조한 것에 대한 반동으로 복음주의는 마음의 종교로 발전해 나갔고, 이는 개인 경건과 감정의 중시를 통해 표현되었으며, 웨슬리Wesley와 에드워즈Edwards, 슐라이어마허Schleiermacher의 글에 분명히 드러났다. 하지만 계몽주의 철학(특히 낭만주의)과 마찬가지로, 귀납적이며 증거에 입각한 진리를 희생시키는 권위주의적인 교의를 불신했다(D. Smith 1998). 일반적으로 계몽주의적 합리성은 이신론적 경향, 경험보다는 경험주의와 이성을 강조하는 태도, 계시 종교에 대한 반대, 성서에 대한 본문 비평, 역사 비평을 장려하는 태도로 인해 복음주의와 대립한다고 이해한다. 그러나 존 웨슬리와 같은 초기 복음주의자들은 이성과 계시가 함께 간다고 언제나 믿었다. 사실 복음주의자들 사이에는 경험주의와 과학에 대한 관심이 높았으며, 관습이나 전통에 대한 순종보다는 개인적 경험으로 입증되어야만 하는 '경험적 종교experimental religion'를 강조했다. 성서가 신앙에 대한 증거를 제공하고 객관적이며 입증 가능한 진리와 상응한다는 복음주의의 성서관을 통해 이러한 경험주의적 경향성이 분명히 드러난다. 직관에 반하는 것처럼 보이지만, 성서에 대한 문자주의적 태도는 합리성과 경험주의를 강조하는 근대성의 산물이다. 초기 복음주의자들은 설교와 경건을 위한 성서의 사용을 강조했지만, 19세기 초 고등비평의 출현이 성서의 무오성과 신적 영감을 선언하는 반작용을 촉발했다. 이런 문자주의는 특히 미국에서 강력한, 특수한 종류의 실용주의에 의해 촉진되었는데, 이는 과학자들이 인간 이성을 통해 자연에 대한 경험적 연구를 수행할 수 있다고 주장하는 것과 마찬가지로 하나님이 성서에 증거를 심어 두셨고, 따라서 인간 이성으로 그것을 이해할 수 있게 하셨다는 주장이었다.

19세기에는 복음주의가 파편화되었고, 복음주의자와 비복음주의자를 명확하게 구분하는 선을 긋는 교리적 시험을 확립하라는 일부 진영의 압력이 점점 더 강해졌다. 베빙턴과 데이비드 스미스David Smith 같은 역사가들이 기록하듯이, 1790년경 이후 복음주의 운동 안에서는 교회적 질서(와 성공회 교회론의 우선성)를 강조하는 이들과 국교제 구조를 넘어서는 복음주의의 새로운 길을 모색하는 이들 사이에 긴장이 생겨났다. 복음주의가 영국 성공회 안에서 점점 더 존중받게 되었고, 이전에는 노동계급이 구성원의 압도적 다수를 차지하던 상황에서 더 많이 교육받고 부유한 집단이 점점 더 다수가 되는 상황으로 바뀌고 있었다. 이에 따라 설교자들은 복음주의가 사회적으로 혁명적이라는 두려움과 영적 평준화가 사회적 평준화를 암시할 수도 있다는 우려를 불식시켜야만 했다. 윌버포스Wilberforce의 《진정한 기독교Practical View》(1797)에서는 종교 덕분에 하층 계급이 빈곤의 어려움을 더 잘 견뎌 낼 수 있다고 주장했다. 하지만 감리교인들은 이런 주장을 더 불편하게 느꼈으며, 감리교의 설교와 전도에서는 산업사회의 변화하는 사회 환경을 인정했고, 혁신적인 형식의 설교, 예배, 영성, 교회 조직화를 채택함으로써 새롭게 나타난 노동계급에 대한 적극적인 전도에 나서야 한다고 주장했다.

데이비드 스미스의 논제는, 19세기 동안 복음주의가 원래의 사회적 가르침을 잊어버리면서 공동체적·구조적 정의의 문제 대신 개인 회심과 영성화된 복음에 부적절하게 집중하게 되었다는 것이다. "개인 영성에 대한 촉구가 복음 전도를 넘어서는 공적 삶에 대한 더 폭넓은 책임을 압도하게 되었다"(Dyrness 2007, p. 150). 19세기 초에 새롭게 나타난 성서학의 흐름 앞에서 성서 무오성에 대한 변호를 점점 더 강조하게 되었다. 이와 비슷하게, 사회적 가르침에 관해서는 "이제 낙관적인 후천년설이 훨씬 더 묵시론적인 역사관을 지닌 새로운 종말론으로 대체되었다"(C. Smith 1998, p. 27). 복음주의자들은 세계를 "그리스도의 구속 사역이 점차 실현되고 드러나는 극장"보다는 "어두운 사탄의 권세가 역사에서 작동하고 있다"라고 보았으며, "그리스도의 궁극적 승리가 보장되어 있다면, 이 세계 **외부**에서 이뤄진다고 이해하는 것이 낫다"라고 생각했다(p. 28).

복음주의의 첫 에너지(베빙턴의 용어에 따르면, 행동주의)는 "세계 변혁적이었으며"(C. Smith 1998, p. ix), 이는 개인 구원에 국한되지 않고 피조물 전체에 대한 하나님의 다스리심의 회복으로 확장되었다. 안타깝게도 이 전통이 점차 주변화되었으며, 19세기 이후 급진적이기보다는 보수적인 복음주의가 지배적인 흐름을 이루게 되었고, 이런 흐름은 1970년대 미국에서 새로운 기독교 우파가 출현하는 것으로 절정에 이르렀다고 스미스는 주장한다.

19세기에는 복음주의자들이 사회 개혁에서 주도적 역할을 했지만, 20세기 초에 이르면 사회적·문화적 참여로부터 물러나 고등비평과 다원주의, 산업화에 직면하여 방어적인 태도를 취하는 방향으로 흐름이 바뀌었다. 20세기에는 '세속 사회의 경향에 적응할지 저항할지'에 관한 선택을 놓고 양극화가 더 심해졌다(Bebbington 1989, p. 227). 가이 로저스$^{T.\,Guy\,Rogers}$의 《자유주의적 복음주의$^{Liberal\,Evangelicalism}$》(1923) 같은 책이 전자를 대표한다. 이 책에서는 근대주의 사상의 영향력과 '세속' 이성이 계시의 새로운 원천을 일정 정도 제공할 수 있다고 인정했다. "그들은 전통이 살아남고 20세기에 생각하는 젊은이들의 충성을 요구할 가능성을 확보하기 위해서는 전통의 개조가 필수적이라고 생각했다"(C. Smith 1998, p. 80). 미국에서 후자의 전형은 모든 형태의 근대 문화에 단호하게 반대했던 근본주의자들이었다.

그러므로 1920년대에 이르면 보수적 복음주의자와 자유주의적 복음주의자의 분열이 점점 더 심화된다. 미국에서는 주로 성서의 무오성이라는 주제에 관한 근본주의자와 근대주의자 사이의 논쟁이 이를 예증했다. 베빙턴의 말처럼, '대중문화의 새로운 영향력을 신중하게 환영했던 이들과 두려움을 품고 이를 바라보았던 이들'이 점차 '결별'로 치닫고 있었다(1989, p. 209).

1960년대까지도 인민주의적이며 개량주의적 관점을 지닌 미국 복음주의자들 사이에서는 공화당원과 민주당원의 비율이 거의 비슷했다. 하지만 그 후로도 행동주의와 성서주의, 인민주의의 공통된 특징들이 (최신 의사소통과 선거 운동 기법에 대한 관심이 커지면서) 지속되었지만, 복음주의권의 정치적 충성이 우파 쪽으로 급진적으로 기울어졌다. 공화당의 가치가 세계시민적이며 중앙

집권화된 정치에 맞서 작은 마을의 전통적 생활방식을 지지한다고 생각하는 한, 복음주의자들은 공화당의 가치를 지지했다. 근본주의자들과 오순절주의자들이 1980년대에 재부상한 기독교 우파의 핵심을 이루었다. 그들은 정치적 혹은 문화적 주류에 속하지 않았고, 1960년대와 1970년대에 점점 더 세력이 커지고 있던 자유주의에 자신들의 권리를 박탈당했다고 느꼈다. 1970년대 중반에는 보수적인 정치적 대의에 대한 종교적 지지를 주창하며 복음주의 그리스도인들을 주류 정치 내의 효과적인 로비스트와 캠페인 운동가로 훈련하고 조직화하겠다는 명시적인 의도를 내세우는 조직이 다수 설립되었다. 포커스 온 더 패밀리Focus on the Family(1977), 크리스천 보이스Christian Voice(1974), 모럴 머조리티Moral Majority(1979)를 대표적인 예로 들 수 있다. 이런 정치 활동이 1980년 로널드 레이건Ronald Reagan의 당선에 특히나 영향력 있는 역할을 했다고 여겨진다. 레이건 행정부는 임신 중지, 외교 정책, 학교 내 기도, 창조론 교육과 같은 문제에 관해 보수적 복음주의 투표자들의 감수성을 점점 더 많이 반영해 나갔다. 클린턴이 당선되어 행정부를 이끌게 되었음에도 이러한 추진력이나 이와 연관된 조직의 자금과 하부구조가 1990년대 내내 유지되었다. 다양한 조직들이 기독교 우파의 전통적 관심사를 확장하여 보건, 경제, 교육, 사법제도와 같은 문제에 대한 보수적 접근 방식을 지원했다.

    기독교 우파의 특징으로 지역적·전국적 조직으로 이뤄진 촘촘한 네트워크와 특히 방송 매체의 능숙한 활용을 꼽을 수 있다. (1992년에 설립된) 기독교 연합Christian Coalition, 가족연구협의회Family Research Council, 홈스쿨변호협회Home School Legal Defense Association 같은 조직을 통해 투표자 등록과 교육을 강조했던 1960년대 민권운동의 전략을 다수 채택했다. '로 대 웨이드 판결Roe vs Wade'(1973) 이후 기독교 우파는 낙태 반대 운동에 적극적으로 개입했고, 최근에는 의학과 재생산 문제에 관해 줄기세포 연구와 안락사에 반대하는 입장을 내세우고 있다.

이런 전략을 통해 정치적 담론의 틀을 규정하고 로비스트와 조직, 캠페인의 포괄적인 네트워크를 대단히 성공적으로 구축해 왔다. 이와 관련해 종교가 풍부한 사회자본(인적 자원을 동원하고 사회적 네트워크를 형성하고 연합을 유지하는 능력)을 보유하고 있다는 퍼트넘Putnam의 분석을 적용할 수 있다. 하지만 분명한 믿음, 개인적 신념, 개종, 성서의 확실성 등 복음주의에서 강조하는 다른 요소들도 정치적 행동주의와 강한 '선택적 친화성'을 지닌다. "논쟁적인 사상을 가지고 새로 온 사람들에게 복음주의자들은 수줍음을 제쳐두고 접근하라는 권고를 받으며, 선교적 사고방식 덕분에 한 사람의 수고가 열매를 맺을 때까지 끈질기게 기다리는 태도를 취할 수 있다"(Diamond 1998, p. 9).

복음주의의 세계관

복음주의자들은 문화의 상태에 관해 깊이 우려한다. 그들은 문화의 구속을 추구한다. 하지만 전반적으로 복음주의자들은 문화를 향해 말할 뿐 문화에 귀를 기울이지 않는다. (Dyrness 2007, p. 157)

비빈스는 복음주의의 문화 참여를 규정하는 패러다임이 '쇠퇴 서사'의 패러다임이라고 주장한다. 이에 따라 현대의 사회적 병리 현상을 한 나라가 기독교적(전통적·보수적 도덕으로 정의된) 가치관을 포기한 것과 동일시한다. 그 전제는 '그 존재가 정통적 자아의 주장을 용이하게 만들어 주는…악마적…타자의 필요성'이다(2007, p. 100). 앞서 살펴보았듯이 기독교에 대한 동시대의 '박해'에 한탄하는 개인과 조직에서 발표하는 주장에서 이런 태도의 요소를 확인할 수 있다. 그렇다면 복음주의적 정체성은 지배적 문화에 맞서는 엄격한 경계를 유지해야 할 필요성을 전제로 삼는 것일까? 이것은 그들의 정체성 구축의 일부이며 "보수적인 종교 단체가 자신들의 하위문화를 형성하고 정체성의 경계를 만들어 가는 지속적인 전략으로서 기능한다.…즉, 그들은 근대를 배제함으로써 번성한다"(Guest 2007, pp. 7-8). 보수적 복음주의 안에는 언제나 지배적 문화의 세속성에 저항하는 흐름이 존재했다. "교리적으로 보수적이며 그들이 열렬히 옹호하는 신념은 도덕적·영적으로 파산된 서양 문화의 전망에 대한 반대로서 구축되었다"(Guest 2007, p. 3).

이러한 양가성이 존재하는 데는 수많은 이유가 존재하며, 이는 모두 복음주의 신학에 깊이 뿌리를 내리고 있다. 역사적으로 낭만주의의 영향력('조화라는 비밀을 발견하기 위해 일상 세계의 반목으로부터 도망치려고 하는')이 존재했다(Bebbington 1989, p. 170). 1870년대 이후 성결 교리 혹은 믿음에 의한 성화가 부각되었다. "성결 운동을 통해 복음주의 역사가 새로운 단계로 접어들었다"(p. 179). 성결, 즉 구별되는 제자도의 삶은 회심에서 기인하지만 인간의 일에 나타나는 하나님의 영적 능력의 가시적 성과였다. "성결은 개인 의식의 내적 문제, 고양된 영혼과 하나님의 만남에 관한 문제이기 때문에 일상생활의 실천적 차원에 관해서는 대체로 침묵하고 넘어갔다"(p. 175).

데이비드 베빙턴은 영국 복음주의 역사를 다룬 글에서 복음주의를 규정하며 그 토대를 이루는 '네 가지' 특징을 제시했고, 이는 이후로 이 분야의 핵심 주제가 되었다.* 네 소요는 각각 현대 복음주의의 정체성 정치를 규정하는 감수성에 영향을 미친다. 첫째로 베빙턴은 **회심주의**, 즉 '삶이 변화되어야 한다는 믿음'을 꼽는다(1989, p. 3). 마음의 종교에 대한 강조가 언제나 복음주의의 핵심을 이루었다. 이것은 이성의 냉정한 경험주의에 갇힌 신앙이 아니라 감정, 의존, 죄 사함, 성령의 내주라는 흐름으로 따뜻해지는 신앙이다. 성별된 자아가 그리스도께서 이루신 구속 사역의 초점이며, 경험의 즉각성과 회심이라는 삶을 변화시키는 위기가 믿음의 길을 위한 시금석이 되었다. 사회 개혁이 일

---

* 놀Noll은 베빙턴의 네 원리를 수정하여 행동주의, 직관, 인민주의, 성서주의를 제시한다(1994, p. 8). 매슈 게스트는 '성서의 중심성, 엄격한 도덕규범, 다른 이들의 회심에 대한 열정'이라는 관점에서 개신교 복음주의를 정의한다(2007, p. 1).

어난다면, 그것은 '황홀한 기쁨을 누리는 개인이 변화의 주체이자 창의력의 초점으로서' 가지고 있는 이 에너지로부터 발산된다(Dyrness 2007, p. 149). 심리적 해방으로서의 회심과 사회 참여로부터 물러남을 용인하는 태도는 문화의 회심이 아니라 복음을 문화와 더 많이 동화시키는—참여하지 않음으로 인해서—결과를 낳는다. 따라서 많은 비판자들은 현대 복음주의가 그 메시지가 사사화되고 길들여지도록 내버려두었고, "자신이 어느 정도까지 서양 문화를 지배하는 우상 숭배의 덫에 걸려들었고 스스로 급진적 회심이 필요함을 인식할 수 없게 되었다"라고 지적한다(C. Smith 1998, p. 124). 이는 주변 문화와 관련해 세계를 변화시키는 경로를 채택하지 않음으로써 전통적인 복음의 명령을 거부하는 것과 다름없다.

그러나 다른 측면에서 현대 복음주의의 정체성 정치는 회심이 필요한 실패한 문화를 향한 선교가 필요하다는 강력한 생각을 견지하며, 이에 따라 복음이 공격받고 있다는 대단히 양극화된 관점을 채택한다. 마이클 나지르 알리는 '공격적 세속주의' 담론을 이렇게 되풀이한다.

> 서양 세계는 수많은 위험에 직면해 있다. 우리는 언론뿐만 아니라 실제 입법에서도 공격적 세속주의의 예를 점점 더 많이 목격하고 있다. 예를 들어, 이런 분야에서 그리스도인의 양심이 제대로 인정받지 못하고 있다.…결국 내가 추구하는 바는 서양에서 유대기독교 전통의 갱신이라고 생각한다. 이는 사람

들의 개인적 신앙이라는 차원뿐만 아니라 공공 정책 차원의 갱신, 또한 서양이 그 운명을 바라보는 방식의 갱신이다. (http://www.christianconcern.com/our-concerns/bishop-michael-nazir-ali-launches-latest-book)

이는 베빙턴의 두 번째 제재인 **행동주의**, 개인 전도와 자선을 통한 복음의 표현으로 연결된다. 교회 차원에서 이는 하나님 말씀을 선포하고 개종과 선행에 초점을 맞춤으로써 목회 사역의 갱신을 만들어 냈다. 물론 루터가 강조한 모든 신자의 제사장직과 이신칭의라는 주제가 적극적인 평신도층에 활력을 불어넣었고 오늘날까지도 모든 종류의 복음주의권에서 그 영향력이 지속되고 있다. 칼뱅주의가 복음주의자들에게 미친 영향력은 신자의 세속적 소명의 중요성에 관한 암묵적 이해가 존재했음을 의미한다. 이는 그리스도의 구별되는 행동과 정체성이 세상에서 복음의 증언을 이루는 성결 전통에도 영향을 미쳤다.

하지만 모든 복음주의 역사가가 동의하듯이, '행동주의'는 개인 전도나 개인 경건을 훨씬 뛰어넘어 사회 개혁 프로그램과 정치적 소명을 아울렀다. 그러나 공적 영역으로 강력히 전환되더라도 어떤 의미에서 그것은 여전히 강력히 도덕적인 명령으로 남아 있었으며, 오늘날 정체성 정치 많은 부분에서도 그런 경향을 확인할 수 있다. 정치적 개입은 한 사람이 복음을 듣지 못하도록 막는 모든 것으로 해석된 죄를 근절하고자 하는 관심에 의해 강력한 동기부여를 받는다. "[죄에 대한 이러한 적대 의식이 빚어낸] 하나의 결과로 복음주의자들은 부정적인 개혁 정책에 몰두했다. 일반적으로 그들의 제안은 무언가 대안적 목표를 성취하자는 것이 아니라 잘못된 것을 근절하자는 것이었다.…복음주의 개혁 운동에서는 이미 존재하는 정책의 특징을 정죄하고자 했다"(Bebbington 1989, p. 135).

이렇게 사회적 행동주의로 전환된 도덕적 확신의 에너지는 새로운 기독교 우파의 풀뿌리 정치 조직화에 관한 새라 다이어먼드의 연구에서 분명히 드러난다. 이것은 보수적 복음주의 기독교의 풀뿌리 운동에 견고하게 뿌리를 내리고 있으며, 출판과 방송, 홈스쿨 운동, 연구와 법률 개혁과 같은 행동주의에 영향력을 행사하고 있다. 그러나 그 배후에는 성서적 가치에 따라 세상을 회심시켜야 한다는 강력한 신학적 확신이 자리 잡고 있다. '동기는 복음을 설교하고 영혼을 구하고자 함이지만, 또한 그것만큼이나 시급하게' '세속 사회에 대한 지배력'을 확보하겠다는 목표를 가지고 "현대의 도덕적 문화를 기독교 성서의 이미지에 따라 개조하고자 함이기도 하다"(Diamond 1998, p. 1). 정치적·법적 조치는 목적을 위한 수단일 수도 있지만, 핵심에 자리 잡고 있는 변화의 전망은 도덕적(특징적으로 복음주의적인) 변화에 대한 전망이다. 이것을 "종교로부터 영감을 받은 정치 세력이 사회의 나머지 부분을 올바른 신념과 행동에 관한 그 나름의 관념과 일치하도록 만들고자 하는 일련의 노력으로 이해하는 것이 최선이다"(Diamond 1998, p. 3).

셋째로 **성서주의**, 즉 하나님의 영감으로 기록된 성서에 대한 특수한 헌신이 있다. 성서는 교리의 원천으로서도, 매일 성서 읽기, 경건, 공동체 성서 공부, 성서에 대한 주석과 강해로서의 설교와 같은 실천의 차원에서도 복음주의자들의 신학에 핵심적이다. 성서의 일차적 권위에 대한 강조는 종교개혁 이래로 개신교 신앙의 특징이었으며, 교회 전통이나 교도권, 이성의 권위를 강조하는 이들과 대조를 이룬다. 이 모든 것이 '오직 성서sola Scriptura'라는 원칙과 성서가 독특하게 신적인 영감을 받아 기록되었으며 권위를 가진다는 확신에서 기인한다. "성서의 영감, 권위, 독특성, 충분성에 관해, 또한 성서가 기독교 신앙과 실천의 문제에 관해 전적으로 믿을 만하다는 것에 관해 강하고 군건하며 통일된 복음주의적 합의가 존재한다"(Larsen 2007, p. 8). 기독교 협회의 홍보문은 이러한 성서관을 강력히 반영한다.

> 우리는 성서 전체가 인간 저자를 통해 하나님의 성령으로 영감을 받았고 인간에게 하나님의 진리를 계시한다는 것…을 비롯해 **역사적·성서적 기독교의 진리에 헌신한다**. 성서는 구원과 그 자체의 기원, 가치, 종교적 문제에 관해 말할 때 무오할 뿐만 아니라 역사와 우주에 관해 말할 때도 무오하다. 그러므로 그리스도인은 신앙과 행동의 모든 문제에 관해 개인적으로도, 공동체적으로도 성서의 최고 권위에 순종해야 한다. (Christian Institute 2012)

마지막으로 베빙턴은 그리스도의 십자가 죽음이라는 대리

속죄를 통한 하나님과의 화목에 초점을 맞추는 **십자가중심주의**를 강조한다. 칭의나 죄 사함은 그리스도의 죽음을 통해 이뤄지며, 그분이 죄인인 인간을 대신하여 하나님의 진노를 달래셨다고 이해한다. 복음주의적 복음의 핵심에는, 그리스도께서 십자가에서 이루신 속죄 사역을 통해 죄인이었던 인간이 용서받고 하나님과 화목하게 되었다는 가르침이 자리 잡고 있다. 십자가에 의해 개별 신자는 '멸망, 구속, 중생'이라는 자전적 서사에서 자신의 자리를 찾는다(Bebbington 1989, p. 3). 따라서 복음주의에서는 그리스도를 인격적 구원자로 영접함으로써 타락한 인간 본성이 갱신된다는 가르침과 이신칭의라는 강력한 교리를 강조할 뿐만 아니라, 원죄와 타락한 세상의 악한 본성, 개인적(또한 사회적) 갱신의 필요성이라는 신학적으로 규정된 세계관을 만들어 낸다. 그러므로 비빈스의 주장처럼, 보수적 복음주의 정치는 그들의 신학이 빚어낸 결과물이며, 그들의 동원 구호는 신적으로 계시된 진리와 성서의 영속적 권위에 의해 정해진 객관적 도덕 질서를 수호하라는 명령이다(2007, p. 92). 이러한 담론의 구성은 1980년대에 정치적 기독교의 또 다른 부류인 미국의 새로운 기독교 우파가 구축되는 과정을 어느 정도까지 설명할 수 있을까? 공통 요인 곧 불쾌한 문화적 경향으로 간주되는 것으로부터 소외당하고 권리를 박탈당했다는 생각, 한 나라의 정치적 방향에 이의를 제기할 필요가 있다고 느끼지만 도덕적 캠페인이라는 용어로 이런 주장을 전개하는 방식, 개인적 회심과 변화라는 신학적 원리로부터 형성된 복음주의적 감수성과 완벽히 조화를 이루는 행동주의에 대한 촉구 등이 분명히 존재하며, 이런 공통 요인은 복음주의의 사적 신념을 가져와 그것을 공적 영역 안으로 이전시킨다.

미국의 새로운 기독교 우파는 제이슨 비빈스Jason Bivins가 '정치적 교육'이라고 부르는 것, 즉 세계관(비빈스가 보기에는 타자에 대한 두려움의 세계관)을 구축하고, 그것을 지속 가능한 형태의 공적 행동주의와 정치적 수사로 전환하는 작업을 놀라울 정도로 효과적으로 수행해 왔다. 문화적 쇠락과 임박한 위협이라는 서사, 즉 '황량한 도덕적 우주, 계속해서 전투가 진행되고 있다는 생각, 고도로 정치화된 종교성'이라는 고전적인 제재를 혼합한 '쇠퇴 서사'에 기초하여(p. 93) 복음주의를 능숙하게 적용하여 잃어버린 전통적 가치와 도덕적·사회적 구속의 시급성이라는 담론을 만들어 낸다. 그러므로 다시 한번 우리는 전통적 기독교의 기본적 가치를 타락한 문화와 대립시키는 이원론적 세계관을 확인할 수 있다. 또한 그로부터 전반적으로 자유주의적 혹은 진보적 사회 개혁을 전복하는 것에 기초한 정치적 선언문을 진술하는 것을 볼 수 있다. 모든 사회가 따라야 할 (하나님이 인정하시는) 객관적인 도덕 질서가 존재한다.

그러나 미국 정치 체제에서 일정한 성공을 거두었음에도 새로운 기독교 우파와 그 정치적 야심의 장기적 지속 가능성을 평가할 때 많은 비평가가 그 운동에 에너지를 공급하는 신학적 원리로 인해 이 운동이 변두리에서 주류로 (이데올로기적으로도, 전략적으로도) 진입할 수 없다고 주장한다. 그들은 사실상 롤스적 딜레마에 빠져 있다. 세속 맥락에서 종교적 추론을 활용하려고 한다면 무슨 일이 일어날까? 캠페인 집단인 포커스 온 더 패밀리에 관한 클렘프^{Klemp}의 연구(2007)에서는, 공적 영역에서 명시적으로 종교적인 추론을 금지하는 롤스적 '방어벽'에 직면하여 그들이 대단히 중요한 선택을 해야만 하는 상황에 놓여 있음을 보여 준다. 그들은 "공적 논쟁에서 이해하기 어려운 종교적 이성을 사용할 수도 있고(이로써 주류에 대한 영향력을 행사하겠다는 모든 희망을 포기하면서), 더 광범위하고 정치적으로 더 강력한 연합을 형성하기 위한 전략적 수단으로서 자신들의 종교적 메시지를 희석시킬 수도 있다"(p. 523). 하지만 사용하는 언어가 달라야만 한다. 신자들에게 말하는 수사가 있고, 공적 확장을 위한 수사가 있어야 한다. 하지만 이는 더 광범위한 공중에게 온전히 기독교적인 논거를 제공하지 않는다는 것을 의미한다. 그리고 클렘프는 '종교적이며 비자유주의적인 정치적 목적을 이루기 위해 자유주의적 담론 형식을…사용하는' 이중 잣대에 대해 개탄한다(2007, pp. 539-540).

    타락한 공론장을 대할 때 핵심 원리에 관해 타협하지 말아야 한다는 새로운 기독교 우파$^{New\ Christian\ Right,\ NCR}$의 신념에도 불구하고 포커스 온 더 패밀리에게는 자유민주주의의 관습에 맞춰 적응하도록 용인하는 것 말고는 다른 선택의 여지가 없다. 일부 기독교 우파 내부자들은 이러한 '위장'을 합리화하려고 하지만(Klemp, 2007, p. 539), 이는 별개의 두 담론, 즉 내부의 담론과 외부의 담론을 유지하는 결과를 낳는다. 이런 경우 후자는 심각하게 약화되고, 교묘한 속임수가 발각될 경우에는 신용을 상실하고 만다. 하지만 그럼에도 이로써 새로운 기독교 우파가 궁극적인 목표로서 이루고자 하는 대로 (회심을 통해) 그리스도와 문화를 나누는 이원론이 폐기되는 것은 아니고, 오히려 강화될 뿐이다.

이와 비슷하게, 보수적 복음주의자들의 정치적 행동주의가 기초로 삼는 확고한 토대를 이루는 신학적 배타주의는 다른 그리스도인들 사이에서도 캠페인의 동맹자들을 찾고자 할 때 걸림돌이 된다. 종교적이든, 비종교적이든 다른 보수주의자들을 신뢰할 수 있는지를 누가 판단할 수 있겠는가? 다시 한번 신학적인 것과 정치적인 것 사이에 해소되지 않는 모순이 존재한다.

> NCR에서는 그들에게 종교적으로 영감을 받은 문화를 지켜 내기 위해 정치에 참여하라고 요청했고, 그런 다음 정치를 하기 위해 종교를 버리라고 요청했다. 주일에 그들은 가톨릭교인과 유대교인이 '구원'받지 못했으며 모르몬교가 위험한 이단이라고 믿었다. 월요일에 그들은 우리가 '공유하는 유대기독교' 유산을 지키기 위해 가톨릭교인, 유대교인, 모르몬교인과 함께 일해야 했다. (Bruce 1990, p. 483)•

현대 복음주의는 문화와의 세련되고 비판적인 대화와 문화에 대한 '편협성' 사이에서 분열되어 있다. 역설적으로, 근대에

• 이는 태생적으로 공화당원인 많은 보수 복음주의자가 자신들의 정당 후보 미트 롬니Mitt Romney의 모르몬교 신앙 때문에 그를 지지하기를 주저했던 2012년 미국 대통령 선거와 관련해 특히나 시의적절했을 것이다.

이 운동이 성공을 거둘 수 있었던 것은 확고한 경계와 문자주의 메시지에 기초한 공동체를 건설하기 위해 매체와 같은 근대의 도구를 활용했기 때문이다. 복음주의가 주변 문화에서 영속적으로 새로운 도전을 발견해 낸다면, 대립하는 경계를 계속해서 그어 나갈 것이다. "복음주의는…구별, 참여, 긴장, 갈등, 위협 덕분에 **번영한다**. 이런 것들이 없다면 복음주의는 정체성과 목적을 상실하고 활력과 방향성을 잃어버릴 것이다"(C. Smith 1998, p. 89).

"세계를 긍정하는 고전적 복음주의"

그럼에도 비그리스도인에 대한 관용, 교리에 더 유연한 태도, 대중문화에 대한 개방성 등 현대 문화에 더 부드러운 자세를 취하는 것처럼 보이는 징조가 존재한다. 다시 한번, 근대 자체 곧 지리적 이동성, 대중 교육, 전지구화, 대중 매체가 지평을 확장했다. 실제로 빈야드Vineyard와 이머징 처치Emerging Church처럼 가장 빠르게 성장하는 복음주의 공동체 중 일부는 문화에 대한 개방성(적어도 자신들의 목적을 위해 기꺼이 문화를 활용하려는 태도)을 통해 번영하고 있다. 이는 '근대와의 창의적인…협상'이다(Guest 2007, p. 12).

프랜시스 쉐퍼Francis Schaeffer는 20세기 중반 복음주의 문화 참여의 갱신을 주도한 인물로 평가받는다. 더니스Dyrness는 세상에 복음주의의 창문을 열라고 촉구했던 쉐퍼의 활동과 1960년대 초 제2차 바티칸공의회를 통해 로마가톨릭 공동체를 위해 같은 일을 하고자 했던 요한 23세의 노력에서 유사성을 끌어낸다. 마찬가지로 1974년 로잔대회는 복음주의 기독교의 전지구적 다양성과 다문화주의를 더 진지하게 받아들이고 2/3세계에서 사회적 불의와 빈곤에 맞서는 싸움과 더 적극적으로 동일시하고자 하는 태도를 보여 주었다. 다시 이는 선교 운동의 유산과 복음 토착화inculturate의 필요성에 관한 질문을 제기했다. 킬 전국 복음주의 대회Keele National Evangelical Congress(1967)에서도 사회적 행동주의에 대한 더 큰 개방성이 나타났고, 이를 통해 지평이 훨씬 더 넓어지기 시작했다. 이는 그린벨트Greenbelt(1974), (원조와 국제 개발을 위한) 티어 기금TEAR fund, 도시 선교를 위한 복음주의 연합Evangelical Coalition for Urban Mission처럼 대중문화와의 더 심층적이며 더 긍정적인 교류를 나타내는 수많은 프로그램으로 계승되었다(Bebbington and Jones 2013).

21세기에는 특히 미국에서 새로운 세대의 복음주의 지도자들이 나타났으며, 그중 다수는 '이머전트[혹은 이머징] 처치' 운동과 연관이 있다. 그들은 정치에 적극 참여하며, 사회적으로는 자유주의적이고, 신학적으로는 진보적이다. 이 이머전트들은 회심보다는 '경로'와 '여정', '성장'과 같은 은유에 더 크게 공감하는 듯하고, 성서를 넘어서서 교부, 켈트, 수도원 전통에서 영적 원천을 찾으려고 한다(Emergent Village 2012). 이들 지도자 중 다수는 형벌 대리 속죄와 같은 복음주의의 기초 교리에 의문을 제기함으로써 논쟁을 촉발했으며, (미국의 브라이언 매클라렌Brian McLaren과 영국의 스티브 초크Steve Chalke 등) 많은 이들이 동성 관계를 공개적으로 지지하고 나섰다.

이는 개인주의적 신앙으로부터 더 공동체적인 이해로, 말씀이나 논리 중심적인 신앙으로부터 예전적이며 성례전적인 신앙으로, 실용적이며 방법론적인 신앙으로부터 신비와 과정에 기초한 신앙으로의 전환을 상징한다. "예수님께 진리는 명제나 문장의 속성이 아니었다. 오히려 진리는 그분과 다른 이들, 세상에 대한 우리의 참여와 상호작용을 통해 계시되는 바였다"(Sweet 2000, p. 157). 사회가 후기근대에 '고체'에서 '액체'로 변하듯이 교회의 많은 부분도 마찬가지다. 더 유연한 구조, 비형식성, 네트워크 만들기에 대한 강조, '믿음'과 '소속'보다는 '행함'과 '존재'에 대한 강조가 그러한 변화를 나타낸다(Ward 2002). 건설적·비판적으로 문화에 참여하는 것이 믿음의 순례 여정의 일부다. 더 보수적인 분파보다 훨씬 더 적극적으로 비기독교 자료와의 대화에 임하고자 하는 태도가 존재한다. 브라이언 매클라렌은 기독교를 '믿음의 체계'보다 '믿음의 길'로 새롭게 제시하는 후기근대적·탈식민주의적 형식의 복음주의를 주창한다(McLaren 2011, p. 8).

일반적으로 복음주의의 이 분파에게는 기독교 세계로의 회귀를 바라거나 영국이나 미국을 '기독교 국가'로 선언하고자 하는 마음이 훨씬 더 약하다. 영국의 재세례파 교인 스튜어트 머리 윌리엄스Stuart Murray Williams는 후기기독교세계post-Christendom가 교회의 선교에 대한 도전일 뿐만 아니라 '더 참되고, 더 급진적이고, 더 신실한 그리스도인이 되는 새로운 방식'을 회복할 수 있는 기회, 국교나 국가를 지향하는 종교와 연관된 '부와 신분, 권력, 폭력과 단절할 수 있는' 기회이기도 하다고 주장한다(Johnson 2012).

시카고의 도시 정치에서 기원한 소저너스Sojourners 공동체의 지도자 중 한 사람인 짐 월리스Jim Wallis는 복음주의 정치를 더 평등주의적이며 사회적으로 진보적인 의제와 다시 연결하는 데 두드러진 역할을 해 왔고, 미국 대선에서 민주당 후보를 공개적으로 지지했다. 그는 자신과 자신의 동맹자들이 다시 한번 복음주의 정치를 영적인 동시에 사회적인 형태의 부흥 운동과 연결시킴으로써 19세기의 정치적 행동주의를 회복하려고 노력한다고 이해한다. "정치는 큰 문제를 해결하는 데 실패하고 있다. 그런 상황이 벌어질 때 사회 운동이 일어나 정치를 변화시킨다. 그리고 최고의 사회 운동은 언제나 영적 토대를 지니고 있다. 그것이 부흥의 본질이다"(Tippett 2007).

20세기 근본주의의 태도에서 전형적으로 나타났던 보수적 복음주의의 더 고립주의적인 경향과 대조적으로, 이러한 이머전트의 경향은 새로운 형식의 복음주의, '참여하는 정통'을 지향한다(Guest 2007, 문화의 재정향을 위한 목적이기는 하지만 세속적이며 비기독교적인 문화와 교류하는 Greggs 2010도 보라). 크리스천 스미스Christian Smith와 다른 이들이 주장하듯이, 이는 특히 미국의 젊은 세대 사이에서 두드러진다(1998). 이들은 문화적 참여와 사회적 행동주의의 역사적 기원을 재발견해 왔다. 여전히 다른 이들과 구별된다는 생각이 강하게 존재하며, 강력한 상징적·도덕적·문화적 경계를 유지하고 있지만, 물러남이 아니라 참여를 통해서 이를 성취하며, 따라서 이는 절대적이며 고정된 정체성이 아니라 교섭에 의해 결정되며 유동적인 정체성을 의미한다. 게스트는 문화적 참여를 위협이 아니라 기회로 기꺼이 간주하고자 하는 이러한 접근 방식을 '기업가적인' 것으로 특징짓는다. "새로운 패러다임의 교회들은 문화 전쟁에 초점을 맞추지 않는다. 종교 경험, 인격 변화, 공동체에 초점을 맞춘다"(Shibley 1998, p. 85). 이처럼 참여하는 복음주의는 쇠퇴를 촉진하기보다 문화 속으로 들어가서 그 안에서 활력을 끌어오는 것처럼 보인다. 문화를 피하기보다는 '활용한다'(Guest 2007, p. 206). 하지만 복음주의는 후기근대의 지배적인 시대정신(에 저항할 뿐만 아니라 그것)을 흡수하면서 미묘하게 변형될 것이다(pp. 205-206).

지금까지는 (신학적으로나 정치적으로 말해서) 보수적인 복음주의에 초점을 맞췄다. 왜냐하면 이 진영이 후기세속 사회의 날카로운 딜레마, 즉 점점 더 이질적으로 바뀌고 분열하고 있는 공론장에서 종교적 목소리와 세속적 경향 사이에서 어떻게 균형을 유지할 수 있는지에 관한 문제를 예증하는 것처럼 보이기 때문이다. 하지만 대안적인 복음주의 공공신학의 전망에 대해서도 고찰해 볼 가치가 있다. 최근 영국 복음주의 연합Evangelical Alliance 에서 실시한 조사는 이머전트 정체성에 대한 흥미로운 통찰을 제공하며, 복음주의 기독교가 행동주의에 대한 특징적인 헌신을 유지하는 동시에 정치적 주류를 향해 더 나아갈 수 있다고 제안한다. 지역 교회와 축제, 다른 네트워크를 통해 모집된 복음주의자 17,000명을 대상으로 한 이 조사에서는 복음주의를 개인적인 변화와 성서의 권위라는 수사에 깊이 영향을 받고 있지만 특히 경제 정책, 빈곤, 세계 개발과 같은 영역에서 사회적으로 진보적인 의제와 점점 더 동맹을 강화하는 문화로 묘사한다. 2011년 9월에 발표된 이 보고서에서 요약하듯이, "이 복음주의자들은 십자가와 예수 그리스도의 부활에 관한 정통 기독교의 신념에 굳게 헌신한다. 죄 사함에 대한 이런 믿음과 영생에 대한 소망이 그들의 개인적 신앙의 근본이다"(Clifford 2011, p. 2).

크리스천컨선의 캠페인과 기독교 협회, 포위당한 채 남아있는 전통적인 그리스도인들이라는 담론이 두드러져 보일 수도 있지만, 이 조사는 문화에 더 긍정적이며 그 자체와 '공격적 세속주의'라는 적대적인 세상을 구별하는 경계를 유지하는 데 덜 집중하는 복음주의적인 정치적 정체성의 대안적인 형식을 묘사한다. 하지만 그렇다고 해서 그런 정체성이 신학에 있어서 독특하게 복음주의적이지 않거나 식별 가능한 일군의 역사적 특징에 뿌리를 내리고 있지 않다는 말은 아니다. 오히려 더 넓은 스펙트럼 전체를 바라볼 때 복음주의의 정치적 행동이 예측하기 어려우며 전통적인 좌우 양극화에 따라 분류하기가 더 힘들다는 것을 암시한다. 신학적 보수주의는 (임신 중지, 동성애 관계, 가정과 같은) 개인적 도덕과 (영국이 '기독교' 국가라고 말하는 것처럼) 국가적 정체성에 대한 태도를 통해 표현되는 경향이 있다. 하지만 사회 정의와 국제 관계의 다른 문제에 관해 급진주의에 더 가까워 보이게 하는 징후가 존재한다. 이와 비슷하게 구조적 변화보다 개인적인 도덕적 변화를 선호하는 태도와 고백적인 경계를 초월하여 협력하기를 꺼리는 경향 역시 한 세대 이전보다 덜 뚜렷해 보인다.

하지만 동성애와 결혼, 임신 중지에 관한 견해가 인구의 주류보다 대체로 더 보수적인 상황에서도, 이 복음주의자들은 비복음주의 교회들이나 심지어는 비기독교 단체들과 협력하면서 행동주의를 추구했다. 조사 대상이었던 집단은 정기적으로 교회에 출석하며, 복음주의 조직에서 활동하고, 고전적인 베빙턴의 네 원칙이라는 핵심 교리에 헌신하는 이들이었다. 90%가 대리 속죄 교리를 받아들였고, 비슷한 비율의 응답자들이 예수님이 하나님께 나아가는 유일한 길이며 성서가 '영감을 입은 하나님의 말씀'이라고 믿었다. 2/3는 일주일에 한 번 이상 교회에 출석했고, 열 명 중 일곱 명은 매일 기도했고, 절반 이상은 매일 성서를 읽었다. 동성애에 관한 견해는 더 보수적인 쪽으로 기우는 경향이 있었지만, 임신 중지, 여성 리더십, 진화에 관한 견해는 스펙트럼 전체에 고르게 퍼져 있었다. 그러나 사회적 행동주의와 자발적 봉사와 관련해서는 세속 정치에 참여하기를 꺼린다는 증거가 전혀 없었다. 거의 60%는 일주일에 적어도 1회 자원봉사 활동을 했으며, 80%는 지역에서 다른 교회와 협력 활동을 했고, 70%는 지역에서 다른 신앙 집단과 함께 일했다.

더 보수적인 복음주의권의 정체성 정치를 규정하는 한 가지 특징—사실 때로는 존재 이유^{raison d'être} 자체—은 기독교가 현대 사회에서 점차 공격받고 있다는 우려였다. 이 조사에서는 상당수 응답자가 공적 삶에서 기독교가 주변화되는 상황을 우려하고 있다는 증거가 존재했다. 그럼에도 비복음주의자들보다는 복음주의자들이 이런 상황에 대해 두드러질 정도로 더 우려하고 있기는 하지만, 이 조사에 의하면 박해나 피해 차원에서 그런 우려를 표명하지는 않았다(Evangelical Alliance 2011, p. 16). 그러므로 개인적 증언과 구별되는 정체성에 대한 역사적 강조가 다른 신앙에 대한 더 배타주의적인 태도와 결합되어 여전히 이 공동체를 규정하는 특성이기는 하지만, 이는 구별되는 경계의 방어적 재천명에 기초한 정체성 정치라기보다는 게스트가 말하는 '참여하는 정통', 즉 일종의 신념 정치conviction politics에 더 가깝다. 이것은 베빙턴의 네 원칙을 많은 부분 고수하지만 더 통전적이며 포용주의적인 의제를 점차 포용하는 후기근대적 복음주의 정체성에 대한 브라이언 해리스Brian Harris의 분석과 조화를 이룬다. 이는 문화 참여와 개인적 경건으로부터 구조적 변화로의 전환과 관련해 특히나 명백하다. "우리는 그저 세상으로부터 구원받은 것이 아니라 세상을 위해서도 구원받았으며, 여기는 가난한 이들, 억압당하는 이들, 환경이 포함된다"(Harris 2008, p. 204). 삶을 변화시키는 그리스도와의 만남에 대한 특징적 헌신은 변하지 않고 그대로 남아 있지만, 이를 매개하는 자원과 방법에서는 더 개방적인 태도를 취한다. 또한 해리스는 전지구적 차원에서 복음주의가 교파적 주류로 진입하고 있으며, 더는 게토화되거나 박해당하거나 오해받고 있다는 자기 이미지를 가지고 있지 않다고 주장한다. "간단히 말해서, 대중 운동으로서 복음주의는 적응하는 법을 배웠다. 따라서 예를 들어 근대에는 복음주의 변증이 확실성과 확고한 증거를 다룰 수 있었지만 후기근대에는 관계적인 변증법이 생겨났다.…경건은 그대로 남아 있으며, 그것은 **열정적 경건이다**"(pp. 212 – 213, 저자 강조).

결론: 그리스도와 문화

조지 캐리^{George Carey}는 세속 문화와의 관계에서 기독교의 공적 증언을 어떻게 수행해야 하는지에 관해 고찰하면서 기독교의 실천과 전통, 현대 문화의 관계에 관한 리처드 니버^{H. Richard Niebuhr}의 고전적인 연구를 소환한다. 니버는 문화를 '인간 활동의 과정 전체'로 정의한다(Niebuhr 1951, p. 32). 캐리는 '문화 변혁자 그리스도' 모형을 선호하는데, 이 모형은 세상의 것들을 '회심'이 필요하지만 그럼에도 피조물의 일부로 인정한다. 복음을 인간 성취의 실현으로 이해하는(일치나 동일시의 관계) '문화의 그리스도' 같은 다른 모형과 대조적으로 이 모형에서는 자연이 은총에 의해 반드시 완전해진다고 이해한다. 세상의 것들을 거부하는 것이 아니라 '책임 있는 참여의 실천'을 통해 받아들여야 하지만, '그럼에도 하나님의 나라가 우리가 만들어 낸 모든 것과 전혀 다르다는 것을 인정해야' 한다(Gorringe 2004, p. 15).

캐리는 이것을 본질적으로 '회심주의적' 입장이라고 명명할지도 모르지만, 여러 해 동안 복음주의의 다양한 양상은 니버의 또 다른 유형, 즉 '문화와 대립하는 그리스도'와 더 비슷해 보인다. 이 모형에서는 복음과 세상을 대립하며, 계시와 이성을 절대적으로 구별한다. 구원을 위해 필요한 모든 것을 얻고자 한다면 (성서든 교회의 가르침이든) 전통으로 충분하다. 역사적으로, 분파주의, 근본주의의 절대주의, 19세기의 사회적 행동주의로부터의 퇴각은 세상을 부인하는 속성을 표현했다. 이와 비슷하게, 문화적 쇠락과 낯선 문화 앞에서 배척당하는 기독교라는 서사를 통해 현대 복음주의의 정체성 정치에서는 내가 앞서 언급한 '참여하는 정통'에 반대한다.

순교와 박해 경험은 교회의 일부를 이루는 이 집단이 지닌 공동체적 기억의 강력한 요소다. 하지만 문제는 공격적 혹은 전투적 세속주의에 의한 박해라는 담론의 구축이 정당화될 수 있는지, 또한 이에 상응하는 반응, 특히 법에 호소하는 방식이 공적 공간에서 한 사람의 신앙을 지켜 내는 최선의 방식인지 여부다. 일부 개인이 물질적이고 심리적인 피해를 입었지만, 이와 관련된 법적 행동은 차별이 널리 퍼져 있다는 결정적인 증거보다는 박해받는 남은 자들이라는 복음주의 신학의 특수한 동학에 의해 촉발된 것처럼 보인다.

문제는 이러한 박해와 도덕적 십자군 운동 담론이 실제로 정당화될 수 있는지 여부다. 개인에게는 양심이 명령하는 대로 자신의 신앙을 표현하도록 허락받지 못한다고 믿을 때 위협을 받는다고 느낄 권리가 있다. 하지만 증거를 살펴보면 영국의 복음주의자들이 느끼는 그런 위협은 대체로 근거가 없음을 알 수 있다. 2012년 하원의원 모임인 '의회의 그리스도인들'에서는 바로 이 현상에 관한 설문조사를 실시했다. 조사 보고서 〈기반 다지기 *Clearing the Ground*〉에서는 평등의 '서열'을 언급하면서, "[법정] 소송의 빈도와 성격을 살펴볼 때 기독교 신앙의 주장과 표현, 드러냄을 위한 **공간이 협소해지고 있음**을 확인할 수 있다"라는 근거로 영국 그리스도인들이 주변화된다고 느낄 만한 근거가 있다고 인정했다(Christians in Parliament 2012, p. 5, 저자 강조). 우리는 이것이 후기기독교, 후기세속 사회에서 종교의 양가적인 지위와 대체로 조화를 이룬다고 볼 수도 있지만, 그럼에도 이 보고서에서는 '박해'에 근접하는 어떤 것도 지지하기를 거부한다.

> 영국 그리스도들인은 모여서 예배하려고 목숨을 걸지 않으며, 법이 설교를 금지하지 않고, 다른 신앙으로 개종하지 않으면 사형당하는 상황을 맞지 않는다. 영국에서 그리스도인이 무슨 어려움을 경험하든지 그것은 세계 다른 신자들이 마주하는 어려움에 비할 바가 아니다. (p. 10)

실제로 보수적인 복음주의자들은 피해자 정서를 전제함으로써 자기실현적 예언을 통해 공적 여론으로부터 더 멀어지고 스스로 사회의 주변부에 더 가까워지는 상황을 자초한다. 성공하지 못한 법적 행동에 의해 만들어진 홍보 효과가 특정한 종류의 그리스도인의 공적 증언을 촉진하며, 개인들로 하여금 '공적 삶에서 예수 그리스도를 옹호할' 수 있게 해 준다(Not Ashamed, http://www.notashamed.org.uk/comments-churches.php). 하지만 이는 그런 캠페인이 공동선의 이름으로 사회 정의에 관한 의제를 위해 노력하기보다 잃어버린 특권을 지키는 데—이를 위해 처음부터 권리의 박탈을 야기했다고 믿어지는 법안을 활용할 정도로—더 관심이 있다는 인식을 영속화한다.

> 몇몇 사례에서 우리는 캠페인 활동이 자극적이거나 심지어는 그리스도인의 자유에 관해 역효과를 낳게 된다고 인식한다.…소음 유발이 곧 영향력이 있다는 의미는 아니며…용감하게 패배하기 위해 소송을 선택하는 캠페인 방식은 정치적·사회적 변화를 이끌어 내는 데 도움이 되지 않는다.…또한 우리는 빈약한 캠페인 전략을 통해 일부 그리스도인들이 스스로 강조하고 저항하고자 노력하는 문제를 의도와 달리 만들어 내거나 지속시킬 수도 있음을 인정한다. (Christians in Parliament 2012, p. 24)

또한 이 보고서에서는 종교적 자유와 공적 감수성 사이에서 균형을 유지하는 책무에 대한 적절하고 균형 잡힌 반응으로서 종교적 신념과 실천을 위한 '합리적 조정reasonable accommodation'이라는 용어를 추천한다. 신앙 표현에 대한 더 많은 관용을 옹호하는 동시에 여전히 합의와 합리적 협상이라는 관습을 따를 것을 요구한다는 점에서 상대적으로 하버마스적인 경로를 따른다. 이 보고서에서 주장하듯이, 기관들이 예를 들면 장애인의 필요를 충족하기 위한 '합리적' 노력을 했는지를 보여 줄 수 있는지 여부를 시험하기 위한 기준을 확장함으로써 그리스도인이 자신의 고용주에 제기하는 법적 소송 중 다수를 예방할 수 있었을 것이다. 그러나 이 보고서는, 예를 들어 보존 가치가 있는 등록 문화재 건물에서 장애인의 접근성 이슈를 합당하게 다루었다는 것을 입증하는 것과 종교적 정체성의 공정한 표현에 대한 규범에 따라 평가를 내리는 것은 별개의 문제라고 인정한다. 더 나아가 이러한 조정이 상호적이어야 한다고 주장한다. "특정한 행동이 그들의 신념에 반하는 행동을 용인한다는 것을 인정한다면 피고용인 역시 자신과 의견을 달리하는 이들의 가치를 기꺼이 배려하려고 한다는 것을 반드시 보여 주어야 할 것이다"(p. 36).

〈기반 다지기〉에서는 사회가 '성서적 가치'에 무관심하다거나 영국이 후기기독교적 다문화주의로 퇴락했다고 슬퍼하기보다 그리스도인이 공적 삶에 대한 긍정적 기여를 더 강조해야 한다고 주장한다. 이 보고서는 "그리스도인들이 자신의 이익을 옹호하는 것을 넘어서서 모든 사람의 유익을 포함하는 소망과 전망을 다시 한번 사회에 제공하는 것이 필수적이다"라고 주장한다(p. 45). 특히, 그리스도인과 고용주나 공적 당국 사이의 오해의 근원이 의도적인 적대감보다는 종교적 문해력 부족인 경우가 많다고 주장한다. "우리는 정부, 공공단체, 고용주의 행동에서 부적절한 이해와 신앙을 배려하지 못하는(혹은 배려하기를 꺼리는) 태도를 발견한다"(p. 17). 그리스도인은 '사적이지도 않고 특권적이지도 않은' 신앙을 표현해야 하며(Spencer 2008), 이는 후기세속 사회가 종교의 공적 표현을 위한 평등한 합의에 도달할 수 있도록 돕는 일에 긍정적으로 기여한다.

그러므로 〈기반 다지기〉는 대체로 복음주의에 동정적인 관심을 취하지만 박해 서사를 삼가며 권리 박탈과 주변화 담론의 자멸적 속성을 부각한다. 대신 문화적 다원주의의 비판적이지만 긍정적인 수용을 전제하는 대안적인 복음주의 공공신학을 주창하기 시작한다. 따라서 수많은 핵심 논지가 이 논쟁으로부터 떠오른다. 첫째, 기독교 세계의 종말에 관해, 또한 행정 당국과 법률 당국과 관련해 기독교 제자도를 실천하는 최선의 방법에 관해 일정 정도 현실주의적 태도를 취해야 한다. 둘째, 기독교의 공적 소명은 불평의 '거짓 병행론'에서 피난처를 찾으려고 하기보다는 정의, 신념, 공동선에 대한 관심을 전제로 삼는 긍정적인 시민의 덕을 함양하기 위해 많은 노력을 적극적으로 행할 수 있다. 셋째로, 〈기반 다지기〉에서 지적하듯이, 일반 대중 안에 종교적 문해력의 결핍이 존재하며, 많은 부분에서 이는 그리스도인들에게 '병든 문화를 향해 자비로운 태도로 진리를 말할 수 있는' 능력이 부족한 것과 짝을 이룬다(Christians in Parliament 2012, p. 43). 그러므로 그리스도인들은 다른 이들을 위해서만큼이나 자신을 위해서도 공적 삶에서 더 많은 능숙함과 명료한 표현 능력을 길러야 할 책임이 있다. 그렇게 함으로써 진지하게 받아들여질 수 있는 권리를 획득하고, 공적 광장에서 이해할 수 있는 언어로 자신의 도덕적·사회적·정치적 신념을 정당화할 수 있고, 기꺼이 그런 노력을 하려고 할 것이다. 이 책무는 효과적으로 기독교 **변증**을 수행할 수 있는 효과적인 '그리스도의 사신'을 길러 내는 것이다(고후 5:20).

나는 '그리스도'와 '문화'에 대한 전망에 관해 보수적인 복음주의 정체성 정치가 타락한 문화에 대항하는, 성서로부터 영감을 입은 십자군 운동의 담론으로부터 에너지를 끌어온다고 주장해 왔다. 대조적으로, 니버가 제시한 '문화 변혁자 그리스도' 모형에서는 그리스도인에게 자신의 정체성을 상실할까 두려워하면서 세상을 피하지 말고 세상의 구속을 위해 건설적으로(또한 성육신적으로) 일하라고 촉구한다. 이는 그의 형제 라인홀드Reinhold가 '기독교 현실주의'라고 불렀던 것을 수용했던 것과 일맥상통한다(Lovin 1995; Niebuhr 1953). 기독교 현실주의는 그리스도인들에게 사회의 타락함과 모호함에도 사회 변화를 위해 일하라고 촉구한다. 기독교 현실주의는 죄의 편재를 인정하고, 이로써 도덕적 선을 실현하는 인간의 능력에 대한 지나치게 낙관적인 견해를 억누른다는 점에서 이상주의(즉, 인간 본성과 역사가 완전해질 수 있다는 전제)와 대조를 이룰 것이다. 기독교 현실주의에서는 이 세상에서 사회 정의가 이루어질 가능성을 포기하지 않지만, 동시에 궁극적 구속이 하나님의 선물이고 결코 전적인 인간의 성취가 아님을 인정한다. 그럼에도 하나님의 은총으로 주어지는 도우심을 통해 하나님의 뜻이 '하늘에서 이루어진 것같이 땅에서도' 이루어지리라는 이상적인 차원과 거기에 동반되는 변화의 에너지―후대의 신학자들이 희망의 신학이라고 부르게 되는 것―를 지니고 있다.

3부 — 기독교 변증으로서의 공공신학

6장

유대인, 이교도, 회의론자, 황제

기독교 변증으로서의 공공신학

모든 곳을 여행하라. 복음을 선포하라. 필요하다면 말을 사용하라.

(아시시의 성 프란치스코St Francis of Assisi가 한 말로 알려짐)

이제 후기세속 맥락에서 공공신학이 **기독교 변증**의 한 형식으로서 정체성을 주장해야 한다는 논제를 살펴볼 시간이 되었다. 이러한 변증에서 교회는 공적 논쟁에 비판적·건설적으로 기여할 뿐만 아니라 그 헌신의 신학적 원천을 명료하게 진술하고자 하는 반성적이며 솔직한 노력을 기울여야 한다. 이미 주장했듯이, 이 과제를 더 시급하게 중요하게 만드는 요인은 후기세속 문화의 출현이다. 신앙인과 다른 이들 사이에 간극이 점점 더 벌어지고, 그와 더불어 종교적 문해력이 약화되며, 합리성을 강조하는 회의론자들이 공적 공간에서 종교적 목소리의 정당성 자체에 의문을 제기하고 있다.

전통적으로 변증은 회의론자와 불신자를 대상으로 기독교

신앙을 합리적으로 변호하는 활동으로 이해되었고, 처음에는 로마 당국에 박해당하는 상황에서 시작되었다. 변증은 '반대에 맞서 특정한 신념이나 신념 체계를 변호하고자 하는 시도'다(Beilby 2011, p. 11). 1세기 서신 베드로전서에서는 이 명령을 다음과 같이 요약한다. "너희 속에 있는 소망에 관한 이유를 묻는 자에게는 대답할 것을 항상 준비하되"(벧전 3:15). 변증apologia은 법정에서 변론을 위한 요약 연설이기도 했다. 신약에서 **변증**은 바울이 예루살렘에서 적대적인 군중에게 연설할 때처럼 고발에 대한 답변이나 변론을 의미한다(행 22:1). '그리스도인Christianos'이라는 명칭은 이그나티우스Ignatius(주후 2세기 초) 시대에 이르러서야 확립되었는데, 헬라어로 음역된 라틴어 단어다. 이는 로마 관료들이, 특히 그리스도인들에 대한 재판과 법적 조치 과정에서 그들을 상대하면서 이 명칭을 만들었음을 암시한다.

    기독교 역사에서 변증가들은 그들을 구별하는 바로 이 '소망'에 대한 다양한 정당화, 변론, 설명을 생산해 왔다. 그렇다면 이 전통은 기독교의 필수 요소를 설명하는 것을 강조하며 성과 속, 교회와 정치체의 경계에 자리를 잡고서 신앙 공동체 너머에 있는 이들이 신앙의 근본 원리를 이해할 수 있도록 노력하는 공공신학에 대해서는 어떤 가치가 있는가? 얼핏 보기에는 공리 같은 것처럼 보인다. 이미 주장했듯이, 공공신학자들은 비신학적 관점과 대화하는 것을 우선으로 삼는다. 그들은 다원주의적인 공적 영역의 중요성을 인정한다. 실용적 프로그램에서 협력적 동반자 관계를 맺는 것을 중시한다. 자신들이 숙고하는 내용을 자신의 경계 너머에 있는 이들도 이해할 수 있게 만들어야 할 필요성을 인정한다. 문제는 더 의식적으로 '변증적' 접근 방식을 채택함으로써 무엇을 얻을 수 있느냐다. 왜 이 용어를 사용해야 하는가?

공공신학을 변증으로 이해하는 태도는 대체로 개혁주의 공공신학자 맥스 스택하우스에 의해 촉발되었다. 그는 일관되게 이 분과를 이렇게 특징지었다. 그러나 이에 대해 더 자세히 검토할 필요가 있다. 왜 그는 '번역', '중재', '이중 언어 구사' 같은 용어에 만족하지 않는가? **변증**이라는 개념은 어떻게 후기세속성과 공공신학의 갱신이라는 문제를 해소하는 데 기여하는가? 신학이 난해하지 않고 이해 가능하며, 개인주의적이거나 사사화되지 않고 사회와 관계를 맺어야 하는 한 언제나 이미 '공공적'이라는 점은 이미 입증되었다. 전도와 회심에 관한 변증은 불신자를 설득하기 위해 기독교의 철학적 정합성을 변호하는 합리적 논증의 형식이 아닌가? 이것은 종교 철학의 영역이거나 교회의 관점에서는 선교와 전도의 책무가 아닌가? 이것이 공공신학과 무슨 관계가 있는가?

하지만 내가 앞으로 주장하겠듯이, 변증의 역사에는 교회와 공적 삶의 관계를 변호하는 중요한 전통이 존재한다. 1971년에 처음 출간된《변증의 역사*History of Apologetics*》에서 에이버리 덜리스^Avery Dulles는 맥락과 대상 독자에 따라 기독교 변증을 세 주요 장르로 분류한다. '종교적 변증가'는 다른 종교나 철학 체계에 대한 복음의 우월성을 주장했다. '내부적 변증가'는 기독교 공동체 내부의 오류나 이단을 바로잡는 데 관심을 기울였다. 하지만 덜리스가 '정치적 변증가'라고 부른 세 번째 집단에서는 국가의 박해에 직면하여 기독교에 대한 시민적 관용을 확보하기 위한 논증을 발전시켰다(1999, p. xx). 그러므로 성서와 교부 시대로부터 철학적이거나 명제적 의미에서 복음의 '진리'보다는 기독교의 공적 증언에 영향을 미치는 실용적 지혜의 한 형식으로서 '유효성'에 관심을 기울이는 변증 문헌의 흐름이 이어져 내려오는 것을 확인할 수 있다. 이러한 변증가들은 물론 그러한 증언의 지적 정합성과 성서적 논거를 변호하는 데 관심을 기울였지만, 그들의 논증은 권력을 향해 진리를 말하고 행동하는 시민의 공적 소명을 추구하기 위해 신앙의 정당성에 대한 신학적으로 추론된 기준을 제공하는 것을 목표로 삼는다. 이는 스택하우스가 말하는 공공신학의 결함을 더 자세히 점검하도록 도와준다. 왜냐하면 공공신학은 복음의 '진리'를 변호하고 회심으로 향하는 길을 닦는 것만큼이나 그리스도인 공동체의 도덕적·시민적 정직성을 정당화하는 데도 분명히 관심을 기울이기 때문이다.

현대 변증에서 이 용어는 다른 사람을 자신의 신앙 고백으로 이끌기 위한 목적으로 합리적·명제적 논증에 호소하는 정당화를 지칭하게 되었다. "기독교 변증은 기독교 신앙의 진리와 적실성에 대한 지적 정당화로서 그리스도인의 변증적 증언과 대화를 학문적으로 성찰하는 것이다"(van den Toren 2011, p. 27). 하지만 내가 이 장에서 살펴보고 싶은 질문 중 하나는 변증을 명제적 신념을 뒷받침하는 증거에 대한 논쟁으로 이해하는 태도가 얼마나 수정되었는지다. 이것은 단순한 대화 이상인데, 변증에 설득, 믿음의 촉구, 개인 전도가 포함되어야 한다고 주장하는 교회 내 복음주의 진영과 강력한 관련을 맺고 있기 때문이다.

마찬가지로 많은 복음주의 변증가는 기독교 신앙이 신학 명제들에 대한 지적 동의 이상을 의미한다고 인정할 테지만(Beilby 2011, pp. 168-169), 이런 문헌은 대부분 그리스도인의 삶에서 실천보다는 신념의 우선성을 전제한다. 뿐만 아니라 이에 따라 동시대 복음주의 변증 안에서 기독교 교리의 합리적 개연성을 강조하는 태도는 더 상황적이거나 성례전적인 앎의 방식 대신 합리주의적·과학적·명제적 증명과 논증이 인식론적으로 우세해지는 결과를 낳았다. 공공신학을 기독교 변증으로 재고함으로써 신학이 실천적 지혜의 한 형식이라는 개념과 더불어 이러한 대안 중 일부를 되찾을 기회를 얻을 수 있다. 즉, 신학을 신실한 제자도를 촉진하는 신앙 담론으로, 특히 공공신학을 공과 사, 성과 속, 교회와 세상의 경계 공간에 관하여 이를 해명하는 작업으로 이해할 수 있다.

이는 물론 앎의 본질뿐만 아니라 계시의 본질에 관해서도 중요한 인식론적 논제를 반영한다. 역사적으로 변증은 어떤 측면에서 인간 문화가 공유된 규범과 의미라는 일종의 공통 기반을 소유한다고 전제해 왔다. 20세기에 신정통주의의 출현으로 변증의 가능성 자체에 대한 근원적 도전이 제기되었다. 에드워드 오크스 Edward Oakes가 지적하듯이, "실제로 신정통주의의 '새로움'이란 바로 변증 책무에 대한 고려를 이처럼 거부하는 태도다"(1992, p. 41). 경험을 계시와 신학적 이해의 보편적 기반으로 치켜세웠던 칸트와 슐라이어마허의 입장에 대한 바르트의 반동은 절대적이었다. 그는 하나님의 자기 계시와 무관한 하나님의 알려지지 않은 능력을 강조함으로써, 이렇게 계시된 세계가 심지어 유비를 통해서라도 다른 형식의 지식과 유사한 공간에 존재한다는 것을 증명하는 데 관심이 없었다. 오히려 이것은 교회 공동체의 담론을 선험적인 것으로 받아들인다. 다리를 놓거나 매개하는 담론을 자처하는 변증을 확립하기 위한 근거가 될 만한 공통 기반이나 공유된 합리성은 존재하지 않는다. 유일한 변증은 죄인인 인류에게 구원하는 하나님 말씀으로서 조직신학을 분명히 선언하는 것이다.

하지만 나는 현대 변증이 하나님의 존재와 부활의 역사성에 관한 명제적이며 추상적인 교리의 논쟁에 초점을 맞출 때가 많고, 역사적 유산이나 동시대의 요구를 온전히 다루지 못한다고 생각한다. 그렇다고 해서 신정통주의의 등장으로 변증 신학이 쇠락하고 말았다고 인정하지도 않을 것이다. 예를 들어, 초기 기독교의 가장 중요하고 근본적인 사건과 문서 중 일부는 속성상 변증적이었음이 분명하다. 그러나 많은 경우에 이런 사건과 문서는 보편적 조사의 대상이 될 수밖에 없는, 종교적이거나 시민적인 공적 회합 안에서 이루어졌을 뿐 아니라 정치 권위에 대한 탄원일 때가 많았고 신앙 문제에 더해 그리스도인이 제국과 세속 권위와 맺는 관계를 다루었다는 점에서 본질적으로 공공신학의 문헌으로 간주할 수 있다. 따라서 어떤 의미에서 변증은 언제나 공적이며, 개인적 신념 선언 이상의 문제를 다룬다.

최근에 나온 논문집 《상상력의 변증Imaginative Apologetics》은 그리스도인이 문화와 문학, 예술이라는 매개체를 통해서 자신의 신앙을 변호하고 정당화하며, 이런 담론이 기독교적 신념의 속성을 이해하는 전혀 다른 방식을 표현한다고 주장한다. 특히 이제 변증을 실천 공동체에 참여하고 복음을 매력적이고 매혹적이며 아름다운 것으로(그저 경험적으로나 합리적으로 '참된' 것일 뿐 아니라) 이해하라는 초대로 제시할 수 있다고 주장한다. 아쉽게도 이 책은 경제나 시민사회, 매체, 정치 같은 문제에 대한 기독교적 참여나 논평을 구체적으로 언급하지는 않는다. 그러므로 나는 변증의 상상적·미적·수행적 차원이 공공신학의 개념에 영향을 미칠 수 있는지에 관한 결론적 고찰을 제시하고자 한다.

기독교 변증으로서의 공공신학

맥스 스택하우스의 작업은 '전통에 기초한 변증적 공공신학'으로 묘사된다(Hogue 2010, p. 362). (특히 종교적으로 다원주의적이며 전지구적인 맥락에서) 공적 영역에 관한 기독교적 진술과 그 영역에 대한 개입에 영향을 미치는 가치관을 분명히 밝히는 데(그리고 변호할 준비를 하는 데) 기여하는 한 공공신학의 규범적 책무는 변증의 책무이기도 하다. 물론 이 점에 관해 스택하우스는 공공신학자들이 공통으로 견지하는 신념, 즉 이 분과가 본질적으로 '이중 언어적'이라는 신념을 되풀이하는 셈이다. "공공신학은 그 신학적 기원을 부인하지 않으면서도 세속 사회가 이해할 수 있는 언어를 사용해야 한다"(Bedford-Strohm 2007a, p. 23).

이미 나는 맥스 스택하우스의 공공신학 이해가 세속 근대성 아래서 신앙의 사사화와 공적 삶에서 물러나는 일부 교회의 태도에 저항하는 이들의 관점을 대표하며, 그가 더 광범위한 조사의 대상이 되는 상황에서 신학적 담론의 투명성을 유지해야 한다고 주장한다는 점을 지적한 바 있다(3장). 또한 스택하우스는 다양한 양식의 신학을 구별하며, 이를 고백적, 교의적, 변증적 신학(2004), 교의적, 논쟁적, 변증적 신학(2006), 고백적, 상황적, 교의적, 변증적 신학(2007b) 등 다양한 단계로 묘사해 왔다.

교의학은 이미 믿는 이들 사이에서 신앙과 실천의 문제를 해명하고자 한다. 논쟁적 신학polemics은 거짓 가르침을 폭로하거나 반대 견해를 논박하거나 반대자를 침묵하게 만들고자 한다. 변증은 의심하거나 신앙을 공유하지 않는 이들이 이해할 수 있는 방식으로 말하고자 한다. 따라서 신앙의 합리성과 도덕성을 시험하며, 아직 확신이 없는 이들과 대화함으로써 그 신앙을 견지하는 이들을 시험한다. 신앙의 진리나 정의를 주장하는 것이 원칙적으로 불가능하다면 다른 이들은 이를 진지하게 받아들일 의무가 전혀 없다고 인정한다. (2006, p. 168)

스택하우스는 신학이 세속 철학과 아무 관계가 없고 본질적으로 '계시된 신앙에 대한 진술'(p. 167)이므로 어떤 외적 권위에 대해서도 스스로를 정당화할 필요가 없다는 신학자들의 주장을 논박한다. 공공신학은 공유된 전지구적 공론장을 기초로 스스로 공적 조사 대상이 되어야 한다는 점에서 대화적이다. 스택하우스는 공공신학을 객관적 분과로서 연구할 수 없으며 비판적 조사 대상이 될 수 없다고(다시 말해서 '엄밀하게 **합리적**일' 수 없다고) 주장하는 회의론자들에 맞서 신학의 지적 본질을 변호한다(Ziegler 2002, p. 139). 신학은 사적 양심이나 특수한 고백 전통을 정당화하기보다는 분파적 이데올로기를 '초월하여' 공적 관심사와 합리적 논쟁이라는 더 광범위한 영역을 향해 말하고(p. 140) '거룩함과 정의, 진리, 창의성에 대한 가장 보편적인 인간적 이해를 밝혀내는 데 기여해야' 한다(Koopman 2003, p. 4).

> 공공신학은⋯신학적 담론의 제재 곧 신앙의 기초가 되는 핵심 개념들이 난해하거나 비밀스러운 것이 아니라고 여겨지는 신학이다.⋯오히려 우리가 논하는 바를 불신자와 다른 신앙인도 논할 수 있다. (Chase 2001)

공공신학은 전통 중심적이어야 하지만, 스택하우스는 신학의 진리 주장이 다른 형식의 담론과 절대적으로 통약 불가능하다는 신앙지상주의적^{fideist} 혹은 공동체주의적 주장을 거부한다. 이는 기저에 자리 잡고 있는, 자연법과 일반은총의 원칙과 조화를 이루는 대화의 인식론을 반영한다. 우리의 공통된 인간성을 통해 신학은 우리가 공유하는 도덕적 추론 정신에 입각해 보편적 이슈를 논한다(2007b, pp. 112–113).

> 아주 처음부터 변증의 의미 중 하나는 당신이 최선을 다해 다른 사람의 어휘와 세계관 안으로 진입한다는 것이었으며, 우리가 어느 정도 그렇게 할 수 있다는 사실 자체가 인간 사이에 깊은 접촉이 존재함을 암시한다. 그 배후에 심오한 창조 신학이 자리 잡고 있다. 모두가 인정하든 하지 않든 우리 모두가 하나님의 자녀이며, 우리는 다른 사람의 어휘 안으로 진입하여 우리가 정말로 참이라고 생각하는 가장 심오한 것들을 진술하는 작업을 시작할 수 있다. (Chase 2001)

공공신학은 이러한 변증의 차원을 원용하여 이로써 현대 신학의 많은 부분에서 교의적 방식을 압도적으로 선호하는 태도와 신학이 더 폭넓은 대화를 위해 그 자체의 특수성을 초월할 수 없다는 비신학계 대부분의 전제를 바로잡는다. 스택하우스는 자신의 전통이라는 경계를 넘어서지 못하고 본질적으로 신앙주의 패러다임 안에 남아 있는 이들에 대해 비판적이다.

> 그들은 그렇게 해서는 안 된다고 믿기 때문에 자신의 신념을 공적으로 설명하지 않는다. 신앙의 내용과 질은 모두에게 전적으로 자증적이며, 자증적이어야 한다. 그들에게 그래 보이기 때문이다. (2006, p. 175)

그러나 신학은 공동선과 포괄적인 '형이상적·도덕적 전망'에 기여하는 것에 관심을 기울이지만(Stackhouse), 그 전통의 특수성에 여전히 뿌리내리고 있다. 따라서 변증적 책무는 '[공공신학자가] 말하고 있는 바가 진리임을 아직 믿지 못하는 사람들을 설득할 수 있는 방식으로' 주장하는 것이다(1984, p. 54). '개종'이 아니라 '설득'임에 주목하라. 그러므로 결과는 기독교 신앙의 내적 정합성이나 교리적 우월성을 증명해 내는 것이기보다는 그 신학적 세계관의 실천적 유용성을 **논증하는** 것이다.

그러므로 스택하우스가 채택한 '변증'에는 두 차원이 존재하는데, 대화 차원과 설득 차원이다. 첫째는 의사소통적 이성의 공유된 영역과 통일된 시민사회를 형성하고자 하는 협력적 책무에 대한 그의 헌신에 기초한다. 둘째는 신학이 그러한 협력의 일부가 될 권리를 정당화하는 데 대한 관심에 기초한다. 비신학적 대화 상대의 비판적 조사를 견디지 못한다면 신학이 공적 논쟁이라는 실질적인 작업에 기여할 수 있다고 기대할 수 없다. 그러나 스택하우스는 이것이 상호 책임이라는 점도 단호하게 주장한다. 왜냐하면 공공신학은 대화에 나서면서 다른 분과 역시 대화를 주고받으리라고 기대할 권리가 있기 때문이다. 그렇게 하지 않는 비신학 분과의 경우 '신학을 고려 대상으로 삼지 않는 입장이나 분과의 지적·도덕적 정직성에 의심을 품을' 수 있다(2004, p. 191, 주 2).

실제로 스택하우스 변증의 핵심에는, 우연적 실존의 즉각성을 초월하는 신학의 능력, 인간의 자기 이익을 넘어서는 신적 지평에 대한 지향이 신학의 독특한 공헌이라는 확신이 자리 잡고 있다.

> 우리 중에 오늘날 공공신학의 유산을 주장하는 이들은 철학 사상, 사회 분석, 도덕 판단의…'로고스^{logos}'가 그 자체로는 불안정하다고 지적한다. 그것은 인류가 우리의 주체성 안에서 성취할 수 있는 것보다 더 큰, 거룩하고 참되고 정의로운 창의성에 뿌리내리고 있지 않는 한, 우리 중에 가장 좋은 사람들의 마음속에도 숨어 있는 양심적이지 못한 이익을 향해 쉽게 구부러지고 만다. 궁극적으로 하나님 안에 뿌리를 내리지 못하면 언제나 왜곡되는 경향이 있다. 왜냐하면 철학이라는 인간의 지혜, 사회 질서를 세우는 체계, 개인의 윤리적 판단은 사적 종교와 마찬가지로 인간 환상의 비합리적 요소를 표현할 수도 있고, 그 모든 것이 우리의 지혜, 체계, 판단, 종교만으로 생성하거나 발견할 수 있는 것보다 더 큰 기준과 목적, 무조건적 실재에 종속된다고 보아야 한다. '로고스'는 '테오스^{theos}'를 요구한다. 신학이 반드시 필요하다. (2006, p. 170)

공공신학을 비판하는 세속 비평가들은 비신학적 추론이 '인간 환상의 비합리적 요소'에 사로잡힐 수 있다는 스택하우스의 주장에 놀라움을 표현할지도 모른다. 이는 종교적 추론에 빈번히 제기되는 비판이기 때문이다. 그러나 스택하우스는 이것이 진보의 필연성, 이성의 투명성, 근대의 공리적 본질에 관한 근대성의 주장이며 이런 주장에 점차 의문이 제기되고 있다고 주장한다(pp. 170-173).

공공신학에서는 근대의 토대로 돌아가 그것을 재맥락화하고자 한다. 그 토대가 모든 인간의 타고난 존엄성에 대한 믿음처럼 종교적 기원을 가지고 있음이 분명하다. 물론 전지구화로 인해 서양 근대의 핵심 신념들이 다시 한번 검토 대상이 되고 있지만, 보편적 인간성과 객관적 도덕법에 대한 헌신은 지속되고 있으며 계속해서 지지받고 있다. 역사적으로 이것은 유대기독교 문화의 특수성으로부터 생겨났을 수도 있지만, 그럼에도 다수의 전지구적 종교, 철학 체계 안에서 식별해 낼 수 있고 그런 체계의 지지를 받을 수 있다(p. 179). 따라서 변증적 양식의 공공신학(스택하우스에게는 공공신학의 가장 강력하고 가장 포괄적인 표현)은 "그 신앙의 가장 심오한 전제가, 알려진 다른 모든 종교나 철학만큼이나 합리적이고 윤리적이고 참되고 근거 있는 방식으로 헌신할 만하고, **다른 양식의 공적 담론에 대해 필수 불가결하며**, 그렇다는 것을 입증할 수 있다고 주장한다"(2004, p. 191, 주 2).

따라서 스택하우스에게 공공신학의 변증적 차원은, 일반적으로는 종교적 담론이, 특수하게는 기독교 신학이 공론장에서 정당한 목소리가 될 수 있는 권리를 옹호하는 것처럼 보인다. 다시 말해서, 신학이 공적인 것이 되기 위해서는 공적인 공간으로 들어가야 한다. "신학이 공적 담론에 참여할 수 있다는 신뢰를 얻기 위해서는 신자가 아닌 이들도 이해할 수 있는 용어로 신학이 주창하는 바에 대해 그럴듯한 주장을 할 수 있어야 한다.…다양한 담론 양식에서 이해할 수 있는 용어로 그 핵심 신념을 설명하고, 그 상징적·신화적 용어의 다층적인 의미를 드러내는 방식으로…그 용어를 설명할 수 있어야 한다"(2007b, p. 112).

스택하우스는 바로 이 지점에서 공공신학과 실천신학이 수렴된다고 말한다. 후자가 '교회 안에서 신앙인들을 위해 이뤄지는 사역이라는 신학에 기초한 실천의 발전'에 초점을 맞추는 한 (2007b, p. 107), 제자도의 '습관', 덕과 영성, 기독교적 실천과 제자도의 양성은 '받아들여지는 고백적·상황적·교의적 신학 전통 안에서' 형성되고 촉진된다(p. 107). 이에 따라 실천신학이 형성과 실천을 지향하는 교육적 분과군에 속하게 된다면, 스택하우스로서는 공공신학이 강조하는 바로 인해 이 신학이 신학에 대한 여러 접근 방식 중에서 변증 분과에 훨씬 더 가깝다고 본다. 교의신학과 실천신학은 (스택하우스에 관한 한) 기독교 신앙의 '고전 자료'로부터 시작하여 전통의 흐름을 주제화하고 설명하며 그 실천적 함의를 지적하는 반면, 공공신학은 지속 가능하고 폭넓은 기반을 갖춘 시민사회 건설을 위해 그 자신의 전통이라는 경계를 넘어서서 비기독교적(종교적·세속적) 세계관과의 대화에 참여하고, 기독교의 자료와 규범이 어떻게 왜 그 과정에 건설적으로 기여할 수 있는지를 증명해야 한다. "복잡한 전지구적 상호작용의 모든 영역에서 실행 가능한 제도를 만드는 데 기여할 수 있음을 보여 주어야 한다"(p. 109).

그러나 근본적으로 이는 공공신학 안에서 계속 이어지고 있는 흐름—이미 3장에서 강조했고 스택하우스의 작업을 통해 분명히 표현된—을 재천명한 것이다. 이는 제도적 교회 너머에 있는 이들이 공적으로 이해할 수 있는 기독교적 추론의 중요성을 강조한다. 자연법의 이름으로든, 일반은총의 이름으로든 계시뿐만 아니라 이성의 역할을 강력하게 주장한다. 경쟁적이며 보완적인 틀을 기준으로 그 주장을 시험해야 한다. 그렇게 할 때 신자의 삶뿐만 아니라 모든 인간의 공통된 삶을 형성하는 데 기여함으로써 그 책무를 완수할 수 있다.

역사적 관점에서 본 변증

신약 문서는 어느 정도까지 '변증적' 문서로 간주할 수 있을까? 에이버리 덜리스는 신약 문서의 의도가 나사렛 예수의 삶과 죽음, 부활을 증언하는 것인 한, 초기 기독교 문서는 의심할 나위 없이 신앙에 대한 증언이지만, 그 의도는 '주장을 증명하기보다는 이야기를 들려주는 것'이라고 주장한다(1999, p. 16). 그러나 덜리스의 논지는 복음서가 기독교 공동체 외부의 불신자를 설득하고자 하는 명시적 의도를 가지고 발전되었다는 것이 아니라 그리스도인의 정체성을 강화하고 신자의 의심에 답하기 위해 발전되었다는 것이다. 하지만 기독교 공동체가 확립되고, 그리스-로마 세계 곳곳에 퍼져 나감에 따라 이교 문화를 위해 이 신앙을 해석하고 추천하는 과제가 더 시급해졌다.

　　변증은 세대마다 그리스도인들이 '너희 속에 있는 소망'(벧전 3:15)을 설명해 온 방식의 역사다. 처음부터 이는 다양한 필요에 대한 반응으로 나타났다. 헬렌 리^Helen Ree는 흔히 '변증^the Apologies'으로 알려진 2-3세기 기독교 문헌을 다룬 글에서 이런 문서가 이교도의 적대감이라는 외적 압력과 비정통과 불일치라는 내적 도전에 대응하는 초기 기독교의 '자기 정의^self-definition와 자기표현'으로 구성되었다고 지적한다(2005, p. 1). 하지만 리가 지적하듯이, 니버의 용어에 따라 그리스도인이 그에 맞서 자신을 정의했던 '문화'는 철학적일 수도 있고 정치적일 수도 있다. 그리고 니버의 다섯 유형론과 일치하는 방식으로 적응과 저항의 양극단 사이에 다양한 전략이 존재했다. 더 나아가 각 장르 안에서 변증가는 잠재적 독자를 염두에 두면서 다양한 문학적·수사적 표현을 통해 자신의 논증을 구축했다(pp. 3-4).

그러므로 이 문헌 전체를 고려할 때 초기 기독교의 정체성이 구축되는 과정에 대한 결정적인 통찰을 얻을 수 있다. 또한 이를 통해 새롭게 등장한 공공신학의 한 형식으로서(필수적으로, 주변 문화와 방어적·건설적으로 상호작용하는 수단으로서) 변증의 성격을 '재맥락화할' 기회를 얻을 수 있다. 내부 경계를 지키고 회심한 이들을 양육하기 위한 목적이든, 이교 문화와 철학과 소통하기 위한 목적이든, 반대자에 대응하여 이유를 설명하는 행동 자체가 실제로 신학 자체의 발전을 촉진했다(Graham, Walton and Ward 2005). 에이버리 덜리스의 주장은 변증의 맥락적 역사가 변증적 질문이 기독교 교리의 형성에 실제로 기여했음을 보여 주며, 그 반대가 아니라는 것이다(1999, pp. 1-25).

또한 변증가들은 이성과 계시의 관계에 대한 상이한 접근 방식을 드러내는 다양한 방법뿐만 아니라 다양한 근거나 증거를 사용했다. 오순절 사건(행 2장)과 바울의 아덴 사역(행 17:16-33) 때부터, 복음을 선포한 이들이 청자의 문화와 철학적 전제를 받아들일 때 그의 사역이 효과적일 수 있었다. 사도행전은 어떻게 오순절 베드로의 설교가 주로 유대인 청중을 대상으로 삼고, 예수님이 메시아, 이스라엘의 예언자, 히브리 성서의 성취라고 선포했는지 기록한다(행 2:14-36). 바울이 데살로니가 여정을 서술하는 사도행전 17장에서는 그가 회당에서 설교하면서 유대교 성서와 예언서를 출발점으로 삼아 추론하는 모습을 묘사한다. 이전처럼 적대적인 태도를 경험하지는 않았지만 그럼에도 역풍을 촉발하기에 충분했다(행 17:1-9). 나중에 아덴에서 바울은 회당을 방문하지만, 아레오바고에서 이교 철학자들과 논쟁하는 데 집중한다. 이곳에서 그는 복음이 이미 존재하는 숨겨진 지혜의 성취라고 설교한다(행 17:16-34). 이와 비슷하게, 사도행전 24장 10-21절에서 바울은 변호사 더둘로의 고발에 맞서 자신을 변호해야 했다(행 24:1-8). 이때 그는 유대교 전통과 성서뿐만 아니라 로마의 증거 규정에 호소하면서 로마의 법적 관습의 규칙에 따라 자신을 변호했다. 이와 비슷하게, 알렉산드리아의 클레멘스Clement of Alexandria는 모든 문화가 그리스도를 성육신하신 하나님의 말씀으로 인정하고 이해할 수 있는 가능성이 있다고 강조할 뿐만 아니라 기독교의 학문이 그 도시에 가져다준 혜택을 칭찬한다. 아리스티데스Aristides(《변증Apology》, 주후 125년) 같은 변증가들은 부도덕한 행동에 대한 고발에 맞서 그리스도인들의 정직성을 옹호하면서 살아 계신 하나님을 예배하는 그들과 거짓 우상에게 충성하는 그들의 동료 시민들을 대조한다. 히브리 성서와의 연속성, 이교 세계관과의 유사성과 궁극적 우월성이 기독교의 시민적·도덕적 정직성에 대한 확신과 결합되었다.

그러므로 스택하우스의 용어를 사용하자면 대화 상대자의 사고 형식과 언어를 채택해야 할 필요성 때문에 변증의 대화적 속성이 가장 중요했다. 따라서 순교자 유스티누스$^{Justin\ Martyr}$는 플라톤 철학에서 복음을 예상하게 하는 요소를 발견했고, 청중이 이해할 만한 용어로 자신의 논증을 전개했다. 자신의 문화에 열중하고 있던 알렉산드리아의 클레멘스는 기존의 철학과 신화를 사용해 새로운 진리를 전달했다. 아타나시우스^{Athanasius}는 주변의 이교 신화에 비판적이었지만 그 안에 내재한 지혜를 예시로 삼아 기독교로 나아가는 길을 가리켰다. 토마스 아퀴나스$^{Thomas\ Aquinas}$는 하나님이 창조하신 인간 이성의 세계에서 그 어떤 것도 계시의 진리와 모순되지 않는다고 주장했다. 더 최근에는 폴 틸리히$^{Paul\ Tillich}$의 '비판적 상관' 모형이 자유주의 신학을 명시적 근거로 삼았다. 이에 따르면 '세속' 문화(그의 경우에는 시각 예술과 현대의 심리치료)는 기독교 신학이 그에 대한 답을 찾아야 하는 실존적 질문을 제기한다.

그러나 비기독교 문화가 하나님의 로고스의 씨앗을 지니고 있고, '성서에 주어진 하나님의 계시에 대한 지식을 가지고 있는 사람들의 공동체 외부에도 하나님이 주신 이 합리성의 표현'(Skarsaune 2010, p. 129)이 존재한다고 보아야 하는지, 아니면 타락한 인류는 문화와 관계없이 주권적인 하나님의 말씀을 기다려야만 하는지에 관해 긴장이 존재해 왔다. 이는 이성과 계시의 관계 문제다. 즉, 어느 정도까지 인간 이성이 하나님의 말씀을 이해할 수 있고, 어느 정도까지 율법과 예언서를 성취하고 대신하신 예수 그리스도 안에 나타난 하나님의 자기 계시에 배타적으로 의존해야 하는지에 관한 문제다.

고난에 맞선 모범적 거룩함: 베드로전서 3장 15절

또 너희가 열심으로 선을 행하면 누가 너희를 해하리요? 그러나 의를 위하여 고난을 받으면 복 있는 자니 그들이 두려워하는 것을 두려워하지 말며 근심하지 말고 **너희 마음에 그리스도를 주로 삼아 거룩하게 하고 너희 속에 있는 소망에 관한 이유를 묻는 자에게는 대답할 것을 항상 준비하되** 온유와 두려움으로 하고 선한 양심을 가지라. 이는 그리스도 안에 있는 너희의 선행을 욕하는 자들로 그 비방하는 일에 부끄러움을 당하게 하려 함이라. 선을 행함으로 고난받는 것이 하나님의 뜻일진대 악을 행함으로 고난받는 것보다 나으니라. (벧전 3:13-17)

변증에 관해 논할 때 베드로전서를 자주 인용한다. 특히 이 서신서는 첫째로 히브리 성서의 해석과 관련하여, 둘째로 외부세계의 반대와 적대감에 직면한 상황에서 그리스도인의 정체성이 어떻게 형성되는지에 관한 좋은 사례를 제공한다. 다시 말해, 이 책에서는 유대교 자료와 제국 권력과 대화한다. 하지만 이 서신서 전체가 지배 권력에 대한 순응, 남편에 대한 아내의 순종, 주인에 대한 노예의 순종을 옹호하는 조언을 포함하고 있음을 감안할 때 이 서신서는 '세속 문화에 대한 무관심'의 증거이며(Achtemeier 1996, p. 65), 따라서 오늘날 그리스도인들이 행동하는 시민의식과 사회 참여에 관한 공공신학을 찾고자 할 때 거의 쓸모가 없다고 보아야 하는가? 데이비드 호렐David Horrell은 베드로전서가 "현대 신학과 윤리에 긍정적인 자료를 제공하는 동시에 균형 잡히고 비판적인 적용이 필요하다는 점에서 양가적 유산을 남겼다"라고 인정한다(Horrell 2008, p. 112). 본문에 대한 모든 해석에는 서신서의 전반적인 취지와 "대답할 것을 준비하라"라는 명령이 갖는 함의 모두를 이해하기 위한 재맥락화가 필요하다.

하지만 앞으로 살펴보겠듯이, 이 서신이 다수 그리스도인의 세계와 전혀 다른 세계로부터 발언하는 것처럼 보일 수 있지만, 이 문서의 핵심에는 적대적인 세상에서 그리스도를 증언하는 것에 관한 문제가 자리 잡고 있다. 양가적이라면, 그것은 그리스도인의 복잡한 정체성과 씨름하고 있기 때문이다. 이 서신서는 순응과 저항 사이의 길을 헤쳐 나가려고 노력하면서, 즉 '그리스도'와 '문화'의 요구에 적절하게 부응하는 방법을 모색하면서 상황신학의 사례 연구를 제시한다. 우리는 이 저자가 복잡한 세상에서 그리스도인의 정체성이 제기하는 도전과 씨름하는 모습을 볼 수 있기 때문이다. 또한 이 서신서를 통해 이제 막 생겨난

1세기 교회의 기독론을 엿볼 수 있으며, 유대교 유산이라는 자료로부터, 또한 제국 권력과의 상호작용을 통해 제자도의 실천신학을 만들어 내는 모습을 엿볼 수 있다.

이 문서는 1세기 말(주후 70-95년경), 아마도 주후 70년 예루살렘 함락 이후에 쓰였다고 추정할 수 있다. 따라서 '바벨론'은 로마를 가리키는데, 이 둘이 예루살렘을 전복한 두 제국의 중심을 의미하기 때문이다. 클레멘스 1서(주후 96년)와 폴리카르포스(2세기 중엽), 이레나이우스(2세기 말) 모두 이 문서에 관해 알고 있었던 것으로 보인다. 일부에서는 사도 베드로가 저자라는 주장을 지지했지만, 가르침의 정당성을 확립하기 위해 베드로의 이름을 사용한 위명 저작이라는 것이 가장 가능성이 높은 결론인 듯하다. 이 서신서는 유대인과 이방인이 섞여 있는 소아시아 독자들에게 보낸 편지인데, 이들은 다양한 사회 계급으로 이뤄져 있었다. 히브리 성서와 이산과 망명의 민족 이스라엘의 역사에 대한 언급이 이를 반영한다. 또한 희생 제물로 바쳐진 어린양 그리스도와 출애굽기의 유월절 사건을 연결하기도 한다. 이는 많은 독자가 히브리 성서에 익숙했을 것이며, 이스라엘을 반복되는 동화同化의 유혹에 직면한 언약 백성으로 묘사하는 것에 이 특수한 공동체가 공감할 수 있었을 것을 암시한다(Achtemeier 1996, p. 69). 하지만 그럼에도 베드로전서는 이전에 '하나님을 경외하는 사람들'이나 유대교를 받아들이고 회당에 출석하는 사람들이었을 수도 있는 이방인 회심자가 상당한 비중을 차지하는 공동체를 향해서도 말한다. 그들이 "전에 알지 못할 때"(1:14)와 "전에는 백성이 아니더니 이제는 하나님의 백성이요"(2:10)라는 구절과 (이방인에게는 신기한 생각이지만 유대인에게는 그렇지 않은) 구별된 생활방식을 따르는 것의 중요성에 관해 이야기하는 부분에 주목하라.

    이 서신서의 주요 관심사는 고난과 그 섭리적·구속적 성격이다. 베드로전서는 예수님의 고난과 죽음, 부활로 구원이 이뤄졌다고 주장하며, 어떻게 이것이 오늘날 고난받고 박해받는 교회의 본보기가 되는지를 논한다. 현재 공동체가 당하는 위기나 역경은 미래에 이뤄질 구속의 약속과 대조를 이룬다. 하지만 그 사이에 그리스도인은 거룩함의 외적 표지로 구별되는 질서와 순종의 삶을 보여 주도록 부르심을 받았다.

    신약을 비롯한 다른 초기 기독교 문헌을 통해서 볼 때 1세대 그리스도인들이 이웃에게서 적개심을 경험했음이 분명하다. 일부에게 이것은 선동을 일으킨다는 불공평한 고발로 형사 소추를 받게 되는 경우처럼 국가가 용인한 박해의 형태를 띠었을 테지만, 베드로전서 독자들의 경우에는 더 광범위한 공동체 안에서 부정적인 태도를 경험하고 날마다 험담 대상이 되는 형태였을 것이다. 당국의 공식적인 반대도 있었겠지만, 동시에 이 그리스도인들은 사회적으로 배척당하고 거래에서 손해를 입었을 수도 있다. 노예였던 이들에게는 그 집안의 행동 규범을 따라야 하는 어려움이 추가되었을 것이다. 그 규범에 도시의 신들에 대한 경배가 포함되었을 것이고, 그로 인해 의심받을 위험도 있었기 때문이다(Achtemeier 1996, pp. 34-36). 그러므로 그들에 대한 이웃과 제국 당국의 태도가 결합되어 때로는 공식 처벌을 받고, 때로

6장 유대인, 이교도, 회의론자, 황제

는 가혹한 언사나 처벌을 경험했던 것으로 보인다. 하지만 전반적으로 이 독자들은 가정, 경제, 종교, 시민 생활에서 권리를 박탈당하는 상황이었다. 그들의 개인적 신념은 그들의 '공적' 활동에 영향을 미칠 수밖에 없었다. 아마도 가진 권력이 적을수록 더 나쁜 상황을 견뎌야만 했을 것이다.

그렇다면 베드로전서 저자는 독자들이 적대감과 박해를 어떻게 다루기를 기대했을까? 순응하는 태도인가, 아니면 저항하는 태도인가? 이는 이 문서가 그리스도인의 공적 정체성을 어떻게 이해하는지에 대해 우리에게 무엇을 말해 주는가? 베드로전서는 그리스도인을 (행동에서) 개인적으로도, (세속 권력과의 관계에서) 사회적으로도 거룩한 생활방식의 모범을 보이는 '외국인 이주민'('파로이코이 *paroikoi*')으로 묘사한다. 따라서 이 서신서는 가족, (주인과 노예의 관계를 포함하는) 세대, 정부 당국과의 관계에 관해 신자들에게 조언한다. 이러한 소망의 기초는 부활이다. 부활은 십자가를 통해 구속이 성취되었음을 보여 주기 때문이다. 그리스도의 고난은 인류의 구원을 보증하며, 교회는 박해에 직면하여 부활의 약속을 굳게 붙잡으라는 권면, 고난을 하나님의 구원 활동의 본질로 바라보라는 권면을 받는다. 역경 앞에서 흔들리지 않는 태도와 소망이 그리스도인의 독특한 정체성을 길러 내며, 그로부터 인내하는 마음이 생겨난다. 따라서 교회는 너그러운 마음(벧전 4:8-11)과 좋은 리더십(5:1-4)처럼 공동체를 강화하는 집단 생활방식(2:10)을 길러 내야 한다. 이는 개인적인 동시에 집단적이다. 질서 있는 삶은 거룩함의 외적 표지이며 고통당하는 공동체와의 연대의 표현이다. 구별되고 모범적인 삶을 삶으로써, 박해에 굴복하거나 경건하지 않은 문화적 방식에 순응하기를 거부함으로써, 그리스도인은 구원을 이루시는 그리스도의 고난에 대한 충성을 선언하고 십자가의 궁극적 승리에 대한 소망을 다짐한다.

그렇다면 베드로전서는 이교적/세속적 생활방식에 순응하고 수렴하라고 권하는가? 아니면 동화하려는 유혹에 저항하라고 권하는가? 현대인들이 보기에, 그 상세한 조언 중 일부는 대단히 정적주의적으로 보인다. 신자들은 비판자들에게 답하기 위해 '선을 행하라'라는 권고를 받는다. 이는 국가와 가정의 세속 권위에 복종하라는 의미다. 즉, 황제에게 경의를 표하고, 남편에게 순종하고, 주인에게 존경을 표하라는 뜻이다.

"베드로전서에서 '선한' 행위가 뜻하는 바는 사회적으로 존경할 만한 행동이다. 황제에게 경의를 표하고, 남편과 주인에게 복종하고, 말썽이나 갈등을 일으키지 않는 것이다"(Horrell 2008, p. 83). 하지만 이러한 외적 순응은 그리스도에 대한 내적이며 대안적인 충성을 은폐한다. 하지만 로마를 '바벨론'으로 지칭함으로써 저자는 독자들에게 이스라엘의 포로기를 상기시킨다. 그리고 이와 비슷하게 '외국인 이주민'이라는 용어 역시 그리스도인들의 현재 상황이 영구적이지 않다고 그들을 안심시킨다. 다른 언약 백성인 이스라엘이 그랬듯이, 교회는 그 독특성을 재천명함으로써 이 망명의 시간을 견뎌 낸다. 교회는 동화되지 않을 것이다. 유대인들이 포로기 동안 그들을 거룩한 백성으로 남아 있게 해 준 실천과 관습, 법률을 지켰듯이, 교회도 외적 특성을 통해 고난당하신 그리스도와의 동일시를 선언할 것이다.

"따라서 소명은 사회 질서를 개혁하라는 것이 아니라, 그 안에서 참된 선을 나타내라는 것이다. 그런 행동이 최선의 이교적 가치에 위협적인 것이 아니라 오히려 긍정적인 것으로 인정받으리라는 확신을 가지고서 말이다"(Achtemeier 1996, p. 38). 그리스도인의 성품 자체가 변증의 중요한 요소라는 점에 주목하라. 이러한 선함으로 인해 비난이 아니라 칭찬을 받으리라는 근거로 당국을 기쁘게 하는 모범적 행동을 권하는 것이 중요했다.

제국의 제도에 대한 개념적 충성이 존재하지만, 이는 구속력이 무한히 더 큰 신앙의 주장에 의해 제한을 받는다. 베드로전서 2장 13-17절에서 이러한 '비판적 거리두기'를 분명히 볼 수 있다. '인간의 제도'(이로써 황제가 신적 존재라고 주장하는 모든 이데올로기를 배제한다)에 대한 충성을 촉구하고, 그리스도인들을 황제의 신민이 아니라 '자유로운 사람들'이라고 부르고, 세속 권력을 '존대하면서도' 하나님을 '두려워하라'라고 권면한다. 이 모든 내용을 통해 참된 우선순위가 어디에 있으며, 세속의 권력과 하늘의 권세 중 어느 쪽을 참된 예배 대상으로 간주하는지 알 수 있다. 정적주의라는 표면적인 인상은 뒤집어진다. 모든 것이 베드로전서가 '제국의 요구에 신중하지만 의식적인 저항'을 촉구하고 있음을 암시한다(Horrell 2008, p. 88).

따라서 그리스도인에게 범죄나 도덕적 비행을 이유로 비방이나 적대감의 원인을 제공하지 말라고 권고하지만, 동시에 그리스도인은 자신의 신앙을 공표하기를 부끄러워하지 말아야 한다. 만약 '그리스도인'이 되는 것을 범죄로 간주한다면, 이는 교회가 자랑스럽게 고백하는 범죄이며, 이로써 교회는 정상적인 사법 절차를 거꾸로 뒤엎는다. 왜냐하면 정상적 재판에서 사람들은 고백하라는 압력을 받을 때 무고함을 주장하기 때문이다. 하지만 고난과 회복 탄력성의 윤리에도 불구하고 이는 후퇴나 항복 전략이 아니라 강력한 자기변호 전략이다. 소망은 장차 올 세상의 종말론적 성취로서 그리스도인의 행동을 위한 토대가 된다. 그러나 모든 현재의 고난을 초월하고 상대화하는 대안적 가치의 원천으로서 기능하는 것은 바로 종말론적 비전이다.

> 너희 마음에 그리스도를 주로 삼아 거룩하게 하고 너희 속에 있는 소망에 관한 이유를 묻는 자에게는 대답할 것을 항상 준비하되. (벧전 3:15)

권력을 향해 진리를: 교부 시대의 변증

'변증가'라는 명칭은 최근에 만들어졌는데, 19세기에서 기원을 찾을 수 있다(Skarsaune 2010, p. 121). 이 용어는 비방하는 이들에 맞서 신앙을 변호하는 논문을 썼던 2세기 그리스도인 작가들을 가리킨다. 그중에서 가장 잘 알려진 인물로는 아테네의 아리스티데스(《변증》, 125-150년경), 아테네의 아테나고라스Athenagoras(《그리스도인을 위한 탄원》, 177년경), 순교자 유스티누스(《제1, 제2 변증서》, 150-155년경), 시리아의 타티아노스(《헬라인에게 고함》, 170

년경), 테르툴리아누스《변증》, 198-217년경) 등이 있다. 전체를 묶어서 볼 때 이 문헌은 그리스, 소아시아, 이집트, 시리아의 그리스어 사용 지역과 북아프리카의 라틴어 사용 지역에서 나왔다.

또한 같은 시기에 나온 많은 그리스도인 순교자 전기에도 변증적 목적이 더해졌다. 그런 작품으로는 《폴리카르포스의 순교The Martyrdom of Polycarp》, 《카르포스, 파필로스, 아가토니케의 순교The Martyrdom of Carpus, Papylus and Agathonicê》, 《페르페투아와 펠리시타스의 순교The Martyrdom of Perpetua and Felicitas》, 《유스티누스와 동료들의 행전The Acts of Justin and Companions》, 《리옹과 비엔의 순교자들The Martyrs of Lyons and Vienne》 등이 있다. 이런 문헌에는 중요한 '공적' 차원이 있었을 것이다. 순교자의 재판 이야기를 포함하는 경우가 많았고, 이를 통해 박해에 직면한 상황에서 그리스도인의 모범적인 행동을 묘사하기 때문이다. 이런 문헌들은 베드로전서의 주제를 그대로 유지하면서 그리스도의 수난과 신자의 공적 행동 사이의 연속성을 부각한다. "죽은 자 가운데서 부활하신 그리스도로 인해 세상에 심겨진 소망의 씨앗에 순교자의 피가 물을 준다"라고 묘사한다(Dulles 1999, p. 80).

'변증가'라는 명칭은 근대에 생겨났지만 '변증'이라는 용어는 4세기 초 작가 카이사레이아의 에우세비오스Eusebius of Caesarea로부터 시작된 것으로 보인다. 이는 로마 황제에게 쓴 글을 지칭했다. 이 정의에 따르면, 이 시기에 속한 테르툴리아누스, 아테나고라스, 코드라토스, 아리스티데스, 유스티누스 모두 '변증가' 혹은 변증 작가로 부를 수 있다. 이들의 글은 (베드로전서처럼) 동료 그리스도인이나 철학자나 이교 신자 같은 친구들만 대상으로 삼지 않고 공적 권위를 대상으로 삼았기 때문이다. 스카르사우네Skarsaune(2010)는 이 전통이 2세기 중엽에 기록된 순교자 유스티누스의 제1, 제2 변증서로부터 시작되었고, 테르툴리아누스와 함께 사실상 마무리되었다고 주장한다. 스카르사우네가 지적하듯이, 이 문헌들에서는 교회 자체를 넘어서 더 넓은 사회까지, 더 나아가 제국 최고의 권력까지 뻗어 가는 기독교 신앙을 변호한다.

그러므로 세속의 반대에 맞서 인내(교회가 그리스도의 수난과 동일시한 결과로서의 인내이기는 하지만)를 가르치며 국가와 가정의 권위에 절대로 도전하지 않고 인내하는 것이 그리스도인의 의무라고 보는 베드로전서의 메시지와 달리, 이 후대 문서에서는 기꺼이 목소리를 높이고자 했다. 신앙의 논리적 정합성을 옹호한다는 점에서 주장의 근거는 속성상 철학적이었다.* 그럼에도 변증에서는 그리스도인들의 공적 지위를 다루었고, 그들에게 제기된 법적 고발의 불의함에 항의했다. 유스티누스는 범법 행위나 정치적 배신 때문이 아니라 단순히 신앙 때문에 고발당하는 것처럼 보였던 그리스도인에 대한 박해를 종식해 달라고 탄원한다. 그러므로 스카르사우네가 주장하듯이 이러한 변증은 사실상 황제에게 올리는 '탄원서'였다(2010, p. 123). 유스티누스가 쓴 제1변증서의 첫 단락은 이 점을 잘 예증한다. 제국의 지도자를 가리

---

* 스카르사우네는 자신의 정치적 지위뿐만 아니라 철학적 자질에 대해서도 자랑스러워하는 새로운 세대 통치자의 등장 덕분에 이것이 가능해졌다고 주장한다(2010, p. 123).

켜 학식을 갖춘 사람이라고 부른다. 하지만 다른 정부 권력자들과 함께 그들에게 호소하고 박해당하는 모든 '민족'의 대표자로서 자신의 유산과 시민권을 소개하면서 유스티누스는 자기 변론의 정치적 차원과 철학적 차원을 결합한다.

> 티투스 아엘리우스 아드리아누스 안토니누스 피우스 아우구스투스 카이사르Titus Aelius Adrianus Antoninus Pius Augustus Caesar와 그분의 아들 철학자 베리시무스Verissimus, 카이사르의 친아들 철학자 루시우스Lucius, 학문을 사랑하는 양자 피우스Pius, 신성한 원로원, 로마의 모든 백성에게, 팔레스타인 플라비아 네아폴리스 태생으로서 프리스쿠스Priscus의 아들이자 바키우스Bacchius의 손자인 나 유스티누스가 나 자신을 포함해 불의하게 미움을 받고 악의적으로 학대당하는 모든 민족을 대신하여 이 변론과 탄원을 올립니다. (Bush 1983, p. 5)•

이와 비슷하게 그리스도인들이 황제 숭배라는 공적 행위에 참여하기를 거부하기 때문에(당연히 이는 기독교의 하나님에 대한 그들의 충성에서 기인한다) 그들에 대한 박해가 발생할 때가 많지만, 그럼에도 그들이 황제 숭배를 거부하는 것에 대한 고발이 제기된다. 유스티누스는 바로 이 점을 논박하고자 한다. 그리스도인이 황제보다 하나님을 섬기려고 한다는 이유로 그들이 불합리하다

• 177년경에 쓴 아테나고라스의 변증 첫머리에 인용된 글도 보라(Athenagoras, 1983, p. 35).

고 비난할 수는 없다는 것이다. 그리고 여기서 유스티누스는 성서와 이교 철학자들을 근거로(특히 우상숭배 금지 명령) 자신의 주장을 논증한다. 따라서 사실상 유스티누스는 정치적·철학적 근거로 동료 신자들을 변호했다. 그들은 법적 부정행위와 오해의 희생자들이며, 그들을 비방하는 이들이 주장하듯이 고대 가르침에서 이탈한 것이 아니다(Skarsaune 2010, pp. 125-129). 유스티누스가 교회의 공적 지위와 동료 그리스도인의 법적 운명에는 관심이 없고 단지 기독교 신앙의 논리를 증명하는 데만 관심을 기울이거나 무엇보다도 먼저 거룩한 백성을 제자로 훈련하는 데만 전념했다면, 왜 그런 논증을 펼치겠는가?

아테나고라스(177년경)는 자신의 변증서에서 ('정복자이며…무엇보다도 철학자인', Bush 1983, p. 35) 마르쿠스 아우렐리우스, 루시우스 아우렐리우스 황제에게 그리스도인의 시민적 자유를 보장해 달라고 호소한다. 여기서 그는 황제들에게 제국의 다원주의와 제국 내 많은 민족에게 허용된 종교의 자유를 상기시킨다(1장, pp. 35-36). 그는 이런 배려가 공적으로 괴롭힘을 당하고 있는 그리스도인에게도 적용되어야 한다고 탄원한다. 유스티누스처럼 아테나고라스는 그리스도인들이 소문이 아니라 사실에 입각해 공정한 심리를 받게 해 달라고 요청한다.

내가 상세하게 우리 교리의 특수한 요소를 설명하더라도 부디 놀라지 마소서. 이는 폐하께서 대중의 분별없는 견해에 휩쓸리지 않고 폐하 앞에서 분명하게 진실을 알리기 위함입니다. 왜

나하면 우리가 신봉하는 견해가 인간적인 것이 아니라 하나님이 말씀하시고 가르치신 것이라고 제시하기만 한다면 우리는 폐하가 우리를 무신론자라고 생각하지 않으시도록 폐하를 설득할 수 있을 것이기 때문입니다. (Bush 1983, p. 43)

아테나고라스는 삼위일체 하나님을 예배하는 그리스도인들에 대해 증언하면서 (유스티누스처럼) 이것이 고대의 통찰과 조화를 이룬다고 주장한다. 그러므로 무신론이라는 비난은 전혀 근거가 없고, 부도덕과 선동을 조장한다는 비난 역시 마찬가지다. 그러므로 그는 당국을 향해 자신의 공동체가 그런 비방을 당하지 않고, 그 결과 더는 박해당하지 않게 해 달라고 탄원한다(2장). 하지만 아테나고라스와 신학이 설득하지 못한다면, 교회 공동체의 겸손한 정직성이 교회 자체를 위해 말할 수 있게 해야 한다.

하지만 폐하께서는 우리 중에 교육받지 못한 사람들과 수공업자, 나이 든 여성이 있다는 것을 알게 되실 것입니다. 이들은 비록 말로 우리 교리의 유익을 증명할 수 없을지도 모르지만 행동으로 이 진리에 대한 확신에서 기인하는 유익을 보여 줍니다. 그들은 말하기 훈련을 하지 않지만 선행을 나타냅니다. 누군가에게 맞았을 때 되받아치지 않습니다. 강도를 당했을 때 재판으로 해결하려고 하지 않습니다. 부탁하는 사람에게 내어 주고 이웃을 자신처럼 사랑합니다. (Bush 1983, p. 44)

따라서 아테나고라스는 이처럼 학식을 갖춘(그리고 자비로운) 통치자에게 신학적·철학적 주장을 펼침으로써 공정하게 발언권을 보장받을 수 있다고 확신한다.

> 그들[피타고라스와 소크라테스를 비롯한 다른 철학자들]이 대중의 의견 때문에 덕에 있어 아무 손상을 입지 않았듯이, 몇몇 사람들의 무차별적 비방은 삶의 정직성에 관해 우리에게 아무런 그림자도 드리울 수 없습니다. 하나님 앞에서 우리는 좋은 평판을 받고 있기 때문입니다. 나는 이미 제기된 고발에 관해 내가 결백함을 폐하께 증명했다고 확신함에도, 나는 이런 고발에 대해 답할 것입니다. 왜냐하면 폐하께서는 지성으로 모든 사람을 능가하시므로, 그 삶이 통치자이신 하나님을 지향하고 이로써 우리 중에 모든 사람이 그분 앞에서 흠이 없고 나무랄 데 없다면 그런 사람들은 가장 사소한 죄라도 생각조차 품지 않을 것임을 분명히 아실 것이기 때문입니다. (Bush 1983, p. 57)

비슷하게 테르툴리아누스(197년)는 그리스도인들에게 제기되는 무신론, 부도덕, 반역에 관한 비판을 논박하며, 그들이 공적인 황제 숭배를 거부한 것이 국가를 불안정하게 만들었다는 주장을 거부한다. 그는 그리스도인들을 제외하면 다른 어떤 집단도 그런 괴롭힘의 대상이 되고 있지 않다고 지적한다. 또한 국가를 향해 그리스도인들에게도 정의를 베풀어 달라고 호소하며 철학적 변론을 전개한다. 그는 그리스도인들이 과도한 황제 숭배와 거리를 둠으로써 실제로는 제국의 평정 상태를 보호한다고 주장한다. 하지만 순교하도록 부르심을 받는다면 그들은 하나님에 대한 사랑으로 자발적으로 순교를 받아들이며, 그들의 덕이 그들을 박해하는 이들에게 살아 있는 증언이 된다(Dulles 1999, pp. 49-53).

높은 학식을 갖춘 덕분에 황제들이 기독교의 진실성을 이해할 것이라고 전제하는 변증가들은 기독교의 논리적 정합성을 명료하고도 길게 논증한다. 하지만 이들은 동료 신자들이 생각과 실천의 자유를 더 누리게 해 달라고 탄원하는 것이다. 빈번히 유보되거나 침해당하는 시민의 자유를 성취해 달라고 탄원한다. 하지만 그들은 철학적 근거에서 이러한 권리의 유보나 침해가 불합리하다고 주장한다. 그러나 핵심은 공적 반대를 억제하기 위해 신앙에 대한 변론을 제시한다는 것이다. 따라서 이 시기의 변증 문헌은 다음과 같은 몇 가지를 전제한다. 첫째, 비기독교 자료에 호소함으로써, 둘째, 제국 권력이 집행되는 방식대로 자연적인 정의에 호소함으로써 기독교 신앙을 변호할 수 있다. 셋째, 교회의 공적 처신은 전혀 나무랄 데가 없다. 그러므로 그리스도인이 두려움이나 방해 없이 정치체 안에서 시민으로 살아갈 권리에 대한 신학적 논증을 공적으로 펼치는 한, 변증은 일종의 공공신학이다.

아우구스티누스의 《하나님의 도성 City of God》(413-427년)은 제국 권력을 직접 겨냥하지는 않았지만, 분명히 정치적 상황으로 촉발된 작품이다. 410년에 로마가 고트족에게 함락당했을 때,

제국으로 하여금 옛 신앙을 등지게 만든 책임이 있는 그리스도인들에게 비난이 쏟아졌다. 아우구스티누스는 정반대라고 주장했다. 싸우는 동안, 야만인들은 피난처를 제공한 교회를 존경했다(7장). 이교도들은 고통을 당하자 자신의 신앙을 의심했지만, 그리스도인들은 십자가와 부활에 대한 믿음을 통해 더 큰 회복 탄력성을 보여 주었다(19장). 이 모두는 '미친 듯이 박해했던 세상이 마침내 신앙을 따를 때까지' 고난 가운데 교회를 지켜 낼 하나님의 섭리에 대한 믿음 때문에 가능한 일이다(Augustine 1984, p. 1033). 그러므로 아우구스티누스는 정치적 위기를 활용하여 공적 삶에 대한 정교한 기독교 신학을 제시하고 하나님의 섭리로 유지되는 사회 질서의 우월성을 추천할 수 있다. 아우구스티누스는 이전의 어떤 신학자들보다 더 탁월하게 특정 사건이나 비방하는 사람들에 대한 자신의 반응(그의 경우에는 로마의 운명에 대한 설명)을 포괄적인 역사의 신학 안으로 통합시켰다.

문화적 맥락과 대상 청중이라는 관점에서 콘스탄티누스 이전의 '변증'에서는 거리낌 없이 세속 당국을 향해 발언했으며 대화 상대자들에게 익숙했을 추론 형식을 활용했다. 변증은 언제나 그리스도인의 정체성과 국가에 대한 충성 사이의 관계 문제, 즉 그것이 반대하는 관계인지 동의하는 관계인지에 관한 문제로 한정되었다. 변증은 개인적 증언으로 시작되어 신학으로 마무리된다. 이러한 발언에서는 '권력을 향해 진리를 말하며', 이러한 권력이 세상의 일상적 안녕을 위해 중요하며 실재적임을 알고 있지만, 변론을 제시할 때는 더 높은 혹은 대안적인 권세를 가리킨다. 기독교를 추천하는 이유가 철학적 정합성이든, 도덕적 정직성이든, 정치적 영향력이든 상관없이, 또한 그 결과로 그리스도인을 이 세상의 모범 시민으로 묘사하든, 장차 올 세상의 모범 시민으로 묘사하든 상관없이, 다양한 형식과 장르에 속하는 이러한 문헌의 공적·정치적 성격을 부인할 수는 없다. '주어진 가혹한 역사적·정치적 현실 속에서 기독교에 대한 자신의 이해를 정의하고 변호해야 할 필요성 때문에' 이런 문헌이 만들어졌다(Ree 2005, p. 8).

후대의 변증가

유럽 중세 시대에는 국가의 반대에 맞서 기독교의 지위를 변호해야 할 긴급한 필요성이 더 적었는데, 많은 점에서 교회와 국가가 하나였기 때문이다. 아퀴나스 이후 고전 문화와 기독교 신학의 연속성은 공리와 같았다. 그러므로 변증 문서의 초점은 철학적으로 의심하는 이들이나 법적 제재가 아니라, 유대교인과 이슬람교인 같은 비신자들의 도전이었다. 하지만 안셀무스Anselm, 니콜라우스 쿠자누스Nicholas of Cusa, 보나벤투라Bonaventure, 아벨라르Abelard, 아퀴나스 같은 많은 변증가는 아랍 철학자들과의 교류를 통해 아리스토텔레스 사상이라는 잃어버린 유산을 회복하는 등 이러한 전통 안에서 지혜를 찾았다.

종교개혁과 가톨릭 종교개혁의 종교적 논쟁이 16세기와 17세기를 지배했다. 덜리스는 이 시기가 변증 역사에서 특별히 두드러지지는 않는다고 간주한다(1999, p. 145). 교회와 국가의 관계와 정치 질서 안에서 국교에 반대하는 개신교인의 역할에 관한 논쟁에도 불구하고 자신의 충성을 변호하기 위해 변증적인 논증을 직접적으로 활용하는 신학자는 거의 없었다. 다만 가톨릭 종교개혁에 참여한 일부 가톨릭 논쟁가들은 교황의 권위를 변호하는 데 관심을 기울였다. 다수의 개신교 개혁자들은 신학 논문을 통해 인간의 죄인 됨과 하나님의 살아 있는 계시로서 성서의 중요성을 강조했다. 칼뱅의 '일반은총' 개념에서는 인간 이성이 진리를 이해할 가능성을 지니고 있지만, 인간의 유한성이라는 한계를 초월하며 바로잡는 성서의 도움 없이 변증을 통해서만 진리를 증명하는 것은 불가능하다고 주장했다.

계몽주의

18세기부터 변증가들은 이성과 비판적 탐구, 경험주의라는 인본주의 원칙을 중심으로 집결한 회의주의의 거센 물결이 교회의 교도권과 성서적 세계관의 문자주의에 대해 제기하는 도전에 직면했다. 변증가들은 이성과 신앙을 화해시키려고 노력했고, 점차 자연신학에 기대를 걸기 시작했다. 프리드리히 슐라이어마허 Friedrich Schleiermacher는 자신이 교육받은 경건주의와 더 국제적인 베를린 사회 사이에 서 있었다(1996). 그는 종교적 교의의 외면적 덧없음이라는 비판을 수용했지만, 영속적이며 보편적인 절대 의존 감정의 표현으로서 종교의 실체를 변호했다. 계몽주의의 영향력 때문에 변증은 기독교의 실천적 덕을 변호하는 대신 합리적 신념과 실존적 감정으로서 기독교 진리에 관해 논쟁하는 데 초점을 맞추게 되었을 수도 있다. 변증은 일차적으로 신앙의 변호지만, 이제는 어떤 종류의 신앙인지, 공적·다원주의적 담론에 어느 정도나 무게를 두어야 하는지, 어느 정도까지 비기독교 세계관을 진리의 잠재적 담지자로 볼지, 따라서 변증을 함께 떠나는 여정이나 대화로 간주해야 하는지가 문제로 떠올랐다.

현대 변증

20세기에 이르면, 수용된 전통에 대한 변호로서의 이 분과와 그 진리를 증명하는 논증으로서의 증거를 강조하는 변증 유형들과, 인간 경험의 공통성과 종교적 탐색을 강조하며 일치와 유비의 지점을 찾기 위해 상이한 전통의 은유와 사고 형식 사이를 중재하고자 하는 더 수정주의적인 접근 방식을 나누는 단층선이 더 넓어졌다(Dulles 1971, p. 371). 그럼에도 이 시기의 변증 문헌은 현대 신학에서 그 지위를 유지하기 위해 애써 노력해야만 했다. 이는 대체로 20세기 중엽부터 시작된 신정통주의의 영향 때문이었다. 바르트 신학의 영향력은 변증이 불가능하다고 주장하는 것처럼 느껴지게 했다. 인간 이성으로는 하나님을 알 수 없고, 예수님 안에서 주어진 하나님의 자기 계시를 통해서만 그분을 이해할 수 있다고 주장하기 때문이다. 다리를 놓거나 중재하는 담론을 자처하는 변증을 확립할 근거로 삼을 수 있는 공통 기반이나 공유된 합리성 같은 것은 존재하지 않는다. 유일한 변증은 조직신학을 죄인인 인류에게 주어진 하나님의 구원 말씀으로 명료하게 진술하는 것이다. 앞서 나는 보편적 종교 경험에 대한 호소를 기독교 변증의 기초로 삼는 전통을 강조했다. 현대 복음주의 작가들은 성서와 예수님의 삶의 역사적 사실성을 더 중시하는 경향이 있다. 현대 변증의 언어 중 일부를 살펴보면 보편주의적이거나 중재적인 관점이 퇴조하고 더 적대적인 접근 방식을 선호하게 되었음을 알 수 있다. 새로운 문화적 반대자들에 맞서 그리스도인들에게 '업그레이드된 변증 무기'가 필요하다(Milbank 2011, p. xiii). 터셀리Tacelli와 크리프트Kreeft는 '논증 전투'에 관해 이야기한다(2003, pp. 10, 139). 윌리엄 레인 크레이그William Lane Craig는 "우리는 전쟁에 대비해 자녀들을 훈련시켜야 한다. 어떻게 아이들을 무장시키지도 않고 지적 전쟁터로 보낼 수 있단 말인가?"라고 주장한다(2010, p. 20).

또한 교리적 전통으로부터 실천으로 나아가야 한다고 강조하는 태도 역시 뚜렷하게 나타난다. 부시Bush(1983)는 현대 변증의 여러 유형을 제시한다. 논리 법칙에서 출발하는 논증인 합리주의, 자연이 종교적 경험에서 증거를 찾는 경험주의, 계시의 본질 때문에 신앙의 패러다임에 대한 선험적 헌신 안에서만 자증적일 수 있다고 주장하는 신앙지상주의 혹은 전제주의presuppositionalism, 역사적 혹은 과학적 증거를 찾는 증거주의evidentialism가 있다. "넓은 의미에서 변증은 모든 신학자가 자기 말에 귀 기울일 수도 있는 불신자들에게 자신의 견해를 추천할 때 사용하는 것이다"(1983, p. 375). 변증 분야를 주도하는 또 다른 현대 작가 윌리엄 레인 크레이그(2008)는 변증이 본질적으로 기독교의 진리 주장에 대한 합리적 정당화 혹은 설명이라고 주장한다. 변증은 "'기독교 신앙에 대해 어떤 합리적 근거를 제공할 수 있는가?'라는 물음에 답하려고 하는 이론 분과"라는 점에서 전도와 구별된다(p. 15).

변증은 문화 형성에 기여하는 것에서부터 신자들을 믿음 안에 세우고 불신자들에게 복음을 전하는 것에 이르기까지 여러 기능이 있을 수 있다(Craig 2008, p. 23). 이 중에서 첫 번째 기능은 앞에서 교회 내부와 외부의 변증을 다루었던 나의 논의와도 연결되는 것처럼 보이며, 잠재적으로 공적 차원에 관해서도 이야기해 볼 수 있다. 이는 우리가 욕망하고 몰두하는 바에 관해 동시대 문화가 드러내는 바를 알아내기 위해 변증가가 동시대 문화에 귀를 기울여야 한다고—이것이 바로 시각 예술과 현대의 심리치료를 통해 틸리히가 했던 작업이다—주장했던 폴 틸리히 같은 20세기 자유주의 신학자들의 접근 방식과도 관계가 있을 것이다. 하지만 크레이그가 문화와의 상호작용에 관해 이야기할 때, 이는 예를 들어, 기독교의 시민적 혹은 도덕적 자격 요건에 대한 정당화와 그것이 교회의 공적 기여와 관련해 갖는 함의를 밝히려는 노력이라기보다는 전도를 위한 준비 작업처럼 보인다. 크레이그에게 문화와의 상호작용은 공동의 대화를 확립하는 것보다는 사람들에게 '믿기 위한 지적 자격증'을 제공하는 것을 목표로 삼는다(2008, p. 19). 문화는 계시의 좌소가 아니라 선포의 전략적 수단이다. "기독교 변증의 더 폭넓은 책무는 복음이 생각하는 사람들에게 지적으로 받아들일 만한 선택으로 들릴 수 있는 문화적 환경을 만들고 유지하는 데 기여하는 것이다"(2008, p. 17).

새롭게 등장하는 목소리: 상황적·상상적·교차문화적 변증

변증 분야는 명제적 진리의 전통적 변호를 고수하는 복음주의 작가들이 지배하는 경향이 있지만, 더 광범위한 공적 토론의 장에서 강력한 논쟁을 벌이는 탁월한 사례들에 더해 복음주의자들 사이의 새로운 흐름을 보여 주는 징조가 있다. 순수이성에 의존하는 대신 공유된 의미의 공간으로서 문화적 형식들과 상호작용하는 방향으로 전환이 일어나고 있다. 서사와 상상력, 수행성performativity 같은 모티프가 합리주의적·명제주의적 방법론을 대체하고 있다. 이런 흐름을 살펴봄으로써 변증적인 공공신학의 모습에 관해, 또한 이것이 가능해질 기회를 어떻게 만들어 낼 수 있는지에 관한 실마리를 발견할 수 있을 것이다.

벤노 반 덴 토렌Benno van den Toren(2011) 같은 작가들은 후기근대성의 출현에 자극받아 더 폭넓은 교차문화적 접근 방식을 받아들이는 방향으로 움직이고 있다. 그는 특히 복음주의 형태의 현대 기독교 변증이 한계가 있다고 본다. 즉, 경험주의나 합리주의를 강조함으로써 기독교를 **근대적** 사고방식과 연결하는 방향으로 나아간다는 것이다. 후기근대주의는 기독교 변증을 종교적·영적·철학적 다원주의에 노출시키지만, 객관적·보편적 진리라는 개념을 기피한다. "이른바 '순수'이성에 따라 하나님의 존재와 기독교 신앙의 진리를 '증명'하고자 하는 기획"(Hughes 2011, p. 5)은 근대주의에 대한 적응이었음이 드러난다. 반 덴 토렌은 증거주의적·명제주의적·합리주의적 논증을 폐기하고 교차 문화적 대화와 '설득을 목표로 하는 대화'를 택한다(van den Toren 2011, p. xi). '토착화' 언어로 방향을 선회한 선교학 내의 운동을 반향하면서, 그는 문화적 맥락이 기독교 복음이 제시되어야 하는 방식을 좌우한다고 인정한다. "기독교의 변증적 대화와 증언에서는 자유롭게 떠다니는 개인이 아니라 전통에 자리 잡고 있는 공동체의 구성원인 사람들을 향해 발언해야 한다"(p. 211). 기독교를 추천하고자 할 때 그 시도는 언제나 상황적이어야 하며 반드시 청중의 상황을 향해 발언해야 한다.

이 모형에 관해 변증가의 기본 책무는 더 이상 이른바 보편적이며 문화에 독립적인 지식의 토대를 제공하는 것이 아니다. 그의 책무는 실재를 해석하는 상이한 방식을 비교하고, 구체적인 대안적 해석과 관련해 기독교적 **해석**의 적합성과 적실성을 변호하는 것이다. (pp. 45-46, 저자 강조)

해석을 강조한 점에 주목하라. 기독교 전통이라는 텍스트에 비추어 세상이라는 텍스트를 해석해야 하며, 따라서 교회를 '복음의 해석학'이라고 부른다(p. 33). 문제는, 특권적인 해석이 기독교적이며 성서적인지, 비신학적 텍스트와 맥락이 어느 정도까지 해석 과정에 포함되는지다. 그럼에도 이것은 명제적 지식과의 대응으로서가 아니라 모범적인 생활방식으로서, 다른 사람이 그 안으로 초대받은 세계로서 '진리'를 추천하고, 문화적 맥락이 그에 대한 반응을 좌우함을 이해하는 변증 모형이다. 반 덴 토렌이 주장하듯이, 변증가들은 관념론적 진리와의 대응이라는 보편적·추상적 기준으로 평가받을 수 없다. 모든 대화 참여자가 깊이 관여하고 있는 문화적·철학적 맥락에 주의를 기울여야 한다. 변증에 대한 이러한 이해는 변증을 그 맥락과 경험과 서사의 즉각성에 확고히 뿌리내리게 한다. "좋은 삶에 대한 추천의 타당성은 그런 종류의 인간의 삶이 갖는 세속적이며 상황적일 수밖에 없는 특성에 비추어 평가되어야 한다"(Werpehowski 1986, p. 287). 역사적으로 변증은 추상이나 중립적 공간으로부터 출발한 적이 없다. 법적 의미에서든, 신학적 의미에서든 변증은 무엇보다도 먼저 증언이기 때문이다. "변증의 성공적 실천에는…상상력을 통한 신앙의 제시가 지닌 힘을 통해 설득하기 때문에 사람들을 설득하는 강력한 고백적 요소가 반드시 포함되어야 한다"(Milbank 2011, p. xiv).

하지만 복음주의 변증의 기반을 이동시키려고 하는 반 덴 토렌의 시도와 '후기근대' 변증에 대한 또 다른 동시대적 기여를 대조해 보라. 후자에서는 명제적 진리와 보편적 합리성의 교리를 확고하게 고수한다.

> 어떻게 우리는 후기근대주의자들에게 복음의 진리를 설득할 수 있는가? 미리 정의된 합리성의 기준으로 증명할 수 있

는 객관적 진리를 더는 믿지 않는 사회에서 변증이 여전히 **가능할까**? 다양한 합리성이 공존하는 문화에서 어떻게 우리는 다른 이들에게 복음의 진리를 설득할 수 있는가? (Phillips and Oakholm 1995, p. 11)

또한 필립스와 오크홀름은 "종교를 '멸시하는 교양인cultured despisers'에게 복음의 **진리**가 아니라 교회의 **적실성**을 설득하는 데 더 관심이 있는" 이들을 비판한다(p. 11).

'상상력의 변증'

변증법의 인식론, 그리고 신앙의 본질을 전달하는 작업에서 순수이성의 부적합함이 점점 더 비판적 검토의 대상이 되고 있다. 논문집《상상력의 변증》에서는 다음과 같이 주장하는 합리주의적·근대주의적 패러다임을 넘어서고자 시도한다.

…진리를 드러내는 유일한 '이성'은 서사와 윤리적 평가 모두로부터 분리되어 있듯이 감정과 상상력 모두로부터 분리되어 있는 냉정하고 초연한 이성이다. 이제 기독교 변증은, 일상적인 것에 대한 우리의 공감과 평범한 것의 능력과 거대한 함의라는 민주적 시야의 확장이 동반된다면 우리의 가장 몽상적이고 이상적인 통찰이 실재적인 것을 가장 잘 드러낼 수 있다는

정반대의 전제를 받아들여야 한다. … (Milbank 2011, p. xxii)

그러므로 《상상력의 변증》 배후에 자리한 전제는, 이레나이우스나 슐라이어마허, 버클리 주교Bishop Berkeley에게 익숙한 종류의 변증이 현대 세계에 적합하지 않다는 것이다. 변증은 새로운 종류의 회의론과 다원주의를 마주할 뿐만 아니라 새로운 전략과 담론 형식의 채택을 재고하여 더는 특수한 종류의 추상적·명제적 논증에 초점을 맞추지 말고 그 목표의 추구를 위해 상상력을 활용하는 데 집중해야 할 수도 있다. 편집자 자신이 "이 논문집 전체를 통해 이성의 본질과 그 안에서 상상력의 역할에 대해 탐구한다"라고 주장한다(Davison 2011, p. xxv). 이와 비슷하게 존 밀뱅크는 서문에서 "우리의 담론적 판단을 안내하고 이에 대해 주의를 주는 것이…상상력의 참된 활용이다"라고 주장한다(p. xxiii). 변증은 대중문화와 예술, 인문학을 통해 드러난 시대의 표적을 읽어 내는 작업을 포함하는 상황신학으로 제시된다.

먼저 이 세계 자체의 모습, 그것의 가치, 전제, 선입관, 갈망을 이해하려고 노력하지 않는다면 기독교 신앙과 교회가 세속 세계를 향해 의미 있는 방식으로 말할 수 있는 법을 발견할 수 없다. 특히 세계의 가치와 전제, 선입관, 갈망은 세속적 관심사와 종교적 관심사 사이에서 가장 소통 가능성이 높은 곳이 어디인지, 성령께서 이미 신앙에 속한 이들보다 먼저 가셔서 제도 교회의 경계 너머에서 자신을 나타내시는 곳이 어디인지를 보여

준다. (Lazenby 2011, p. 46)

물론 이는 초기 복음 전도자들의 감수성과 전적으로 일치한다. 그들은 청중의 관점에서, 그들의 관심사와 직접적으로 연결되는 개념과 논증을 사용하여, 그들의 고유한 세계관에 익숙한 용어로 그들을 향해 말하는 것이 얼마나 중요한지를 잘 알고 있었다. 마찬가지로 또 다른 기고자는 기독교의 '내재적 아름다움과 선함'을 통해 기독교를 매력적이고 설득력 있게 만들어야 한다고 말한다(Hughes 2011, p. 9). 따라서 이 모형에 따르면, 변증은 (비록 지적으로 강력한 방식으로 신앙을 제시할 테지만) 명제적 진리에 관심이 없고, 오히려 우리의 욕망을 자극하는 무언가다. 동일한 취지에서 시각 예술, 문학, 영화, 물질문화 같은 것과의 상호작용은 변증의 중요한 무대가 되는데, 이런 것들이 진리, 아름다움, 선에 관한 문제를 만나는 공간이기 때문이다. 이런 것들은 "'진단의 공간', 종교와 더 광범위한 세상의 관계가 분명하게 드러나는 장소"다(Lazenby 2011).

변증적 담론에 대한 이러한 이해는 이 담론을 개념화가 불가능할 수밖에 없는 무언가에 대한 설명으로, 종교적 경험에서 출발해 공적 선언에 이르는 여정으로 이해한다. 캐런 암스트롱Karen Armstrong은 '로고스'와 '뮈토스*mythos*'의 긴장이라는 틀로 이를 설명한다. 전자는 실용적·합리적·도구적이며, 후자는 훨씬 더 형언할 수 없고 신비로운 경험을 다룬다(2009, pp. 2-3). 뮈토스에서 로고스로의 이러한 전환이 변증의 이행을 묘사한다. 확신의 즉각성이 어떤 방식으로든 체계화되어야 하며, 감정 차원에 머무를 수 없고 말로 표현되어야만 한다. 이제 신적인 것과 하나님의 본성에 대한 경험이 반드시 그것을 말로 표현하고자 하는 모든 시도를 초월하는지 여부에 관한 질문이 제기될 수밖에 없다. 이를 통해 변증의 일부 요소를 이해할 수 있고, 변증가는 합리주의와 실증주의에 심하게 구속받지 않으며 "'로고스'의 영역 외부에 속하는 더 걷잡을 수 없고 당혹스러우며 비극적인 인간 곤경의 양상"을 충분히 고려하는, 대안적 앎의 방식을 생각해 볼 기회를 얻는다(Dulles 1971).

이와 비슷하게 에드워드 오크스Edward T. Oakes는 "과학의 방식까지는 아니더라도 적어도 엄격함과 자증적인 원칙으로 특징지어지는 데카르트의 방식으로, 즉 명제적으로 신학을 연구해야 한다는⋯ 전제를 너무 쉽게 받아들임으로써 이야기가 중심이 되는 신학의 풍성한 성격을 박탈당하고" 말았다고 안타까워하면서 '신학함의 특권적 자리'로서 서사의 대중적 소통 가능성을 타진한다(1992, p. 57). 기독교 교리의 인지적 타당성에 대한 계몽주의의 도전과 기독교가 사사화되고 주관적인 신념으로 후퇴하고 만 상황에서 서사는 신학 담론을 '공적이며' 타당한 것으로 만든다. 그것은 더는 보편적이고 객관적인 지위를 주장하지 않고 실재를 표현하는 (여러 방식 중) 한 방식으로 제시된다. 서사는 신학이 문학을 비롯해 상상력을 사용하는 다른 장르와 연결되게 하고, 목회적·실존적 이슈에 대응할 수 있는 방식으로 삶의 경험과 관계를 맺는다. 또한 서사는 성서 문학이 서사적 성격을 지니고 있음을 우리에게 상기시키고, 신학에 대한 명제적·교리적 접근 방식에 대안을 제공한다. 서사는 단순히 기독교 교리의 극화가 아니라 그 구조의 본질이다. 이를 통해 "말 그대로 난데없이 인간 무대에 착륙한 놀랍고 타율적인 '침전물'"이 아니라 '더 강렬하며 명료하게 하는 서사, 인간 삶을 구성하는 다른 모든 서사 구조 narrative line를 구조화하고 거기에 의미를 부여하는 서사로 간주하기가 더 쉬운' 무언가로 교리사를 맥락화하고 계시를 특징짓기가 더 쉬워진다(p. 38).

우리는 자신의 특수한 서사와 세계관에 속해 있을지도 모르지만, 이 이야기 안에서 살기 때문에 더 폭넓고 보편적인 역사에도 속할 자격이 있다. '이야기하는 인간$^{homo\ narrans}$'인 우리는 폴 리쾨르$^{Paul\ Ricœur}$가 '말하기 게임'이라고 부르는 것에 참여하는 방식을 구성하는 언어와 맥락의 개별성을 통해 세계 안에서 우리 자리를 찾는다(Ricœur, 1981, p. 294). 우리의 역사 자체가 이야기를 통해 우리에게 다가오며, 이런 방식으로 우리는 자신의 역사성을 더 심층적으로 경험할 수 있다. "서사가 참으로 세계를 나타낸다면 이는 우리 모두가 그 세계의 지평에 의해 실제로 연결되어 있음을 암시한다"(1992, p. 51). 그렇다면 서사를 말하고 나누는 것은 상이한 참여자가 트레이시의 '유비적' 접근 방식과 비슷하게 대화와 변증에 참여하기 위해 다원주의적인 공적 영역 안에서 하나로 통합될 수 있는 장치가 될 수 있다.

기독교 공동체를 복음의 '해석학'으로 규정하는 반 덴 토렌의 관점과도 공명하는 부분이 있지만, 여기에는 수행적 요소 곧 특수한 세계관에 대한 '살아 있는 인간적 증언'인 신앙의 '아비투스'도 존재한다. 이를 스택하우스의 용어로 번역하자면, 그것이 그리스도인의 시민적 책임에 미치는 영향력에 대한 증언—특정한 공적 입장 배후에 자리 잡고 있는 이유를 다른 시민들에게 설명하는 방식으로—의 형태를 띨 수도 있다. 그렇다고 해서 규범적인 신학에 근거한 원칙의 중요성을 평가절하하는 것은 아니다. 변증의 무대를 합리적 증명이라는 적대적 전투의 장이 아니라 기교가 필요하며 목적이 뚜렷한 행동이 이뤄지는 성육신적·성례전적 공간으로 삼는 것이 최선이라고 강조할 뿐이다. 이것은 지성과 욕망, 진리와 아름다움 모두를 끌어안는 기독교적 추론의 인식론이다.

> 오직 하나님 안에서 우리의 경이가 극치에 도달하고, 오직 하나님 안에서 우리의 가장 심층적인 갈망이 충족된다고 주장하는 것이 변증가의 일이다. 변증가가 기독교의 신학적 전망이 **참되다**는 것을 보여 주기 위해 노력할 수도 있지만, 동시에 그가 그것이 지극히 **매혹적이며 매력적**이라고 확신하지 않는다면 그런 노력은 완전히 실패하고 말 것이다. (Davison 2011, p. xxvi, 저자 강조).

그럼에도 이 논문집에는 분명한 공백이 존재하며, 그 공백이란 문학과 예술과 과학을 넘어서는 공적 영역에서 이뤄지는 변증을 말한다. 놀랍게도, 매체의 역할에 관한 논의가 전혀 없으며, 기독교 전통의 가르침이 정치, 경제, 시민사회라는 일상 세계와 상호작용하는 가장 중요한 공간 중 하나인 공공신학에 관한 내용도 전혀 없다. 이런 내용이 빠진 이유가 무엇일까? 이런 삶의 영역에서는 우리의 상상력을 활용할 수 없기 때문인가? 신학적·윤리적 개입을 위한 근거를 변호하고 추천하기 위해 이런 분야(예를 들어, 빈곤의 영역이나 어떻게 투표할지에 관한 논의, 도시의 삶과 신앙의 본질에 관한 논의)에 기독교적으로 참여할 때는 상상력의 변증을 활용하는 것으로부터 유익을 얻을 수 없기 때문인가?

사실 대중문화와 매체가 만들어 낸 모든 종류의 생산물은 사람들이 진리와 의미에 관한 질문들을 탐색하는 가장 혁신적이고 창의적인 영역이라고 말할 수 있다. 이런 질문들은 인간으로 존재한다는 것은 무엇을 의미하는지, 삶의 시작과 끝, 차이의 본질, 이 행성의 미래와 같은 이슈이며, 단순히 미학적일 뿐만 아니라 정치적·도덕적 이슈이기도 하다(Lynch 2005; Graham and Poling 2000). 이와 비슷하게 수행적이며 미학적인 형식의 정치적 혹은 공적 항의는 신학적 표현의 대안적 형식 역할을 할 수 있으며, 공식 보고서나 토론장과 정치 회의의 결정보다 더 흥미진진하다. 공적 삶의 이러한 차원이 중요하지 않다는 말이 아니라 시민사회와 공적 논쟁을 형성하는 대안적 방식이 존재한다는 주장이다.

상상력의 변증에 관한 이 논문집은 흥미로운 대안적 인식론을 제시하겠다고 약속하지만, 어떤 기고문에서도 공적 이슈나 사회윤리, 실천신학과 연관된 것을 다루지 않는다. 불행히도 이런 논의가 누락된 까닭에, 그리스도인의 소명의 올바른 실천의 한 방식인 시민사회 영역에서 신앙을 변호하는 작업을 자처하는 변증의 성서적·역사적 전통을 제대로 반영하지 못하고 있다. 하지만 시민사회라는 공유지가 데이비슨과 그의 동료들이 추천하는 변증적 만남이 이뤄질 수 있는 공유된 공간을 구성하지 않으리라고 생각하는 것은 불가능하다. 그럼에도 외삽을 통해 이 전망과 스택하우스의 주장 사이에 접촉점을 찾는 것이 가능할까? 우리는 문화, 문학, 예술 분야에서 상상력의 작업을, 공동선을 추구하라는 교회와 개인의 공적 소명에 영향을 미치는 '행동을 이끄는 세계관'의 신학을 표현할 기회로 대체할 수 있다. 이제 나는 이 과제로 눈을 돌리고자 한다.

7장

현전의 변증

기독교 세계와 세속주의 이후의 공공신학

공공신학은 교회에 맞서는 제도적 자유와, 학문과 과학이라는 열린 장에 자리 잡을 공간이 필요하다. 오늘날은 무신론자와 근본주의자 모두에 맞서 이 자유를 지켜 내야 한다. (Moltmann 1999, p. 5)

그리스도 안에서 우리에게는 하나님의 실재와 세계의 실재에 참여할 기회가 주어졌으며, 둘 중 어느 하나 없이 다른 하나에 참여할 기회가 주어진 것이 아니다. 하나님의 실재는 나를 세계의 실재 안에 온전히 자리 잡게 함으로써만 드러난다.…
(Bonhoeffer 1995, p. 193)

서론

윌리엄 템플William Temple의 책《기독시민의 사회적 책임*Christianity*

and Social Order》(1942)은 공공신학의 고전이다. 영국에서 이 책은 1939-1945년 전쟁 이후 사회와 경제 재건에 관한 국가적 논쟁을 불러일으켰으며, 윌리엄 베버리지$^{William\ Beveridge}$의 복지 보고서와 함께 1945-1951년에 집권한 개혁적 노동당 정부의 정책 수립에도 영향을 미쳤다. 《도시 안의 신앙$^{Faith\ in\ the\ City}$》(1985)과 더불어 이 책은 근대 성공회 사회사상의 정수라고 할 수 있다. 하지만 기독교 신앙의 영향력이 강력한 시기에 국교였던 영국 성공회를 이끈 지도자로서 공적으로도 저명한 인물이었음에도 템플은 교회가 자동적이거나 특권적인 목소리를 주장할 수 있다고 절대 가정하지 않았다. 《기독시민의 사회적 책임》의 장 제목은 그의 신중함을 잘 보여 준다. 그는 이렇게 묻는다. "교회는 무슨 권리로 사회에 개입하는가?" "교회는 어떻게 사회에 개입해야 하는가?" "교회는 역사적으로 사회 개입의 권리를 주장한 적이 있었는가?" 교회가 공적인 삶에 '개입하는' 것이 목격된다면 고유한 관할권을 넘어서서 탈선하고 있다는 비난을 받을 수 있음을 그는 잘 알고 있었다. 그렇지만 템플은 세속의 자율성을 약화하려고 하지 않으면서도 기독교 공동체가 미래에 사회가 나아가야 할 방향에 기여할 필요성이 있다고 주장했다. 하지만 그는 교회가 성육신적·성례전적 실체로서, 예수님의 삶과 죽음과 부활이라는 역사적 실재로 그 정체성이 형성된 공동체로서 그 고유한 생명의 원천으로부터 그 일을 한다고 주장했다. 부서지고 세상에 바쳐진 그리스도의 몸이 되라는 이 성만찬적 소명으로부터 교회는 '기독교의 원칙을 선포'하고 비판적으로 또한 건설적으로 그 원칙을 사회 질서와 연결해야 할 임무를 부여받았다. 하지만 이에 더해 교회는 '그리스도인 시민들에게 그들의 시민 역할을 통해 기존 질서를 재형성하는 책무를 전달해야' 한다(Temple 1942, p. 58). 따라서 교회의 공적 역할은, (중립적이라는 의미에서) 세속 민주주의가 부여한 시민권에 의해 부름받은 이들이 공적 소명을 실천하도록 그들을 훈련하는 것이다.

많은 점에서 후기세속 공공신학의 윤곽을 설명하고자 하는 나의 시도는 템플이 한 말의 정신으로 나를 다시 이끈다. 세속적이며 다원주의적인 공적 영역의 본질을 감안할 때 오늘날 종교적 목소리에는 저절로 주어지거나 권위 있는 발언권이 전혀 없다. 공공신학은 점점 더 경쟁적이며 파편화된 맥락을 향해 발언하며, 세상을 향한 그 발언의 성격에 관해 의견이 나뉘어져 있다. 교회는 어떤 목소리로 무슨 자료를 근거로 말할 수 있는가? 교회의 전통과 실천은 얼마나 권위가 있으며 구속력이 있는가? 어느 정도까지 더 광범위한 청중에 맞추어 적응해야 하는가? 이제 공공신학자들은 매리언 매덕스Marion Maddox로 하여금 "기독교가 저절로 관심을 끌 수 없는 곳에서 신학에 기초한 기여는 어떤 정당성을 주장할 수 있는가?"라는 질문을 던지도록 만드는 입장에 처하게 되었다(2007, p. 82).

따라서 후기세속 사회의 역설적이며 전례 없는 도전에 직면한 상황에서 나는 교회가 사회의 공동선에 관심을 기울여야 하며 개별 그리스도인은 좋은 제자일 뿐만 아니라 신실한 시민으로 살아가도록 부르심을 받았다고 주장하는 방식으로 교회의 공적 소명을 계속해서 지지해 왔다. 나는 공공신학이 언제나 대화 상대자가 이해할 수 있는 방식으로 동기와 가치를 '설명할' 준비가 되어 있어야 한다는 점에서 반드시 변증적 기능을 포함한다는 맥스 스택하우스의 주장을 근거로 삼았다. 이것이 다음과 같은 공공신학을 만들어 냄으로써 그리스도인과 교회에게 그 영향력이 느껴지도록 만들 수 있는 최선의 기회를 제공할 것이라고 생각한다.

> 세상과 분리되어 자신만의 종교적 언어를 가진 자기충족적 대항 공동체 안으로 들어가는 대신 세상의 언어를 말하는 법과 세상과 대화하는 법을 알고 있는 공공신학…그리스도 안에 뿌리를 내리고 있으며, 따라서 세상을 위한 하나님의 길을 나타내도록 세상을 향해 도전하는 공공신학, 세속적인 길 너머로 세상을 이끄는 예언자적 신학. (Bedford-Strohm 2007b, p. 36)

따라서 이 장의 나머지 부분에서는 후기세속 공공신학의 책무와 범위를 보여 주리라고 기대하는 여러 주제를 논하고자 한다. 먼저 제자도의 실천을 그 자체의 변증으로 삼는 공공신학의 추가적인 영향에 관해 생각해 보고자 한다. 조지 린드벡의 후기자유주의 신학은 신앙의 시금석이 명제적 진리에 대한 대응이 아니라 그리스도인의 수행을 촉진할 수 있는 능력임을 우리에게 상기시킨다. 이는 '현전^{presence}의 변증'(Murphy-O'Connor 2009)으로서의 신앙 공동체와 세상에 계시는 하나님의 구속적 임재의 표지이자 성례전인 교회에 관한 소중한 교훈이다. 나는 이것을 라틴아메리카 해방신학의 통찰, 특히 구스타보 구티에레스의 작업과 연결하고자 한다. 구티에레스의 작업은 변증적인 공공신학이 말보다는 행동에 관심을 기울이며, 신앙에 대한 변호는 불의와 인간의 고난이라는 상황을 해방하고 변화시키는 신앙의 능력을 통해 나타나야 함을 상기시키기도 한다. 구티에레스가 주장했듯이, 바른 실천orthopraxy으로서의 신학은 '비신자'보다는 지배 권력의 주변부에 존재하는 '비인간화된 이들'과 동일시하도록 부르심을 받았다.

이를 통해 나는 공공신학이 책임져야 할 대상이 되는 '공중'의 본질에 대해 더 심층적인 고찰이 필요함을 깨닫는다. 3장에서는 공공신학자들이 공중의 본질을 정의하는 다양한 방식에 관해 논했으며, 서양에서 공적인 삶의 파편화된 본질을 강조했다. 연대와 해방의 실천이라는 형태로 가난한 이들에게 복음을 선포하는 신학에 헌신한 구티에레스는, 공공신학이 일반 공중이 아니라 전지구적 경제·정치 세력에 의해 주변화되고 힘을 빼앗긴 이들에게 우선적으로 책임을 져야 한다고 강조한다. 위르겐 몰트만은 그의 책《십자가에 달리신 하나님 The Crucified God》에서 이런 주장에 신학적 무게를 더한다. 이 책에서 그는 예수님의 죽음을, '모든 **하나님 없는 자들과 하나님께 버림받은 자들**이 그분과의 사귐을 경험할 수 있도록' 스스로 낮아지신 분이신 하나님의 참된 본성을 계시하는 행동으로 해석한다(1974, p. 286, 저자 강조). 사회의 이러한 범주는 각각 하나님과의 실존적 분리와 물질적인 포기 혹은 소망의 결여를 지칭한다. 이는 오늘날 우리의 시대적 상황을 강력하게 반향하며, 이런 상황에서 공공신학은 안락하게 실용적으로 세속적인 사회에서 종교를 '멸시하는 교양인'들을 향해 종교의 기여가 지닌 장점을 주장해야 하지만, 동시에 고난 당하는 모든 이들의 결핍과 동일시하시는 십자가에 달리신 하나님과 연대한다.

마지막으로, 후기세속 공공신학의 세 가지 모티프를 발전시킬 텐데, 이는 나의 논의에서 이미 등장했지만 지금까지 내가 주장한 바에 비추어 새로운 중요성을 획득한 듯하다. 첫째, 기독교 변증으로서의 공공신학에서는 무엇보다도 '잡혀간 그 도시의 평안과 번영'에 관심을 기울이며 그 도시를 위해 '여호와에게 기도한다.' '이것은 그 도시가 평안하고 번영을 누릴 때 너희도 평안하고 번영을 누릴 것'이기 때문이다(렘 29:7, 현대인의성경). 이는 세속과 연대하여 수행해야 할 책무이며, 무엇보다도 먼저 제도 교회라는 경계를 넘어서는 공동선의 문제다. 실제로 그리스도인의 공적 소명의 한 부분은 건강한 정치체의 유익을 위해 시민적 담론을 위한 다원주의적인 숙고의 공간을 길러 내는 것이다.

둘째, 신앙에 대한 변론을 통치자를 향한 탄원으로 이해했던 초기 기독교 변증가들을 따라서 나는 '권력을 향해 진리를 말하는' 공공신학을 촉진하는 것이 무엇을 의미하는지 생각해 보고자 한다. 이는 변호자의 역할을 하며 정의의 이름으로 구조와 제도를 향해 예언자적으로 발언하는 공공신학자들의 역사적 헌신을 새롭게 한다. 린드벡은 기독교 공동체의 '역량' 형성을 강조하면서 신학에 대한 이해를 갖춘 담대한 평신도들이 '그리스도를 대신하여 사신'이 되는 것이 중요하다고 역설한다(고후 5:20). 따라서 실천과 현전의 변증이라는 모티프에 이어서 나의 세 번째 모티프로서 공공신학의 간과된 양상, 즉 평신도의 세속적 소명과 형성에 더 주목할 것을 촉구하고자 한다. 이것은 제도 교회로 하여금 평신도 사이에서 더 심층적이며 더 방대한 신학적 문해력을 길러 내는 일을 매우 진지하게 받아들이라고 요구한다. 이는 다시 변증에서 말과 행동의 관계로 이어진다. 신실한 시민의 실천이 최고의 공공신학을 이루지만, 동시에 여전히 정당화가 필요하다. '자신을 설명하는' 행동은 돌봄, 사회적 행동주의, 행동하는 시민의 실천을 통해 표현될 수 있지만, 합리적인 공적 논쟁에서 확신 있게 발언할 수 있는 능력을 의미하기도 한다.

실천과 수행: 행위와 말로 드러나는 공공신학

6장에서는 변증에 대한 새로운 이해가 어떻게 명제적 진리에 대한 동의의 우선성을 강조하는 근대주의적인 인지적 모형을 대체하는지를 추적했다. 이러한 변증의 인식론에서는 '아비투스', 즉 세상에 형태를 부여하고 행동과 태도에서 그리스도인을 정향하는 실천적 지혜로서의 믿음을 전제한다. 따라서 변증은 명제적 진리가 아니라 사람을 변화시키는 진리를 가리킨다. 이는 '믿으라'라는 권고가 아니라 '행동으로도 드러나지 않는다면 결코 제대로 보여 줄 수 없는' 세계관을 받아들이라는 권고다(Davison 2011, p. 26). 이는 다시 우리를 베드로전서로 돌아가게 한다. 이에 따르면 공동체의 '아비투스'는 성례전적이며 체화된 그리스도 본받기, 그리스도의 수난과 죽음과 부활이라는 '살아 있는 인간적 문서'다. 변증은 기독교적 상상력의 서사인 동시에 모범적 덕의 담론이다. 듣는 이들에게 특정한 명제적 진리에 관해 생각하고 그 진리를 믿으라고—현대의 변증 분야를 지배하게 된 형식대로—요구하기보다는 다른 종류의 실재에 따라 상상하고 살라고 요구한다.

    이는 변증에서, 또한 공공신학에서 말과 행동의 관계에 관한 질문을 제기한다. 후기자유주의 신학의 가장 중요한 통찰 중 하나는 기독교 공동체의 실천이 그 자체의 (자증적) 변증이라고 강조했다는 점이다. 조지 린드벡은 신앙생활에서 '그것을 앎knowing that'과 '어떻게 하는지를 앎knowing how'을 구별하며, 이는 기독교 신앙의 인지적 표현과 더 '수행적인' 차원 사이의 유사한 구별로 이어진다. 신앙의 시금석은 그것이 명제적 진리와(혹은 이른바 보편적인 종교적 경험과) 대응하는지가 아니라 제자도의 실천을 촉진하는지 여부다. "간단히 말해서 이해 가능성은 이론이 아니라 역량으로부터 나오며, 신뢰성은 독립적으로 공식화된 기준에 대한 고수가 아니라 좋은 수행으로부터 나온다"(Lindbeck 1984, p. 131). 따라서 신학의 변증적 책무라는 관점에서 '역량을 갖춘' 실천가 양성에 대한 린드벡의 강조는 다시 한번 우리를 말이 아니라 행동이 공론장에서 복음의 주된 신뢰성을 구성하는 영역으로 이끈다.

이는 호그(2010)가 '실용적' 공공신학이라고 묘사한 것과 비슷하다. 이 신학에서는 그 자체의 전통과 출발점에서 시작함으로써 다원주의와 상호작용한다. 스스로 유동적인 경계와 정체성 안에서 자리를 잡고, 대화를 촉진하는 수단으로서 공동의 공간과 기획을 세우는 데 집중한다. 핵심 목표로서 협력과 연대를 추구한다. 심지어는 다원주의 안에서도 공유된 목적과 가치의 성취를 합리적 논쟁보다 선호한다. 따라서 근대적 의식이 다원주의에 직면한 상황에서 반성성^{reflexivity}에 의해 구조화되었다고 파악하는 찰스 테일러의 관점을 진지하게 받아들인다. 하지만 그러한 맥락을 종교적 교환이 일어나는 공간으로 삼고 그 안에서 적극적으로 또한 건설적으로 일한다.

> 실용적 공공신학의 목적은…독특한 형이상학적·도덕적 전망을 자극하거나 독특한 규범적 세계관을 강화하는 것이 아니라 공동의 도덕적 책무를 중심으로 협력적인 전략을 촉진하고 양성하는 것이다. (Hogue 2010, p. 366)

이러한 접근 방식은 연역적이다. 구체적인 책무로부터 시작하여 '신앙의 변호보다는 칭찬받을 만한 실천적 요소'를 설명하려고 노력하기 때문이다(Hogue 2010, p. 367). 그렇다고 해서 규범적이며 신학에 기초한 원칙의 중요성을 무시하는 것은 아니며, 변증의 무대가 합리적 증명에 관한 적대적 전투의 공간이 아니라 목적을 지향하는 행동이 이뤄지는 성육신적·수행적 공간이어야 함을 강조하는 것일 뿐이다. 데이비슨을 비롯한 다른 이들은 변증과 덕 윤리를 연결함으로써 이러한 주장을 펼친다. "변증은 우리가 대화를 나누는 사람을 향해 사용하는 도구가 아니다. 특히 이는 그런 태도로는 각 사람의 특수한 인격성을 충분히 진지하게 받아들일 수 없기 때문이다. 오히려 참된 기독교 변증은 '덕'을 강조하는 윤리의 전통 안에서 묘사된 참된 기독교 도덕을 닮아야 한다. 즉, 최선의 기독교 변증은 우리가 대화를 나누는 사람과 우리가 속한 맥락에 세심하게 주의를 기울이는 동시에 기독교 전통에 철저하게 몰두한 결과로 얻게 되는 산물이다"(Davison 2011, p. xxvi). 이는 좋은 변증에는 설득력 있는 방식으로 추론할 수 있을 뿐만 아니라 잘 살 수 있는 법을 배우는 것이 포함된다는 것을 의미한다. 교회는 '복음으로 형성된 백성인 그 존재를 통해' 참된 증언을 한다.…"[교회는] 우리가 삶으로 하는 주장보다 더 참된 것을 말할 수 없을 것이다"(Hovey 2011, pp. 109-110). 따라서 공공신학의 일차적 표현은 참된 신앙이 변화로 이어진다는 것에 대한 실천적 증명을 통해 이뤄지며, 이는 그저 세상을 해석하는 것이 아니라 세상을 변화시키는 것에 관한 문제다. 이는 기독교 변증으로서 공공신학의 무게중심을 마찬가지로 정통orthodoxy보다 올바른 실천orthopraxy을 중시하는 해방신학의 방향으로 이동시킨다.

'비인간화된 이들'을 위한 공공신학

구스타보 구티에레스는 해방신학의 과제가 신앙의 문제가 아니라 정의의 문제라고 일깨운다. 제1세계 신학에 대한 구티에레스의 비판은 종교를 '멸시하는 교양인'과의 논쟁에 집중하는 사이에 가난하고 압제당하고 비인간화된 이들의 고통에는 관심을 기울이지 않았다는 것이다. 구티에레스는 교회의 선교적·변증적 책무는 비신자를 설득하는 것이 아니라 비인간화를 해방하는 것이라고 주장한다. 구티에레스에게 변증의 책무는 회의론자를 설득하는 것이 아니라 정의 추구에 기여할 신학의 권리를 주장하고, 하나님의 우선적 선택이 단지 교회의 관심사가 아니라 인간적 관심사의 문제라고 말하는 것이다.

현대 신학의 상당 부분은 비신자의 도전에 대한 대응으로 나타난 것으로 보인다. 비신자는 우리의 종교적 세계에 의문을 제기하고 정화와 심층적인 갱신을 요구한다. 디트리히 본회퍼 Dietrich Bonhoeffer는 이 도전을 받아들여 우리 시대의 신학적 노력 중 많은 부분의 기원에서 발견할 수 있는 예리한 질문을 명료하게 서술했다. 성인이 된 세계, 다 자란 세계, 성년기에 이른 세계에서 어떻게 하나님을 선포할 수 있을까? 하지만 라틴아메리카에서 도전은 무엇보다도 먼저 비신자로부터 제기되지 않는다. 도전은 비인간화로부터 제기된다. 지배적 사회 질서가 인격체로 인식하지 못한 사람 곧 가난한 사람들, 착취당하는 사람들, 체제적·법적으로 인간성을 박탈당한 사람들, 자신이 인격체임을 거의 알지 못하는 사람들로부터 온다.…따라서 여기서 제기되는 물음은 성인이 된 세계에서 어떻게 하나님에 관해 말할 수 있느냐가 아니라 비인간적인 세계에서 어떻게 하나님을 아버지로 선포할 수 있느냐다. 비인간화에게 그가 하나님의 자녀라고 말하는 것은 무엇을 의미하는가? (1983, p. 57)

역사적으로 라틴아메리카 해방신학은 경제적 주변화, 전지구적 의존이 2/3세계 경제에 미치는 영향, 새롭게 떠오르는 혁명적 계급의식을 중시했을지도 모르지만, 이제 구티에레스는 가난한 이들이 본질적으로 "'비인간화'로 간주되는 주요하지 않은 사람, 인간으로서 자신의 권리를 온전히 인정받지 못하는 누군가"라고 주장한다(1983, p. 15). 이는 경제 수단의 결핍 때문일 수도 있지만, 피부색, 젠더, 무시당하는 문화에 속한다는 사실 때문일 수도 있다. 십자가에 달려 죽으신 그리스도를 선포하는 변증가의 책무는 **비인간화**가 자신의 인간성을 소유할 수 있는 방식으로 복음을 선언하는 것이다.

해방신학의 발전을 이해하고자 할 때 이 통찰이 근본적으로 중요하다. 해방신학은 단지 도덕적 원리의 정치적 산물이 아니라 본질적으로 가난한 이들 사이에서 발전했고 위계를 중시하는 교회의 더 전통적 가르침에 근원적인 도전을 제기하는 기독교 신앙에 대한 신학적 대응이다. 그리스도와의 만남은 가난한 이들과의 만남에서 발생하며, 따라서 그들과의 연대는 복음의 명령이다(1983, p. xiv). 이 '가난한 이들의 난입'에 주목하지 않는다면 해방신학을 이해할 수 없다(1983, p. 11). 이제 가난한 이들은 그들 자신의 운명을 책임지는 주체이자, 신학적 성찰의 대상이 아니라 주체가 된다.

기독교 변증이 비인간화를 향해 말하고, 그들로 하여금 자신의 인간성을 깨닫게 하는 과제에 동참하는 것은 무엇을 의미할까? 공공신학이 이 과제를 교회의 공적 역할의 핵심 책무라고 주장하는 것은 무엇을 의미할까? 공공신학이 기독교 변증의 한 형식으로서의 목적을 회복하고자 한다면, 신학적 정당화가 정통만큼이나 바른 실천으로 구현된다면(합리적인 논쟁뿐만 아니라 신실한 실천을 통해 증명된다면) 가난한 이들에 대한 교회의 헌신은 기독교 변증의 신뢰성에 대한 필수적 시금석이 된다. 교회는 하나님의 정의를 추구하면서 가난한 이들과 연대하도록 부르심을 받았다. 그 신학을 판단하는 기준은 변화를 일으키는 실천을 촉진하는지 여부다. 해방의 변증에서는 연대의 실천 속에서, 또한 권력을 향해 진리를 말하면서 가난한 이들을 향해 복음을 재현한다. 이는 연대와 권익 옹호, 예언의 실천을 통해 정당성이 입증되는 공공신학이다.

'하나님 없는 자들과 하나님께 버림받은 자들'을 위한 공공신학

기독교 변증이 상호작용하는 '공중'을 어떤 다른 방식으로 이해할 수 있을까? 구티에레스가 보기에 가난한 이들과 교회의 연대는 십자가에 달려 죽으시고 부활하신 그리스도의 삶에 참여함으로부터 온다. 위르겐 몰트만도 교회 실천의 기독론적 성격을 비슷하게 강조한다. 여기서는 그리스도의 케노시스, 즉 자기 비움을 일차적으로 예수님이 진노하신 하나님을 달래시는 죄의 보속expiation이나 연약함을 일시적으로 취하시지만 나중에 부활의 승리로 이를 상쇄하는 것으로 이해해서는 안 된다. 오히려 몰트만은 세상의 고통이 부활을 통해 구원을 이루시는 바로 그 하나님 안으로 흡수되었기 때문에 십자가와 부활은 나뉠 수 없다고 주장한다. 십자가에서 하나님은 하나님과 분리된 인간, '죄인과 하나님 없는 자들과 하나님께 버림받은 자들'의 조건 안으로 들어오신다(1974, p. 285).

하나님은 그리스도 안에서 기꺼이 세상의 유한성으로 들어오신다. 십자가에 달리신 예수님의 절망적이고 비참한 부르짖음을 통해 인간은 그분이 어느 정도까지 '하나님께 버림받음', 즉 포기, 절망, 고통을 취하시는지를 목격한다. 십자가 죽음의 순간 예수님이 경험하신 고립과 절망은 인간으로 하여금 십자가가 자신의 운명에 관해 무엇을 의미하는지를 생각해 볼 뿐만 아니라 그것이 하나님의 본질에 관해 무엇을 계시하는지를 생각해 보도록 요구한다. 그것은 인간이 하나님에 관해 생각하는 방식을 바꾸어 놓는다. 즉, 하나님을 십자가에 달려 죽으신 분, '가장 깊고도 명백하게 우리, 곧 하나님 없는 자들과 하나님께 버림받은 자들과 함께하시는 분'으로 생각하게 한다(Bauckham 2001, p. x). 부활의 약속은 구속을 이루시는 하나님, 하나님과 피조물의 분리를 바로잡으시는 분이 '하나님 없는 자들과 하나님께 버림받은 자들'과 연대하시는 분이라는 것이다.

십자가와 부활이 세상의 열광과 이데올로기를 거부하는 한, 그것은 전통적인 진보의 궤적을 혼란스럽게 만들어 미래에 대한 하나님의 약속을 드러낸다. 하지만 이는 교회가 하나님 없는 자들과 하나님께 버림받은 자들과 사랑으로 연대하는 실천으로 보완된다. 몰트만은 《십자가에 달리신 하나님》에서 십자가와 부활이 '역사의 공포, 역사의 종말과 함께 살아갈 근거'라고 설명한다(1974, p. 278). 자기 세대의 다른 독일 정치신학자들처럼 몰트만은 십자가에 달려 죽으신 하나님이라는 전망으로 물질주의와 안일함, 풍요라는 거짓 신들에 맞선다. 하지만 이러한 정서는 현대에도 큰 반향을 일으킨다. 21세기 초에 우리는 테러와 '테러와의 전쟁'에 지배당하는 세상에 익숙해져 있다. 이는 종교와 문화적 차이를 병리화하는 공포이지만 인간이 경험하는 절박한 규모의 결핍과 압제에 대한 자각이기도 하다. 다른 한편으로, 이데올로기의 종언과 서사로부터의 의미 배제를 알렸던 서사의 정치 이론가 프랜시스 후쿠야마 Francis Fukuyama의 책 제목처럼 "역사의 종말"은 인간사의 의미나 구원론적 목적을 찾는 능력을 상실한 현대의 상황에도 시사하는 바가 크다. 몰트만은 이들을 가리켜 '하나님 없는 자들', 극복할 수 없어 보이는 세상의 고통 앞에서 하나님을 거부하게 된 이들이라고 말한다(2000, pp. 14-15). 이들은 시장으로 달려가 이성과 계몽의 힘에 의해 비합리적 신앙에 대한 예속으로부터 해방된 인류에게 하나님의 죽음을 알리는 니체의 광인과 같다. 하지만 이 전령은 끔찍한 짐을 지고 있기도 해서, 결국 미쳐 버리고 말았다. 그것은 권위와 결속의 전통적인 원천이 해체됨에 따라 인류는 치명적으로 표류하고 말 것이라는 전망이다. 몰트만에게 이것은 그가 '저항의 무신론'이라고 부르는 것을 표상한다(2000, p. 15). 종교가 전혀 쓸모없다고 생각하는 회의론자, 종교에서 폭력과 교조주의만 보는 이들의 입장이다. 그런 측면에서 십자가는 더는 신적인 것이 필요하지 않다고 생각하면서도 공적 삶에 의미와 가치를 부여하려고 애쓰는 후기세속 세계와 대결한다. 상상된 더 고차원적 힘에 대한 복종을 근거로 삼는 옛 도덕은 더 이상 유효하지 않다. 하지만 무엇이 그것을 대체할까?

몰트만이 생각하기에, 사사화된 영성으로 물러나거나 하나님의 부재 앞에서 복음의 공적 성격을 약화하려고 하는 것은 세상의 하나님 없음과 공모하는 것일 뿐이다. 또한 교회를 고립된 영토, 즉 "하나님 없는 자들에게 '악한 세상'을 넘겨준" 남은 자들의 모임으로 만들려고 하는 것도 적절하지 않다. "사회의 공적 제도로부터 기독교의 현전과 신학을 물러나게 함으로써—그렇다고 주장하듯이—기독교 정체성의 순수성을 보존할 수 있을지도 모르지만, 이는 기독교 메시지의 적실성을 포기하는 것과 다름없다"(p. 15). 그리스도께서 하신 일이 '하나님 없는 자들과 하나님께 버림받은 자들'을 위한 구원이라면, 이는 하나님과 타락한 세상의 화해를 이루신 분으로서 (그리스도 안에서) 자기를 비우고 고난당하신 하나님에 관한 이야기다. 본질적으로 이는 자신의 노력으로 자신을 구원할 수 있는 이들이 받아들일 수 없는 은총의 동학이다. 왜냐하면 모든 인류는 죄, 하나님 없음, 하나님께 버림받음이라는 조건에 동참하고 있기 때문이다. 몰트만은 주장하기를, 모든 정직한 그리스도인은 하나님 없는 세상의 '저항의 무신론' 안에서, 고통과 악에 직면하여 자신이 가지고 있는 의심의 반영을 볼 수 있을 것이라고 말한다. 비록 그들이 십자가에 달려 죽으신 그리스도가 그러한 불의의 해법이라고 믿고 있을지라도 말이다. 따라서 후기세속 사회에서 하나님 없는 이들과의 연대는 스스로 "어떤 종교도 없다"라고 말하는 이들을 비난하며 그들로 하여금 다시 정통을 받아들이게 하겠다는 결단을 의미하지 않는다. 그것은 오히려 고난을 용인하시는 것처럼 보이는 하나님을 거부하는 이들의 의심을 공유하는, 후기세속의 조건을 지닌 다원주의를 대하는 현실주의로 귀결된다. 어쩌면 하나님 없는 자들이라는 이 '공중'과의 연대로부터, 불의를 극복하고 '성인이 된 세상'의 (도전뿐만 아니라) 기회를 실현하려는 공통된 목적에서 출발하는 변증이 시작될 수도 있다.

> 하나님께 버림받으신 그리스도 앞에서 하나님의 임재를 인식하는 이들은 자신 안에 저항의 무신론을—하지만 극복할 수 있는 무언가로—품고 있다.···따라서 기독교 신학은 '내부자'인 사람들의 집단에만 속해 있지 않다. '성문 밖에' 있다고 느끼는 사람들에게도 속해 있다.···기독교 신학자는 경건하며 종교적인 사람만 알려고 해서는 안 된다. 하나님 없는 자들도 알아야 한다. 그는 그들에게도 속해 있다. (p. 17)

구티에레스가 보기에 비신자에게는 어른이 되어 더는 신앙이 필요 없어 보이는 세상에서 하나님의 가능성에 관해 특수한 종류의 선포가 필요하다. 이는 몰트만이 말하는 '하나님 없는' 세상에 대한 발언과 상응한다고 볼 수 있다. 하지만 '하나님께 버림받은 자들'이라는 그의 범주를 통해 복음이 비인간화를 향한 발언이 될 수 있음을 확인할 수 있다. 이는 십자가에 달려 죽으신 하나님이 압제나 기아, 전쟁, 학대, 박탈로 고통당하는 모든 사람의 결핍과 연대하신다는 것을 의미한다. 물론 《십자가에 달리신 하나님》을 쓸 때 몰트만의 작업은 라틴아메리카 해방신학과 강력하게 연결되어 있었는데, 이 신학도 그 맥락에서 권리를 박탈당한 사람들의 얼굴 가운데서 고통당하시는 예수님의 얼굴을 보았다. 하지만 우리는 의미나 도덕의 위기를 물질적 행복의 질문과 분리할 수 없다(Sandel 2010). 인간 번영의 약속은 실존적 현실로서의 의미와 희망의 회복인 동시에 경제적·사회적 조직이라는 차원에서 하나님의 세상 질서를 근본적으로 회복하는 문제이기도 한다. 이는 일차적으로 안락하거나 안전한 이들이 아니라 소외당하고 버려진 이들을 위한 메시지다. 따라서 그리스도의 몸인 교회는 상실되고 소외된 이들과의 우선적 동일시를 계속해서 체현한다. 하나님이 그리스도 안에서 인간의 체계가 포기하거나 착취하고 버린 이들과 연대하시기 때문에 교회는 믿음 없는 세상을 향해서뿐만 아니라 정의와 올바른 관계를 추구하는 세상을 향해서도 자신을 설명하고자 노력하는 신앙의 실천을 중시하게 된다. 이것은 실존적 현실로서의 의미와 희망의 회복과 우리의 공통된 인간성이라는 이름으로 주어지는 하나님의 세상을 위한 희망과 정의의 약속 모두를 표상하는 복음이다.

"도시의 평안과 번영을 추구하라": 세속과 연대하는 공공신학

> 내가 이해하기에, 공공신학은 일차적으로나 직접적으로 회개와 회심에 대한 소망을 품고 세상을 향해 복음을 전하는 복음적 신학이 아니다. 오히려 교회의 이익을 지키기 전에 도시의 안녕을 추구하는 신학이다.… (Forrester 2004, p. 6)

앞서도 주장했듯이, 공공신학에 제기되는 비판 중 하나는 대화와 변증에 대한 헌신이 하나님에 대한 참된 순종이기보다는 인간의 권위에 대한 굴복을 의미한다는 것이다. 나는 공공신학의 이중 언어적·변증적 성격을 옹호해 왔지만 동시에 이런 비판을 제기하는 이들로부터 배우기를 원한다. 예를 들어, 자유주의 신학과 후기자유주의 신학의 차이는 단순히 강조점의 차이로서 신학 안에 언제나 존재했던, '그리스도'와 '문화'의 관계의 다원주의를 반영할 수도 있다(Niebuhr 1951). 따라서 두 입장은 '신실하게 신학을 공적인 것으로 만드는 방식에 관한 상이한 이해'라는 견지에서 대립적이기보다 보완적이다. "한쪽에서는 이 책무가 성서의 서사를 참되게 묘사하고 실천하는 것이라고 이해하며, 다른 한쪽에서는 그 서사와 함의를 설명하고 이를 경험과 다른 지식과 연결하기 위해 계속해서 노력해야만 한다고 말한다"(Heyer 2004, p. 325). 후기자유주의자들은 '기독교의 공동체적 신앙에 대한 규범적 재진술'에 관심을 기울인다. 수정주의자들은 '전적으로 비판적인 신학적 성찰과 기독교의 지적·합리적 신빙성을 변호하는 변증 활동'에 따라 계획을 수립한다. 해방신학자들은 '압제당하는 이들과의 연대'라는 기준에 따라 신학을 판단한다(Kamitsuka 1999, p. 14). 이는 우리를 경쟁하는 자료와 규범들 사이에서 권위의 무게를 어디에 두어야 하는지, 신학의 진실성을 가늠하는 기준이 무엇인지에 관한 물음으로 되돌아가게 한다. 신학은 무엇을 위한 것인가? 신학은 어디로부터 누구를 향해 말해야 하는가? 교회와 세상, 전통과 경험, 주변과 중심의 상반된 요구는 어떻게 해소해야 하는가?

이 논쟁에 관해 생각하는 또 다른 방식은, 이를 내가 (전통에 대한) '충실함'이라고 부르는 것과 (자신이 속한 '공중'의 맥락에 대한) '참여' 사이의 영속적 긴장 관계에 갇혀 있다고 보는 것이다. 토니 하크니스Tony Harkness는 오스트레일리아의 맥락에서 로마가톨릭 학교들의 신학적 토대를 다룬 글에서, **충실함**과 **포용** 사이의 긴장에 관해 이야기한다. 교회의 교육 정책과 규정은 전통과 교회의 핵심 가치에 충실하면서도('강력한 가톨릭 정체성을 지니며 기독교적 가치관을 증언하면서도') 더 광범위한 사람들에게 다가갈 수 있을까?("그 가치관을 추구하는 이들에게 개방적이며 그들이 쉽게 이해할 수 있는 것일 수 있을까")(2003, p. 2) 이 과제는 '교회 중심적이기보다는 하나님 중심적인 선교신학'을 통해 가장 잘 성취될 것이라고 그는 주장한다. 선교나 공공 정책에 대한 교회의 개입은 '교회의 권력과 구조를 통해 행사되고 지시를 받는 교회만의 일'이 아니며, '모든 피조물을 불러내시는 성령의 사역'에 대한 이해에 의해 추동된다(2003, p. 4).

여기서 하크니스는 피터 판Peter Phan의 작업을 원용하는데, 그는 제2차 바티칸공의회 이후 로마가톨릭 전통에서 선교신학이 교회 중심 모형으로부터 세상에서 일하시는 하나님의 모형으로 결정적 전환을 맞았으며, 하나님의 선교 도구 혹은 성례전인 세상 속 교회에 초점을 맞춘다고 주장한다. 교회는 그 자체가 목적이 아니라 하나님이 세상에서 활동하시는 방식을 가리키는 지시체다(Bosch 1991, p. 2). 판은 '교회를 선교 기획의 중심이자 핵심으로 보고 교회를 일차적으로 제도적 모형으로 이해했던' 공의회 이전의 가톨릭 선교학을 비판한다(2002). 이는 교회를 '독특하고 배타적이며 우월하고 결정적이며 규범적이고 절대적인' 것으로 이해했다(Knitter 1985, p. 18). 따라서 공의회 이후 가톨릭 신학(특히 선교신학과 토착화의 상황신학)에서는 선교가 교회의 확장일 뿐만 아니라 사회의 인간화라고 강조한다. 또한 결정적으로, 선교학을 향해 교회론적(그리고 교회 조직적) 관점보다는 신학적·변증적 관점에서 그 자리를 찾으라고 요구한다. 판이 보기에 제2차 바티칸공의회 이후의 선교학은 선교의 네 요소, 즉 '하나님의 통치, 선교, 선포, 교회'의 올바른 순서를 회복했다(2002).

어떤 의미에서 이러한 문제에 관한 우리의 성찰은 '신뢰와 사랑과 지지의' 모범적 '공동체'인 교회의 본질과 소명으로 전환되는 것이 옳다(Wells 2005, p. 30). 교회의 독특한 신앙 실천은 하나님 아래서 가능한 종류의 인간 삶을 보여 준다. 이는 그것에 의해 현재 교회의 증언이 계속해서 형성되고 있는 결정적 수단인 교회의 삶의 역사적 전통을 중시하며 강조한다. 그것은 성향, 덕, '아비투스'의 형성이기도 하다. 또한 교회가 세상을 향해 선포하는 언어가 그 자체로 최고의 변증이 되는 수행적 신학이다. 하지만 4장에서 논했듯이, 후기자유주의나 급진 정통주의 입장에 관해 내가 우려하는 바는, 교회에 배타성을 부여하며 교회의 완전 무결함에 세상의 구원이 달려 있다는 생각이다. 샘 웰스Sam Wells가 주장하듯이, "기독교 윤리의 핵심 질문을…다음과 같이 단순히 표현할 수 있다. 그것이 교회를 세우는가?…그리스도의 몸의 공동생활을 세우고 신뢰와 평화, 화해가 자랄 수 있는 조건을 촉진하는가? 그리고 그리스도의 섬김의 리더십으로 그런 삶이 가능해진다는 것을 보여 주고 이로써 아직 그것을 공유하지 않는 이들에게 그 삶을 권하는 방식으로 교회의 공동생활을 적절하게 보여 주는가?"(2005, p. 30) 교회의 상태가 기독교 윤리나 공공신학의 **핵심** 관심사라고 주장하는 것이 정말로 정당한가? 다른 한편으로, 우리는 그런 신학이 교회의 고립주의나 승리주의를 주장한다고 해석해서는 안 된다고들 말한다. 세상의 안녕과 사회 정의의 추구는 여전히 존중되어야 하지만, 그러한 추구는 세속 권력에 굴종하는 태도가 아니라 대항문화적 참여의 입장에서 이뤄져야 한다. 그 무엇도 그리스도의 주권을 복제할 수 없고 복제해서도 안 되기 때문에, 교회는 절대로 교회의 세속 대체물을 찾으려 하거나 '그 신앙을 공유하지 않는 이들에게 그 삶의 모조품을 강요하려' 해서는 안 된다(p. 30).

다른 한편으로, 이런 식으로 교회적 정체성의 자기충족성과 우선성을 강조할 때 세상의 긴급한 필요 앞에서 설득력을 잃어버리고 만다. 그 대신 공공신학은 두려워하지 말고 창조, 성육신, 일반은총의 우선성을 계속해서 주장해야 하고 기독교 세계 이후 시대에 하나님 나라의 징조를 찾아야 한다고 나는 주장해 왔다. 교회가 종교적 자유와 다원주의에 대한 성찰이 필요하지 않다고 생각해서는 안 된다. 성인이 된 세속 인류가 도덕과 정의, 진리에 관한 물음에 무관심하지 않기 때문이다. 교회의 생존이 아니라 세상의 구원이 공공신학을 이끄는 원칙이고, 원칙이어야 한다. 우리는 모든 자율적 인간 이성이 하나님을 알아볼 수 있기에 계시가 불필요하다는 주장에 반대하면서, 비록 결함이 있지만 인간의 이성과 문화가 그것을 통해 계시가 매개되는 은총의 통로라는 대안적 관점을 취한다. 인간적인 것과 물질적인 것 안에 찾아오시는 하나님을 찾는다는 것은 본질적으로 실재의 성육신적·성례전적 본질을 긍정하는 것과 같다. 이성은 신앙으로 성취되며, 자연은 은총으로 성취된다. 이는 부정과 대립의 과정이 아니라 바로잡음과 변화의 전개 과정이다.

후기자유주의나 급진 정통주의의 관점에서는 신학의 중재가 문화에 대한 타협과 굴복이 아닌지 의심하는 경우가 많다. 그러나 참된 중재는 타협과 항복이 아니라 균형과 통찰을 의미한다. 신학자들은 중재를 거부함으로써 문화로부터 예언자적 지혜가 나타날 가능성을 차단하며, 교회 안에 여전히 건재한 독재에 눈감게 된다. (Hodgson 2010, p. 9)

그러므로 나는 후기자유주의 신학이 하나님의 통치보다 교회의 일을 더 중시하려고 하는 유혹에 굴복하지는 않았는지 의심한다. 충실함이라는 이름으로 세속적·자유주의적 인본주의에 대해 의심하면서 스스로 '교회 밖에는 구원이 없다*extra ecclesiam nulla salus*'라는 교리를 받아들이고 만 것은 아닐까? (사회과학과 같은) 세속 이성의 이데올로기적 편견을 인정하는 것과 이런 분과나 관점이 아무런 정당성도 없다고 생각하는 것은 전혀 다른 문제다. 하지만 기독교 공동체의 특수성에 뿌리내림을 통해 충실함을 추구하는 과정에서 후기자유주의자들은 공론장의 생생한 현실로부터 멀어지고 만다. 자신들의 원칙에 지나치게 집착한다면 그들은 기독교 현실주의의 필수적인 타협을 간과할 수도 있다. 맬컴 브라운Malcolm Brown이 주장하듯이,

전통을 초월한 그러한 만남의 필요성을 회피함으로써 근원적으로 다른 정의관들 사이에서 교섭을 이루어야 하는 문제를 피한다. 하지만 이는 신학의 책무가 [경험적 교회가 아니라 이상적 교회의] 이상을 형성하는 것에 관한 문제일 뿐이고, 하나님 나라가 시작되었음에도 타락의 영향력이 계속해서 인간이 하는 일의 최선의 의도를 무효화하는 세상의 복잡한 혼란을 다

루는 윤리적 예비 작업과는 관계가 없다고 보는 태도다. 펜실베이니아의 아미시Amish처럼 폐쇄적인 기독교 공동체에서조차 더 광범위한 경제와 상호작용해야 할 필요성은 불가피하다. (2007, pp. 54-55)

공적인 삶을 다루는 모든 신학은 교회와 세상, 혹은 그리스도와 문화 사이의 상호작용이 언제나 '흐릿한 만남'(Reader 2005)의 상호작용을 인정하는 것으로부터 출발해야 한다. 첫째, 이는 그 만남이 공론장 자체의 다양성과의 만남이기 때문이다. 기독교 사회로의 급격한 회귀를 기대하기는 어려우며, 따라서 신학은 차이를 존중하고, 종교를 멸시하는 교양인의 반대를 듣고, 세속 지혜를 타락한 타자 이상의 존재로 바라보는 법을 배워야 한다.

물론 공공 정책에 참여하는 것이 기독교 신앙을 통해 세상을 선하게 만드는 유일한 방식은 아니다. 교회에서 대안적인 에토스를 촉진하고, 이로써 교회가 건강한 사회적·정치적 삶이 어떤 모습인지를 보여 주는 것이 더 중요하다고 주장할 수도 있다. 그럼에도 나머지 세계는 공공 정책에 관한 결정으로 날마다 잘못되고 있으며, 기독교 윤리는 이런 결정에 비판적이면서도 건설적으로 개입할 에너지를 남겨 두는 일에 주의를 기울여야 한다. (Biggar 2011, p. xvi)

둘째, 데이비드 트레이시를 따라 탐구의 자유를 제한하거나 전통의 진화를 위축시키는 교회의 통제로부터 신학을 보호하기 위해 신학 담론의 다원주의적이며 개방적인 성격에 관심을 기울인다. 특히 소외되고 배제된 이들의 목소리를 포함한다는 관점에서 기독교 공동체 내의 다양성을 보호한다. 이러한 공공신학은 일반은총과 하나님의 형상imago Dei을 지님으로써 우리가 공유하는 인간성이라는 현실, 계시와 마찬가지로 진리를 드러낼 수 있는 이성의 가능성, 남은 자들에 의한 피조물의 성화가 아니라 피조물의 변화와 갱신을 강조하는 구속을 토대로 삼는다. "교회는 거룩하지만, 거룩함은 세상과의 분리가 아니다. 오히려 교회의 거룩함은 위험을 감수하면서 그 세상과 상호작용하는 예수 그리스도의 거룩함이다"(Dackson 2006, p. 246). 근본적으로 이것은 '모든 인간이 하나님의 진리(물론 절대적 진리)에 다가갈 수 있다는 생각'을 증언하며, "그리스도인들은 다른 사람들 안에서 자신들의 하나님을 발견할 수 있으리라고 기대해야 한다"라고 주장한다(Brown 2007, p. 63).

이처럼 계시뿐만 아니라 이성의 영역에서도 성령의 움직임에 참여하는 것은 신학적 정통을 부인하는 것이 아니라 온전히 표현하는 것이다. (그것이 배타적으로 그리스도인의 속성이거나 그것을 실천하는 이들을 나머지 세상과 구별한다는 의미에서) 구별되는 기독교적 덕을 증명하는 것에 관한 문제가 아니라 복음에 충실하면서도 신실한 그리스도인의 실천과 성품에 관한 문제다. 하지만 다른 전통에 비슷한 가치관이 존재할 수 있다는 생각은 가능성의 경계를 벗어나지 않으며, 사도 바울 이래로 변증가들이 기꺼이 인정하는 바다(6장을 보라). 따라서 그리스도인들은 대화하거나 협력할 때 자신의 핵심 신념의 완전성에 관해 타협하지 않으면서 자신이 속한 전통의 경계 너머로 확장되는 도덕적 합의를 모색할 수 있다. 4장에서 루크 브레서튼의 연구를 살펴보면서 내가 주장했듯이, 상이한 전망을 지닌 사람들이 하나로 모이는 것은 공유된 사회적 선(도시의 안녕을 추구하다가 발견한 공동의 목적)을 실용적으로 추구하는 과정에서다.

'권력을 향해 진리를': 예언자적 주장으로서의 공공신학

공공신학으로 이어지는 변증의 역사적 흐름을 추적하기 위해 나는 초기 변증가들이 기독교를 철학적 정합성을 갖추고 영적으로 매력적인 것으로 제시하는 데 관심을 기울였을 뿐만 아니라 급진적으로 세상을 변화시키는 복음의 이름으로 '권력을 향해 진리를 말함'을 살펴보았다. 변증은 박해 앞에서 관용을 탄원할 때가 많았지만, 시민적·법적·정치적 영역을 포함해 삶의 모든 영역에서 그리스도의 주 되심을 나타내고자 하는 노력이기도 했다. 불의에 반대하는 예언자적 증언을 통해서든, 정책 입안자들에게 건설적 지침을 제시하려는 노력을 통해서든 이 책무는 현대의 공공신학에서도 계속되고 있다.

'96'

'권력을 향해 진리를 말하는' 생생한 사례로 영국 성공회가 공적 청문회에 참여한 예를 들 수 있는데, 지역 활동과 전국적 영향력이 결합되어 사회 정의의 중요한 과정을 강력하게 촉진하는 효과를 거두었다. 1989년 4월 15일 사우스요크셔 셰필드 힐즈버러Hillsborough 구장에서 열린 리버풀Liverpool과 노팅엄 포레스트Nottingham Forest의 FA컵 준결승전에서 참사가 벌어져 리버풀 팬 96명이 압사했다. 사건 이후 공식 보고서는 이 사건을 팬들 탓으로 돌렸지만, 피해자 가족을 위한 지속적인 캠페인을 통해 2009년에 마침내 힐즈버러 독립 조사위원회Hillsborough Independent Panel, HIP가 구성되었고 리버풀 주교 제임스 존스James Jones가 의장을 맡았다. 조사위원회는 40만 건의 문서를 검토한 후에 사우스요크셔 경찰이 다른 공무원, 일부 언론과 공모하여 사건의 공식 기록을 왜곡했다고 결론 내렸다(Conn 2012; Machray 2012).

2012년 9월 12일 HIP 보고서가 발표되는 순간은 유족들과 리버풀 전체에 엄청난 카타르시스를 안겨 주었다. 교회 지도자 한 사람이 이 조사에 그토록 적극적으로 참여했다는 사실이 많은 사람을 놀라게 했지만, 이는 교회가 공동체의 공동 이익을 추구하기 위해 직접 참여한다는 입장을 취하면서 실제로 공적인 삶에서 행동하는 모습을 생생하게 표현한 사례였다. 존스는 유가족에 대한 목회적 돌봄과 '96인'을 위한 연례 추모 행사에 적극적으로 참여했을 뿐만 아니라 조사위원회 활동을 지원하도록 정부에 압력을 가하는 일에도 앞장섰다. 보고서를 발표하는 기자회견을 리버풀 성공회 대성당에서 열기로 결정했으며, 부속 회관을 96명 희생자 가족을 위한 예배당으로 사용했다. 위원장으로서 할 일을 다 마친 존스는 가족들과 함께 예배당으로 향했다. "나는 희생자 96인을 기억하고, 하나님의 세계에서 진리와 정의가 승리하기를 기도하기 위해 갔다.…나는 그 순간 위원장 본분에서 벗어나는 행동을 했지만 당연히 그렇게 해야 했다"(Conn 2012).

이는 '도시의 평안'을 추구하는, 행동하는 공공신학의 실례였다. 특히 이 도시 사람들은 명예를 훼손당하고 깊은 모욕과 불의를 느꼈다. 하지만 이 사례는 경찰의 부정행위라는 추문을 폭로하고 고위직의 부패에 관한 엄혹한 진실을 드러내기도 했다. 사망한 희생자 96명의 명예를 회복할 뿐만 아니라 공공 당국에 책임을 묻기 위해 '권력을 향해 진리를 말해야' 한다고 주장한 사례였다. 힐즈버러 독립 조사위원회는 사회의 다른 부분들이 투명성에 대한 공적 기대와 돌봄의 의무를 저버렸던 상황에서, 신뢰의 수호자로서 중요한 상징적 역할을 했다. 위원회는 권위 있는 직위에 있는 이들 중 일부가 '공공의 이익'에 가까운 무언가를 이루기 위해 활동할 것이라는 사람들의 믿음을 회복하는 데 적지 않게 기여했다. 마찬가지로 유가족의 필요에 관심을 기울였던 제임스 존스는 이 과정의 핵심에서 '하나님께 버림받은 이들'과의 연대를 보여 주었다. 한 인터뷰에서 주교는 "교회는 때때로 그 벽 밖으로 나가서는 안 된다는 대단히 편협한 접근 방식과 공모하기도 한다.…그로 인해 우리는 내가 우리의 소명이라고 믿는 사회 참여를 수행할 수 없게 된다. 나는 교회가 정의로운 사회를 만들어 가는 데 적극적인 역할을 해야 한다고 믿는다"라고 말했다(Conn 2012).

유서 깊은 국교회인 영국 성공회는 점점 더 시대착오적으로 보일 수도 있지만, 이런 유형의 사례를 통해 이 교회의 행동과 대표자들은 그 존재 가치를 보여 준다. 동네마다 교회가 있다는 사실과 국교 제도가 부여한 정부에 접근할 수 있는 헌법적 권리가 결합되어, 영국 성공회는《도시 안의 신앙》이후 현대 공공신학의 가장 강력한 사례 중 하나를 보여 주었다. 그것은 리버풀의 가족들을 위한 존스의 자연스러운 목회적 감각과 당국의 책임을 묻겠다는 그의 결연한 의지가 결합하여 구체화될 수 있었다. 그 원조 격인 남아프리카 진실과 화해 위원회처럼 교회는 애도와 용서라는 가장 심층적인 정서적·상호인격적 과정에 대한 관심과 진실과 정의가 승리해야 한다는 확고한 의지를 독특한 방식으로 결합했다.

'그리스도를 위한 대사': 그리스도인의 소명과 공공신학

나는 공공신학의 필요성을 주창하는 맥스 스택하우스의 핵심 논거가, 번영하는 전지구적 시민사회를 뒷받침하는 가치를 명료하게 밝히는 데 기여할 수 있다는 점에서 공공신학을 공동선에 기여할 가능성에 대한 변증적 변론으로 규정하는 것이라고 주장해 왔다(Hainsworth and Paeth 2010, pp. xiii-xiv). 공공신학은 "시민사회의 도덕적·영적 구조를 형성하고 특징짓고 유지할 수 있음을 보여 주고, 이로써 사람들의 영혼과 공동의 삶을 이루는 기관들 안에서 진리와 정의, 자비에 더 가까이 다가갈 수 있음을 보여 주어야 한다"(Stackhouse 2007a, p. 107). **형성, 특징짓기, 유지**라는 표현은 신앙인들 사이에서 역량을 길러 내고 시민의 덕을 형성하는 공공신학의 형성적 혹은 소명적 역할을 암시한다.

공공신학에 대한 이러한 이해는 스택하우스 자신이 견지하는 개혁주의 신학의 산물일 것이다. 이 신학에서는 전통적으로 그리스도인의 소명이 더는 종교 기관에 국한되지 않고 일상적인 추구 안으로 '세속화'되었다고 주장해 왔다. 공공신학은 교회 당국의 공식 성명서나 정치인의 공언을 통해 더 가시적으로 드러날 수도 있지만, 평범한 그리스도인의 일상적인 증언을 통해서도 생생하게 실천된다. 후기세속 사회에서 복음의 가장 효과적이지만 가장 평가절하된 변증가들을 발견할 수 있는 것은 책임 있는 시민들의 실천을 통해서다. 따라서 필연적으로 평신도의 세속 소명을 강화하는 일이 교회의 공적 참여의 중요한 지렛목이 되어야 한다. 신학 교육은 물려받은 특수한 전통 안에서 그리스도인들을 형성하고 성서적·신학적 문해력을 기르는 데 관심을 기울이지만, 동시에 그들을 '그리스도를 위한 대사'로, 즉 세상에서 복음의 대변자이자 전령으로 길러 내야 한다. '대사'라는 용어는 공적 삶에서 그리스도인들에 관한 우리의 논의와도 특히 직결된다. 대사는 한 정부나 대의를 공적으로 대변하는 사람이다. 한 나라의 시민이 대사를 만날 때는 그저 한 개인을 만나는 것이 아니라 그 이름으로 보냄을 받은 나라나 조직을 만나는 셈이다. 대사는 외국으로 파견될 수도 있으며, 따라서 자신이 만들지 않은 교류 조건이 통용되는 외국 영토에서 활동할 수도 있다. 그 역할에 관해서는 자신이 있는 곳의 맥락을 존중하면서 파견한 조직을 위해 외교와 권익 옹호 활동하기를 기대한다. 대사와 다른 외교 사절들은 다리를 놓고, 상호 이익을 확립하고, 문화적 교류를 촉진하도록 파견된다. 따라서 피해자의 입장이나 적대적인 태도를 취할 근거가 전혀 없고, 존중받는 대표로서 합당한 존경과 환대를 받고 답례할 뿐이다.

　　이는 우리가 그리스도인을 복음의 가장 효과적인 대사이자 변증가로 여긴다면, 평신도가 세속 소명을 효과적으로 수행할 수 있도록 그들을 훈련해야 할 책임이 교회에 새롭게 부여된다는 것을 암시한다. 이는 그리스도인의 형성과 교육이 방향을 바꾸어 시민의식의 실천을 지향하게 하며, 공공신학이 신학적 문해력을 갖춘 개인을 길러 내는 데 초점을 맞추게 한다. 이것은 종교적 사회자본이 신앙의 지역적 실천이 공론장에 대한 종교적 참여의 원천으로서 영속적 중요성을 가리킨다고 표현했던 것을 떠올리게 한다. 최선의 변증가는 진리와 선에 대한 모범적 전망을 길러 내는 신앙 공동체 안에 온전히 몰입해 있는 사람이다. 하지만 이는 변증과 교리 교육 사이에 밀접한 연관성이 존재하며, 사람들로 하여금 신학적 성찰과 논증의 기술을 배울 뿐만 아니라 동시대 문화에 대한 감수성을 갖출 수 있게 함을 암시한다.

"변증가가 된다는 것은 동료 연구자들과 더불어 기독교 신앙이나 무신론이나 다른 세계관이 이런 문제를 이해할 수 있게 해 주는지 아닌지 살펴보는 것을 의미한다"(Davison 2011, p. xxvii). 여기서 적대적 언어를 사용하지 않으며, 공동의 탐구를 위한 협력적 여정, '이해하기'의 인식론―지적으로, 수행적으로 믿을 만한 실천적 지혜―에 관해 이야기한다는 점에 주목하라.

예를 들어, 이것은 그리스도인이 자신의 이야기를 들려주는 것으로부터 시작될 수 있다. 마지막 장에서 나는 서사신학이 지나치게 특수주의적이며 자기 참조적인 교회의 담론과 최소공약수를 채택하는 전략 사이의 교착상태를 해소할 수 있다고 언급했다. 메리 도크$^{Mary\ Doak}$는 서사로서의 공공신학을 논한 글에서 그것이 '특수성에 주의를 기울임으로써 통합된 전체'를 이룰 수 있는 잠재력이 있다고 주장한다(2004, p. 3). 서사는 우리가 우리의 역사성, 즉 특수한 역사성과 보편적 역사성 모두를 인식하는 수단이다. "서사의 구조와 기능을 주의 깊게 살펴본다면 그것이 공동체적 정체성을 제공하고 강화할 뿐만 아니라 비판과 변화의 원천이기도 하고, 우리가 하는 실천의 조건과 한계를 제공하는 특수한 역사적 맥락에 적합한 미래를 위한 가능성을 상상할 수 있게 해 준다는 것을 알 수 있다"(p. 3). 이는 '그 종교적 뿌리가 전혀 손상되지 않은 상태로' 동시에 다른 이들의 서사와 관점과의 의사소통 교환을 위한 공간을 만들 수 있을 정도로 충분히 투과성을 지닌, 신학적 전통의 수사적 힘을 공적 영역에 다시 도입할 수 있게 해 준다(p. 15).

만약 정치신학자와 해방신학자들이 주장하듯이 우리 신앙의 중심을 이루는 이야기를 의미에 있어서 보편적인 것으로 이해해야만 한다면, 서사신학자들이 주장하듯이 그들의 정치적이며 보편적인 주장 역시 그들이 뿌리내리고 있는 특수한 종교적 신앙과 분리될 수 없다고 주장할 수 있다.···동시에 서사신학자들은 초점을 확대하여 우리의 정체성을 형성하는 다양한 서사를 고려하고, 서사가 그 역사적 특수성에도 불구하고 외부의 평가와 비판을 면제받는 것은 아님을 인정해야 한다. 우리에게 공적 삶이 서사들 사이의 협상 불가능한 충돌로 이루어져 있음을 받아들이거나, 보편적으로 받아들여지는 합리적 토대를 탐색하는, 이미 신뢰를 상실한 시도에 참여하라는 거짓 딜레마를 거부해야 한다. 그래야만 우리는 인간 번영의 조건에 관한 기독교의 주장의 보편적 중요성에 부응하는 서사신학을 발전시킬 수 있을 것이다(p. 4).

소명과 기독교적 실천의 담론이라는 신학의 주된 본질은 공공신학이 교회 기관과 지도자의 공적 선언문을 발표하는 것뿐만 아니라 일상적인 도덕적 추론의 역량을 길러 내는 방향을 지향해야 함을 상기시켜 준다. 스택하우스의 공공신학이 그가 뿌리내리고 있는 개혁주의에 영향을 받아 변증과 소명을 강조하는 경향을 갖게 되었다면, 다른 전통에서도 비슷한 강조점을 찾을 수 있다. 예를 들어, 제2차 바티칸공의회(1962-1965)의 문서에서도 (문화, 기술, 경제를 비롯한) 공적 삶과 관련한 교회의 역할과 세상에서 그리스도를 대표하는 책임을 맡은 평신도의 필수적 중요성을 연결한다. 따라서 예를 들어, 공의회 문서 〈기쁨과 희망〉에서는 현대 무신론과 불가지론의 도전이 본질적으로 선교적·변증적 대응을 요구한다고 진단한다. 이는 50년이 지난 지금도 후기 세속의 조건이 제기하는 여러 도전과 놀라울 정도로 비슷해 보인다. 이 문서에서 주장하듯이, 모범적인 그리스도인의 생활방식에 미치지 못하거나 신앙에 대한 적절한 변론을 제시할 수 없는 이들 모두가 교회가 일상 (세속적인) 세계로부터 물러나는 상황에 대해 책임이 있다. 이는 복음의 신빙성이 걸려 있는 문제다.

의심할 나위 없이 의도적으로 하나님을 자신의 마음에서 몰아내고 종교에 관한 모든 질문을 피하려고 하는 이들은…책임을 면할 수 없다. 하지만 신자들도 이런 상황에 책임이 있는 경우가 많다.…따라서 신자들 역시 무신론의 대두에 적지 않은 영향을 미쳤을 수 있다. 그들이 신앙 교육에 관심을 기울이지 않거나 신앙의 가르침을 잘못 전하거나 심지어 종교적·도덕적·사회적 삶에서 실패하는 한, 하나님과 종교의 참된 본질을 드러내기보다 가린다고 말해야 한다. ["Pastoral Constitution on the Church in the Modern World" (Gaudium et Spes), A. Flannery (ed.), Vatican Council II: The Conciliar and Post-Conciliar Documents (Leominster: Fowler Wright, 1981), pp. 903-1014, p. 919, para 19]

그러나 〈기쁨과 희망〉이 평신도에 높은 기대를 품고 있다면, 교회 지도자들 역시 기본적인 기독교 교리 교육과 성인의 신앙 형성에 새로운 노력을 기울임으로써 평범한 그리스도인이 세속 사역을 더 잘 수행할 수 있도록 훈련해야 할 책임이 있다고도 말할 수 있다. 그러므로 교회가 변증적 책무에 대한 더 강력한 감각을 회복하고자 한다면, 평신도 교육과 그들의 '신학적 문해력'이 선교학의 시급한 우선순위가 된다. 줄리우 파울루 타바레스 자바치에로Júlio Paulo Tavares Zabatiero는 브라질의 맥락에서 글을 쓰면서, '정의를 위한 공적 언어'로서 신학을 위한 정당한 공간이 공론장 안이라면(Tavares Zabatiero 2012, p. 66), 교회 자체가 평신도 사이의 변증적 참여를 촉진하는 일에 더 전략적인 접근 방식을 취해야 한다고 주장한다. 교회에서 기독교 교육의 많은 부분은 교리에 관한 배움(린드벡이 말하는 '그것을 앎')에 초점을 맞추지만, 평신도가 투표자, 고용자와 직원, 소비자와 이웃으로서 공적 신앙을 위한 유창한 실천가와 대사가 될 수 있게 하려면 '어떻게 하는지를 앎'과 '왜 그러한지를 앎'을 가르치는 책무 역시 우선순위로 삼아야 한다. 이를 위해서는 교회가 그리스도인의 형성을 위한 지적이고 흥미진진하고 적실성을 갖춘 프로그램을 개발해야 한다. "공론장에 진입하기 위해 신학은 끊임없이 재발명되어야 하고, 재발명되기 위해 신학은 훈련장을 다시 차지하고 신학 교육을 재발명해야 한다. 이로써 사람들은 공론장에 속한 지식인의 책무와 자격요건을 갖출 수 있게 된다"(Tavares Zabatiero 2012, p. 69).

결론: 기독교 변증으로서의 공공신학

서양 후기세속 사회의 역설은 계속되는 세속주의, '하나님을 관련시키는 것'에 대한 저항, 극복해야 할 종교적 문해력의 결핍이라는 흐름과 공직 삶에서 종교적 담론과 신앙에 기반한 행동주의가 새로운 영향력을 확보하는 경향이 동시에 나타나고 있다는 것이다. '멸시하는 교양인들' 사이에서 종교의 평판은 여전히 좋지 않을 수도 있지만, 만약 그들이 권력 기관에 대한 영향력을 행사할 준비가 된 정치이론가들의 가치와 신념과 관련해 투명성이 부족하다고 의심하고, 공적 논쟁에 대한 신학의 기여를 그저 '공적 어휘로 종교적 목표를 은폐하려는…은밀한 노력'(Klemp 2007, p. 544)에 불과하다고 일축한다면 그 평판은 개선되지 않을 것이다. 오히려 악화될 것이다.

  일반 대중과 점점 수가 줄고 있기는 하지만 종교적 신앙을 활발히 실천하는 이들의 간극이 커지고 있음을 인정하더라도, 또한 공적 영역이 아무리 부서지고 파편화되었더라도 공적 삶에서 종교가 하나의 세력으로 재부상하는 상황에서 신앙을 말하고자 하는 이는 그 신념의 근거를 가장 잘 전달할 방법에 관해 고민해야만 한다. 이런 정서가 공공신학자들이 말하는 '변증적' 입장을 뒷받침한다. 하지만 이는 단지 실용주의의 문제가 아니며, 신학이 공적 담론인지, 신학이 비신학적인 추론의 전통에 대답할 수 있는지에 관한 문제로 귀결된다. 후기자유주의와 후기근대주의 전통에서 제기하는 비판에 대해 더 자유주의적이며 대화를 강조하는 진영의 공공신학자들은 이제 신학이 일반적이거나 보편적인 언어가 아니라고 인정한다. 그러나 이는 여전히 그 자체의 역사적 전통에 '국한되지' 않으면서도 '뿌리를 내리고 있음'에 관한 문제로서(Ziegler 2002, p. 142) 신학적 근거에서 일반은총과 협상이 이뤄지는 공유된 추론의 장에 대한 전망을 옹호한다.

공공신학자들은 언제나 자신이 하는 일이 본질적으로 '이중 언어적' 성격을 지닌다고 주장해 왔다. 담론으로 공공신학은 성서적·신학적 전통에 뿌리내리고 있어야 하지만 경계 밖에 있는 이들이 이해할 수 있는 언어를 구사할 수 있으며, 신앙의 가치가 합리적이며 더 나은 실천을 만들어 낼 수 있음을 보여 주기 위해 이성과 경험에 호소할 수 있다. 이를 위해서는 고백적 혹은 교의적 언어를 공통적으로 이해할 수 있는 개념과 가치관으로 '번역하는' 과정이 필요하다. 나는 이것이 신학의 추론을 공적으로 정당화하기 위해 노력하는 신학 형식인 기독교 변증의 핵심을 이루었음을 추적했다. 이를 위해서는 하나님 없는 이들의 정직성에 대한 깊은 공감과 하나님께 버림받은 이들에 대한 긍휼의 동일시가 필요하며, 동시에 비판적 '개입'의 과정 안에서, 그 과정을 통해서 그들을 변화시키고자 해야 한다(Boeve 2008, p. 205).

소명과 그리스도인의 실천에 관한 담론인 신학의 주된 본질은 공공신학이 교회 기관과 지도자의 공적 선언문을 발표하는 일뿐만 아니라 일상적인 도덕적 추론의 역량을 촉진하는 일에도 초점을 맞춰야 함을 상기시킨다. 행동이 말보다 더 큰 소리를 낼 수 있지만, 후기세속 상태의 본질은 실천적 돌봄과 봉사가 공적 신학의 본질적 실천*praxis*이지만 동시에 신앙 기반 조직이 공적으로 신앙에 관해 말하기를 스스로 주저함으로써 자신의 공헌을 주변화해서는 안 된다는 것을 시사한다. 공공신학은 공적 이슈에 **관한** 신학을 하는 데 관심을 기울 뿐만 아니라 다른 신앙인들이나 신앙이 없는 이들이 솔직하다고 느낄 수 있는 방식으로 공적 영역 **안에서** 신학을 하도록 부르심을 받았다. 교회가 말해도 사람들이 귀를 기울이지 않는 때도 있을 테지만 그것이 아예 말하지 않는 이유가 되어서는 안 된다. 그러므로 나는 공공신학이 기독교 변증, 즉 제자도의 실천뿐만 아니라 시민의식의 실천 배후에 자리한 동기를 나눈 작업이라는 자기 이해를 되찾을 것을 촉구한다. "너희 속에 있는 소망에 관해 설명하라"라는 명령은 기독교가 주변 문화와 관계를 맺을 때 언제나 해 왔던 일이다. 교회가 권력을 향해 진리를 말하고 도시의 안녕을 추구할 때, 또한 그리스도인들이 그리스도를 대표하는 명철하고 신실한 대사로서 공적 숙의가 이뤄지는 경쟁적인 공간으로 과감하게 들어갈 때, 이 명령이 계속해서 공적 교회의 소명을 뒷받침하는 근거가 되어야 한다.

해제

교회와 시민사회의 대화를 위해서

양권석, 성공회대학교 명예교수

2023년에 《무엇이 좋은 도시를 만드는가》에 이어서, 일레인 그레이엄의 또 하나의 중요한 공공신학 저작을 출판할 수 있게 된 것을 매우 기쁘게 생각한다. 그런데 언뜻 보기에도 《종교성과 세속주의 사이》라는 이 책은 앞선 책과는 결이 많이 다르다. 가장 눈에 띄는 차이는 이번 책이 기대와는 달리 매우 이론적이라는 점이다. 하지만 자세히 읽어 보면 현장과 실천을 가장 중요하게 생각하는 일레인 그레이엄의 일관된 신학적 입장이 이 책에서도 변함없이 유지되고 있다. 이미 많이 알려져 있듯이, 영국을 대표하는 공공신학자 일레인 그레이엄은 자신의 신학을 언제나 실천신학이라고 말하는 신학자이고, 정통 교리나 이론보다는 올바른 실천을 강조해 온 신학자다.

일레인 그레이엄의 공공신학이 갖는 이와 같은 현장성은 교회 내부에서 교회만이 이해할 수 있는 용어로 교회의 존재 이유를 긍정하려고 하는 좁고 내향적이고 자기중심적인 신학에 대해서 매우 비판적이다. 이는 교회와 신학의 전통에 충실하지 않아도 좋다는 것이 결코 아니다. 그 충실성을 진정으로 드러내는 방법이 폐쇄적이거나 독단적일 수 없다는 말이다. 사회의 공적 공간에 참여하여 다양한 참여자들과 상호작용하는 가운데서 교회와 신학의 전통이 갖는 중요성이 드러나야 한다는 생각이다. 그런 점에서 그녀의 공공신학은 지금의 구체적인 상황에서 교회의 현존 가능성을 창조적으로, 건설적으로, 그리고 긍정적으로 추구하기 위한 노력이다. 이 책이 말하는 교회는 세상 위에 있거나 세상 밖에 있는 공동체가 아니다. 세상 안에서 세상의 언어로 세상의 삶을 살면서 그 세상과 함께 신앙을 증언하는, 진정한 성탄과 성육신의 신앙을 실천하는 공동체다.

일레인 그레이엄은 이번 책의 목표를 세속화가 지배적인 주장이었던 시대와는 달라진 후기세속 시대를 위한 공공신학의 미래 모색이라고 밝히고 있다. 현장 이야기보다는 수많은 신학자의 주장들을 중심으로 이루어져 있고, 전개 방식도 이론적이고 논쟁적인 방식으로 공공신학의 신학적 혹은 해석학적 전제나 요소에 대해서 비판적으로 검토하고 있다. 하지만 다시 한번 강조하지만, 저자는 분명히 이론적인 논쟁을 수행하면서도 그 논의는 현장과 실천의 경험에 분명히 자리 잡고 있다. 현장에서 구체적으로 실천을 수행하는 기독교인들과 기독교 공동체들이 교회로부터 그리고 사회로부터 끊임없는 질문과 도전을 받고 있다는 사실을 잘 알고 있다. 우리의 사회 선교 현장도 다르지 않다고 생각한다. 그곳은 사회 선교의 주체들이 교회와 사회로부터 질문과 도전을 받는 곳이면서 동시에 사회 선교의 경험이 교회와 사회를 향해서 수많은 질문과 도전을 제기하는 공간이기도 하다. 그런 고민과 질문과 도전을 모으고 그 깊이를 더해서, 우리 자신과 우리가 사랑하는 교회와 세계의 변화를 위해서 소중한 가능성으로 만들어 내는 것이 정말 중요한 신학적 과제라고 생각한다. 나는 이 책이 우리 모두에게 그런 과제와 책임을 되새기는 기회와 선물이 되기를 진심으로 바란다.

이제 이 책의 이해를 돕기 위해서 각 장의 내용을 간추려 소개해 보려고 한다. 이 책은 서론을 제외하면 전체 3부, 일곱 개의 장으로 구성되어 있다. 제1부 "후기세속 사회"는 종교와 사회와의 만남 혹은 관계라는 관점에서 바라보는 시대 읽기 혹은 상황 읽기다. 저자는 교회와 사회의 공적 논의 공간 사이의 관계가 달라지고 있다고 보면서, 그 지구적 변화 상황을 '후기세속'이라는 개념으로 읽어 내고 있다. 제2부에서는 다양한 공공신학적 접근에 대해 비판적으로 분석함으로써, 공공신학의 이론적·방법론적·해석학적 쟁점들을 펼쳐 내고 있다. 제3부는 후기세속 사회의 변증학으로서 공공신학의 가능성을 모색하면서, 결론적으로 교회와 세계를 향해서 교회의 존재 이유를 보다 분명하게 드러내는 방식으로 공공신학을 수행할 것을 제안한다.

후기세속 사회

이미 말한 바와 같이, 제1부는 세속화에 대한 비판과 후기세속 사회의 종교와 공적 공간 사이의 관계를 파악하는 것을 목적으로 한다. 우선 "흐름의 변화"라는 제목을 달고 있는 1장은 종교와 공적 영역의 관계에 대한 근대 세속 국가의 가정이나 전제들이 바뀌고 있다는 것을 다양한 자료와 사례를 통해서 보여 준다.

서구 사회를 중심으로 작성된 각종 통계에 의하면, 제도로서 기독교의 쇠퇴가 뚜렷하다. 종교가 없다고 말하는 무신론자 대중이 증가하는 현상도 분명하고, 종교가 많은 문제와 갈등의 원인이라고 보는 부정적인 평가도 줄어들지 않고 있다. 표면적으로만 보면, 세속화 이론이 말하는 종교의 쇠퇴에 대한 전망을 입증하고 있는 모습이 틀림없다. 하지만 저자가 보기에 그 통계는 세속화를 긍정하기보다는 세속화에 대한 비판과 변화된 이해를 요구한다. 우선 종교가 없는 대중의 증가는 간단히 무신론자의 증가로만 결론 내릴 수 없는 내용을 포함한다. 영성적인 삶을 추구하면서 제도 종교에는 속하지 않고 사적인 방식으로 종교를 향유하는 경향을 비롯하여, 무신론에도 한 가지만으로는 환원될 수 없는 다양한 동기와 형태가 있다. 그래서 제도 종교의 쇠퇴를 부인하지 않으면서도, 동시에 종교의 탈제도화와 종교의 존재양식이 변화하고 있다는 점을 보아야 한다. 세속화가 전제하듯이 종교 영역을 제도 교회로 좁혀서 말할 수 없는 상황이 후기세속 사회에서 전개되고 있는 것이다.

종교와 공적 영역 사이의 관계가 변화하고 있음을 보여 주는 또 하나의 사례로 일레인 그레이엄은 복지 영역에서 신앙에 기반한 종교 단체들의 역할이 크게 부상하고 있다는 점을 말한다. 영국을 포함한 여러 나라에서 정부가 종교와 신앙 기반 단체들을 복지 정책 실천의 협력자들로 초대하고 있다. 그래서 종교의 시민사회나 공적 영역과의 접촉 면적이 과거 보다 훨씬 확대되면서, 종교와 공적 영역을 이분법적으로 구별하는 방식으로는 처리할 수 없는 많은 논쟁점이 나타나고 있다. 공적 영역을 관리하는 사람들이 종교와 소통하는 방법을 다시 배워야 하는 상황이 발생하고, 종교나 신앙단체들이 자신들의 신념을 지키면서도 공적 영역에 책임 있게 참여하는 문제가 신학적 논쟁점이 되고 있다. 저자가 또 다른 사례로 들고 있는 것은 종교 표현의 자유와 관련된 법적 논쟁들이다. 종교의 자유는 당연히 종교적 신념을 표현하고 실천할 권리와 자유를 포함해야 한다고 생각할 수 있다. 하지만 그 표현의 자유가 다른 사람의 이익을 침해하는 경우가 발생하고, 그런 경우들이 법적 논쟁으로 전개되면서, 종교와 종교인들이 논쟁의 주제와 주체로 등장하고 있다는 것이다.

  결론적으로 저자가 후기세속에 대해서 말하고 싶은 것은, 첫째로 근대 세속 국가가 가지고 있던 종교와 국가의 관계, 혹은 종교와 공적 영역의 관계에 대한 관행적 이해로는 해결될 수 없는, 종교와 공적 영역 사이의 새로운 관계들이 형성되고 있다는 것이다. 다시 말해 성과 속, 종교와 공적 영역, 공적인 것과 사적인 것, 신앙과 비신앙의 경계가 뚜렷하기보다는 훨씬 더 흐려지고 중첩되는 양상이 전개되고 있다. 둘째로 이러한 변화는 종교와 공적 영역이 만나고 관계하는 새로운 규칙을 만들어 낼 것을 요구한다고 본다. 과거처럼 종교와 공적 영역 사이에 엄격한 방화벽을 세우는 접근법은 이제 불가능할 뿐만 아니라, 종교를 극단주의의 포로가 되게 할 위험성도 있다. 그래서 보다 다원주의적인 대화 모델들을 개발함으로써, 종교와 종교적 신념들을 존중하면서도, 평등과 다양성을 지킬 수 있는 새로운 소통의 길을 찾아야 한다고 저자는 주장한다.

1장이 사례나 사건 중심으로 후기세속의 현상을 분석하고 있다면, 2장 "불안한 변경"은 후기세속에 대한 이론적 검토에 집중하고 있다. 그리고 세속화 이론이 만들어온 것과는 다른 새로운 종교와 공론장의 관계에 대한 접근법이 필요하다고 2장의 결론을 맺는다.

우선 일레인 그레이엄에게 후기세속의 '후기post'는 단순히 시간적인 경과를 의미하지 않는다. 한 시대나 사건이 완전히 끝나고 전혀 다른 사건이 전개되고 있다는 의미도 아니다. 그녀에게 후기라는 말은, 한 시대를 지배하던 사고나 의식 틀의 안정성이나 정합성이 흔들리고 있음을 말한다. 다시 말해 이전과의 연속성과 불연속성이 동시에 나타나는 상황이다. 그러므로 후기세속은 세속화 이론의 정반대 방향을 가리키지 않는다. 세속이 다시 종교화하고 주술화한다는 말도 아니고, 이제 성이 속을 압도할 것이라는 말도 아니다.

이미 보았듯이, 종교의 힘이 약해지는 세속화 현상은 아직도 분명히 진행 중이다. 하지만 다른 측면을 보면 종교가 법적이고 제도적인 공적 공간에서 과거보다 더 강한 목소리를 내고 있다. 이런 후기세속 사회의 모습은 세속화가 완전히 폐기되었다는 말이 아니라, 세계의 변화가 세속화가 예상했던 것처럼 순조롭고 단순하게 달려가고 있지 않다는 말이다. 공적 공간이 모든 종교적인 것을 제거한 순수한 세속 공간으로 확장되는 과정도 아니고, 종교가 공적 공간을 포기하고 사적 공간으로 완전히 도피하거나 사라지게 되는 과정도 아니다. 공적 공간에서도 종교적인 것과 세속적인 것의 경계가 오히려 흐려지는 상황이 만들어지고, 종교적 실천도 제도적인 것과 비제도적인 것, 공적인 것과 사적인 것의 경계를 넘나들고 있다. 이런 모습으로 종교의 쇠퇴와 종교의 재부상이라는 모순적인 두 현상이 공존하고 얽히고 있는 사회, 그것이 바로 일레인 그레이엄이 말하는 후기세속 사회다.

    이와 같은 후기세속 사회의 전개는 세속화 이론에 대해서 의문을 갖게 할 뿐만 아니라, 보다 심도 깊은 비판을 요청한다. 일레인 그레이엄이 보기에 세속화 이론의 첫 번째 문제는 유럽적 경험을 일반화하는 데 있다. 세속화는 기본적으로 근대화 서사에 기초한 종교와 사회에 대한 이해, 곧 유럽식 근대화로부터 예상되는 종교와 공적 공간 사이의 관계에 대한 이해다. 하지만 근대화 과정은 지역과 문화에 따라 다양한 방식으로 전개되고, 종교의 역할과 참여도 서로 다른 모습으로 나타난다. 그러므로 근대화와 세속화에 대한 유럽적 경험의 보편적 적용은 불가능하다. 그런데 세속화 이론은 유럽이라는 특별한 지역의 경험을 보편적으로 적용하려고 한다. 둘째로, 근대주의 서사와 세속화 서사는 다 같이 물질과 정신, 신체와 영혼, 자연과 문화, 감성과 이성의 위계적인 이분법에 기초한 서사라는 점에서 문제가 있다. 그와 같은 이분법적 위계는 감성보다는 이성을, 여성보다는 남성을, 사적인 것보다는 공적인 것을 우선시하면서, 성적·인종적·문화적 차별을 지속시키고 합법화해 온 근거다. 여성과 마찬가지로 종교 역시 근대적 과정과 그것이 야기한 세속화 과정에 의해서 침묵을 강요당한 목소리다. 그런데 이제 종교를 포함해서 침묵당하고 있던 개인이나 집단이 다시 목소리를 내면서, 세속화 이론의 근저에 있는 문제가 드러나고 있다는 것이다.

일레인 그레이엄의 공공신학적 세속화 이론 비판은 여성주의적 근대 비판으로부터 중요한 통찰을 얻어 내고 있다. 남성 지배에 대한 여성의 도전이 근대적인 남성의 위치를 빼앗기 위한 노력이 아니어야 하는 것처럼, 종교가 근대적 공적 이성의 자리를 빼앗겠다는 반동적 승리주의적 관점은 매우 위험하다고 경고한다. 종교와 세속 사회에 관해 근대적 이분법을 지속시키면서 자리바꿈을 하겠다는 것은, 종교와 사회의 건강한 관계를 만들어 가는 방법이 아니라는 것이다. 여성, 그중에서도 유럽 사회 이슬람 여성의 관점에서 보면, 세속주의도 종교의 승리주의적 반동적 귀환도 여성의 자기 결정권을 억압하는 방향으로 작동한다. 세속주의가 가지고 있는 종교 일반에 대한 거부가 종교적·인종적 혐오와 편승하기도 하고, 그래서 여성이 종교적 전통을 해석하고 전유할 수 있는 권리를 긍정하기보다는 오히려 부인하는 결과를 초래한다. 종교의 승리주의적 귀환 역시 마찬가지로 여성의 자기 결정권을 억압하고 제약하는 반동적 힘으로 나타난다. 종교가 여성의 몸을 대상으로 삼아 승리적 귀환을 노리고 있는 모습을 보이고, 여성의 몸을 종교의 힘을 증명하는 자리로 삼고 있기도 하다.

세속화와 후기세속 사회 종교의 부상에 대한 이와 같은 여성주의적 비판은 공공신학의 방향과 방법론에 관한 중요한 주장을 담고 있다. 첫째는 공공신학의 노력이 세속화가 배제한 오직 종교의 복권만을 위한 노력일 수는 없다는 뜻이다. 둘째로 종교와 세속 사회의 관계, 공론장의 일원으로서 종교가 다양한 참여자와 맺는 관계를 새롭게 해야 한다는 주장이다. 셋째는, 후기세속 사회의 공공신학이 서 있어야 할 자리를 명확히 해야 한다는 주장이다. 앞에서 말한 이슬람 여성의 경우처럼 종교와 세속화에 의해 동시적으로 소외되거나 배제되어 온 사람들과 함께하는 자리에 서서 종교와 공적 공간의 현재를 비판적으로 성찰하고 실천할 수 있는 공공신학이어야 한다는 뜻이다.

지금까지의 공공신학에 대한 비판과 전망

제1부가 종교와 세속 사회의 관계 변화라는 측면에서 공공신학의 사회학적 환경과 맥락을 파악하기 위한 노력이라고 한다면, 제2부는 종교와 세속 사회의 관계에 대한 다양한 신학적 주장들을 비판적으로 읽고 분석하는 내용으로 채워진다. 그중에서도 가장 중요한 비판 대상은 지나치게 전통이나 교회를 강조하

는 후기자유주의 신학과 급진 정통주의 신학이다. 그리고 이어서 전투적인 복음주의 소공론장들과 우익 정치와 결합하고 있는 기독교 세력들의 주장에 대해서도 비판한다. 이들은 모두 일정한 공공신학적 주장을 포함하고 있다. 그래서 이들의 한계와 문제들을 비판하고 분석함으로써, 후기세속 사회 공공신학의 방향을 찾아보려는 것이다.

"번역 중에 잃어버린 의미?"라는 제목이 암시하듯이 3장은 종교와 세속 공간 사이 번역과 소통의 문제를 다룬다. 우선 예수의 삶과 사역으로부터 시작되어 지금까지 이어지는, 신앙과 신학이 사회의 공적 삶에 참여하기 위해 노력해 온 역사를 열거한다. 저자가 이 역사로부터 중요하게 발견하는 것은, 종교와 세속 사회를 매개하는 과정, 곧 종교적 언어의 세속적 번역 과정에 대한 지속적 관심이다. 그래서 20세기 중반 에큐메니컬 운동이 공적 영역의 비기독교인들과의 소통하기 위해서, 기독교의 전통적 주장을 지키면서도 다양한 비기독교적 주장들과 소통하기 위해서 만든 개념인 '중간 공리 middle axiom'라는 개념을 상기시킨다. 그리고 보다 최근에 다원주의 상황을 더 깊이 자각하면서, 공공신학의 초석을 놓은 맥스 스택하우스나 데이비드 트레이시 같은 신학자들의 번역과 소통에 대한 생각들을 검토하고 있다. 모든 신학적 주장은 공론장에서 공적 수용이라는 시험을 거칠 수밖에 없다고 보는 맥스 스택하우스의 주장을 받아들이며, 데이비드 트레이시를 따라서는 기독교 전통에 대한 해석과 동시대의 경험에 대한 해석이 상호비판적 상관 작용을 해야 한다는 주장을 받아들인다.

결국 저자의 결론은 종교와 세속 공간의 소통 과정과 번역 과정이 '이중 언어적'이어야 한다는 것이다. 이는 종교와 공적 공간의 만남은 종교의 언어와 세속의 언어라는 서로 다른 두 언어가 만나는 과정임을 전제한다. 이 만남의 과정이 이중 언어적으로 유지되어야 한다는 것은, 두 언어 중 어느 한쪽 언어로 모든 것을 환원해 버리는 과정이 되지 않아야 한다는 뜻이다. 진정한 대화와 소통은 두 언어 사이의 긴장을 쉽게 해소하려고 하기보다는 그 긴장을 유지하며, 그 긴장을 품은 대화의 잠재적 가능성을 존중할 수 있어야 한다는 것이 저자의 주장이다. 종교와 공적 공간 둘 다 자신의 언어 속으로 상대방을 예속시키거나 굴복시키려는 시도를 단념해야 한다. 만약 종교나 교회가 자신이 모든 문제에 대한 답을 가지고 있다고 생각하거나, 자신만이 최선의 답을 낼 수 있는 유일한 주체라고 생각한다면, 그러한 착각은 공적 공간에 흐르고 있는 깊은 소망과 만남을 방해할 뿐만 아니라, 현실에 어떤 변화도 가져오지 못하게 하는 장애물이 될 것이라고 저자는 경고한다.

4장은 후기세속 시대를 대표하는 두 신학 곧 후기자유주의 신학과 급진 정통주의 신학에 대한 비판이다. 그중에서도 특히 급진 정통주의 신학과 그 정치적·사회적 실천 사례들에 대한 비판이 중심 내용을 이루고 있다. 이 두 신학이 공통으로 가진 기본 전제는 근대화 과정에서 신학이 근대적 정신과 공모함으로써 사실상 자유주의에 굴복하고 말았다는 것이다. 이는 여러 해석학적 주장을 내포하는 전제다. 첫째로 그들은 신학이 신학이기 위해서 이제 더 이상 세속 사회와 소통하거나 대화할 필요가 없다고 본다. 그래서 그 두 신학은 다 같이 공적 영역에서 기독교 신학을 변증하는 일을 필수적이지 않을뿐더러 일차적인 과제도 아니라고 생각한다. 둘째로 신학하는 자리는 신앙과 신학이 공적 영역과 만나는 자리가 아니라, 세속적인 문화에 의해 영향을 받지 않은 성서와 전통과 교회 안이라고 말한다. 셋째로 신학에서 근대적 정신과 공모한 부분을 제거해야 할 뿐만 아니라, 근대에 영향을 받지 않은 순수하고 고유한 성서적이며 신학적인 언어와 전통을 재발견하는 일이 신학의 가장 일차적인 과제라고 주장한다. 넷째로 근대성에 의해서 오염되지 않은 그 순수한 성서적 언어와 전통으로부터만 진정으로 근대를 대치할 수 있는 비전을 발견할 수 있다고 믿는다. 그리고 마지막으로 그 대안을 세상에 보여 주거나 제공해야 할 책임이 교회에 있는데, 그 책임을 실천하는 방법은 세속 세계와의 관계를 통해서가 아니라 교회 자체가 대안적 공동체가 되는 방식을 통해서라고 주장한다.

"아기와 목욕물"이라는 장의 한 소제목이 이 두 신학에 대한 비판의 핵심을 요약하고 있다. 세속화 이론이 종교와 공적 영역 사이의 이분법에 기초하듯이, 이 두 신학 역시 방향만 다를 뿐 이분법적 구별에 기초한다. 세속화가 종교를 배제한 사회가 되려 했던 것처럼, 이제 교회가 사회와 독립된 공간이 되려고 한다. 결국 근대와 공모한 신학으로부터 신학을 구해 내려는 노력이 오히려 역으로 근대를 닮아 가면서, 사실상 신학 그 자체를 공적 공간에서 소통 불가능한 것으로 만들어 버린다는 것이다.

　이어서 저자는 급진 정통주의 신학과 그 신학의 실천 사례들에 대해서 비판적으로 검토한다. 우선, 정치적 싱크탱크 그룹을 구성하여 급진 정통주의 신학을 정치 현장에서 실천해 보려고 노력하는 필립 블론드에 대해서 비판하고 있다. 세속 세계에 의해서 전혀 오염되지 않은 순수한 정통으로부터 대안을 찾아서 세상을 그 대안 세계 속으로 끌어들여야 한다는 생각에 기초한 급진 정통주의적 정치적 실천은 많은 문제와 한계를 노출한다. 먼저 그들은 신학을 세상의 언어로 번역하고 매개하는 과정을 중요하게 여기지 않기 때문에 번역과 소통의 한계를 드러낸다. 그래서 다시 격리된 신학 공간으로 돌아가거나 아니면 그냥 하나의 세속적 문화 운동이 되고 마는 것처럼 보인다. 그리고 공적 공간 안의 어디에 서서 누구와 무엇을 위해서 어떻게 신학을 하고 신학적 실천을 하고 있는지에 대해 해명하지 못한다. 그래서 실제로 급진 정통주의의 정치적 실천은 분명히 특정한 정치철학과 공모하고 있는데, 오히려 그것을 은폐하고 있다는 비판을 받게 된다. 한마디로 급진 정통주의 신학과 실천의 문제는, 저자가 보기에, 세속 세계와의 분리를 내세우면서 세속과 상호의존하고 있는 모순적 상황에 기인한다.

　급진 정통주의자 그레이엄 워드에 대한 평가는 비판적이면서도 오히려 대화적이다. 우선 그는 다른 급진 정통주의 신학자들과는 다른 개방성을 보여 준다. 그는 급진 정통주의자들 중에서 신학을 가장 상황신학적으로 이해하고 있는 사람 중 하나다.

또한 다른 공공신학자들과 유사하게 신학과 세속 문화 사이의 대화를 이야기하고 있다. 하지만 그가 따르고 있는 급진 정통주의의 신학적 틀은 그 대화의 구체적 과정을 설명할 수 없게 만들어 버린다. 그에게 모든 신학은 상황적이다. 시대를 지배하는 사회적 상상력이 있다는 전제하에서 신학은 말할 수밖에 없고, 신학도 시대를 지배하는 상상력도 문화를 통해서 표현된다. 그가 말하는 상황을 읽고 시대의 표징을 읽는다는 것은, 새로운 의지나 욕망을 만들어 내려고 하는 한 시대의 문화 변혁적 의지를 읽는 것이다. 그리고 신학은 그와 같은 문화 변혁 운동이 초월적인 소망을 지향하도록 만들어야 한다. 그렇게 형성된 대안적 소망이 대안적인 사회와 공동체를 구현할 수 있게 해야 한다고 주장한다.

가장 우선적으로 문제가 되는 것은, 그가 여전히 근대성에 오염되지 않은 순수한 기독교 전통으로부터 신학자가 이야기해야 한다는 입장을 지키고 있다는 것이다. 그가 문화 변혁이 초월적 지향을 갖도록 만들어야 한다고 할 때, 그렇게 할 수 있게 하는 것은 문화의 오염을 전혀 받지 않은 그 순수한 정통적인 전통이다. 하지만 그러한 전통이나 전통에 대한 해석이 어떻게 가능하다고 생각하는 것인지 충분히 설명하고 있지 않다. 저자가 보기에는, 그레이엄 워드 역시 다른 급진 정통주의자들처럼 근대적 정초주의를 거부하면서 오히려 또 다른 정초로 도피하고 있다.

일레인 그레이엄의 공공신학적 입장에서 볼 때 가장 중요한 문제는 신학이 문화 변혁운동과 만나는 과정에서 신학과 문화 양쪽에 무슨 일이 어떻게 벌어지는지 구체적인 설명이 없다는 것이다. 순수하고 정통적인 전통을 이야기하는 그에게서, 문화가 신학자의 신학에 어떤 영향을 주는지 설명하기 힘들다. 또한 역으로, 신학이 주는 어떤 구속적 잠재력을 문화가 어떻게 발견하게 될지에 대한 설명도 어렵다. 문화 안에 문화 변혁의 씨앗이 어떻게 존재하는지도 설명하지 못한다. 그냥 구속이라는 신학적 개념이 소통에 대한 모든 설명을 가로막고 있는 모습이다.

근대 자유주의 신학이 제도 교회의 불만족스러운 현실 앞에서 정통과 전통의 제약을 넘기 위해 현실 경험의 맥락을 강조했다면, 이제 그들은 그와 정반대 방향으로 가서 성서와 교회의 고유한 언어와 순수한 전통에 주술적으로 집착하는 경향을 보인다. 하지만 문화와 해석으로부터 분리되어 고립된 채 유지되고 있는 언어와 전통이 존재한다는 주장 자체가 허구다. 저자가 충분히 말하고 있지는 않지만, 식민주의적 선교를 경험한 우리는 급진 정통주의 안에서 문화의 밖이나 위에 있다고 주장하던 식민주의적 교회와 선교사의 모습을 떠올릴 수밖에 없다. 그래서 순수한 전통에 대한 그들의 주술적 집착은 근대와는 또 다른 형식의 위계를 만들기 위한 전략으로 보일 위험이 충분히 있다.

5장은 보수적 복음주의 교회들의 고백적 공공신학에 대한 비판이다. 대체로 이들은 세속화와 다원주의와 이슬람의 증가를 단순히 교회의 영향력이 약해진 원인이라고 보는 것이 아니라, 유럽 문화 혹은 민족이나 국가 문화가 쇠퇴한 원인이라고 본다.

이들의 주장에 의하면, 세속화와 종교문화적으로 다원화된 사회에서 오히려 기독교가 역차별을 받고 있을 뿐만 아니라 사회 전반에 걸쳐서 도덕적 모호성을 증가시키고 있다고 비판한다. 그러한 문화적 타락 혹은 쇠퇴의 가장 대표적인 모습이 성적 권리와 재생산권에 대한 변화된 주장들이라고 그들은 생각하고 있다.

이러한 세속 사회의 변화에 저항하기 위해서, 이들은 민주주의적인 공론장에 참여하기를 거부하면서, 자신들만의 복음주의적이고 근본주의적인 원칙에 입각한 일종의 하위 공론장들을 만들어 내고 있다. 그리고 이곳에서 때로는 매우 배타적인 형태로 공적인 영향력을 행사하려는 그들만의 공공신학을 만들어 내고, 다양한 형태의 구체적인 실천들을 만들어 내고 있다. 보수적인 복음주의 기독교와 우파 정치가 결합하는 양상은 이미 잘 알려져 있다. 직장을 포함한 공적 영역에서 타인의 이익과 상관없이 자신들의 종교적 신념을 자유롭게 주장할 권리를 요구하고, 직장이나 공적 기관이 자신들의 종교적 권리와 자유를 침해하거나 억압하고 있다고 주장을 펼치며 법정 소송을 제기하기도 한다. 그리고 이들을 지원하는 교회 지도자들과 로비스트들과 후원 그룹들이 공적 영역을 향해서 다양한 목소리를 내고 있다.

저자는 정체성 정치의 관점에서 이들 복음주의적 소공론장의 공공신학을 분석 비판한다. 일반적으로 정체성 정치는 보편적인 권리보다는 차이와 특수성에 기초한 정치적 행위 능력을 주장한다. 그래서 자신들이 지배적인 주류에 의해서 억압되거나 배제된 희생자 집단이라고 보는 일종의 희생자 서사를 만들어 낸다. 그리고 그것을 결집의 구심점과 동력으로 삼고 주류 정치와 문화에 대항한다. 그런데 앞에서 말한 직장과 법정에서 종교적 권리를 위한 복음주의자들의 투쟁, 인종주의적 민족주의를 내세우면서 이민자 정책에 반대하는 우파 운동, 자신들이 미국적 가치와 복음주의적 이념을 실현하고 미국을 구하기 위한 거룩한 전쟁을 벌이고 있다고 주장하는 극우 정치와 결합한 복음주의 기독교 운동은 그와 같은 희생자 서사에 기초한 왜곡된 형태의 정체성 정치를 실천하고 있다. 아마도 차별금지법에 대항하고 있는 한국의 보수 기독교 운동까지도 그러한 희생자 서사를 자신들의 공적인 정치적 행동의 기초로 삼고 있을 것이다.

그런데 저자가 보기에 복음주의적이고 근본주의적인 소공론장의 정치가 내세우는 희생자 서사와 정체성 정치는 정말로 정치경제적으로 혹은 사회문화적으로 소외된 사람들의 주장과는 다른 점이 있다. 저자는 그들의 주장을 일종의 '거짓 병행론'으로 보고 있다. 소외되고 차별받는 집단들의 평등 운동에 맞서서, 그 평등 주장이 자신들에게 손실과 희생을 불러왔다고 말하고 있는 것이다. 차별을 극복하려는 노력을 역차별을 받고 있다는 주장으로 대항하려는 시도다. 이런 주장의 바탕에는 한 집단의 평등 주장은 필연적으로 다른 집단에게 불평등하거나 불의한 희생을 야기한다는 제로섬 게임식 사고가 자리 잡고 있다. 이민자를 향한 평등 정책이 개선되면 백인의 지위가 훼손된다는 생각, 여성이 평등한 지위를 갖기 시작하면 오히려 남성에게 차별과 희생을 가져온다는 거짓된 병행론이다. 이런 논리에 입각해서 감정에 호소하는 희생자 서사는 실제 불평등 문제의 구조적·물질적·체제적 차원을 보지 못하게 하면서, 혐오와 배제의 정치를 증폭한다. 물론 복음주의 운동이 다 그런 것도 아니고, 복음주의 운동의 역사가 언제나 그랬던 것도 아니며, 그 기원에서는 사회변화에 깊은 관심이 있었다고 저자는 말하고 있다. 하지만 지금의 복음주의 운동이 펼치고 있는 왜곡된 정체성 정치는 매우 배타적이고 전투적인 모습을 드러내며, 저자가 말하듯이, 바위가 딱딱한 바닥에 부딪히는 모습으로 자신을 드러내고 있다.

저자는 이들 정체성 정치가 어떻게 구성되는지 보여 준다. 이들의 희생자 서사는 문화의 '쇠퇴 서사'와 짝을 이룬다. 그들에게는 기독교 세계관의 포기가 곧 문화의 쇠퇴요 국가와 민족의 쇠퇴다. 그러므로 이런 자신들의 주장을 정당화하기 위해서는 쇠퇴를 불러온 원인을 향한 적개심으로 뭉칠 필요가 있고, 그래서 사회와 문화 속에서 그 적개심을 표출할 수 있는 악마를 찾아야 한다. 그렇게 희생자 서사와 쇠퇴 서사는 이제 악마화의 서사 혹은 혐오의 서사와 결합한다. 이러한 삼중의 정서적 결합이 근본주의적 성서주의와 대속적 십자가중심주의와 결합해서 강력한 정치적 행동주의를 만들고, 후기세속 사회의 종교가 부상하는 모습 중에 한 단면을 보여 주고 있다. 하지만 이들이 보여 주는 공공신학은 문화를 향해서 일방적으로 말하고 있을 뿐, 문화와 만나려 하지도 않고 귀를 기울이려고도 않는다. 하지만 저자는 복음주의와 공적 영역 사이의 관계가 한 방향으로만 달려

가고 있지 않다는 것을 동시에 보여 준다. 복음주의 내부에서 이미 희생자 서사, 쇠퇴 서사, 혐오 서사에 대한 비판이 나타나고 있고, 그들의 자멸적 속성을 경계하는 목소리도 있다. '빈야드'나 '이머징 처치' 운동 같은 복음주의적 대안 운동도 나타나고 있다.

마지막으로 저자는 복음주의적 정체성 정치를 내세우는 신학을 위해서 중요한 권고를 하고 있다. 복음주의적 신학의 입장에서 공적인 역할을 주장하는 사람들이 자신들의 입장을 라인홀드 니버의 '문화 변혁적 모델'이라고 생각하는 경향이 있는데, 문화 변혁을 위한 노력이 어떻게 희생자 서사나 쇠퇴 서사와 결합할 수 있는지 저자는 묻고 있다. 문화 변혁이라고 한다면, 그것은 문화를 포기하라는 이야기가 아니고 변화시키라는 이야기인데, 그것이 공적 공간의 활동을 존중하고 그곳에 참여하려는 노력 없이 어떻게 이루어질 수 있느냐고 묻는다. 그런 점에서 리처드 니버의 '기독교 현실주의'를 보다 깊이 참조할 것을 저자는 요청한다.

공공신학은 새로운 형식의 변증학이어야 한다

종교가 쇠퇴하는 현상도 분명하고, 다른 한편으로 과거와는 달리 종교가 공적 영역에서 목소리를 활발하게 내고 있기도 하다. 그런데 아직은 바위와 딱딱한 공간이 만나듯이 종교와 공적인 공간 사이에 서로 대화와 소통이 충분하지 못하고, 공동선을 위해서 서로 깊은 협력이나 연대를 만들지도 못하고 있다. 바로 이 곳이 일레인 그레이엄이 새로운 공공신학을 빚어내기 위해서 씨름하고 있는 후기세속 사회다. 공공신학의 앞선 역사와 우리 시대의 신학들을 검토해 볼 때 후기세속 사회의 공공신학은 교회와 공적 공간 양쪽을 향하여 진정으로 책임을 다하는 신학이어야 할 뿐만 아니라, 대화와 소통을 위해서 교회와 공적 공간을 향하여 이중 언어적으로 소통할 수 있어야 한다고 저자는 수장하고 있다.

이제 제3부에서 저자는, 책을 시작하면서 그녀가 약속했던 후기세속 사회 공공신학의 미래를 위한 새로운 대안 제시에 집중한다. 그것은 바로 공공신학이 새로운 형식의 변증학이 되어야 한다는 주장으로 집약된다. 그 주장을 위해서 변증학의 역사를 재검토하며, 다양한 방법론적 제안을 하고 있다.

"이교도, 유대인, 회의론자, 황제"라는 제목의 6장은 기독교 변증학의 역사를 검토하면서, 후기세속 사회의 공공신학과 함께할 수 있는 변증의 의미를 찾아내는 것을 목적으로 한다. 공공신학이 새로운 형식의 변증학이 되어야 한다는 생각은 공공신학자 맥스 스택하우스로부터 비롯되었고, 일레인 그레이엄 역시 맥스 스택하우스가 말하는 공공신학적 변증 이해로부터 출발한다.

공공신학자로서 맥스 스택하우스는 신학이 세속 철학이나 문화와의 대화 속에서 자신을 변증할 필요가 없다고 보는 신정통주의적 주장이나, 신학의 진리 주장은 다른 형식의 담론과 절대로 통약 불가능하다고 보는 신앙 지상주의 혹은 배타적 교회 공동체주의를 거부한다. 더 나아가, 공공신학의 변증은 아직 믿지 못하는 사람들을 회심시키거나 전도하는 방식이 아니라, 설득하는 방식이어야 한다고 본다. 그리고 그 설득의 내용은 기독교 신앙의 내적 통일성이나 교리적 우월성이 아니라, 건강한 시민사회 건설을 위한 신학적 세계관의 실천적 유용성이어야 한다고 주장한다. 신학은 교회 안에서만이 아니라, 교회와 전통의 경계를 넘어서 비기독교적이고 다양한 종교적·세속적 세계관들과 대화에 참여해야 하고, 그 과정에서 건강한 시민사회 건설을 위해서 기독교 자료와 규범들이 건설적으로 기여할 수 있음을 실천적으로 증명해야 한다. 그러므로 공공신학의 변증은 교회를 위한 일방적인 옹호도 아니고, 교회와 관계없이 세속문화를 통해서 자신을 변증하겠다는 것도 아니다. 오히려 세속 문화나 세계관과의 대화를 거부하는 근본주의자들과 제도 교회의 억압적인 권위에 저항하는 신학이어야 하고, 동시에 교회와 신학에 대해서 회의적이거나 그것을 거부하는 사람들을 향해서 자신들의 신앙적 신념을 소신 있고 설득력 있게 말하는 그런 변증이어야 한다.

  맥스 스택하우스의 변증에 대한 이해로부터 출발해서, 저자는 변증학이 중요한 근거로 삼는 베드로전서 3장 15절을 재해석하고, 기독교 변증의 역사 전체를 간략하게 재검토한다. 우선 변증학이라고 하면, 세속적인 문화와 권력 그리고 이교 문화를 향한 강한 거부감과 저항감의 표현일 것이라는 선입견이 있다.

하지만 저자는 에이브리 덜리스의 연구로부터 복음의 우월성 주장이나, 교회 내부의 오류나 이단 정죄를 위한 변증만 있는 것이 아니라, 국가의 박해에 직면하여 교회와 신자들의 공적 관용과 참여를 호소하는 내용이 변증 문헌에 많이 나타난다는 점에 주목한다. 그리고 교회 밖 세계와 문화와의 관계에서 이루어졌던 변증을 위한 노력이 기독교 신학 형성에 결정적인 영향을 끼쳤음을 발견하면서, 후기세속 사회에서 변증학을 공공신학적으로 살려 낼 필요가 있다고 주장한다.

자신이 가진 신앙적 소망을 묻는 사람이 있으면 언제든지 설명할 준비를 하라는 베드로전서 말씀을, 저자는 적대적이거나 공격적인 변증을 하라는 말도 아니고, 그렇다고 기독교 신앙을 배제하는 힘 앞에 그대로 물러서라는 이야기도 아니라고 본다. 오히려 신앙에의 충성과 세속 질서에의 적응 사이의 긴장을 보여 주고, 세속 질서의 존중과 그것에 대한 경계심이 교차하는, 그래서 순응과 저항 사이의 긴장이 유지되는 가운데, 신자로서 모범적 시민이 되는 과정으로 읽고 있다.

유스티누스, 아테나고라스, 테르툴리아누스 같은 교부들의 신학은 신앙을 철학적·논리적으로 변증하는 성격을 갖지만, 거기에는 권력을 향해서 진리를 말하면서 그리스도인들의 공적인 지위를 변호하려고 노력하는 모습이 분명히 있고, 동시에 교회의 공적인 처신이 반드시 필요하다는 주장도 포함한다. 이처럼 공공신학적 성격을 갖는 변증학이 중세와 계몽시대를 거쳐서 이어져 왔다. 그런데 현대에 들어서면서, 카를 바르트의 신정통주의와 함께 변증학은 거의 포기되기에 이른다. 이성과 계시, 계시와 종교가 이분법적으로 전혀 다른 영역으로 분리되면서, 세속의 이성이나 공론장의 이성이 계시적 신앙과 만날 길이 사라져 버렸고, 변증은 전혀 불필요한 노력이 되고 만다. 그래서 현대 변증학은 대화적이거나 중재적 관점이 퇴조하고 오히려 적대적인 접근 방식이 강화되는 경향도 보인다. 예를 들어, 급진 정통주의자 밀뱅크가 '업그레이드된 변증 무기'가 필요하다고 할 때, 그리고 다른 신학자들이 변증을 '전투'라고 이해하고, 이 전투를 위해 자녀들을 훈련시켜서 전쟁에 내보내야 한다고 할 때, 바르트의 신정통주의적 주장이 훨씬 더 나쁘게 경화된 모습을 보게 된다.

하지만 다른 측면에서 보면 우리 시대의 상황신학적 접근들은 변증의 새로운 가능성을 다양하게 드러내고 있다고 저자는 강조한다. 우선 교차문화적 접근법이 매우 활발하게 활용되고 있다. 그리고 명제나 지적 동의에 의존하거나 혹은 순수 이성에만 의존하기보다는, 다양한 감성과 정서를 중시하는 문화적 접근 방식이나 서사와 상상력, 실천적 수행성을 강조하는 다양한 신학이 나타나고 있다. 저자가 보여 주는 교차문화적 접근법들은 문화로부터 독립적인 복음의 송신자와 수신자는 처음부터 가능하지도 않다는 입장이 전제되어 있다. 그런 관계를 가정한다는 것 자체가 이미 특정한 송신자와 수신자의 문화를 부당하게 특권화하는 것이 된다. 결국 문화교차적 관계나 대화라는 것은 문화에서 독립적인 보편적 지식을 제공하려는 것이 아니다. 오히려 문화에 속해서 문화를 살아가는 사람으로서, 삶의 실재를 새롭게 읽어 내고, 그 삶의 실재에 대한 대안적인 해석과 전망을 만들어 내는 과정에서 기독교적 해석의 적합성과 적실성을 변호하려는 노력이어야 한다고 보는 것이다.

저자가 변증학의 새로운 가능성으로 보는 또 하나는《상상력의 변증학》이라는 책에서 빌려온 새로운 변증학의 모습이다. 이는 이성과 함께 감정과 상상력을 강조하는 신학이며, 공적인 삶만이 아니라 일상적인 삶을 신학의 영역으로 삼는 변증학이다. 합리적 이성으로부터 감정과 상상력을 강조하는 방향으로의 이동이다. 명제적 논증보다는 감성적이고 일상적인 실천과 수행을 강조하는 방향으로의 변화다. 그러므로 모든 감성적 영역이 섞여 들어오는 문화와의 상호작용 없이 변증은 불가능하다. 데카르트적인 명제적이고 이성적인 신학에 저항하면서, 서사와 상상력을 매우 중요한 변증의 도구라고 말한다. 결국 저자가 말하고 싶은 것은 변증학이 합리적 증명을 위한 '적대적 전투'의 장이 아니라, 기교가 필요하면서도 목적이 뚜렷한 행동이 이뤄지는 성육신과 성례전적인 공간이 되어야 한다는 것이다. 문화의 언어적이고 물질적인 몸으로 육화하여, 그 가운데서 그 문화의 언어와 목소리로, 십자가와 부활의 길을 걸어가는 성탄과 성육신의 신학이요 변증학이다.

7장은 사실상 이 책 전체의 결론이면서 후기세속 시대 공공신학의 미래를 위한 저자의 핵심적 신학적 주장과 제안을 담고 있다. '바위와 딱딱한 공간'이라는 은유는 이 책의 영문판 제목이기도 하고, 이 책 전체를 끌고 가는 일종의 방향타 역할을 하는 경고다. 성과 속, 계시와 이성, 사적인 것과 공적인 것의 경계가 분명하다고 보았던 근대적 세속화 이론의 전제가 흔들리고 있는 시대가 후기세속 시대다. 종교가 탈제도화하고 다양한 문화적 방식으로 존재하는 모습을 보여 주면서 종교의 경계도 과거와 달리 불분명해지고 있다. 시민사회와 공적 공간도 다양성이 확대되고 그 안에 종교적 목소리들이 부상하면서 세속의 명확한 경계가 흐려지고 있다. 그런데 종교와 공적 공간 사이에는 여전히 바위와 딱딱한 바닥이 서로 파괴적 충돌을 향하여 달려가는 듯한 모습이 계속되고 있다. 여기서 종교적인 신념에 충실하면서도 종교나 교회의 울타리를 넘어서, 전체 공동체의 올바른 변화를 위해서 책임 있게 참여할 수 있는 보다 대화적이고 참여적인 새로운 신학의 틀을 짜야 한다는 것이 이 책을 관통하는 목적이다.

하지만 저자가 제시하는 공공신학의 새로운 틀은 그렇게 복잡하게 보이지 않는다. 방법론적으로 보면 일레인 그레이엄은 머피 오코너가 이야기하는 '현전의 변증학'을 구티에레스의 해방신학과 결합하여 자신의 변증학적 공공신학을 말하고 있다. '현전의 변증학'이란 후기자유주의 신학이나 급진 정통주의가 말해 온 교회 그 자체가 기독교 신앙과 전통의 완전한 구현이면서 그 자체가 대안적 표현이 되어야 한다는 생각과 일정한 연속성이 있다. 다시 말해 교회 그 자체가 지금 여기에 현재화하는 변증이 되어야 한다는 말이다. 그런데 일레인 그레이엄은 이 현전의 변증학이 교회 울타리 안으로 후퇴해 버리지 않도록 하기 위해서, 다시 말해 대화 불가능하고 침투 불가능한 바위가 되지 않도록 하기 위해서, 공적이고 사회적인 실천에 초점을 맞추고 있는 해방신학과 결합하고 있는 것으로 보인다.

현전의 변증학과 해방신학을 결합한다는 것은 중요한 해석학적 의미가 있다. 현전의 변증학을 포함한 지금까지의 변증학이 정론과 정통orthodoxy를 세우는 과정이었다면, 해방신학은 정행orthopraxis를 강조하는 신학이다. 그런 점에서 명제석·이론적 정합성을 세우는 것으로부터 실천적이고 수행적인 진정성을 통한 변증의 방향으로의 이동이다. 변증이 교회를 통해서 현전하되, 수행적이고 실천적으로 그렇게 되어야 한다는 말이다.

또한 해방신학의 변증은 교양 있는 무신론자들을 설득하기 위해서 시작된 것도 아니고, 교회의 영향력을 배제하려는 세속 사회에 대한 저항으로 시작된 것도 아니다. 저자의 표현을 빌리자면, 하느님 없는 자들의 문제가 변증을 시작하는 자리가 아니다. 해방신학에서 변증의 출발점은 비인격화되고 가난하고 소외되고 억압받는 자들이 처한 불의한 상황이며, 그곳에서 하느님의 정의를 구체적으로 증언하고 실천하는 것이 신학과 변증의 과제다. 저자는 이런 해방신학을 현전의 변증학과 결합한다. 그 의미는 교회가 변증 그 자체가 되어야 한다는 현전의 변증학의 전제를 받아들이되, 교회가 현전하는 변증이 되는 자리는 구체적이고 물질적인 시민들의 삶의 현장이어야 한다는 뜻이다. 구체적인 삶의 현장으로부터 교회의 전통과 신앙에 대한 충실성과, 시민사회를 위한 책임을 다하기 위해서 노력하는 변증과 신학이 되어야 한다는 주장이다. 그래서 변증학으로서의 공공신학은 충성과 비판 혹은 참여와 비판의 긴장 가운데 있어야 하며, 신앙의 언어와 세속의 언어 사이에서 어느 한쪽으로 도망가기보다는, 둘 사이의 차이와 긴장을 유지하는 이중 언어적 실천이어야 한다. 결국 가난하고 억압받고 소외된 사람들의 삶의 자리에 확고하게 서서 제도 교회와 세속 사회 양쪽과 비판적인 관계를 맺으면서, 변증하고 신학하기를 요구하는 것이다.

이에 더해서, 후기세속 시대의 변증학으로서 공공신학을 위해서 저자는 몇 가지 제안을 첨가한다. 첫째로 하느님 없는 자들과 하느님께 버림받은 자들을 위한 공공신학이어야 한다고 말한다. 십자가로 오신 성육신의 하느님은 하느님 없는 자들과 하느님께 버림받은 자들과 연대하는 분이다. 하느님과 피조물 사이에, 종교와 세계 사이에 더 이상의 분리는 없다. 그래서 교회를 철저히 세상으로부터 고립시키려는 시도나, 공적 생활에서 하느님의 부재를 인정하고 신앙과 영성의 차원을 배제하려는 모든 시도는 성육신의 신앙과 맞지 않다. 그리고 더 나아가 후기세속 사회에서 기독교의 변증은 회심이나 전도가 개종의 노력이 아니라 하느님 없는 이들과의 연대를 의미하는 것이어야 한다. 하느님께 버림받은 사람들을 위한 노력 속에서 오히려 하느님 없는 사람들을 만나고, 그들과의 수행적이고 실천적인 연대를 통해서 신앙적 신념을 변증해야 한다는 생각이다.

둘째로 일레인 그레이엄이 보기에 공공신학은 교회의 이익에 앞서서 도시의 안녕을 추구하는 신학이다. 하지만 이 말은 결코 세속 사회의 권위에 굴복하라는 말이 아니다. 여기서 그녀는 하느님의 선교 신학을 가져온다. 교회가 하느님의 선교를 위해서 있는 것이지, 하느님의 선교가 교회를 위해서 있는 것이 아니라는 입장을 견지한다. 그리고 하느님의 선교는 모든 피조물을 부르시는 성령의 사역의 관점에서 이해되어야 하고 창조신학의 관점에서 이해되어야 한다. 그러므로 신앙의 변증은 당연히 창조세계의 회복이라는 중심에서 수행되어야 한다. 세속 세계 안에서 공동선과 사회정의를 추구하는 일은 세속 권력에 굴복하는 일이 아니라, 대항문화적 참여가 된다. 그리스도와 문화의 만남과 교회와 세속 세계의 만남은 기본적으로 경계가 뚜렷하지 않다. 그 경계는 언제나 모호하고 흐릿한 긴장 상태다.

셋째로 변증의 전통을 이어받아 권력을 향하여 진리를 주장할 수 있는 예언적 자세를 유지해야 한다고 말한다. 마지막으로 일레인 그레이엄이 말하는 것은, 후기세속 사회의 변증적 공공신학의 올바른 실천을 위해서는, 신학교육과 신자들이 신앙교육이 변화되어야 한다는 입장을 강력하게 피력한다. 지적이고 이론적인 선언을 주도하는 교회 지도자들을 위한 훈련만이 아니라, 일상의 삶을 통해서 공적인 현장에 참여하는 신자들이 실천적이면서도 수행적으로 교회 울타리 밖 시민사회의 변화를 위해서 책임 있게 참여할 수 있도록 교육하고 훈련해야 한다는 것이다.

지금 우리는 어디에?

책을 읽으면서, 각종 사회 선교 현장에서 고생하는 수많은 사역자와 신자들의 모습을 떠올렸고, 공명이 전혀 필요 없는 바위처럼 목소리를 내고 있는 보수적 기독교의 정치 세력화에 대해서도 우려하지 않을 수 없었다. 우리의 후기세속도 다양한 목소리가 있지만 서로 연대하고 연결될 수 있는 가능성을 찾기보다는 자신들만의 폐쇄 회로에 갇힌 채 확증 편향적인 목소리를 발하는 상황으로 보인다. 이러한 상황은 교회와 신학의 미래를 위해서뿐만 아니라, 우리 사회의 건강한 민주적 활력을 위해서도 바람직하지 않다. 겸손한 자세로 새로운 대화와 소통, 연결과 연대의 가능성을 찾는 일은 오늘 우리 사회를 위해서도 정말 필요하고도 긴급한 요청이다.

참고 문헌

Achtemeier, P. J., 1996, *1 Peter*, Minneapolis, MN: Augsburg Fortress.

Adams, S., 2010, "Just Cause?", *The Tablet*, 11 December, pp. 4-5.

Addley, E., 2008, "Cardinal attacks 'aggressive' secularism gaining ground in UK", *The Guardian*, 2 April.

Akper, G., 2008, "Christianity or African Christianity? On Christian Identity in Sub-Saharan Africa", in E. van der Borght (ed.), *Christian Identity*, Leiden-Boston: Brill, pp. 405-420.

Anheier, H., Glasius, M. and Kaldor, M. (eds), 2003, *Introducing Global Civil Society*, Cambridge: Cambridge University Press.

Archbishops' Commission on Urban Life and Faith, 2006, *Faithful Cities: A Call for Celebration, Vision and Justice*, London: Church House Publishing and Peterborough: Methodist Publishing House.

Archbishops' Commission on Urban Priority Areas, 1985, *Faith in the City: A Call for Action by Church and Nation*, London: Church House Publishing.

Arendt, H., 1958, *The Human Condition*, Chicago: University of Chicago Press. 《인간의 조건》(한길사).

Armstrong, K., 2009, *The Case For God: What Religion Really Means*, London: The Bodley Head.《신을 위한 변론》(웅진지식하우스).

Asad, T., 2003, *Formations of the Secular: Christianity, Islam, Modernity*, Stanford, CA: Stanford University Press.

Athanasius, 1983, "Against the Heathen (Contra Gentes)", in L. R. Bush (ed.), *Classical Readings in Christian Apologetics*, Grand Rapids, MI: Zondervan, pp. 143-153.

Athenagoras, 1983, "A Plea for the Christians", in L. R. Bush (ed.), *Classical Readings in Christian Apologetics*, Grand Rapids, MI: Zondervan, pp. 35-61.

Atherton, J. R., 2001, *Public Theology for Changing Times*, London: SPCK.

Augustine, 1984, *Concerning the City of God against the Pagans*, trans. and ed. H. Bettenson, Harmondsworth: Penguin.《하나님의 도성》(CH북스).

Ayallo, I. A., 2012, *Public Policy Dialogue for Socially-Inclusive Public Policy Making Processes in Kenya: The Role of the Anglican Church of Kenya*, Auckland: Unpublished PhD thesis.

Badmington, N., 2004, "Post, Oblique, Human", *Theology & Sexuality* 10:2, pp. 56-64.

Barasta, E., 2009, "Karl Barth, a Public Theologian? The One Word and Theological 'Bilinguality'", *International Journal of Public Theology* 3:2, pp. 188-203.

Barth, K., 1936, *Church Dogmatics* I.2, Edinburgh: T & T Clark.《교회교의학》(대한기독교서회)

Barth, K., 1959, *God, Grace and Gospel*, Edinburgh: Grace and Boyd.

Barth, K., 1966, *Dogmatics in Outline*, London: SCM Press.《교의학 개

요》(복있는사람)

Barth, K., 1975, *Church Dogmatics* I.1, 2nd ed., Edinburgh: T & T Clark.《교회 교의학》(대한기독교서회)

Bauckham, R., 1995, *The Theology of Jürgen Moltmann*, Edinburgh: T & T Clark.《몰트만의 신학》(크리스천헤럴드).

Bauckham, R., 2001, "Preface", in Jürgen Moltmann, *The Crucified God*, SCM Classics edition, London: SCM Press, pp. ix-xxii.

Bauman, Z., 1988, "Postmodern Religion?", in P. Heelas (ed.), *Religion, Modernity and Postmodernity*, Oxford: Blackwell, pp. 55-78.

Bauman, Z., 2000, *Liquid Modernity*, London: Polity Press.《액체현대》(필로소픽).

Beattie, T., 2007, *The New Atheists: the Twilight of Reason and the War on Religion*, London: Darton, Longman & Todd.

Beaumont, J., 2010, "Introduction", in A. L. Molendijk, J. Beaumont and C. Jedan (eds), *Exploring the Postsecular: The Religious, the Political and the Urban*, Leiden: Brill.

Beaumont, J. and Baker, C. R. (eds), 2011, *Postsecular Cities: Space, Theory and Practice*, London: Continuum.

Bebbington, D., 1989, *Evangelicalism in Modern Britain: A History from the 1730s to the 1980s*, London: Unwin Hyman.

Bebbington, D. W. and Jones, D. C. (eds) (2013), *Evangelicalism and Fundamentalism in the United Kingdom during the Twentieth Century*, Oxford: Oxford University Press.

Beckford, J. A., 2012, "Public Religions and the Postsecular: Critical Reflections", *Journal for the Scientific Study of Religion* 51:1, pp. 1-19.

Beckford, M., 2009, "Bishop of Rochester: Church of England must do more to counter twin threats of secularism and radical Islam", available at http://www.telegraph.co.uk/news/religion/6104407/Bishop-of-Rochester-Church-of-England-must-do-more-to-counter-twin-threats-of-secularism-and-radical-Islam.html.

Bedford-Strohm, H., 2007a, "Public Theology and Global Economy: Ecumenical Social Thinking between Fundamental Criticism and Reform", *Ned Geref Teologiese Tydskrif* 48:1-2, pp. 8-24.

Bedford-Strohm, H., 2007b, "Nurturing Reason: the public role of religion in the liberal state", *Ned Geref Teologiese Tydskrif* 48:1-2, pp. 25-41.

Beilby, J. K., 2011, *Thinking about Christian Apologetics*, Downers Grove, IL: Inter-Varsity Press.

Benedict XVI (2006), *Deus Caritas Est*, Washington D. C.: United States Conference of Catholic Bishops.

Berger, P., 1990, *Sacred Canopy: Elements of a Sociological Theory of Religion*, New York: Random House.

Berger, P., 1999, "The Desecularization of the World: a Global Overview", in P. Berger (ed.), *The Desecularization of the World: Resurgent Religion and World Politics*, Grand Rapids, MI: Wm B. Eerdmans, pp. 1-18.

Berger, P. and Luckmann, T., 1966, *The Social Construction of Reality: A Treatise on the Sociology of Knowledge*, New York: Doubleday.

Biggar, N., 2011, *Behaving in Public: How to do Christian Ethics*, Grand Rapids, MI: Eerdmans.

Bishops' Conference of England and Wales, 2010, *Choosing the Common Good*, Stoke-on-Trent: Alive Publishing.

Bivins, J. C., 2007, "The Religion of Fear: Conservative Evangelicals, Identity, and Antiliberal Pop", *Journal for Cultural and Religious Theory* 8:2, pp. 81-103.

Bleich, E., 2010, "Faith and State: British Policy responses to 'Islamist' extremism", in R. Eatwell and M. J. Goodwin (eds), *The New Extremism in 21st Century Britain*, London: Routledge, pp. 67-84.

Bloesch, D., 1978, *Essentials of Evangelical Theology*, Volume 1, San Francisco: Harper and Row.

Blond, P., 1996, "Introduction", in P. Blond (ed.), *Post-Secular Philosophy: Between Philosophy and Theology*, London: Routledge, pp. 1-66.

Blond, P., 2008, "Red Tory", *Open Democracy*, available at www.opendemocracy.net.

Blond, P., 2010, *Red Tory: How Left and Right have Broken Britain and How We Can Fix It*, London: Faber & Faber.

Boeve, L., 2008, "Religion after Detraditionalization: Christian Faith in a Postsecular

Europe", in G. Ward and M. Hoelzl (eds), *The New Visibility of Religion*, London: Continuum, pp. 187-209.

Bongmba, E., 2007, *Facing a Pandemic: the African Church and the Crisis of AIDS*, Waco, TX: Baylor University Press.

Bonhoeffer, D., 1995, *Ethics*, trans. and ed. N. H. Smith, London: SCM Press.

Bosch, D., 1991, *Transforming Mission: Paradigm Shifts in Theology of Mission* New York: Orbis.

Bradstock, A., 2012, "'Seeking the welfare of the city': Public Theology as Radical Action", in Z. Bennett and D. Gowler (eds), *Radical Christian Voices and Practice: Essays in Honour of Christopher Rowland*, Oxford: Oxford University Press, pp. 225-239.

Braidotti, R., 2008, "In Spite of the Times: the Postsecular Turn in Feminism", *Theory, Culture and Society* 25:6, pp. 1-24.

Breitenberg, E. H., 2003, "To Tell the Truth: Will the Real Public Theology Please Stand up?" *Journal of Society of Christian Ethics* 23:2, pp. 55-96.

Breitenberg, E. H., 2010, "What is Public Theology?", in D. K. Hainsworth and S. R. Paeth (eds), *Public Theology for a Global Society*, Grand Rapids, MI: Eerdmans, pp. 3-17.

Bretherton, L., 2006, *Hospitality as Holiness: Christian Witness Amidst Moral Diversity*, London: Ashgate.

Bretherton, L., 2009, *Reflections on Graham Ward's The Politics of Discipleship*, Quebec, American Academy of Religion.

Bretherton, L., 2010, *Christianity and Contemporary Politics*, Oxford: Wiley-Blackwell.

British Broadcasting Corporation, 2013, *Christian discrimination claims heard by Europe court*, available at www.bbc.co.uk/news/uk-19467554

British Humanist Association, 2012, "About Us", available at http://humanism.org.uk/about/

Brotherhood of St Laurence, 2013a, "What We Do", available at http://www.bsl.org.au/About-the-Brotherhood (https://www.bsl.org.au/about/about-the-brotherhood-of-st-laurence/)

Brotherhood of St Laurence, 2013b, "Partnerships", available at http://www.bsl.org.au/About-the-Brotherhood/Partnerships
(https://www.bsl.org.au/about/our-partners/)

Brown, C., 2001, *The Death of Christian Britain*, London: Routledge.

Brown, C. and Lynch, G., 2012, "Cultural Perspectives", in L. Woodhead and R. Catto (eds), *Religion and Change in Modern*

Britain, London: Routledge, pp. 329-351.

Brown, M., 2007, "Christian Ethics and Economics after Liberalism…", in J. R. Atherton and H. Skinner (eds), *Through the Eye of a Needle: Theological Conversations over Political Economy*, Peterborough: Epworth, pp. 50-66.

Brown, M., 2012, "Red Tory and Blue Labour: More Theology Needed", *Political Theology* 13:3, pp. 348-366.

Brown, M., Pattison, S. and Smith, G., 2012, "The Possibility of Citizen Theology: Public Theology after Christendom and the Enlightenment", *International Journal of Public Theology* 6:2, pp. 183-204.

Bruce, S., 1990, "Modernity and Fundamentalism: the New Christian Right in America", *The British Journal of Sociology* 41:4, pp. 477-496.

Bruce, S., 2002, *God is Dead: Secularization in the West*, Oxford: Blackwell.

Bruce, S., 2010, *Secularization: In Defence of an Unfashionable Theory*, Oxford: Oxford University Press.

Buckley, M. J., 1987, *At the Origins of Modern Atheism*, New Haven: Yale University Press.

Budden, C., 2008, "Exploring Contextual Theology in Australia in Dialogue with Indigenous People", *International Journal of Public Theology* 2:3, pp. 292-312.

Bunting, M., 2010, "Red Tory intrigues and infuriates", *Guardian*, available at http://www.guardian.co.uk/commentisfree/2010/mar/30/phillip-blond-red-tory-respublica.

Bush, L. R., 1983, "The First Apology of Justin", in L. R. Bush (ed.), *Classical Readings in Christian Apologetics ad 100-1800*, Grand

Rapids, MI: Zondervan, pp. 5-29.

Butler, J., 2008, "Sexual Politics, Torture, and Secular Time", *British Journal of Sociology* 59:1, pp. 1-23.

Calhoun, C., 2010, "Rethinking Secularism", *Hedgehog Review* Issue Fall, pp. 34-48.

Carbine, R. B., 2006, "Ekklesial Work: Toward a Feminist Public Theology", *Harvard Theolgical Review* 99:4, pp. 433-455.

Carey, G. with Carey, A., 2012, *We Don't Do God: the Marginalization of Public Faith*, Oxford: Monarch.

Carr, D., 2007, "Religious Education, Religious Literacy and Common Schooling: a Philosophy and History of Skewed Reflection", *Journal of Philosophy of Education* 41:4, pp. 659-673.

Carr, J. M., 2012, "Does Vatican II Represent a U-Turn in the Catholic Church's Teaching on Liberal Democracy?", *International Journal of Public Theology* 6:2, pp. 228-253.

Casanova, J., 1994, *Public Religions in the Modern World*, Chicago: University of Chicago Press.

Cavanaugh, W. T., 1998, *Torture and Eucharist: Theology, Politics and the Body of Christ*, Oxford: Blackwell.

Cavanaugh, W. T., 2004, "Church", in P. M. Scott and W. T. Cavanaugh (eds), *The Blackwell Companion to Political Theology*, Oxford: Blackwell, pp. 393-406.

Chaplin, J., 2008, "Legal Monism and Religious Pluralism: Rowan Williams on Religion, Loyalty and Law", *International Journal of Public Theology* 2:4, pp. 418-441.

Chase, K., 2001, "Publics, Apologetics, and Ethics: An Interview with Max L. Stackhouse", available at http://faithsphilosophy.org/Documents/publicsapologeticsethics.pdf(연결되지 않는 링크)

Chopp, R., 2001, "Theology and the Poetics of Testimony", in D. Brown, S. G. Daveney and K. Tanner (eds), *Converging on Culture: Theologians in Dialogue with Cultural Analysis and Criticism*, Oxford: Oxford University Press, pp. 56-70.

Christensen, H. S. and Bengtsson, A. B., 2011, "The Political Competence of Internet Participants", *Information, Communication and Society* 14:6, pp. 896-916.

Christian Institute, 2007, *Speaking out Loud and Clear: An Introduction to the Work of The Christian Institute*, available at http://www.christian.org.uk/pdfpublications/solac_07.pdf(연결되지 않는 링크)

Christian Institute, 2009, *Marginalising Christians: Instances of Christians being Sidelined in Modern Britain*, Newcastle-upon-Tyne: Christian Institute.

Christian Institute, 2012, "Basis of Faith", available at http://www.christian.org.uk/who-we-are/basis-of-faith/

Christians in Parliament, 2012, *Clearing the Ground Inquiry*, Westminster: Christians in Parliament.

Clifford, S., 2011, "Foreword", in Evangelical Alliance, *21st Century Evangelicals: Does Belief touch Society?*, London: Evangelical Alliance, p. 2.

Cobb, M., Puchalski, C. M. and Rumbold, B. (eds), 2012, *Oxford Textbook of Spirituality in Healthcare*, Oxford: Oxford University Press.

Cochrane, J. R., 2011, "Against the Grain: Responsible Public Theology in a Global Era", *International Journal of Public Theology* 5:1, pp. 44-62.

ComRes, 2012, *British Religion in Numbers*, available at http://www.

brin.ac.uk/news/2012/after-general-synod-religion-and-health/
(https://www.brin.ac.uk/after-general-synod-religion-and-health/)

Conn, D., 2012, "Hillsborough Panel Chairman: 'This is what the Church should bedoing'", *Guardian*, 18 October.

Coombs, N., 2011, "The Political Theology of Red Toryism", *Journal of Political Ideologies* 16:1, pp. 79-96.

Covington, J., 2009, *Folly to the Nations? Cultural Apologetics, Natural Law, and Evangelical Political Thought*, Toronto: American Political Science Association.

Craig, W. L., 2008, *Reasonable Faith: Christian Truth and Apologetics*, Wheaton, IL: Crossway.

Craig, W. L., 2010, *On Guard: Defending your Faith with Precision and Reason*, Colorado Springs, CO: David C. Cook.

Dackson, W., 2006, "Archbishop William Temple and Public Theology in Post-Christian Context", *Journal of Anglican Studies* 4, pp. 239-51.

Daniel, L., 2011, "Spiritual but Not Religious? Please Stop Boring Me", *United Church of Christ online magazine*, 31 August.

Davie, G., 1994, *Religion in Britain after 1945: Believing without Belonging*, Oxford: Blackwell.

Davie, G., 2001, *Religion in Modern Europe: a Memory Mutates*, Oxford: Oxford University Press.

Davies, M., 2012, "Same-sex therapist loses appeal against ruling", *Church Times*, 25 May, p. 5.

Davis, F. and Chappell, K., 2011, "The Future of Catholic Social Thought", *International Journal of Public Theology* 5:3, pp. 267-272.

Davison, A. (ed.), 2011, *Imaginative Apologetics: Theology, Philosophy and the Catholic Tradition*, London: SCM Press.

Day, K., 2012, "Introduction: Faith-Based Organizing in the USA", *International Journal of Public Theology* 6:4, pp. 383-397.

de Gruchy, J., 2007, "Public Theology as Christian Witness: Exploring the Genre", *International Journal of Public Theology* pp. 26-41.

de Villiers, E., 2011, "Public Theology in the South African Context", *International Journal of Public Theology* 5:1, pp. 5-22.

de Vries, H., 2006a, "Preface", in H. de Vries and L. E. Sullivan (eds), *Political Theologies: Public Religions in a Post-Secular World*, New York: Fordham University Press, pp. ix-xii.

de Vries, H., 2006b, "Introduction: Before, Around, and Beyond the Theologico-Political", in H. de Vries and L. E. Sullivan (eds) *Political Theologies: Public Religions in a Post-Secular World*, New York: Fordham University Press, pp. 1-88.

Dennett, D., 2007, *Breaking the Spell: Religion as a Natural Phenomenon*, Penguin: London.

Diamond, S., 1998, *Not by Politics Alone: The Enduring Influence of the Christian Right*, New York: Guilford.

Dillon, M., 2012, "Jürgen Habermas and the Post-Secular Appropriation of Religion: A Sociological Critique", in P. S. Gorski, D. K. Kim, J. Torpey and J. VanAntwerpen (eds), *The Post-Secular in Question: Religion in Contemporary Society*, New York: New York University Press, pp. 249-278.

Dinham, A., 2012, *Faith and Social Capital after the Debt Crisis*, London: Palgrave Macmillan.

Dinham, A., Furbey, R. and Lowndes, V. (eds), 2009, *Faith in the Public Realm: Controversies, Policies and Practices*, Bristol: Policy Press.

Doak, M., 2004, *Reclaiming Narrative for Public Theology*, Albany, NY: State University of New York Press.

Doak, M., 2007, "The Politics of Radical Orthodoxy: A Catholic Critique", *Theological Studies* 68, pp. 368-393.

Dorey, R., 2008, "The Voice of God in Charitable Activity: Can It Be Heard Today?", in P. Riordan (ed.), *Words in Action: Speaking in our Own Words*, London: Heythrop Institute for Religion, Ethics and Public Life, pp. 39-50.

Dulles, A., 1999 [1971], *A History of Apologetics*, Eugene, OR: Wipf and Stock.

Dyrness, W. A., 2007, "Evangelical Theology and Culture", in T. Larsen and D. J. Treier (eds), *Cambridge Companion to Evangelical Theology*, Cambridge: Cambridge University Press, pp. 145-159.

Eisenstadt, S., 2000, "The Reconstruction of Religious Arenas in the Framework of 'Multiple Modernities'", *Millennium: Journal of International Studies* 29:3, pp. 591-611.

Emergent Village, 2012, "Values and Practices", available at http://emergentvillage.org/?page_id=77(연결되지 않는 링크)

Engelkele, M., 2010, "Radical Orthodoxy's New Home?", *The Immanent Frame*, available at http://blogs.ssrc.org/tif/2010/3/18/radical-orthodoxys-new-home/(연결되지 않는 링크)

Erricker, J., Ota, C. and Erricker, C. (eds), 2001, *Spiritual Education: Cultural, Religious and Social Differences*, Brighton: University of Sussex Press.

European Declaration of Human Rights, 1950, available at http://www.hrcr.org/docs/Eur_Convention/euroconv.htm(https://hrcr.org/docs/Eur_Convention/euroconv.html)

Evangelical Alliance, 2011, *21st Century Evangelicals: A Snapshot of the Beliefs and Habits of Evangelical Christians in the UK*, London: Evangelical Alliance.

Fiorenza, F. S., 1992, "A Critical Reception for a Practical Public Theology", in D. S. Browning and F. S. Fiorenza (eds), *Habermas, Modernity, and Public Theology*, New York: Crossroad, pp. 1-18.

Flax, J., 1993, "Is Enlightenment Emancipatory?", in *Disputed Subjects: Essays on Psychoanalysis, Politics and Philosophy*, London: Routledge, pp. 75-91.

Ford, D., 2001, "Radical Orthodoxy and the Future of British Theology", *Scottish Journal of Theology* 54:3, pp. 385-404.

Forrester, D. B., 2001, Truthful Action, Edinburgh: T & T Clark.

Forrester, D. B., 2004, "The Scope of Public Theology", *Studies in Christian Ethics* 17:2, pp. 5-19.

Forrester, D. B., 2010, "Living in Truth and Unity: the Church as Hermeneutic of Law and Gospel", in *Duncan Forrester on Christian Ethics and Practical Theology*, London: Ashgate, pp. 173-181.

Foucault, M., 1983, *Telos* 55, pp. 195-211.

Fraser, N., 1996, "Social Justice in an Age of Identity Politics: Redistribution, Recognition, and Participation", The Tanner Lectures on Human Values, April 30-May 2, Stanford University.

Fuller, R., 2001, *Spiritual but not Religious*, Oxford: Oxford University Press.

Furness, H., 2012, "Gay marriage is like slavery, Catholic leader says", *The Daily Telegraph*, 5 March.

Gillett, R. W., 2005, *The New Globalization: Reclaiming the Lost Ground of our Christian Social Tradition*, Cleveland, OH: Pilgrim Press.

Gordon, P., 2011, "What hope remains?", *The New Republic*, 14 December, available at http://www.tnr.com/article/books-and-arts/magazine/98567/jurgen-habermas-religionphilosophy (https://newrepublic.com/article/98567/jurgen-habermas-religion-philosophy)

Gorringe, T., 2004, *Furthering Humanity: A Theology of Culture*, London: Ashgate.

Graham, E. L., 1995, *Making the Difference: Gender, Personhood and Theology*, London: Mowbray.

Graham, E. L., 2002, *Representations of the Post/Human: Monsters, Aliens and Others in Popular Culture*, Manchester: Manchester University Press.

Graham, E. L., 2009a, "A Window on the Soul: Four Politicians on Politics and Religion", *International Journal of Public Theology* 3:2, pp. 141-160.

Graham, E. L., 2009b, "Doing God? Public Theology under Blair", in P. M. Scott, C. R. Baker and E. L. Graham (eds), *Remoralizing Britain? Political, Ethical and Theological Perspectives on New Labour*, London: Continuum, pp. 1-18.

Graham, E. L., 2011, "Religious Literacy and Public Service Broadcasting: Introducing a Research Agenda", in G. Lynch and J. Mitchell (eds), *Religion, Media and Culture: a Reader*, London: Routledge, pp. 228-235.

Graham, E. L. and Lowe, S. R., 2009, *What Makes a Good City? Public Theology and the Urban Church*, London: Darton, Longman & Todd.

Graham, E. L. and Poling, J. N., 2000, "Some Expressive forms of a Liberation Practical Theology: Art Forms as Resistance to Evil", *International Journal of Practical Theology* 4, pp. 163-183.

Graham, E. L., Walton, H. E. and Ward, F., 2005, *Theological Reflection: Methods*, London: SCM Press.

Gray, J., 2010, "Review of Red Tory", *The Independent*, 2 April.

Greed, C., 2011, "A Feminist Critique of the Post-secular City: God and Gender", in J. Beaumont and C. R. Baker (eds), *Postsecular Cities: Space, Theory and Practice*, London: Ashgate, pp. 104-119.

Greggs, T. (ed.), 2010, *New Perspectives for Evangelical Theology*, London: Routledge.

Grenz, S. J., 1993, *Revisioning Evangelical Theology: A Fresh Agenda for the 21st Century*, Downers Grove, IL: Inter-Varsity Press.

Guest, M., 2007, *Evangelical Identity and Contemporary Culture: A Congregational Study in Innovation*, Milton Keynes: Paternoster.

Guest, M., Olson, E. and Wolffe, J., 2012, "Christianity", in L. Woodhead and R. Catto (eds), *Religion and Change in Modern Britain*, London: Routledge, pp. 57-78.

Gunn, T. J. and Witte, J., 2012, *No Establishment of Religion: America"s Original Contribution to Religious Liberty*, Oxford and New York: Oxford University Press.

Gupta, R., 2011, "Feminism and the Soul of Secularism", available at http://www.opendemocracy.net/5050/rahila-gupta/feminism-and-soul-of-secularism. (https://www.opendemocracy.net/en/5050/feminism-and-soul-of-secularism/)

Gutiérrez, G., 1983, *The Power of the Poor in History*, London: SCM Press.

Gutiérrez, G., 1990a, *The Truth Shall Make You Free*, London: SCM

Press.

Gutiérrez, G., 1990b, "Toward a Theology of Liberation", in A. T. Hennelly (ed.), *Liberation Theology: a Documentary History*, Maryknoll, NY: Orbis, pp. 62-76.

Gutiérrez, G., 1996, *Una Teología de la Liberación en el Contexto del Tercer Milenio*, Santafé del Bogota, pp. 97-165.

Habermas, J., 1989, "The Public Sphere" (first published 1964), in J. Habermas (ed.), *Jürgen Habermas on Society and Politics: A Reader*, Boston: Beacon Press, pp. 231-236.

Habermas, J., 1992, "Transcendence from Within, Transcendence in this World", in D. S. Browning and F. S. Fiorenza (eds), *Habermas, Modernity, and Public Theology*, New York: Crossroad, pp. 226-250.

Habermas, J., 2001, *The Postnational Constellation: Political Essays*, Boston, MA: MIT Press.

Habermas, J., 2003, *The Future of Human Nature*, trans. W. Rehg, M. Pensky and H. Beister, Cambridge: Polity.

Habermas, J., 2006, "Religion in the Public Sphere", *European Journal of Philosophy* 14:1, pp. 1-25.

Habermas, J., 2008a, *Between Naturalism and Religion: Philosophical Essays*. Oxford: Oxford University Press.

Habermas, J., 2008b, "Notes on a Post-Secular Society", 18 June, *signandsight.com*, available at http://www.signandsight.com/features/1714.html

Habermas, J., 2008c, "Religion in the Public Sphere: Cognitive Presuppositions for the 'Public Use of Reason' by Religious and Secular Citizens", in *Between Naturalism and Religion:*

Philosophical Essays, London: Routledge, pp. 114-147.

Habermas, J., 2010, "An Awareness of What is Missing", in J. Habermas et al., *An Awareness of What is Missing: Faith and Reason in a Post-Secular Age*, Cambridge: Polity, pp. 15-23.

Habermas, J., 2011, "'The Political', The Rational Meaning of a Questionable Inheritance of Political Theology", in J. Habermas, J. Butler, C. Taylor and C. West (eds), *The Power of Religion in the Public Sphere*, New York: Columbia University Press, pp. 15-33.

Hainsworth, D. K. and Paeth, S. R., 2010, "Introduction", in D. K. Hainsworth and S. R. Paeth (eds), *Public Theology for a Global Society*, Grand Rapids, MI: Eerdmans, pp. viii-xx.

Haire, J., 2007, "Public Theology—a Purely Western Issue? Public Theology in the Praxis of the Church in Asia", *CTC Bulletin: Bulletin of the Program Area on Faith, Mission and Unity* 23:3, pp. 48-61.

Hanvey, J., 2000, "Conclusion: Concluding the Conversation, Radical Orthodoxy?",

in L. Hemming (ed.), *Radical Orthodoxy: A Catholic Enquiry*, London: Ashgate, pp. 149-171.

Hardt, M. and Negri, A., 2000, *Empire*, Cambridge, MA: Harvard University Press.

Harkness, T., 2003, "Authentic and Inclusive Catholic Schools: Some Challenging Contexts", *Australian eJournal of Theology*, available at http://dlibrary.acu.edu/research/theology/ejournal/Issue 3/Harkness.htm, Issue 3, p. 21pp.(연결되지 않는 링크)

Harrington, A., 2007, "Habermas and the 'Post-Secular Society'", *European Journal of Social Theory* 10:4, pp. 543-560.

Harris, B., 2008, "Beyond Bebbington: the Quest for Evangelical

Identity in a Postmodern Era", *Churchman* 122:3, pp. 201-220.

Harris, S., 2005, *The End of Faith: Religion, Terror, and the Future of Reason*, London: Free Press.

Hauerwas, S., 1977, *Truthfulness and Tragedy: Further Investigations in Christian Ethics*, Notre Dame: Notre Dame University Press.

Hauerwas, S., 1987, "The Church as God's New Language", in G. Green (ed.), *Scriptural Authority and Narrative Interpretation*, Minneapolis: Fortress, pp. 179-198.

Hayles, N., 1999, *How We Became Posthuman: Virtual Bodies in Cybernetics, Literature, and Informatics*, Chicago: University of Chicago Press.

Hearn, J., 2004, "From 'Hegemonic Masculinity' to the 'Hegemony of Men'", *Feminist Theory* 5:1, pp. 49-50.

Held, D., McGrew, A., Goldblatt, D. and Perraton, J., 1999, *Global Transformations: Politics, Economics and Culture*, Cambridge: Polity.

Hennelly, A. T., 1990, *Liberation Theology: a Documentary History*, Maryknoll, NY: Orbis.

Heyer, K., 2004, "How does Theology go Public? Rethinking the Debate between David Tracy and George Lindbeck", *Political Theology* 5:3, pp. 307-327.

Higton, M., 2008, "Rowan Williams and Sharia: Defending the Secular", *International Journal of Public Theology* 2(4), pp. 400-417.

Himes, M. and Himes, K., 1993, *Fullness of Faith: The Public Significance of Theology*, New York: Paulist.

Hitchens, C., 2007, *God is Not Great: How Religion Poisons Everything*, New York: Warner Twelve.

Hjarvard, S., 2008, "The Mediatization of Religion: A Theory of the Media as Agents of Religious Change", *Northern Lights* 6:1, pp. 9-25.

Hobsbawm, E. and Ranger, T. (eds), 1983, *The Invention of Tradition*, Cambridge: Cambridge University Press.

Hodgson, P., 2010, "Liberal Theology", *Expository Times* 122:1, pp. 4-10.

Hogue, M., 2010, "After the Secular: Toward a Pragmatic Public Theology", *Journal of the American Academy of Religion* 78:2, pp. 346-374.

Hollenbach, D., 1976, "Public Theology in America: Some Questions for Catholicism after John Courtney Murray", *Theological Studies* 37:2, pp. 290-303.

Hoover, S. and Venturelli, S. S., 1996, "The Category of the Religious: The Blindspot of Contemporary Media Theory?", *Critical Studies in Media Communication* 13:3, pp. 251-265.

Hornsby-Smith, M. P., 2006, *An Introduction to Catholic Social Thought*, Cambridge: Cambridge University Press.

Horrell, D., 2008, *1 Peter*, London: T & T Clark International.

Hovey, C., 2011, "Christian Ethics as Good News", in A. Davison (ed.), *Imaginative Apologetics: Theology, Philosophy and the Catholic Tradition*, London: SCM Press, pp. 98-111.

Hughes, J., 2011, "Proofs and Arguments", in A. Davison (ed.), *Imaginative Apologetics: Theology, Philosophy and the Catholic Tradition*, London: SCM Press, pp. 3-11.

Hundal, S., 2010, "The Right Hand of God", *New Statesman*, 24 April.

Hunt, S. J., 2010, "The Rhetoric of Rights in the UK Christian Churches Regarding Non-Heterosexual Citizenship", *Contemporary British*

Religion and Politics IV(2), pp. 183-200.

Hyman, G., 2010, *A Short History of Atheism*, London: I.B. Tauris.

Ivereigh, A., 2010, *Faithful Citizens: A Practical Guide to Catholic Social Teaching and Community Organizing*, London: Darton, Longman & Todd.

Jacobsen, E., 2012, "Models of Public Theology", *International Journal of Public Theology* 6:1, pp. 7-22.

Jantzen, G. M., 1998, *Becoming Divine: Towards a Feminist Philosophy of Religion*, Manchester: Manchester University Press.

John XXIII (1980) [1963], *Pacem in Terris*, trans. H. Waterhouse, London: Catholic Truth Society.

Johnson, A., 2012, "Stuart Murray Talks About Anabaptism, Post-Christendom and Church Planting", available at http://www.usmb.org/stuart-murray-williams-talks-about-anabaptism-post-christendom-and-church-planting(연결되지 않는 링크)

Jones, M., 2008, *Religious Liberty in the Workplace: A Guide for Christian Employees*, Newcastle-upon-Tyne: The Christian Institute.

Joy, M., O'Grady, K. and Poxon, J. L. (eds), 2003, *Religion in French Feminist Thought: Critical Perspectives*, London: Routledge.

Judd, T., 2012, "Christians Fight for Rights at Work in European Court", *The Independent*, 4 September.

Kamitsuka, D. G., 1999, *Theology and Contemporary Culture: Liberation, Postliberal and Revisionary Perspectives*, Cambridge: Cambridge University Press.

Katwala, S., 2006, "Faith in Democracy: The Legitimate Role of Religion", *Public Policy Research* Volume December-February, p. 246-251.

Keenan, W., 2002, "Post-Secular Sociology: Effusions of Religion in Late Modern Settings", *European Journal of Social Theory* 5, pp. 279-290.

Kelsey, D., 2009, *Eccentric Existence: A Theological Anthropology*, Louisville, KY: Westminster John Knox.

Kerr, F., 2010, "How Much Can a Philosopher Do?", *Modern Theology* 26:3, pp. 321-336.

Kim, S., 2008, "The Word and the Spirit: Overcoming Poverty, Injustice and Division in Korea", in S. Kim (ed.), *Christian Theology in Asia*, Cambridge: Cambridge University Press, pp. 129-153.

Kim, S., 2011, *Theology in the Public Sphere: Public Theology as a Catalyst for Open Debate*, London: SCM Press.

Klemp, N., 2007, "Beyond God-Talk: Understanding the Christian Right from the Ground Up", *Polity* 39:4, pp. 522-544.

Knitter, P., 1985, *No Other Name? A Critical Survey of Christian Attitudes Toward the World Religions*, New York: Orbis.

Koopman, N., 2003, "Some Comments on Public Theology Today", *Journal of Theology for Southern Africa* 117, pp. 3-19.

Landman, C., 2011, "A Public Theology for Intimate Spaces", *International Journal for Public Theology* 5:1, pp. 63-77.

Lange, P. G., 2007, "Publicly Private and Privately Public: Social Networking on YouTube", *Journal of Computer-Mediated Communication* 13:1.

Larsen, T., 2007, "Defining and Locating Evangelicalism", in T. Larsen and T. D. Treier (eds), *Cambridge Companion to Evangelical Theology*, Cambridge: Cambridge University Press, pp. 1-14.

Latour, B., 1993, *We Have Never Been Modern*, trans. and ed. C. Porter, Hemel Hempstead: Harvester Wheatsheaf.

Lazenby, D., 2011, "Apologetics, Literature and Worldview", in A. Davison (ed.), *Imaginative Apologetics: Theology, Philosophy and the Catholic Tradition*, London: SCM Press, pp. 46-58.

Lindbeck, G., 1984, *The Nature of Doctrine: Religion and Theology in a Postliberal Age*, Philadelphia: Westminster.

Lindbeck, G., 1989, "The Church's Mission to a Postmodern Culture", in F. Burnham and D. Allen (eds), *Postmodern Theology: Christian Faith in a Pluralist World*, San Francisco: Harper & Row.

Lints, R., 1993, "The Postpositivist Choice: Tracy or Lindbeck?", *Journal of the American Academy of Religion* 61:4, pp. 7655-7677.

Lipsitz, G., 1995, "The Possessive Investment in Whiteness: Racialized Social Democracy and the 'White' Problem in American Studies", *American Quarterly* 47:3, pp. 369-387.

Lloyd, G., 1984, *The Man of Reason: 'Male' and 'Female' in Western Philosophy*, London: Methuen.

Loader, B. D. and Mercea, D., 2011, "Networking Democracy? Social Media Innovations and Participatory Politics", *Information, Communication & Society* 14:6, pp. 757-769.

Lovin, R., 1995, *Reinhold Niebuhr and Christian Realism*, New York City: Cambridge University Press.

Lynch, G. (2005), *Understanding Theology and Popular Culture*, Oxford: Blackwell.

Mackay, M., 2010, "Pope Attacks Current of 'Aggressive Secularism' in Britain", *Christian Today*, 16 September.

Machray, A., 2012, "Bishop of Liverpool: Hillsborough panel will shine a light in the darkness", *Liverpool Echo*, 12 September.

Maddox, M., 2007, "Religion, Secularism and the Promise of Public Theology", *International Journal of Public Theology* 1:1, pp. 82-100.

Malik, M., 2011, "Religious Freedom, Free Speech and Equality: Conflict or Cohesion?", *Res Publica* 17, pp. 21-40.

Martin, D. and Catto, R., 2012, "The Religious and the Secular", in L. Woodhead and R. Catto (eds), &Religion and Change in Modern Britain&, London : Routledge, pp. 373-390.

Marty, M. E., 1974, "Two Kinds of Two Kinds of Civil Religion", *American Civil Religion* pp. 139-157.

Marty, M. E., 1981, *Public Church: Mainline-Evangelical-Catholic*, New York: Crossroad.

McCallum, R., 2011, "Micro Public Spheres and the Sociology of Religion: An Evangelical Illustration", *Journal of Contemporary Religion* 26:2, pp. 173-187.

McIntosh, E., 2007, "The Concept of Sacrifice: A Reconsideration of the Feminist Critique", *International Journal of Public Theology* 1:2, pp. 210-229.

McIntosh, E., 2008, "Philosophers, Politicians and Archbishops: Religious Reasons in the Public Sphere", *International Journal of Public Theology* 2:4, p. 465-483.

McLaren, B., 2011, *A New Kind of Christianity: Ten Questions that are Transforming the Faith*, London: Hodder & Stoughton.

McLennan, G., 2007, "Towards Postsecular Sociology?", *Sociology*

41:5, pp. 857-870.

McLennan, G., 2010, "The Postsecular Turn", *Theory, Culture & Society* 27:4, pp. 3-20.

Mendieta, E., 2010, "A Postsecular World Society? On the philosophical significance of Postsecular consciousness and the Multicultural World Society. Interview with Jurgen Habermas", *Monthly Review* (online), 21 March, available at http://mrzine.monthlyreview.org/2010/habermas210310.html (https://mronline.org/2010/03/21/a-postsecular-world-society-on-the-philosophical-significance-of-postsecular-consciousness-and-the-multicultural-world-society/)

Merkel, A., 2012, "Rede der Bundeskanzlerin bei der 5. Tagung der 11. Synode der EKD", available at http://www.bundesregierung.de/Content/DE/Rede/2012/11/2012-11-06-merkel-ekd-synode.html?nn=437032#Start (연결되지 않는 링크)

Milbank, J., 1990, *Theology and Social Theory: Beyond Secular Reason*, Oxford: Blackwell.

Milbank, J., 2000, "The Programme of Radical Orthodoxy", in L. P. Hemming (ed.), *Radical Orthodoxy? A Catholic Enquiry*, London: Ashgate, pp. 33-45.

Milbank, J., 2009, *The Future of Love: Essays in Political Theology*, Eugene, OR: Cascade.

Milbank, J., 2011, "An Apologia for Apologetics", in A. Davison (ed.), *Imaginative Apologetics: Theology, Philosophy and the Catholic Tradition*, London: SCM Press.

Milbank, J., Pickstock, C. and Ward, G. (eds), 1999, *Radical Orthodoxy: A New Theology*, London: Routledge.

Modell, D., 2008, "Christian Fundamentalists Fighting Spiritual Battle in Parliament", *The Daily Telegraph*, 17 May.

Moltmann, J., 1993 [1967], *Theology of Hope*, London: SCM Press.

Moltmann, J., 1999, *God for a Secular Society: the Public Relevance of Theology*, London: SCM Press.

Moltmann, J., 2000, *Experiences in Theology: Ways and Forms of Christian Theology*, London: SCM Press.

Moltmann, J., 2001 [1974], *The Crucified God*, London: SCM Press.《십자가에 달리신 하나님》(대한기독교서회).

Murphy-O'Connor, C., 2009, "Gaudium et Spes--The Shape of the Church: Past, Present and to Come…", available at www.thinkingfaith.org.

Nazir-Ali, M., 2012, *Triple Jeopardy for the West: Aggressive Secularism, Radical Islamism and Multiculturalism*, London: Bloomsbury Continuum.

Niebuhr, H. R., 1937, *The Kingdom of God in America*, Chicago: Willet, Clark & Co.

Niebuhr, H. R., 1951, *Christ and Culture*, San Francisco: Harper & Row.《그리스도와 문화》(IVP).

Niebuhr, R., 1953, *Christian Realism and Political Problems*, New York City: Charles Scribner's Sons.

Noll, M. A., 1994, *The Scandal of the Evangelical Mind*, Grand Rapids, MI: Eerdmans.《복음주의 지성의 스캔들》(IVP).

Northcott, M. S., 2004, "Farmed Salmon and the Sacramental Feast", in W. Storrar and A. R. Morton (eds), *Public Theology for the 21st Century: Essays in Honour of Duncan B. Forrester*, Edinburgh: T & T Clark, pp. 213-230.

Oakes, E., 1992, "Apologetics and the Pathos of Narrative Theology", *Journal of Religion* 72:1, pp. 37-58.

Ogden, S., 1995, "Toward Doing Theology", *Journal of Religion* 75, pp. 1-14.

Paeth, S. R., 2008, *Exodus Church and Civil Society*, London: Ashgate.

Paeth, S. R., 2010, "Religious Communities and Global Civil Society: Moral Formation and Inter-Religious Co-operation in a Pluralistic Context", in D. K. Hainsworth and S. R. Paeth (eds), *Public Theology for a Global Society*, Grand Rapids, MI: Eerdmans, pp. 158-173.

Parris, M., 2008, "Williams is Dangerous. He Must be Resisted", *The Times*, 9 February.

Partridge, C., 2005, *The Re-Enchantment of the West: Volume 1 Alternative Spiritualities, Sacralization, Popular Culture and Occulture*, London: T & T Clark.

Pearson, C., 2007, "The Quest for a Glocal Public Theology", *International Journal of Public Theology* 1:2, pp. 151-172.

Pew Forum on Religion and Publhttps://www.youtube.com/ic Life, 2010, *Religion among the Millennials*, Washington, DC: Pew Research Center.

Pew Forum on Religion and Public Life, 2012, *The Global Religious Landscape: A Report on the Size and Distribution of the World's Major Religious Groups as of 2010*, Washington, DC: Pew Research Center.

Phan, P., 2002, "Proclamation of the Reign of God as Mission of the Church", available at http://www.mcauley.acu.edu.au/theology/Issue2/PeterPhan.htm(연결되지 않는 링크)

Phillips, T. and Oakholm, D., 1995, "Introduction", in T. Phillips and D. Oakholm (eds), *Christian Apologetics in the Postmodern World*, Downers Grove, IL: InterVarsity Press, pp. 9-23.

Plant, R., 2011, "Religion, Identity and Freedom of Expression", *Res Publica* 17, pp. 7-20.

Prothero, S. R., 2007, *Religious Literacy: What Every American Needs to Know-- and Doesn't*, New York: Harper One.

Putnam, R., 2000, *Bowling Alone: The Collapse and Revival of American Community*, New York: Simon and Schuster. 《나 홀로 볼링》(페이퍼로드).

Rauch, J., 2003, "Let It Be", *The Atlantic Monthly*, May.

Rawls, J., 1971, *A Theory of Justice*, Harvard: Harvard University Press.

Rawls, J., 1987, "The Idea of an Overlapping Consensus", *Oxford Journal of Legal Studies* 7:1.

Reader, J., 2005, *Blurred Encounters: A Reasoned Practice of Faith*, Glamorgan: Aureus.

Redden, J., 2011, "Poverty in the News: A Framing Analysis of Coverage in Canada and the UK", *Information, Communication and Society* 14:6, pp. 820-849.

Ree, H., 2005, *Early Christian Literature: Christ and Culture in the Second and Third Centuries*, London: Routledge.

Reilly, N., 2011, "Rethinking the Interplay of Feminism and Secularism in a Neo-Secular Age", *Feminist Review* 97, pp. 5-31.

Reno, R., 2000, "The Radical Orthodoxy Project", *First Things*, available at http://www.firstthings.com/article/2007/01/the-radical-orthodoxy-project-42, pp. 37-44.(https://www.firstthings.com/article/2000/02/the-radical-orthodoxy-project)

Ricœur, P., 1981, "The Narrative Function", in *Hermeneutics and the Human Sciences: Essays on Language, Action and Interpretation*, ed. and trans. J. Thompson, Cambridge, Cambridge University Press, pp. 274-296.

Rieger, J. and, Kwok, P., 2012, *Occupy Religion: Theology of the Multitude*, Lanham: Rowman & Littlefield.

Rogers, T. Guy (ed.) (1923), *Liberal Evangelicalism, by Members of the Church of England*, London: Hodder & Stoughton.

Sandel, M., 2010, "We Need Public Life with a Purpose", in M. Bunting, A. Lent and M. Vernon (eds), *Citizen Ethics in a Time of Crisis*, available at http://www.guardian.co.uk/citizenethics, pp. 7-8.(연결되지 않는 링크)

Sandel, M., 2012, *What Money Can't Buy: The Moral Limits of Markets*, New York: Allen Lane.《돈으로 살 수 없는 것들》(미래엔아이세움).

Sanks, T. H., 1993, "David Tracy's Theological Project: An Overview and Some Implications", *Theological Studies* 54:4, pp. 698-727.

Schleiermacher, F., 1996, *On Religion: Speeches to its Cultured Despisers*, 2nd ed. Cambridge: Cambridge University Press.

Schwalbe, M., 1996, *Unlocking the Iron Cage: the Men's Movement, Gender Politics and American Culture*, New York: Oxford University Press.

Schweiker, W., 2010, "Public Theology and the Cosmopolitan Conscience", in D. K. Hainsworth and S. R. Paeth (eds), *Public Theology for a Global Society*, Grand Rapids, MI: Eerdmans, pp. 123-138.

Scott, J. W., 1992, "Multiculturalism and the Politics of Identity",

October 61, pp. 12-19.

Sebastian, J. J., 2007, "Having and Sharing: Theological Perspectives from India on Consumerism and Exclusion", *International Journal of Public Theology* 1:1, pp. 112-126.

Sebastian, J. J., 2009, "Review Article: God and Globalization", *International Journal of Public Theology* 3:2, pp. 258-264.

Sheehan, K. B., 2002, "Toward a Typology of Internet Users and Online Privacy Concerns", *The Information Society* 18:1, pp. 21-32.

Shibley, M., 1998, "Contemporary Evangelicals: Born-Again and World Affirming", *Annals of the American Academy of Political and Social Science* 558, pp. 67-87.

Skarsaune, O., 2010, "Justin and the Apologists", in D. J. Bingham (ed.), *Routledge Companion to Early Christian Thought*, London: Routledge, pp. 121-136.

Smit, D., 2007a, "What Does 'Public' Mean? Questions with a View to Public Theology", in L. Hansen (ed.), *Christian in Public: Aims, Methodologies and Issues in Public Theology*, Stellenbosch: Beyers Naude Centre Series on Public Theology, vol. 3, pp. 11-46.

Smit, D., 2007b, "Notions of the Public and Doing Theology", *International Journal of Public Theology* 1:3-4, pp. 431-454.

Smith, A. P. and Whistler, D. (eds), 2010, *After the Post-secular and the Postmodern: New Essays in Continental Philosophy of Religion*, Newcastle upon Tyne: Cambridge Scholars Publishing.

Smith, C., 1998, *American Evangelicalism: Embattled and Thriving*, Chicago: University of Chicago Press.

Smith, D., 1998, *Transforming the World? The Social Impact of British Evangelicalism*, Carlisle: Paternoster Press.

Smith, G., 2004, "Faith in Community and Communities of Faith? Government Rhetoric and Religious Identity in Urban Britain", *Journal of Contemporary Religion* 19:2, pp. 185-204.

Smith, J. K., 2004, *Introducing Radical Orthodoxy: Mapping a Post-Secular Theology*, Grand Rapids, MI: Baker Academic.

Smith, T. W., 2012, *Beliefs about God across Time and Countries*, Chicago: National Opinion Research Center, University of Chicago.

Spencer, N., 2008, *Neither Private, Nor Privileged*, London: Theos.

Der Spiegel, 2012, "Only the Old Embrace God in former East Germany", available at http://www.spiegel.de/international/zeitgeist/report-shows-highest-percentage-of-atheists-informer-east-germany-a-828526.html

Stackhouse, M. L., 1984, "An Ecumenist's Plea for a Public Theology", *This World* 8, pp. 47-79.

Stackhouse, M. L., 2004, "Public Theology and Political Economy in a Globalizing Era", in W. F. Storrar and A. R. Morton (eds), *Public Theology for the 21st Century*, London: T & T Clark, pp. 179-194.

Stackhouse, M. L., 2006, "Public Theology and Ethical Judgement", *Theology Today* 54:2, pp. 165-191.

Stackhouse, M. L., 2007a, *God and Globalization, Volume 4: Globalization and Grace*, New York: Continuum.

Stackhouse, M. L., 2007b, "Reflections on How and Why We Go Public", *International Journal of Public Theology* 1:3-4, pp. 421-430.

Stackhouse, M. L. and Obenchain, D. B., 2002, *God and Globalization Volume 3: Christ and the Dominions of Civilization*, Harrisburg: Trinity Press International.

Stackhouse, M. L. and Paris, P. J., 2000, *God and Globalization Volume 1: Religion and the Powers of the Common Life*, Harrisburg: Trinity Press International.

Stiglitz, J., 2009, "Interpreting the Causes of the Great Recession of 2008" available at http://www2.gsb.columbia.edu/faculty/jstiglitz/Crisis.cfm (https://business.columbia.edu/sites/default/files-efs/imce-uploads/Joseph_Stiglitz/2009_Interpreting_Causes.pdf)

Storrar, W. F., 2004, "Scottish Civil Society and its Devolution: The New Case for Ronald Preston's Defence of Middle Axioms", *Studies in Christian Ethics* 17:2, pp. 37-46.

Storrar, W. F., 2007, "2007: A Kairos Moment for Public Theology", *International Journal of Public Theology* 1:1, pp. 5-25.

Storrar, W. F., 2009, "The Oscillating Public Sphere: a Response from the US", *International Journal of Public Theology* 3:2, pp. 245-250.

Storrar, W. F., Casarella, P. J. and Metzger, P. L. (eds), 2011, *A World For All? Global Civil Society in Political Theory and Trinitarian Theory*, Grand Rapids, MI: Eerdmans.

Stout, J., 1988, *Ethics after Babel*, Boston: Beacon Press.

Stout, J., 2008, "The Folly of Secularism", *Journal of the American Academy of Religion* 76:3, pp. 533-544.

Strenski, I., 2010, *Why Politics Can't Be Freed From Religion*, Oxford: Wiley-Blackwell.

Strhan, A., 2012, "Latour, Prepositions and the Instauration of Secularism", *Political Theology* 13:2, pp. 200-216.

Stroup, G., 1984, *The Promise of Narrative Theology*, London: SCM Press.

Suriano, B., 2009, "Three Questions on Modern Atheism: An Interview with John Milbank", *The Other Journal 2*, available at http://theologyphilosophycentre.co.uk/online-papers

(https://theotherjournal.com/2008/06/three-questions-on-modern-atheism-an-interview-with-john-milbank/)

Sweeney, J., 2008, "Revising Secularization Theory", in G. Ward and M. Hoelzl (eds), *The New Visibility of Religion*, London: Continuum, pp. 15-29.

Sweet, L., 2000, *Postmodern Pilgrims: First Century Passion for the 21st Century World*, Nashville, TN: Broadman and Holman.

Tacelli, R. K. and Kreeft, P., 2003, *Pocket Handbook of Christian Apologetics*, Downers Grove, Ill: Inter-Varsity Press.

Tanner, K., 1996, "Public Theology and the Character of Public Debate", *Annual of the Society of Christian Ethics* 16:1, pp. 79-102.

Tavares Zabatiero, J., 2012, "From the Sacristy to the Public Square: the Public Character of Theology", *International Journal of Public Theology* 6:1, pp. 56-69.

Taylor, C., 2007, *A Secular Age*, Cambridge, MA: Belknapp Press/Harvard University Press.

Taylor, C., 2010, "The Meaning of Secularism", *Hedgehog Review*, Issue Fall, pp. 23-34.

Temple, W., 1976 [1942], *Christianity and Social Order*, London: SPCK.《기독시민의 사회적 책임》(한반도국제대학원대학교 출판부)

The Kairos Document, 1985, *Challenge to the Church: A Theological Comment on the Political Crisis in South Africa*, Johannesberg: South African History Online, available at http://www.sahistory.org.za/archive/challenge-church-theological-commentpoliticalcrisis-south-africa-kairos-document-1985(https://www.sahistory.org.za/archive/challenge-church-theological-comment-political-crisis-south-africa-kairos-document-1985)

Thiemann, R. F., 1991, *Constructing a Public Theology: The Church in a Pluralistic Culture*, Louisville: Westminster John Knox Press.

Thiemann, R. F., 1996, *Religion in Public Life: A Dilemma for Democracy*, Washington, D.C.: Georgetown University Press.

Thompson, J. B., 2011, "Shifting Boundaries of Public and Private Life", *Theory, Culture & Society* 28:4, pp. 49-70.

Tillich, P., 1951, *Systematic Theology, Volume I*, Chicago: University of Chicago Press.

Tippett, K., 2004, "Interview with Max Stackhouse", available at http://www.onbeing.org/program/moral-man-and-immoral-society-rediscovering-reinhold-niebuhr/extra/complete-transcript-3(연결되지 않는 링크)

Tippett, K., 2007, "On Being", available at http://www.onbeing.org/program/new-evangelicalleaders-part-i-jim-wallis/transcript/1299#main_content(연결되지 않는 링크)

Tracy, D., 1977, "Theological Table-Talk", *Theology Today* 33:4, pp. 387-395.

Tracy, D., 1981, *The Analogical Imagination: Christian Theology and the Culture of Pluralism*, London: SCM Press.

Tracy, D., 1984, "The Role of Theology in Public Life: Some Reflections", *Word & World* 4:3, pp. 230-239.

Tracy, D., 1987, *Plurality and Ambiguity: Hermeneutics, Religion, Hope*, Chicago: University of Chicago Press.

Tracy, D., 1989, "The Uneasy Alliance Reconceived: Catholic Theological Method, Modernity, and Postmodernity", *Theological*

Studies 50, pp. 548-570.

Tracy, D., 1996 [1975], *Blessed Rage for Order: The New Pluralism in Theology*, 2nd edition; Chicago: University of Chicago Press.

Union of International Associations, 2000, *Yearbook of International Organizations: Guide to Civil Society Networks*, Munich: K.G. Saur.

United Nations, 1948, Universal Declaration of Human Rights", available at http://www.hrcr.org/docs/universal_decl.html

van den Toren, B., 2011, *Christian Apologetics as Cross-Cultural Dialogue*, London: Continuum.

van Til, C., 1971, "My Credo", in C. van Til (ed.), *Jerusalem and Athens: Critical Discussions on the Philosophy and Apologetics of Cornelius van Til*, Philadephia: Presbyterian and Reformed.

Verstraeten, J., 2011, "Towards Interpreting the Signs of the Times, Conversation with the Word and Inclusion of the Poor: Three Challenges for Catholic Social Teaching", *International Journal of Public Theology* 5:3, pp. 314-330.

Voas, D. and Ling, R., 2010, "Religion in Britain and the United States", in A. Park et al. (eds), *British Social Attitudes 26th Report*, London: Sage.

von Sinner, R., 2007, "Brazil: from Liberation Theology to a Theology of Citizenship as Public Theology", *International Journal of Public Theology* 1:3-4, pp. 338-363.

von Sinner, R., 2009, "Towards a Theology of Citizenship as Public Theology in Brazil", *Religion and Theology* 16:3-4, pp. 181-206.

Walton, H. E., 2010, "You Have to Say You Cannot Speak: Feminist

Reflections Upon Public Theology", *International Journal of Public Theology* 4:1, pp. 21-36.

Ward, G., 2000a, *Cities of God*, London: Routledge.

Ward, G., 2000b, "Radical Orthodoxy and/as Cultural Politics", in L. P. Hemming (ed.), *Radical Orthodoxy? A Catholic Enquiry*, London: Ashgate, pp. 97-111.

Ward, G., 2005, *Cultural Transformation and Religious Practice*, Cambridge: Cambridge University Press.

Ward, G., 2011, "Cultural Hermeneutics and Christian Apologetics", in A. Davison (ed.), *Imaginative Apologetics*, London: SCM Press, pp. 115-125.

Ward, P., 2002, *Liquid Church*, Carlisle: Paternoster.

Warner, M. B., 2012, "Merkel dabbles in risky business", available at http://www.minnpost.com/global-post/2012/11/merkel-dabbles-risky-business-religion

Weintraub, J., 1997, "The Theory and Politics of the Public/Private Distinction", in J. Weintraub and K. Kumar (eds), *Public and Private in Thought and Practice: Perspectives on a Grand Dichotomy*, Chicago: University of Chicago Press, pp. 1-42.

Weintraub, J. and K. Kumar, 1997, "Preface", in J. Weintraub and K. Kumar (eds), *Public and Private in Thought and Practice: Perspectives on a Grand Dichotomy*, Chicago: University of Chicago Press, pp. x-xvii.

Welker, M., 2010, "Habermas and Ratzinger on the Future of Religion", *Scottish Journal of Theology* 63:4, pp. 456-473.

Wells, S., 2005, "An Anglican Critique of Establishment", *Crucible* April-June, pp. 29-35.

Werpehowski, W., 1986, "Ad Hoc Apologetics", *Journal of Religion*

66:3, pp. 282-301.

Whistler, D. and Hill, D. J., 2012, *Religious Discrimination and Symbolism: A Philosophical Perspective*, Liverpool: University of Liverpool.

White, G., 2001, *Talking About Spirituality in Health Care Practice: A Resource for the Multi-Professional Health Care Team*, London: Jessica Kingsley.

Wilberforce, W. (1996) [1797], *A Practical View of Christianity*, Peabody, MA: Hendrickson Christian Classics.

Williams, R., 2012, "Secularism, Faith and Freedom", in R. Williams (ed.), *Faith in the Public Square*, London: Bloomsbury, pp. 23-36.

Wilson, B., 1982, *Religion in Sociological Perspective*, Oxford: Oxford University Press.

Wollstonecraft, M., 1796, *A Vindication of the Rights of Women*, 3rd ed. London: J. Johnson. 《여성의 권리 옹호》(책세상).

Wolterstorff, N., 2008, "How Social Justice Got to Me and Why It Never Left", *Journal of the American Academy of Religion* 76:3, pp. 664-679.

Woodhead, L., 2012, "Introduction", in L. Woodhead and R. Catto (eds), *Religion and Change in Modern Britain*, London: Routledge, pp. 1-33.

Woodhead, L. and Catto, R., 2009, *Religion or Belief: Identifying Issues and Priorities, no. 48*, Manchester: Equalities and Human Rights Commission.

Woodhead, L. and Catto, R. (eds) 2012, *Religion and Change in Modern Britain*, London: Routledge.

YouGov, 2011, "British Religion in Numbers", available at http://

www.brin.ac.uk/news/2011/yougovcambridge-on-religion(https://www.brin.ac.uk/yougovcambridge-on-religion/)

Ziegler, P., 2002, "God and Some Recent Public Theologies", *International Journal of Systematic Theology* 4:2, pp. 137-155.

찾아보기

게스트, 매슈 49, 313 각주, 322, 326, 329
고든, 피터 127
고링, T. 330
구티에레스, 구스타보 42, 201, 396, 402-403, 404, 409
그레이, J. 242
그레이엄, E. L.과 로우, S. R. 177, 220
그리드, C. 147
그릴리, 앤드루 132
기든스, 앤서니 196
김, 세바스천 185

나지르 알리, 마이클 284-286, 294, 314
노스콧, 마이클 212
놀, 마크 313 각주

니버, 라인홀드 166, 336
니버, 리처드 330, 336
니체, 프리드리히 406
니콜라우스 쿠자누스 374
니콜스 경, 도널드 85, 87
니콜스, 빈센트 173, 282
니터, P. 412

다이어먼드, 새라 299, 311, 316
대니얼, L. 60
댁슨, W. 210, 417
더니스, W. A. 308, 312, 314, 322
덜리스, 에이버리 38-39, 342-343, 354, 366, 372, 374, 376, 385, 452
데닛, 대니얼 24
데이비, 그레이스 25, 106
데이비스, M. 290

데이비슨, 앤드루 41, 383, 387, 399, 401, 424
도리, R. 158
도리스, 나딘 291
도크, 메리 36, 160, 228, 424
도킨스, 리처드 24, 55-56, 144
드 그루시, 존 164-165
드 브리스, H. 28, 81, 152
딜런, 미셸 130

라델, 릴리언 287, 292
라슨, T. 317
라우쉔부쉬, 월터 166
라일리, N. 142, 143, 146
라칭거, 요제프 '베네딕토 16세, 교황'을 보라
라투르, 브뤼노 134
랭, P. G. 195
러크먼, 토머스 104
레든, 조애나 194
레오 13세, 교황 170
레이건, 로널드 310
레이즌비, D. 384
로더, B. D.와 머시아, D. 194
로버트슨, 롤런드 196
로이드, 제너비브 137
로저스, 가이 309
롤스, 존 22, 68-71, 120, 124-126, 319-320
루터, 마르틴 305, 315
리, 헬렌 355, 374
리노, R. 268-269, 273
리쾨르, 폴 386
린드벡, 조지 221, 230, 232-233, 395, 397, 399, 427
립시츠, 조지 302

마티, 마틴 165-166, 177
마틴, D. 150
말릭, M. 83, 89-90, 92
매덕스, 매리언 74-75, 394
매캘럼, 리처드 279, 284
매클라렌, 브라이언 323-324
매킨타이어, 알래스데어 221
맥팔레인, 게리 288
머리, 존 코트니 166, 170
머피 오코너, 코맥 282, 455
메르켈, 앙겔라 14, 18-19
몰트만, 위르겐 396, 404, 406-409
밀뱅크 외 219
밀뱅크, 존 219, 238, 239, 240, 242, 249, 260, 273, 275, 377, 381, 383, 453

바르트, 카를 33, 222, 223, 227-229, 253-256, 264, 345, 376,

452-453
바우만, Z. 14
반 덴 토렌, 벤노 39, 343, 379-381, 386
버거, 피터 99, 104, 106
버클리, 조지 383
버틀러, 주디스 25, 144
베네딕토 16세, 교황 123, 127, 173, 281-282, 295
베드퍼드스트롬, H. 347, 395
베빙턴, 데이비드 305, 307-309, 313-318, 328-329
베일비, J. K. 341, 344
베크포드, 제임스 132-133, 285
벨, D. 219
보나벤투라 374
보먼트, J. 31, 99, 196

보컴, R. 405
본회퍼, 디트리히 392, 402
부시, 조지 77, 247
부시, L. R. 377
불, 피터와 헤이즐메리 292
브라운, 맬컴 415
브라운, 캘럼 98, 107-108
브라운, 캘럼과 린치, G. 60
브라이도티, R. 141, 144
브라이튼버그, 해럴드 30, 32, 162, 178, 205-206, 208
브레서튼, 루크 25, 224, 260-262, 264-266, 272, 418
브루스, 스티브 106-107, 109, 321
블레어, 토니 247
블론드, 필립 219, 223, 238, 242-248, 443
비거, N. 218, 263, 272, 416
비빈스, 제이슨 299, 312, 318-319
비오 9세, 교황 169
비트겐슈타인 230
비티, 티나 144

샌델, 마이클 191
세바스천, J. J. 201
수리아노, B. 242
수크디오, 패트릭 285
쉐퍼, 프랜시스 322
쉬블리, M. 326
쉬한, K. B. 187
슐라이어마허, 프리드리히 306, 345, 375, 383
스미스, G. 81
스미스, J. K. 240
스미스, 데이비드 307-308
스미스, 앤서니 폴과 휘슬러, 대니얼 143
스미스, 크리스천 325

스미트, 더키 31, 177, 185
스윗, L. 324
스카르사우네, O. 358, 367
스콧, J. W. 304
스타우트, 제프리 72, 74
스택하우스, 맥스 37-38, 43, 178-179, 182, 184, 200, 342-343, 346-353, 357, 387, 389, 395, 421-422, 425, 440, 450-451
스토러, 윌리엄 159, 167-168, 209
스트란, 아나 298-299
스트렌스키, 이반 117-118
스펜서, N. 334
시먼, R. F. 215

아렌트, H. 187-188
아리스티데스, 아테네의 356, 365, 366
아벨라르, 피에르 374
아사드, 탈랄 116
아우구스티누스, 히포의, 성 238, 245, 262-263, 273, 372-373
아이젠슈타트, 슈무엘 114
아퀴나스, 성 토마스 271, 357, 374
아타나시우스 357
아테나고라스, 아테네의 365, 368 각주, 369-371
안셀무스, 캔터베리의 374

안하이어 외 199
암스트롱, 캐런 384
애서튼, J. R. 275
애주마, 존 285
액터마이어, P. J. 360, 364
야르바르드, 스티그 63
에드워즈, 조너선 306
에우세비오스, 카이사레이아의 366
엥글킬리, M. 243, 247
오그덴, 슈버트 228
오도너번, 올리버 260
오브라이언, 키스 282
오크스, 에드워드 40, 344, 385
올드햄, J. H. 208
올래스키, 마빈 77
요더, 존 하워드 212, 235
우드헤드, L.과 카토, R. 93
우드헤드, 린다 100, 115, 149-150
울스턴크래프트, 메리 139-140
워드, 그레이엄 221, 222, 223, 224, 249-259, 272
월리스, 짐 325
월터스토프, 니콜라스 69, 72
월튼, 헤더 186, 211, 213
월퍼하우스키, W. 272, 381
웨슬리, 존 306
웰스, 샘 413
윌리엄스, 로완 15-16, 19, 167

윌리엄스, 스튜어트 머리 291, 324
윌버포스, 윌리엄 307
윌슨, 브라이언 104
유스티누스, 순교자 357, 365-370, 452
이디, 제임스 289
이레나이우스, 리옹의 360, 383
이리가레, 뤼스 142
이웨이다, 나디아 287, 288, 289

저드, T. 289
존스, 제임스 419
존슨, A. 325

채플린, 셜리 288
체이스, K. 348-349
초크, 스티브 323

카, D. 61, 63
카, J. M. 170
카미추카, D. G. 220, 222, 226, 228, 229, 231, 233, 234, 271, 274, 411
카사노바, 호세 25, 48, 104, 110
칸트, 임마누엘 137
칼뱅, 장 305, 375
캐리, 조지 284-286, 295-296, 330
캐버너, 윌리엄 235-236, 260

캘훈, 크레이그 110, 283
캠벨, 알래스테어 247
커, F. 114
켈시, 데이비드 232
코드라토스, 아테네의 366
코크런, J. R. 203
쿠프먼, N. 348
쿰스, 네이션 248
크레이그, 윌리엄 레인 377-378
크리스테바, 쥴리아 142
크리스텐슨, 헨릭 세룹과 벵츠, 아사 194
클레멘스, 알렉산드리아의 356-357
클렘프, N. 320, 428
클리포드, S. 327

타바레스 자바치에로, 줄리우 파울루 427
타티아노스, 시리아의 365
태너, K. 160, 180
터셀리, R. K.와 크리프트, P. 377
테르툴리아누스 366-367, 371
테일러, 찰스 24-25, 67, 94, 102, 112-113, 115, 148, 400
템플, 윌리엄 167, 208-209, 392-394
토인비, 폴리 24, 55
트레이시, 데이비드 31, 180-183,

205-207, 225-226, 228, 386, 416, 440
티핏, K. 325
틸리히, 폴 357, 378

파트리지, C. 109
판, 피터 412
퍼트넘, 로버트 190, 311
포드, D. 270
포레스터, 던컨 41, 167, 186, 210-211, 216, 266, 270, 410
폰 지너, R. 203-204
폴리카르포스, 스뮈르나의 360
푸코, 미셸 294, 298
풀러, 로버트 57
프라이, 한스 219, 231
프란치스코, 아시시의, 성 340
프레스턴, R. 167, 208
프레이저, 낸시 283, 300
프로세로, 스티븐 61-62
플랙스, 제인 137, 139
플랜트, R. 90, 91
피어슨, 클라이브 201-202
픽스톡, 캐서린 219, 249
필립스, T.와 오크홀름, D. 382
필킹튼, 레슬리 290

하버마스, 위르겐 25, 32, 59, 101, 119-135, 185, 187, 189-192, 283, 333
하우어워스, 스탠리 219, 233-234
하임스, M.과 하임스, K. 172
하크니스, 토니 411-412
하트, 마이클과 네그리, 안토니오 190
해러웨이, 도나 142
해리스, 브라이언 329
해리스, 샘 24, 55, 73
해링턴, A. 121
헌트, S. J. 280
헌팅턴, 새뮤얼 304
헤이어, 크리스틴 226, 411
헤일즈, N. 133
헬드 외 197
호그, M. 400
호렐, 데이비드 359, 363
호비, C. 401
호지슨, P. 415
홀렌바흐, D. 160
홉스봄, 에릭 269
후버, S.와 벤투렐리, S. S. 4
후쿠야마, 프랜시스 406
휘슬러, D.와 스미스, A. P. 143
휘슬러, D.와 힐, D. J. 90-91
휴즈, J. 380, 384
히친스, 크리스토퍼 24, 55

주제 찾아보기

2011년 인구조사(영국) 24, 53
CCFN '크리스천컨선'을 보라
ECHR '유럽인권법원'을 보라
HIV/AIDS 17, 20, 164, 203
'Not Ashamed' 캠페인 332
P 대 밀레이학교 소송 87
X 대 Y학교 소송 88
X세대 57
Y세대 58

가족연구협의회(미국) 311
가족제일당(오스트레일리아) 74
가치
    시민적(공민적) 183, 214, 245-247, 250
    와 상대주의 239, 244
    종교적 29, 65, 91, 101, 105, 120, 125, 192, 246

개인주의
    와 다문화주의 304
    와 복음주의 304, 324
    와 자유주의 241-243, 244
거룩함
    과 교회 183, 417
    베드로전서에서의 358
결혼, 동성 281, 282, 287, 328
경건, 복음주의적 281, 306, 315, 330
경제, 전지구적/전지구화 184, 196
    와 공공신학 184
    위기 128, 192
경험, 종교적
    과 슐라이어마허 306, 345, 375, 383
    매개된 258
    보편적 220, 226, 228, 377

계몽주의
- 와 믿음의 자유 83
- 와 변증 375-376
- 와 여성주의 141, 146
- 와 합리성 55, 111-112, 123-124, 126, 130, 135, 141, 152, 240, 306

계시
- 와 교회 173
- 와 세속적 영역 213, 215, 220-221, 264
- 와 이성 254, 306, 309, 330, 356, 358, 453, 455
- 와 종교 229

고난
- 몰트만 신학에서의 404-409
- 베드로전서에서의 361-365, 366

고용 평등 (종교나 신념) 법안(2003년) 62

공공신학
- 과 가톨릭 사회사상 169-176
- 과 그리스도인의 소명 421-427, 430
- 과 상황 203-204, 207-211, 227, 379-382
- 과 후기세속 사회 21-27, 28-33, 213-214, 267-268, 340
- 교회적, 고백적 33-38, 278-279
- 글로벌 사우스의 99, 202
- 기원과 특징 162-169
- 대화적 33, 36, 41, 162, 208, 214
- 목표 159-160, 399
- 방법론 204-212
- 범위 177-179
- 변증학으로서의 37-41, 346-354, 394-395, 428-430
- 비인간화된 이들을 위한 402-404, 409
- 세속과 연대하는 410-418
- 예언자적 42, 163, 214, 397, 418
- 와 종교적 다원주의 21, 30, 160, 180-181, 335
- 이중언어 구사 41, 208-213, 275, 342, 410, 450, 457
- 전지구적 168
- 정의 162, 203
- 주변화 79, 100, 104-105, 109-111
- 투명성(정직성) 340, 347, 428-430
- 하나님 없는 자들과 하나님께 버림받은 자들을 위한 404-410

'책임', '공동선', '복음주의, 보수적'도 보라
공공신학 글로벌 네트워크 168, 200-201
공공신학의 책임 31-32, 35-36, 41, 166, 348
    과 스택하우스 37-38, 43, 178-179, 182, 184, 200, 342-343, 346-353, 395, 421-422, 425, 440, 450
    과 워드 258
    과 트레이시 31, 180, 182, 205, 440
공동선
    과 가톨릭 사회사상 169-176
    과 공공신학의 역할 29-30, 35-36, 102, 160, 204, 214, 394, 397, 421
    과 기독교 행동주의 16-17, 72, 262, 332
    과 하버마스 124-125
〈공동선을 선택하라〉 173-176
공적 영역
    과 종교의 후기세속적 역할 25-27, 28-34, 36-42, 48-95, 151-152
    과 하버마스 119-131, 185, 186, 189, 202, 283, 333
    과 현전의 변증 42, 253, 392-430
    매체 63-65, 189
    사사화 190-191
    소공중과 보수적 복음주의 279, 281-293
    와 공공신학의 범위 177-179
    와 복수의 공중 179-185, 186, 189-190, 199-200, 213-215, 225-226, 395-396
    전지구적 199-200
    정합성 185-192
    젠더화된 103, 138-141, 185-187
    진동하는 185-204
    '시민사회'도 보라
과학혁명 111, 137
교리
    와 문화적 참여 292
    와 후기자유주의 232
교리교육(문답), 과 변증 423
교육
    과 급진정통주의 245-246
    종교 61-62
    평신도 421-427, 430
    '종교 학교'도 보라
교의학 347
교회, 와 선교 410-418

교회론
  과 급진정통주의 237-241,
  258-259
  과 후기자유주의 233-234,
  275, 414-415
교회와 국가 117, 159
  미국 내 66, 84, 164
  와 공공신학 163-164
  와 급진정통주의 248
  와 종교개혁 374-375
  중세 374-375
구원
  과 교회 412-418
  베드로전서의 361-363
국가, 세속
  과 사회 235-236
  와 복지 서비스 공급 76-82,
  243-244
  중립성 66-67, 76-77, 86, 100-
  101, 125
  '교회와 국가'도 보라
국민국가
  와 자본주의 188
  와 전지구화 128-129, 198-
  199
국제연합, 세계인권선언 84
국제통화기금IMF 197
권력, 종교적, 정치적 117-118

권위, 종교적 59, 73, 104, 106, 108
권익 옹호, 와 공공신학의 역할 16,
  41-42, 213, 397, 404
그리스도의 사신 42, 335, 430
그린벨트 323
근대(성)
  와 급진정통주의 237-238,
  267-268
  와 변증 379-380, 398
  와 보수적 복음주의 312, 322-
  327, 329-330
  와 신학적 자유주의 219
  와 여성주의 137-141, 185-
  186
  와 합리성 151, 306
근대화
  와 무신론 55-56
  와 세속화 21, 25, 104, 109,
  111, 114, 120, 131
근본주의
  미국의 309, 325, 331
  와 후기세속주의 143
급진정통주의 34, 219-220, 222-
  223, 227, 237-241
  문화 비판으로서의 249-260,
  267-268, 269-270
  비판 267-275
  와 교회론 237-241, 259, 270

와 근대성 237-239, 267-268
와 세속주의 237-241
와 전통의 회복 268-270
와 정치 241-249
와 증언 237, 260-266
급진주의, 복음주의적 308, 324, 327
기독교 민주주의 정당 170
기독교 세계
　쇠락/쇠퇴 22, 33, 43, 110-111, 116, 159, 184, 214, 283, 335
　회복 219, 278
기독교 연합 311
기독교 협회 291, 292, 295, 297, 317, 327
기독교법률센터 291
기독교적 행동 연구 교육 292
〈기반 다지기〉('의회의 그리스도인들') 331-332
〈기쁨과 희망〉(제2차 바티칸공의회) 172, 426
기업가 정신, 사회적 80

나이, 와 종교적 소속 57-58
낙태/임신 중지, 와 보수적 복음주의 35, 145, 291, 310, 327-328
남아프리카
　와 HIV/AIDS 203

와 공공신학 163-164, 177-178, 203
낭만주의, 와 보수적 복음주의 306, 312-313
노동, 젠더화된 분업 135-136, 141, 187-188
논쟁 347

다문화주의 28, 98, 278, 282, 285, 286, 302, 304, 323, 334
다양성
　과 전지구화 200-201
　과 차별 278
　와 종교적 정체성 283, 295
　'다원주의'도 보라
다원주의, 사회적, 문화적 179-185, 279, 286, 300-304, 335, 408
　와 대화 69-73, 225-227, 341-342, 397-398
다원주의, 정치적 66-71, 94-95
다원주의, 종교적 52-54, 61-62, 130-131
　와 공공신학 15-16, 20-21, 27, 30-31, 161-162, 204, 416-418
　와 기독교 보수주의자 279, 284-285, 335-336
　와 법률 15-16, 19, 286-287

와 소속의 결여 55
　　와 이민 23
담론
　　공적 26, 249-260, 397
　　과 보수적 복음주의자 281-284, 320, 327, 331
　　와 여성주의 146
　　와 하버마스 120, 127
　　신학적 29-38, 100, 103, 151, 352, 417, 429
　　과 급진정통주의 241, 267, 271-275
　　과 후기자유주의 신학 231-232, 267
대화
　　와 공공신학 30, 33, 36, 41, 161-162, 208, 211, 214, 270-271
　　와 변증 342, 348-349, 357
　　와 복음주의 324
　　와 후기자유주의 233
　　초기 교회 안에서의 358-365
덕, 공민적/시민적
　　과 가톨릭 사회사상 171-172, 176
　　과 공공신학 160, 270, 401, 422
　　과 젠더 138
　　과 하버마스 120, 129, 189
　　의 정치 244-247
덕 윤리 174, 175, 179, 221, 401
도덕
　　객관적 318, 352
　　과 상대주의 239, 244
도시 선교를 위한 복음주의 연합 323
《도시 안의 신앙》(보고서) 393, 421
독일, 과 종교적 자유 14, 18-19
동등기회보장법(1975년) 86
동성애, 와 보수적 복음주의 35, 83, 280-281, 286-287, 323, 327-328
듣기
　　공공신학의 역할로서의 208, 225-226, 229, 267-268
　　이중 262-263

로마가톨릭
　　과 공격적 세속주의 281-282
　　과 선교신학 412
　　사회사상 169-176
로마제국
　　베드로전서의 358-365
　　와 교부 시대 365-374
로잔대회(1974) 323
'런던 시민' 261
《레드 토리》 241-249

'레스푸블리카' 싱크탱크 223, 242
레즈비언, 게이, 양성애자, 트렌스젠더, 인터섹스LGBTI 생활방식 280, 291-292
리버풀, 주교(제임스 존스) 419-420

매개(중재)
　　공공신학의 역할로서의 30-31, 50, 120-122, 152, 209-211, 212-213, 221, 241, 342
　　와 변증 257-258, 275, 341-346, 376
매체(언론)
　　사회적 192-194, 204
　　상업화 189
　　와 변증 387-388
　　종교의 재현 61-62, 63-65
메데인, 라틴아메리카 주교회의 170
모럴 머조리티(미국) 310
무신론
　　역사 55
　　저항의 407-408
　　초기 그리스도인에 대한 비난 371
　　'새로운 무신론'도 보라
문자주의, 성서 306, 375
문해력, 종교적
　　공적 영역에서의 28, 43, 60-61, 62, 94, 334-335, 340
　　평신도의 398, 422-427
문화
　　대중 31, 40, 60, 63-64
　　와 그리스도 330-336
　　와 변증 249-260, 356-357, 359, 378, 379, 382-388, 410, 414
　　와 복음주의 300-303, 304-305, 308, 311-312, 318-322, 322-329, 335-336
문화 비판 249-260
문화적 고전으로서의 기독교 문헌 181, 206-207, 225
미국
　　과 공공신학 164-165
　　과 교회와 국가의 분리 66-67, 84, 164-165
　　과 시민사회 190-191
　　과 신앙 기반 복지 서비스 공급 76-77
　　과 종교적 소속 56-57
　　새로운 기독교 우파 168, 299, 302, 308, 316-317, 318-319
민주주의
　　와 고백적 공공신학 278
　　와 로마가톨릭교회 169
　　와 세속화 26, 74-75

주제 찾아보기

와 자유주의 29, 261
와 종교 66, 70, 74, 77
와 컴퓨터에 의해 매개된 의사소통 192
와 풀뿌리 참여 17, 20, 31-32, 194, 261, 316

바티칸공의회, 제2차 172, 175, 322, 412, 425

박해, 그리스도인에 대한
초기 교회 20, 340-341, 342, 361-364, 366-367
현대 14, 281, 285, 295-300, 304, 312, 329, 331-335

번역
공공신학의 역할로서의 161, 205, 214, 220, 274, 342, 429
과 하버마스 120-122, 125-126

법(률)
동등기회보장 62, 63-64, 86, 244 주, 278-279, 281-293, 295
샤리아 15, 16
인권 82-93, 278
초국가적 198

법, 자연 34, 173, 174, 282, 305, 348, 354

베그넘 대 덴비고등학교 소송 88

베드로전서
고난과 구원 361-365, 366
대상 독자 359-361
연대 359
저자 359-360
초기 변증서로서의 358-365, 399-400

변증 37-40, 178-179, 215, 335, 339-389
공공신학으로서의 38, 342, 410, 418, 430, 450, 451, 452
과 계몽주의 128, 375
과 교리교육(교리문답) 423
과 말과 행동 398-399
과 복음주의 329, 344, 377, 379
과 신약 354-365
과 해방신학 404, 456
과 후기자유주의 231-232, 395-396, 399
권력을 향해 진리를 말함 42, 211, 343, 365-374, 397, 404, 418-421, 458
기능 378
내부적 342
명제주의적 39-40, 257, 343, 379, 380-381, 384-385, 399
문화적 249-260, 379-380,

382-388

상상력의 40-41, 346, 382-389

수행적 251, 257, 274-275, 388, 398-210

역사적 관점 354-376

임시변통 272

정의 38

정치적 343

종교적 342

증거주의적 380

현대 39, 343, 345, 377

현전의 41-42, 395, 398, 455, 456

변증가

초기 365-374, 397, 418

후대의 374

변혁

과 그리스도 330-336

과 변증 40-41, 223, 235-236, 249-260, 395-396, 398-401, 404, 417

과 보수적 복음주의 304, 308, 314, 316, 318, 326-329

과 사회자본 42, 200

보수적 그리스도인 친우회 291

보수주의

온정적 77

종교적 73-77

'복음주의, 보수적'도 보라

보조성 교리 171

복음주의, 보수적 34, 35

로비스트와 캠페인 활동가 290-293, 310, 319-322, 327, 333

사회적 가르침 308

세계관 311-322

와 근대성 312, 322-327, 379

와 기회 평등 법안 244 주, 278-279, 281-293, 295

와 낙태 35, 145, 291, 310-311, 327-328

와 동성애 35, 83, 280, 286, 323, 328

와 문화에 대한 개방성 301-302, 304, 308-309, 312-313, 319-322, 322-329, 335-336

와 법정 소송 279, 286, 295, 331

와 성서주의 307-308, 309, 316-317, 318, 326-327

와 십자가중심주의 318

와 정치 168, 309-311, 315-322, 323-329

와 행동주의 315-317, 318-322, 323-329

와 회심주의 313, 316-317,

318, 330
지도자 285-286, 323
복음주의 연합 323, 326
복지 28, 34, 76-82, 131
   미국의 77
   상품화 80
   영국의 22, 78, 243
   오스드레일리아의 16-17
   와 복지 의존 77, 243
   케냐의 17
복지 의존 문화 77, 243
부활, 몰트만 신학에서의 406
브라질, 과 공공신학 203
비정부기구NGO
   전지구적 198
빈곤
   과 국가 정책 78-79
   과 권익 옹호 16
   과 복지 의존 76-77
   과 신앙 기반 돌봄 16, 19
   과 해방신학 173, 203-204, 395-396, 403-404
빈야드 교회 322

사사화, 종교의 25, 37, 49, 91, 160, 181-182
   와 롤스 69, 319-320
   와 보수적 복음주의 314
   와 세속화 108, 109-110, 131-132, 280
   와 자유민주주의 236
   와 탈사사화 147, 151
   와 탈세속주의 91, 132, 147-149, 151-152
사적 영역
   과 컴퓨터로 매개된 의사소통 192-193
   여성의 영역으로서의 139-140, 141, 185-188
사회, 후기세속적 21-25, 26, 28
사회 복음 운동 166
사회민주주의, 와 복지 서비스 공급 78, 128, 131
사회학, 종교, 과 세속화 104-105, 116-117, 149
산업혁명 111
상대주의, 도덕적 239, 244
《상상력의 변증학》(밀뱅크) 346
상징, 종교적 87-91
상황신학 201-202, 218, 359, 383, 412, 443, 453
상황화
   와 변증학 252
   와 후기자유주의 227, 232-233, 271
새로운 기독교 우파 168, 302, 308,

316, 318, 319, 320, 321
새로운 무신론 24, 55-56
    과 여성주의 144
〈새로운 사태〉(레오 13세) 170
샤리아 법 15, 16
서사신학 385-386, 424-425
선교, 하나님 중심적 411
성, 과 보수적 복음주의 145, 280-281, 286-288, 323, 326-329
성 로렌스 형제회(오스트레일리아) 16, 19
성결 운동 313
성경/성서
    무오성 306, 308, 309
    와 변증 375
    와 보수적 복음주의 306, 308, 317, 318, 328-329
    와 후기자유주의 231-236
성만찬, 공공신학으로서의 235, 253
성스러운 덮개 105, 106, 107, 258
세속주의
    공격적 282, 285, 294, 298, 314, 327, 331
    역사 109-119, 132
    와 고백적 공공신학 278-281
    와 급진정통주의 237-241
    정치적 75, 103
    중립성으로서의 71, 237, 240, 261, 281
    프랑스의 66-67
세속화
    보편적 111, 114-116, 131
    신화로서의 104-109, 109-110
    와 근대화 21-27, 94, 95, 96, 102, 104, 109-115, 119-131, 148
    와 보수적 그리스도인 279
    정의 104-105
세속화 논제 21-27, 94-95, 105, 132
    공존 이론 115
    삭감 이론 113, 115
    와 종교의 미디어화 63-65
    와 종교의 재부상 26, 28, 29, 43, 95, 126, 132, 145, 152, 437
    와 후기세속주의 104-109, 149-152
소명, 세속화 421-427, 430
소비, 종교의 65
소속(가입), 종교적 19, 27, 55, 58, 91, 113, 130, 196
    감소 63, 94, 112
    과 나이 57-58
    와 전지구화 196
    표현 83-92, 286-290, 298-299

소속, 과 믿음 21
소저너스 325
속죄, 대리 317-318, 323
순교자 전기, 변증학으로서의 366
스코틀랜드, 와 공공신학 167
스코틀랜드 장로교회 167-177
스테드먼 대 영국 소송 88
시민(의식)/시민권
    과 의사소통 기술 193-194
    과 제자도 43, 220, 224, 236, 274, 395, 422-423
    과 젠더 138-142, 144-145
    과 종교적 다양성 68
    과 종교적 문해력 61-62, 422
    행동하는/적극적인 42-43, 77, 101-102, 119, 190, 194, 266, 335, 398
    '행동주의'도 보라
시민사회
    와 가치 243
    와 교회 17, 20, 76-82, 177
    와 급진정통주의 248, 260
    와 덕 윤리 221
    와 변증 42, 388-389
    와 종교 37, 350
    와 하버마스 189
    자율 224
    전지구적 161-162, 168, 196, 199, 421
시장
    과 공적 영역의 상업화 189-191, 204
    과 의사소통 기술 194-195
시크교, 신앙의 표현 87, 90
신보수주의, 와 복지 79
신앙/믿음/신념
    과 소속 21, 196
    표현 49, 63, 87-90, 279, 298, 331-334
신앙, 과 이성 238, 248, 254, 375, 414
신앙지상주의, 와 공공신학 38, 348
신자유주의 77, 80, 151, 191-192, 194, 199, 204, 243
신정통주의 216, 344, 345, 376
신학
    문화언어적 모형 230
    수행적 413
    실천적 지혜로서의 344
    후기자유주의/신정통주의 215-216, 219-220, 225-233, 344-345
    '상황신학', '해방신학', '자연신학', '정치신학', '실천신학', '공공신학'도 보라
실천

공공신학의 223-224, 273,
355, 398-410
일차적 신학으로서의 232
'신앙, 표현'도 보라
실천신학/실천적 신학 178-179,
254, 353, 360, 388
십자가
몰트만 사상에서의 404-409
베드로전서의 363
보수적 복음주의 안에서의 중요
성 317-318, 327
착용 287-289, 291, 292
십자군
도덕적 296-297, 304, 331
세속적 294

'아비투스'
로서의 신앙 261, 387, 398-
399, 413
신학의 254
여성
공적 영역에 대한 참여 103,
138-141, 185-187
과 교회 186
복음주의 안의 328
'여성주의', '젠더'도 보라
여성주의
와 근대성 137-141, 185-186

와 정체성 정치 300
와 후기세속주의 133, 135-
136, 141-147
종교에 대한 비판 141-147,
186
후기근대주의적 136, 141-142
연대
가난한 이들과의 128, 404
와 대화 459
와 세속 410-418
와 종교 121, 127-128, 213,
396-397, 400
하나님 없는 자들과 하나님께
버림받은 자들과의 404-409,
457
영국
과 공공신학 167-168, 173-
176
과 기독교의 유산 282, 284-
285, 295
과 신앙 기반 복지 서비스 공급
78
종교적 소속 53-54, 56-57,
85-86
영국 성공회, 와 힐즈버러 독립 조
사위원회 419-421
영성
개인적 23, 25, 37, 56, 59, 182,

308
과 여성주의 142
오세아니아 201-202
〈오류 목록〉(비오 9세) 169
와킨스-싱 대 애버데어여자고등학교 소송 90
요한 바오로 2세, 교황
　〈노동하는 인간〉 171
　〈백주년〉 171
윌리엄슨 대 교육고용부 장관 소송 85
'유고브' 여론조사, 종교적 소속에 관한 53-54
유럽, 세속화와 종교의 재부상 98-103, 109-110, 118, 121, 130-131, 149-150
유럽인권법원 ECHR 279, 286-289
유럽인권조약 84, 87, 89
윤리
　환대의 264-265, 272
　후기자유주의적 233-234
은총, 일반 221, 213, 220, 236, 264, 275, 414
　과 바르트 253-254
　과 신학 253, 417
　과 자연법 34, 348, 354
　과 칼뱅 375
의미

와 과학적 합리주의 40
와 담론 294
와 종교 65, 120
의사소통, 공적
　과 종교적 추론 120-121, 191-192, 220
　컴퓨터에 의해 매개된 192-195
의회 안의 그리스도인들 332-336
이머징 처치 운동 322
이성
　계몽주의 55, 111, 124, 126, 129-130, 135, 240, 306
　공유된 349, 429
　과 계시 254, 306, 309, 330, 356, 358, 453, 455
　과 공적 영역 189-190, 206, 320
　과 상상력 383
　과 신앙 238, 248, 254, 375, 414
　과 여성주의 135-136, 139-141
　도구화 128, 130
　세속적 34-36, 68-69, 120-129, 135-136, 146-147, 153, 158, 227, 290, 350
　신학적 68-69, 119-127, 130
　의사소통적 119-131, 189,

206, 220, 350
이슬람
　과 기독교 변증학 374
　과 샤리아 법 15, 16
　과 신앙 기반 복지 서비스 80
　과 신앙의 표현 87-88, 144
　급진적 285
　와 공적 영역 143
　와 정치 115-116
　전지구적 116
이신칭의 305, 315, 318
이주(이민), 과 종교적 다원주의 23-24
이중언어 구사, 공공신학의 41, 208-212, 275, 342, 346-347, 410, 429
이해 가능성의 기준 30, 33, 86, 206, 208, 220, 225
이혼, 과 보수적 복음주의 35
인격주의 171
인권
　과 성 280, 286-287
　과 종교의 자유 23, 28, 82-93, 278
인식론, 과 변증학 229, 382, 398
잉글랜드와 웨일스의 가톨릭 주교회의 173

자본, 금융, 이동 198
자본, 사회
　과 신앙 기반 복지 서비스 80
　과 종교적 가치 19, 23, 42, 44, 94, 199, 249, 284, 311, 423
자본주의
　소비자 243
　와 공적, 사적 영역 188
　와 근대화 104, 109-110, 114, 131, 186
　전지구적 200
자아, 와 컴퓨터로 매개된 의사소통 192-195
자연신학 375
자유, 종교의
　로마제국 내의 369, 370
　와 인권 23, 28, 82-93, 278, 331-333
　와 정치 14, 19, 67-68
자유주의
　세속적 34, 35
　정치적 67-72, 244-245, 302-303
자유주의 신학
　과 변증 220-223, 225-226, 378, 410
　과 세속 문화 357
　과 종교적 경험 220, 226, 228

과 후기세속주의 218-222
비판 225-227, 227-229
자율 57, 112, 114
    공적 영역의 69, 184, 190, 194
    과 여성주의 143-146
    교회의 224
    도덕적 114, 175
재세례파 305, 324
전도/복음주의
    와 변증 39, 255, 378, 410
    자유주의적 309
전지구화 196-204
    경제적 128-129, 182-183, 191-192, 196-200
    문화적 159, 182-183, 197, 201-202
    와 근대성 352
    와 시민사회 162, 168, 196, 199
    와 여성주의 143
    와 지역주의 201
전통
    고안된/독창적 269, 273
    과 공공신학 348-349
    과 급진정통주의 신학 224, 237, 240-241, 241-249, 250-251, 260-261, 264-265
    과 보수적 복음주의 284-286, 296, 312, 329-330

과 자유주의 신학 225-227, 228-229
과 후기자유주의 신학 229-236
'점거' 운동 196
정의 129, 183, 263-264, 332, 336
    와 해방신학 402
    와 힐즈버러 참사 청문회 419
정적주의 363-364
정체성
    과 종교 23, 90-91
    과 컴퓨터에 의해 매개된 의사소통 192-195
정체성 정치, 복음주의의 34, 35, 107, 278-336
    교회 지도자 284-285, 323
    기원 300
    담론 294-299, 320, 327
    로비스트와 캠페인 운동가/활동가 290-294, 310, 321, 327, 333
    미국 내의 308-311
    세계관 311-322
    역사적 관점 304-311
    와 문화 300-301, 303, 309, 312-313, 319-322, 322-329, 335-336
    와 법정 소송 278, 286-290, 295, 332

와 성서주의 306-307, 308, 317, 318, 326-327
와 십자가중심주의 316-318, 327
와 행동주의 315-317, 318-322, 323-329
와 회심주의 313-314, 316-317, 318, 323, 330

정치
상업화 189
와 급진정통주의 241-249, 261-266
와 기독교적 참여 230, 261-262
와 보수적 복음주의 168, 310-312, 316-322, 324-325
와 의사소통 기술 195
와 종교 17-18, 21-23, 25-26, 66-76, 94, 116-119
와 종교의 자유 14, 16, 67, 82-93
특수 이익 71-72
후기근대적 167
'정체성 정치', '신자유주의'도 보라

정치신학 179-180
과 급진정통주의 241-249
과 브레서튼 260-266
과 지상의 도성과 천상의 도성 237, 263-264
과 하버마스 119-120
남아프리카의 163

제자도
와 급진정통주의 237, 246, 249, 266
와 변증 '증인'을 보라
와 시민의식 43, 220, 224, 266, 274
와 초기 교회 360-371

젠더
와 교회 186
와 차별 82, 185-188
와 후기세속주의 135-136, 141-147

조직신학 345, 376-377

존엄성, 인간의 15-16, 57, 208, 352
가톨릭 사회사상 안에서의 171
과 보수적 복음주의 293
과 여성주의 143
과 인권 86
과 하버마스 121, 126

존재론, 과 급진정통주의 238

종교
공민 202
도구화 80-82, 148
매체의 재현 61, 63-65

변화하는 맥락 115
새로운 가시성 50-54, 60-63, 64, 82, 94, 98-103, 117-118, 121, 130-131, 150-151, 278
새로운 종교적 실천 108
세속화 81
여성주의적 비판 141-147
와 계시 229
탈제도화 59, 153
종교개혁
    과 무신론 55-56
    과 변증학 374-375
    과 복음주의 304-311
    과 합리주의의 출현 111
종교계 학교 92, 245, 411
종교와 인종 혐오 금지법(2006) 92
주변화
    가난한 이들의 20, 42, 396, 403
    공공신학의 79, 100, 105-106, 110-111
    기독교의 280, 286, 295, 328, 332, 335
중간 공리 209-210, 213
중립성, 공적 71, 76-77, 86, 100-101, 125, 215, 237, 240, 261, 281
증언
    과 급진정통주의 237, 260-266, 273-274
    과 변증 342-343, 360, 369-370, 386-387, 395-396, 398-409, 421-427
    과 보수적 복음주의 279, 296, 316, 328, 332
    대항문화적 212, 236, 259, 413, 419
〈지상의 평화〉(제2차 바티칸공의회) 173
지역주의 201
《직장에서 그리스도인의 자유》 292
진리
    객관적 245, 256, 279, 296, 306, 318, 379
    공적 221, 235, 237, 250, 252, 255, 256
    명제적 41, 231, 379, 381, 384, 395, 398, 399
    보편적 230-231
    와 후기자유주의 230-232
    유비적 226
    증거에 입각한 306

차별
    문화적 93
    병행적 303-304, 335
    성적 86, 89, 92, 292

젠더 86
종교적 62, 82-83, 287, 291, 331
철학, 세속
  과 스택하우스 205, 346-347
  과 신학 129-130, 232-233, 238, 267, 306
  과 초기 교회 354-358, 368-370
  중세의 374
초국가적 기업 197
충실함, 전통에 대한 234

〈카이로스 문서〉 163-164
칼뱅주의 315
케냐, 성공회 17, 20
케노시스 신학 405-409
콤레스 여론조사, 종교적 소속에 관한 54
콥시 대 데번 클레이스 유한회사 소송 88
크리스천 보이스 310
크리스천컨선 244, 290-291, 327
클레멘스 1서 360
킬 전국 복음주의 회의 323

탈세속화 99
토착화 323, 380, 412

티어 기금 323

평등과 인권 위원회 63, 93
평등법(2006, 2010년) 62, 86, 92
평신도, 세속적 소명 42, 175, 315, 398, 422, 423
포커스 온 더 패밀리 310, 320
폭력적 극단주의 예방 81
푸에블라, 라틴아메리카 주교회의 170
퓨리서치센터, 종교와 공적 생활 포럼 51, 57
프랑스, 와 교회와 국가 67
프랑크푸르트 학파 124, 128, 130

하나님 나라 126
〈하느님은 사랑이십니다〉(베네딕토 16세) 173
학교 교육에서의 창조론 310
합리주의
  과학적 40, 111
  와 종교개혁 111
해방신학
  과 가난한 이들을 위한 우선적 선택 173, 203, 402-404
  과 공공신학 179, 203-204, 395-396, 401
행동주의

시민적 153, 262
종교적 28, 50, 95, 99, 101
　와 공공신학의 범위 177-179, 224, 266, 271
　와 공동선 204
　와 보수적 복음주의 312
　와 복지 서비스 공급 16-17, 27-28, 76-82
　재부상 26-29, 43, 77, 95, 99, 102-103, 120, 126, 132-133, 145, 151-153, 428, 437
현실주의, 기독교 335-336, 415
협력 168, 172, 226, 341, 350, 400-401, 418, 424
홈스쿨변호협회 311
환대 266, 272, 293
회심(개종), 보수적 복음주의 안에서 313-314, 316, 318, 323, 330
회의주의, 공적 24, 60, 100
후기근대주의
　와 변증 379-382
　와 신학 215-216, 220-221
　와 여성주의 136, 141-142
후기세속주의 101-102, 113-114
　모호성과 모순 132-133, 144-145, 152-153
　와 공공신학 21-27, 28-34, 213-214, 267-268, 340-341, 392-430
　와 변증학 342, 408
　와 여성과 종교 102-103
　와 자유주의 신학 219-221
　와 젠더 135-136, 141-147, 185-186
　와 하버마스 119-131
　의미 131-134
후기식민주의, 와 전지구화 200-201
후기자유주의 34, 42
　신학 내의 215-216, 218-222, 227-233
　와 교리 231-232
　와 교회론 233-234, 274-275, 413-416
　와 대화 231-234, 240, 271-272
　와 문화 414-416
　와 변증학 232-233, 395-396, 398-399, 410-411
　와 성서 231-236
　와 증언 237, 261-266, 270
후기형이상학 120, 123
힐즈버러 참사 청문회 419-420

박세혁

서울대학교 서양사학과를 졸업하고 연세대학교와 에모리대학교에서 신학을, GTU(Graduate Theological Union)에서 미국 종교사를 공부했다. 옮긴 책으로는 제임스 스미스의 《습관이 영성이다》, 《아우구스티누스와 함께 떠나는 여정》, 《시간 안에서 사는 법》과 "문화적 예전" 시리즈 《하나님 나라를 욕망하라》, 《하나님 나라를 상상하라》, 《왕을 기다리며》를 비롯하여 《바울의 발자취를 따라》, 《예수의 발자취를 따라》, 《천상에 참여하다》, 《말씀 아래서 드리는 예배》, 《배제와 포용》 등 다수가 있다.

종교성과 세속주의 사이

일레인 그레이엄
박세혁 옮김

2025년 5월 2일 초판 1쇄 발행

펴낸이 김도완
등록번호 제2021-000048호
  (2017년 2월 1일)
전화 02-929-1732
전자우편 viator@homoviator.co.kr

펴낸곳 비아토르
주소 서울시 종로구 삼일대로 428, 500-26호
  (우편번호 03140)
팩스 02-928-4229

기획 자캐오
제작 제이오

편집 이지혜
인쇄 민언프린텍

디자인 임현주
제본 다온바인텍

ISBN 979-11-94216-15-5 03230

저작권자 ⓒ 비아토르 2025